幼儿园健康课程构建与实践书系

山东省教育科学"十二五"规划重点课题"幼儿自主游戏的开发与实施"研究成果

儿童立场

幼儿自主游戏课程的开发与实施

中国海洋大學出版社

·青岛·

图书在版编目（CIP）数据

儿童立场：幼儿自主游戏课程的开发与实施 / 王銮

美主编. -- 青岛：中国海洋大学出版社, 2020.12

ISBN 978-7-5670-2726-8

Ⅰ. ①儿… Ⅱ. ①王… Ⅲ. ①游戏课－学前教育－教

学参考资料 Ⅳ. ①G613.7

中国版本图书馆 CIP 数据核字(2021)第 005698 号

出版发行	中国海洋大学出版社		
社　　址	青岛市香港东路 23 号	邮政编码	266071
出 版 人	杨立敏		
网　　址	http://pub.ouc.edu.cn		
电子信箱	502169838@qq.com		
订购电话	0532-82032573（传真）		
责任编辑	由元春	电　　话	15092283771
印　　制	山东金鼎彩印有限公司		
版　　次	2021 年 4 月第 1 版		
印　　次	2021 年 4 月第 1 次印刷		
成品尺寸	170 mm×240 mm		
印　　张	25		
字　　数	487 千		
印　　数	1~2000		
定　　价	119.00 元		

若发现印装质量问题，请致电 0546—8252345，由印刷厂负责调换。

本书编委会

主　编　　王銮美

副主编　　唐晓云　李　斌　刘　恺　王海芸　李　艳　褚　霞

编　者　　薄娜娜　许海英　窦胜燕　张　洁　马　莉　陈玉洁

　　　　　李　楠　杨　芳　李晓婧　陈　娟　逯文倩　刘新敏

　　　　　薛润丽　程文文　朱维莉　胡月月　李　明　黄婷婷

　　　　　刘秀梅　付乃海

序 言
PREFACE

儿童立场：学前教育的基本法则

　　"坚持儿童立场、以儿童为中心"，这是学前教育的基本法则。儿童立场，– 001 –
突出儿童的主体性，强调深入了解儿童的身心发展规律和学习特点，倡导儿童通
过真实的学习活动达成自我建构。在"儿童立场"这个概念提出之前，符合儿童
立场的教育理念和行为早已现实地存在着、发生着。从卢梭、杜威到陈鹤琴、陶
行知等教育家，都把儿童看作教育的中心和起点，并进行了生动的描述和实践。
特别是随着现代社会对生命主体性价值的普遍认可、肯定和追求，"儿童立场"
已经成为教育界一条不言自明的公理。
　　改革开放特别是党的十八大以来，党和国家高度重视从儿童立场出发进行
儿童教育。1979 年全国托幼工作会议提出，"要根据儿童年龄特点""充分发
挥儿童的主动性和创造性"；2001 年《中国儿童发展纲要（2011—2020 年）》
指出，"最大限度地满足儿童的发展需要"；2008 年《幼儿园教育指导纲要（试
行）》在总则部分强调"尊重幼儿身心发展的规律和学习特点"，在实施部分具
体指出"尊重幼儿在发展水平、能力、经验、学习方式等方面的个体差异，因人
施教，努力使每一个幼儿都能获得满足和成功"，在评价部分明确"承认和关注
幼儿的个体差异，避免用划一的标准评价不同的幼儿"；2010 年《国务院关于

序言 PREFACE

当前发展学前教育的若干意见》指出，"遵循幼儿身心发展规律，面向全体幼儿，关注个体差异"；2010年《国家中长期教育改革和发展规划纲要（2010—2020年）》强调，"遵循幼儿身心发展规律，坚持科学保教方法"；2012年《3～6岁儿童学习与发展指南》提出"充分理解和尊重幼儿发展进程中的个别差异""切忌用一把'尺子'衡量所有幼儿"；2016年《幼儿园工作规程》中规定，"遵循幼儿身心发展特点和规律""支持幼儿自主选择和主动学习"；2020年《深化新时代教育评价改革总体方案》指出，将"促进儿童主动学习和全面发展的能力"作为评价关键指标。现今，从法律角度保障儿童立场也已成为现实。2020年《学前教育法（草案）》在方针目标中指出要"遵循儿童身心发展规律"；在保教原则部分指出"面向全体儿童，尊重个体差异"；在保教内容部分要求"根据学前儿童年龄特点和身心发展规律，科学实施保育与教育活动"；在禁止行为里特别明确指出"不得开展违背学前儿童身心发展规律的活动"。综上，国家教育政策和法律法规对儿童立场的多方位、多层面强调，突出体现了党和国家把儿童主体观念放在教育发展中极为重要的位置。

伴随着学术研究和政策的引导，儿童立场在我国幼儿教育教学中也越来越为公众所接受，幼儿作为"人"的特殊性得到广泛认识，大量基于不同学科视野的研究，引导人们去"读懂儿童"，理解他们与成人的差别以及各自的差异。如何促进幼儿身心健康和谐发展成为学前教育的首要追求，"儿童本位"的价值立场逐渐成为学界主流认识，教育活动的设计、组织与实施都试图遵循幼儿的发展规律与学习特点，充满人文情怀的"幸福童年"一词，开始从教育哲学研讨落到学前教育实践过程中。

然而，"公理"与"现实"终究有一段差距，今天的学前教育在诸多问题上仍与儿童本位立场相距甚远。例如，怎样避免儿童承受与其年龄不符的学业与训练压力？如何保证儿童在幼儿园及其他机构中获得足够的人格尊敬？如何保障儿童的游戏时间，真正通过游戏活动促进儿童心智发展？儿童权利是一项特殊权利，基于儿童阶段的特殊身心需求，在教育实践中需重视儿童的自身思想、落实儿童的健康权、扩大儿童的游戏权、促进儿童的个性发展。把让儿童健康快乐成长作为教育的基本使命，切实体现儿童立场观念。

近年来，东营市实验幼儿园深入践行"生态健康教育"，其核心要义就是从儿童主体出发，创造适宜、适性的生态教育环境，搭建幼儿发展的舞台。该园园长王銮美作为齐鲁名园长，以生态健康教育为基本支撑，大力开发践行自主游戏课程，创建统整"校园环境、显性隐性课程、人际关系"多种要素的校园生态。这些生动的教育实践直接体现在她的《儿童立场：幼儿自主游戏课程的开发与实施》一书中。该书从理论出发，阐释儿童立场内涵，重申教育改革应以儿童为中心，并紧密联系实际，借助于丰富案例呈现如何开发与实施自主游戏课程，真切呈现了儿童立场的课程开发与实施模式，具有很好的实践性和操作性。

　　总之，学前教育必须把儿童立场作为基本法则，严格按照儿童年龄特点和身心发展规律开展以游戏为主的教育教学。换言之，学前教育只有抛弃"成人意志"的儿童观念与"成人期待"的思维方式，回归儿童教育初心，才能更好地促进儿童健康快乐成长。

　　是为序。

中国教育科学研究院副院长、研究员　于发友

目录
CONTETS

第四章

让教师成为儿童游戏的观察者、守护者和支持者

第五章

让发展评价助力多维度共同成长

第一章

尊重和信任儿童

尊重和信任是开启心灵之门的钥匙。只有尊重和信任儿童，他们的心扉才会向你敞开，他们的心灵才能处于舒展、愉悦的状态。如同幼嫩的花蕾，唯有温煦的春风春雨才能催其绽放成花。

坚持和践行儿童立场，既是一种规律和方法，也是一种态度和精神。作为幼教工作者，首先要树立尊重和信任儿童的态度和精神，让尊重和信任成为滋养儿童心灵世界的源头活水。当我们给予儿童充分的尊重和信任，他们就会尊重和信任自己，成为自己的主人，成为世界的自由探索者、发现者和创造者。

第一节 儿童立场的内涵

我们知道，所有儿童都有自己的立场，他们都有自己独特的思维方式、交往方式、表达方式以及创造方式，等等。教师作为成人，在决策、组织、策划活动时，有没有思考有关立场的问题？即便考虑了，又是站在谁的立场？儿童还是自己？

关于立场，至关重要，它是认识和处理问题时所持有的态度和所处的地位，即你是为谁的，它决定着一切活动的导向与路径。我们教师应该具有怎样的立场呢？成尚荣教授在《儿童立场：教育，应从这儿出发》中谈道："不同的立场，表明了不同的态度，影响着甚至决定着处理事物的方向、方式和结局。教育的立场应有三条基准线：教育是为了谁的，是依靠谁来展开和进行的，又是从哪里出发的。"[1]

这三条基准线是检验我们工作立场的标准。很多时候，我们只是凭借着日常的经验，以成人的思维方式、成人想要的活动成效以及效益为中心展开活动，没有认真思考教育为了谁？我们的立场在哪里？我们甚至想当然地认为，所有的教育当然是为了儿童，要不然为了谁。其实不然，在活动策划中，还真需要好好想一想，是否把儿童放到了教育的正中央，是否真的具有儿童的立场，怎样才算是真正具有儿童立场。

关于儿童立场，是教师要尊重儿童的认知规律及生长发育规律，维护儿童的人格与尊严，以儿童的眼光和视角来看待问题的一种尝试与努力。教师的儿童立场，是教师所拥有的儿童视角，即教师站在儿童的角度去看待儿童。这要求我们教师要探寻儿童学习时所能够达到的程度，从儿童的年龄层次、已有经验、心理发展水平、认知方式、兴趣需要等实际水平出发，按照儿童心灵特有的形式和规律去指导其发展。它是教师采用移情性角色转换手段体验儿童内心世界，为此来达成儿童自我发展、自我实现的目的。其本质是成人立场儿童化。然而，每个人的思想和行为都是源于他看待问题的视角和立场，人们大部分时候都是从自己

---

[1] 成尚荣. 儿童立场：教育从这儿出发 [J]. 人民教育，2007（23）：76.

的立场来判断和审视他人的行为，却极少从他人的角度来思考问题。在教育中，教师常常以成人视角看待问题，缺少用儿童的眼光审视问题的意识。因此，教育需要儿童立场。

想起学校、幼儿园大门上赫然写着的"一切为了孩子""为了孩子的一切""为了一切的孩子"……也许，"一切为了孩子"会时刻警醒教育工作者，心中要装着儿童，要时刻具有儿童立场，要让教育走进儿童、影响儿童、发展儿童。但是，也许"一切为了孩子"只是一种口号，教育工作者并没有深入思考其内涵，只是人云亦云而已。

那拥有怎样的立场才算是拥有儿童立场呢？笔者以为，拥有儿童立场应该具有以下几个特征。

第一，儿童立场需要教师站在儿童视角，并为儿童的发展和幸福为目的。首先，教师在处理教育问题时，必须以儿童的耳朵去听，以儿童的眼光去看，以儿童的心灵去感受。其次，教师在看问题、想事情、做决定时的利益目标人群必须是儿童，以儿童为中心，以儿童的发展为目的。

第二，儿童立场须按照儿童特有的心理特点与规律对儿童进行教育、引导，以儿童年龄、认知结构、经验水平、兴趣爱好、情感需要等为立足点进行教育。布鲁纳关于儿童智力发展的研究发现："在发展的每个阶段，儿童都有他自己的观察世界和理解世界的独特方式。给任何特定年龄的儿童教某门学科，其任务就是按照这个年龄的儿童观察事物的方式去阐述那门学科的结构。"它强调了教师对儿童的认知方式、思维方式、理解事物方式以及完成任务的可能性准确判断和清晰定位。

第三，教师需用移情性角色换位体验、感受儿童的立场。教师需要与儿童产生情感共情，即教师体验儿童的情感，对儿童或高兴或生气或悲伤的情绪做出反应，产生共情。

卢梭说："大自然希望儿童在成人以前，就要像儿童的样子。如果我们打乱了这个次序，就会造成一些果实早熟，它们长得既不丰满也不甜美，而且很快就会腐烂。就是说，我们将造成一些年纪轻轻的博士和老态龙钟的儿童。"儿童是有特有的看法、想法和情感的，如果想用我们的看法、想法和感情去替代他们的看法、想法和感情，那简直是最愚蠢的事。每个儿童都是独一无二的，儿童的成长自有规律。

我们每天和儿童在一起，但有时候，我们并未真正地认识他们，更未真正地发现他们。长期以来，我们习惯站在常人的立场上看待他们，认为儿童是"小大人"。陈鹤琴先生早就做了披露："常人对于儿童的观念之误谬，以为儿童是与成人一样的，所不同的就是儿童的身体比常人小些罢了。"缺乏对儿童的认识和发现，就不可能有儿童立场的建立，也就不可能有良好的教育发生。可以说，教育的根本问题是关于儿童的发展问题，基于对儿童的认识的儿童立场是教育的根本立场。

（王蛮美）

第二节 教育应站在儿童立场上

教育应该有教育的立场，那就是——儿童立场。儿童立场有着丰富的内涵，但其特质与核心是如何看待儿童和对待儿童。只有真正认识儿童和发现儿童，才能坚守儿童立场。

近年来，以中国学前教育研究会理事长、中国学前教育研究会课程与教学专业委员会主任委员、中国学前教育研究会学术委员会主任、南京师范大学虞永平教授为代表的专家们，倡导幼儿教师"坚持儿童立场、以儿童为中心"的幼教新理念，引领学前教育发展新方向。

成人们往往站在自己的立场上，以为了孩子的名义，去要求孩子、教育孩子，但结果却伤害了孩子。我们不得不追问：如今教育的核心价值究竟定位在哪里？教师的崇高使命究竟是什么？儿童的立场究竟是怎样的立场？

关于儿童立场与成人立场，成尚荣教授做了深入阐述和深刻剖析，给我们每一个幼教人敲响了警钟，起到很好的警示作用。我们教师作为教育活动的策划者、设计者和组织者，应该尊重、理解真正"发出"教育需求的儿童立场，因为儿童才是真正的教育活动的发出者，儿童才是教育的主体。关于儿童立场，成尚荣教授写道：

在教育的现实中，儿童立场受到了猛烈的冲击，最为突出和严重的是，成人们以惯有的思维，从自己的立场出发，把自己的需求当作儿童的需求，以自己的兴趣代替儿童的兴趣，最终以牺牲儿童为代价实现自己预定的教育意愿和目标。而最冠冕堂皇的理由就是"一切为了儿童"，最流行的、最有号召力的口号就是"让孩子赢在起跑线上"。看起来，儿童立场似乎是鲜明的、坚定的，但结果是，儿童在儿童立场上的缺位，成人在儿童立场上的越位，最终使儿童立场异化为成人立场，最后只剩下成人立场。其后果是让孩子"伤"在了起跑线上，"一切为了儿童"被改写成了"一切为了成人"。这种以为了儿童名义的成人立场导致了教育的功利主义，这一切又在"一切为了儿童"的旗号下畅通无阻。教育应当解蔽，应当如马斯洛所说的"再圣化"，回到教育应有的立场上去——真正站在儿童立场上。①

"儿童在儿童立场上的缺位，成人在儿童立场上的越位，最终使儿童立场异化为成人立场。"这句话像一声响雷，回响在我们的耳边，回旋在我们周围。

毋庸置疑，教育是为了儿童的，教育是依靠儿童来展开和进行的，教育应从儿童出发，这就是儿童的立场。我们本意上是为了发现儿童的学习，促进儿童的发展，但是，往往却总是不自觉地从成人的立场去思考问题，去追求所谓的最大成效。比如，幼儿园开展"幼儿最喜欢的菜品"评选活动，组织家委会成员、班级教师进行品尝、评判，把家长、教师这些成人评选出来的菜品冠以"幼儿最喜欢的菜品"。当然，请家长了解幼儿菜品的制作过程、营养搭配、卫生状况等，无可厚非。但是我们心中更应该装着孩子，相信他们的能力，尊重他们的选择，真正把他们放到教育主体的位置上，把菜品品尝、评选的权利交给孩子，请他们去品尝、去推荐。但是，很多时候，我们成人只是想当然地把自己的意愿强加在孩子们身上，不管他们喜欢不喜欢、愿意不愿意。大家回想一下，幼儿园开展的所有活动，我们成人召开领导班子会议、教师代表会议，却很少走到孩子们中间，找孩子们商量一下，征求他们的意见，但依然打着"为了孩子们一切""为了孩子们好"的旗号费尽心力地研究、商量、确定，然后交给班级教师组织发动、贯彻执行。如，每年"六一"儿童节开展的素质教育成果展示活动：绘画展示、舞蹈展演、歌唱、体操比赛，等等，舞蹈老师刚排练完舞蹈，音乐老师又来教唱歌，

①成尚荣.《儿童立场：教育从这儿出发》[J].《人民教育》，2007（23）：101.

如此轮番上阵，参与节目的孩子累得筋疲力尽，兴趣降低，但是在成人的"教育"和"鼓励"下，孩子依然坚持参加，虽然累但还算幸运，能够在其他孩子面前尽情展示自己的风采，体验受人瞩目的成功感；而不能参加活动的孩子就不一样了，只能灰溜溜地低着头，四处寻不见自己的尊严和骄傲。

不难看出，类似活动的组织，我们成人没有站在儿童的立场，走进儿童的心里，把儿童摆在主体的位置上，而是基于成人的思考，基于成人的立场。类似的活动到底在孩子的记忆中留下了什么？在促进孩子的发展中起到多大作用？这些都值得我们反思。

针对立场问题，我们面向大班组幼儿做了一次调查："一日活动中，你最喜欢哪一项活动？"教师分组进行了调查。最终的统计结果显示，90.89%的幼儿选择了自主性较强的户外区域自主游戏。由此我们可以看出，孩子们喜欢的，都是自己选择的活动，那完全是他们的自我主张、自我立场。在自主游戏中，幼儿自主选择游戏伙伴，自主选择游戏材料，自主选择游戏内容，自主展开游戏过程，等等。因此，这警示我们成人，不要永远让孩子觉得"我妈觉得我冷"而穿得过多、过厚，剥夺了孩子们思考的权利、自我主张的权利。

因此，我们大力提倡教育的立场应该是儿童的立场，儿童立场鲜明地揭示了教育的根本命义，直抵教育的主旨。教师必须站在儿童立场上，发现儿童和引领儿童，为他们提供良好的教育环境、优质的教育师资、充实而又适宜的游戏材料等，让儿童按照适合自己的速度、自己适合的学习方式，发现自己、找到自己，看得见自己的学习和发展。但是，有很多时候，我们依然免不了那误人误事的成人立场甚至形式主义、官僚主义之俗套，浪费人力、物力及财力。有时候，听老师说，现在真是忙，以至于"静心研究、潜心做事、用心陪伴成了一件奢侈的事情"。

我们到底在忙什么？我们的忙到底与儿童的发展有多大关系？尤其是校长、园长，一天中有多长时间是在教育现场、是和孩子们在一起的？

卢森堡说："一个匆忙赶往伟大事业的人没心没肺地撞倒一个孩子是一件罪行！"我们常常无情地"撞倒"孩子，这是无须争论的事实，其根本原因是我们不知道"儿童是谁""儿童在哪里"。

（王銮美）

第一章　尊重和信任儿童

第三节 坚持儿童立场的教育改革

幼儿自主游戏，是"发现儿童、追随儿童"，打破以教师为中心的"高控"教育的突破口。

自主游戏，让我们重新发现儿童，回归儿童的立场，尊重、顺应儿童的成长规律，让儿童在各个游戏场成为自己的主人，他们的生命被唤醒，激情被点燃，每一个幼儿都成了自信、有能力的学习者！

我们用了五年的时间，从幼儿园游戏活动中存在的突出问题——"幼儿缺乏游戏的自主性"入手，科学分解了制约幼儿自主游戏的原因，如幼儿一次性游戏时间不充足，区域名称及目标指向性单一，高结构材料多、开放性材料少，预设活动多、自主活动少，教师指导幼儿自主游戏的策略缺乏等。针对这些问题，我们作为一线实践者、研究者，立足教育现场，通过体验式、参与式等扎实有效的园本教研活动，大胆创新实践，探索出推动幼儿自主游戏的教育策略，即：创设独立且关联的活动区域，提供适宜且开放的游戏材料，保证充足且自主的游戏时间，开展自主且有趣的区域游戏，掌握支持且有效的教育策略等，极大地提高了幼儿自主的学习意识与能力，促进了社会适应性发展，培养了游戏精神和专注学习品质，建立了完整的人格，为其以后的生存发展奠定了坚实基础。在促进幼儿全面和谐健康发展的同时，提升了教师的研究意识与能力，构建了幼儿自主游戏课程。

一、研究问题

（一）研究目的

开展幼儿自主游戏课程开发与实践的研究，主要目的是剖析制约幼儿自主游戏的原因，探索出推动幼儿自主游戏的有效途径、教育策略及指导方法，提升教师的研究意识与能力，构建适宜幼儿个体需要和兴趣，符合幼儿已有经验、发展速度、学习需要的多元化自主游戏课程，提高幼儿自主的学习意识与能力，促进其社会适应性发展，培养游戏精神和专注学习品质，使幼儿建立完整的人格。

（二）研究意义

幼儿自主游戏具有自主选择、自由操作、自由组合、互动合作和自娱自乐、多元发展等特点。它不仅能丰富幼儿的一日生活，引发游戏兴趣及各种探索活动，满足不同幼儿的好奇心、求知欲和好动的天性，而且还有助于拓展幼儿的经验和视野，丰富认知，发展创造性思维，培养幼儿勤于探究、乐于合作分享的良好品质等。分析当前幼儿游戏状态，存在幼儿习惯于被动参与、缺乏游戏自主性的问题。我们开展幼儿自主游戏课程开发与实践的研究对于破解幼儿游戏自主性不强，探索推进自主游戏深入开展的教育策略，促进幼儿自主、专注等学习能力及学习品质的形成具有重要的实践和研究价值。

（三）研究假设

自主游戏的开发与实施，既需要教师有较高的专业素养，又需要环境及材料的隐性支持。我们将教育目标淡化隐形于环境及材料中，通过细心观察分析幼儿的游戏行为，形成有效的支持策略，建构自主游戏课程，使幼儿在社会性、情感、认知和身体等各方面都得到发展，无形中培养幼儿自主探究、勇于尝试的学习精神，坚持独立、认真专注的学习品质，促进幼儿全面而有个性地发展，为其一生的发展奠定坚实的基础。

（四）核心概念

核心概念主要包括自主游戏、自主游戏课程、开发与实施，它们是一组内涵相关、逻辑递进的概念体系。

1. 自主游戏

自主是指在一定的条件下，幼儿有内在动机行为，对于自己的活动具有支配和控制的权利和能力，是一个自我探索、自我选择、自我建构和自我创造的过程。自主游戏是教师在了解儿童已有经验的基础上，引导儿童共同参与游戏环境的创设，为儿童提供丰富的游戏材料及均等的游戏机会；让儿童按自己的意愿自由选择游戏，以自己的方式进行游戏；在与材料和伙伴的相互作用中，共同分享游戏带来的快乐和学习彼此的经验，促进儿童主动性、独立性、创造性的发展。

2. 自主游戏课程

课程是在幼儿园有准备的环境中发生的，能够帮助幼儿获得有益的学习经验并促进其身心全面和谐发展的各个环节、各种活动的总和。自主游戏课程是指师幼共同创建活动区域、投放游戏材料，幼儿根据自身兴趣、需要和经验水平，

自主选择游戏内容、游戏材料和游戏伙伴，在游戏过程中获得积极的情绪情感、促进能力和个性得到全面发展的活动总和。

3. 开发与实施

其是指教师根据幼儿的年龄特点和发展需要，关注幼儿兴趣，将其纳入学习内容，生成有价值、有意义的教育活动。这是一种以幼儿发展为本、以教师发展为重、帮助幼儿获得有益的学习经验、促进其身心全面和谐发展的有效行动。

二、研究背景和文献综述

（一）研究背景

1. 幼教法规的颁布与实施

（1）《3～6岁儿童学习与发展指南》的深度解读与贯彻执行。教育部正式颁布的《3～6岁儿童学习与发展指南》在说明部分强调，实施《3～6岁儿童学习与发展指南》的过程中应把握以下几个方面：一是关注幼儿学习与发展的整体性。幼儿的发展是一个整体，要注重领域之间、目标之间的相互渗透和整合。游戏是促进幼儿整体性发展的最好体现。二是尊重幼儿发展的个体差异。自由、自发和自主是游戏的本质特征，"三自"意味着每个幼儿都在现有的水平上，根据自己的兴趣和需要进行活动，幼儿的个体差异在游戏中体现得最为淋漓尽致。三是理解幼儿的学习方式和特点。要珍视游戏和生活的独特价值，创设丰富的教育环境，合理安排一日生活，最大限度地支持和满足幼儿通过直接感知、实际操作和亲身体验获取经验的需要。四是重视幼儿的学习品质。专注的学习品质对幼儿的终身学习至关重要，幼儿在游戏时最为专注，游戏最容易培养幼儿专注的学习品质。开展课题研究，使《3～6岁儿童学习与发展指南》的贯彻执行上升到一个新的高度，为它的真正落地找到新的支撑点。

（2）《幼儿园工作规程》的颁布与实施。新颁布的《幼儿园工作规程》第二十九条规定："幼儿园应当将游戏作为对幼儿进行全面发展教育的重要形式。幼儿园应当因地制宜创设游戏条件，提供丰富、适宜的游戏材料，保证充足的游戏时间，开展多种游戏。应当根据幼儿的年龄特点指导游戏，鼓励和支持幼儿根据自身兴趣、需要和经验水平，自主选择游戏内容、游戏材料和伙伴，使幼儿在游戏过程中获得积极的情绪情感，促进幼儿能力和个性的全面发展。"第三十条规定："幼儿园应当将环境作为重要的教育资源，合理利用室内外环境，创设开放的、多样的区域活动空间，提供适合幼儿年龄特点的丰富的玩具、操作材料和幼儿读物，支持幼儿自主选择和主动学习，激发幼儿学习的兴趣与探究的愿望。教育活动的过程应注重支持幼儿的主动探索、操作实践、合作交流和表达表现，不应片面追求活动结果。"《幼儿园工作规程》的颁布与实施，引发了我们新的思考与行动。

（3）《中国学生发展核心素养》的实施与推行。《中国学生发展核心素养》的颁布实施，以科学性、时代性和民族性为基本原则，以培养"全面发展的人"为核心，涵盖文化基础、自主发展、社会参与三个方面，综合表现为"人文底蕴、科学精神、学会学习、健康生活、责任担当、实践创新"六大素养。幼儿园作为基础教育的奠基阶段，从事着"根性"教育事业，对照《中国学生发展核心素养》中"自主发展、社会参与"等关键方面，以及"学会学习、健康生活、实践创新"三大核心素养的实质含义，结合我们的研究现状、发展需要，带给我们新的思考和研究依据，我们将进行自我反思、自我革命、自我挑战，切实开展自由、自发、自主的真游戏，把游戏的权利还给孩子，使每一个孩子都成为会选择、善思考、有主见的智慧儿童。

2. 基于问题的行动研究

"十二五"期间，我园独立承担并主持开展了山东省教育科学规划课题"幼儿园健康教育课程开发与实施的深化研究"，教师们聚焦户外区域游戏，立足幼儿全面发展，创设了开放适宜、生态有趣的教育化、特色化户外区域教育环境，初步形成了支持幼儿户外区域游戏的策略，幼儿的动作技能、身体素质明显增强，意志品质、良好的健康习惯逐步形成，操作、探索、创新能力明显提高。我园出版了课题研究成果《户外区域游戏课程园本化实践案例》，整理了《幼儿心理健康课程园本化实践案例》，课题顺利通过成果鉴定。鉴定小组给予了高度评价，研究成果达到省内领先水平。专家建议："在传承课题成果的基础上，进一步聚焦户外游戏区域建设，聚焦研究内容，在幼儿自主游戏课程建设方面进行深入研究，构建户外区域幼儿自主游戏课程，促进幼儿自主能力及社会性的进一步发展。"我园认真听取专家意见，反思"十二五"期间课题研究中存在的突出问题：幼儿缺乏游戏的自主性，游戏时间不充足，教师缺乏支持策略，游戏材料结构化程度高等。我们以问题为导向，明确研究目标，聚焦研究内容，制定研究策略，不断

深化课题研究，推进户外区域幼儿自主游戏课程的开发与实施，实现幼儿全面和谐发展。

（二）理论依据

1. 皮亚杰游戏理论

皮亚杰非常重视儿童在游戏中自由自在地活动。在游戏中，孩子并非为了追求游戏的结果，而是为了在游戏过程中使自己的认知、情感、动作等方面得到充分自由的发挥，而不受现实的、成人的约束，从而获得兴趣、需要以及情感上的满足。因此，皮亚杰认为，教师的主要任务在于给儿童提供相应的游戏材料和设备，激发儿童的兴趣，使儿童在游戏活动中自由地探索事物、发现问题。由此可见，自主游戏是一种符合儿童身心发展要求的快乐而自主的实践活动，具有自主、自愿的特点，因此，我们要充分尊重游戏者的心愿，发挥游戏者的主动性、自主性，从而促进儿童的认知发展以及整个心理建构的发展。

2. 陶行知的"六个解放"理论

一是解放儿童的头脑，使他们能想；二是解放儿童的双手，使他们能干；

三是解放儿童的眼睛，使他们能看；四是解放儿童的嘴巴，使他们能谈；五是解放儿童的空间，不要把儿童关在笼中，使他们能到大自然、大社会里去扩大认识的眼界，取得丰富的学问；六是解放儿童的时间，不把他们的功课表填满。我园开展自主游戏的初衷，就是为了把游戏的权利还给幼儿，真正实现"六个解放"。

3. 维果茨基的"最近发展区"理论

维果茨基认为，游戏创造了儿童的最近发展区。幼儿的认知发展存在着一个介于儿童自己实力所能达到的水平与经过别人的帮助之后所能达到的水平之间的差距，这一差距被称作最近发展区，我们也可以将它理解为是一个人的最大潜力。游戏活动中，幼儿根据自己的发展水平，结合自己的兴趣和需要进行活动，个体差异体现得淋漓尽致。游戏反映发展，教师可以通过游戏了解幼儿的现有发展水平；游戏巩固发展，幼儿在游戏中的循环反应可以不断巩固发展；游戏促进发展，幼儿通过大量的自发性的探索行为，引发认知冲突，从而产生新的最近发展区。

4. 加德纳的多元智能理论

霍华德·加德纳指出，人脑的思维和认识世界的方式是多元化的，每个人都有八种或八种以上智能，这八种智能代表了每个人不同的潜能，这些潜能在儿童的发展中具有同等的重要地位，它们既相对独立，又互相渗透和促进，只有在适当的情境中才能充分发掘出来。多元智能理论关注个人的全面和谐发展，强调个人富有个性的发展。自主游戏课程不仅仅局限于发展幼儿多种智能的一个或几个方面，同时也为各个智能领域的发展创造了机遇。幼儿在其感兴趣的自由环境中进行自主游戏，有助于他们展现许多平时隐藏着的潜力。在他们熟悉的环境中，更容易进行探索，并且易于将其探索的成果学以致用，从而引发他们进一步探索与学习的愿望。并且，自主游戏课程能够更好地关注幼儿的个别差异，尊重其独特的智力特征，最大限度地适应每一位幼儿不同的学习需要。

（三）国内外相关研究成果

1. 研究现状

幼儿园的创始人福禄贝尔强调："儿童早期的各种游戏，是一切未来生活的胚芽。""幼儿最自然的活动方式就是生动活泼的游戏。"我国幼教之父陈鹤琴指出："小孩子生性好动，以游戏为生命。"游戏是学前儿童身心发展的需要，是促进他们儿童身体、智能、道德品质、情感、创造性发展以及成长的重要手段。在游戏活动中易于唤起儿童的学习兴趣，使儿童玩中学，学中玩，学得轻松愉快。游戏所涉及的内容是与儿童的兴趣相关联的，游戏应该与儿童的行为相关联，游戏应该与儿童的主动、自发相关联。游戏既是课程的内容，又是课程实施的背景，还是课程实施的途径。但是在实践中，以知识为本位的教学观引导下的教学游戏化模式仍占据一席之地。

2. 学术和应用价值

通过对已有材料的分析研究发现，我国幼教工作者及专家开始重视幼儿自主游戏的开发与研究，但是只集中在某个单方面的研究，系统的总结很少，只是一些散落的论文和成果，缺乏系统的、可借鉴的户外区域幼儿自主游戏研究成果。我们在山东省教育厅的正确领导下，在省教育科学研究院的科学指导下，在一对一理论导师与实践导师的双重指导下，采用理论＋实践的行动研究方式，构建幼儿自主游戏课程，提高幼儿自主的学习意识与能力，促进其社会适应性发展，形成目标合理、方法可行、措施到位、经验可鉴的幼儿自主游戏课程体系，较好地弥补了幼儿园在户外区域自主游戏课程建设方面的空缺。

三、研究程序

（一）研究设计

自主游戏开发与实施的研究采用"全园统筹，管理外促，整体推进，专业引领，行动研究"的策略。学习《幼儿园工作规程》等学前教育法律法规，认真贯彻落实《3～6岁儿童学习与发展指南》精神，反思前期课题研究"幼儿园健康教育课程开发与实施的深化研究"中存在的突出问题——幼儿缺乏游戏的自主性，通过检索、查找国内外相关研究资料，分析研究现状及发展趋势，结合本园发展实际，研究制定课题研究目标、研究内容及教育策略，采取积极的园本教研活动，学习先进园所的相关经验，探索创新，勇于实践，破解发展瓶颈，努力推进自主游戏的深入开展。

1. 课题研究目标

总目标：提高幼儿自主的学习意识与能力，促进其社会适应性发展，培养游戏精神和专注学习品质，使幼儿建立完整的人格，构建幼儿自主游戏课程。

具体目标：

（1）构建户外区域幼儿自主游戏课程。通过研究，形成目标合理、内容科学、评价有效的幼儿自主游戏课程体系。

（2）提升教师研究意识与研究能力。注重行动研究，使教师理解"自主性游戏"的真正内涵，掌握促进幼儿自主游戏的教育策略；尊重并解放幼儿，通过游戏真正了解幼儿，做幼儿活动的研究者、支持者、推动者，不断提升教师的游戏素养与专业发展。

（3）促进幼儿社会性发展及独立自主能力的提升。通过幼儿自主游戏，实现"六个自主"，即自主选择游戏区域、自主选择游戏内容、自主选择游戏伙伴、自主生发游戏玩法、自主整理游戏材料、自主表征游戏过程，逐渐提高幼儿独立自主能力，养成自我管理的良好习惯，发展幼儿专注的学习品质、开放灵活的思维方式，锻炼坚强勇敢的意志力，促进幼儿社会性发展，培养幼儿完整的人格。

2. 课题研究内容

本课题细化分为4个子课题：

（1）户外区域游戏环境与材料投放的隐形课程构建及实施。

（2）幼儿自主游戏课程的构建与实施的研究。

（3）幼儿自主游戏课程的评价研究。

（4）推进自主游戏课程深入开展的教师专业发展研究。

3. 课题研究的重点难点

（1）课题研究重点：户外区域游戏环境与材料投放的隐形课程构建及实施；幼儿自主游戏课程的构建及实施。

（2）课题研究难点：幼儿自主游戏课程的多元评价研究。

4. 课题研究实施步骤

（1）准备阶段：明确研究方向（2015年11月—2015年12月）。

①对幼儿园自主游戏活动现状进行调研，制定并发放调查问卷，查找自主游戏活动存在的问题，明确研究方向。

②建立组织机构。建立以园长为组长、业务园长为副组长、保教主任等为组员的课题领导小组。明确人员分工，建立课题研究制度，为课题开展提供保障。

③查阅资料，收集相关信息，讨论制定"幼儿园自主游戏的开发与实施方案"。

（2）实施阶段：具体推进实施（2016年1月—2018年12月）。

①加强理论学习。组织教师采取集体与自学相结合的形式，学习《幼儿园工作规程》《3～6岁儿童学习与发展指南》等有关幼儿健康教育、游戏的理论知识。同时，邀请专家举办专题讲座，解决研究中的问题与困惑，不断提高理论素养，奠定研究基础。

②注重实践探索。与自主性游戏特色园建立联系，增进交流，借鉴好的经验与做法，并结合实际创新运用。

③组织园本教研。组织参与式、案例式、体验式等园本教研活动，提升教师教研意识与水平。

④加强观摩交流。子课题组之间适时交流、分享观摩，实现智慧碰撞，经验共享，推动游戏活动深入开展。

⑤整理撰写课题阶段性成果报告。

（3）总结阶段：梳理研究成果（2018年1月—2018年6月）。

①围绕课题目标，对研究成果进行科学的整理与分析，撰写课题总结报告，整理研究成果并出版。

②开展优秀实验报告、优秀实验教师、幼儿学习故事案例、优秀论文等评

选活动。

③请有关专家领导对课题成果进行鉴定。

5. 健康课程预期研究成果及形式

（1）形成总课题及子课题研究报告。

（2）出版具有地域特色的幼儿园自主游戏课程经验总结。

（3）幼儿自主游戏活动视频集锦。

（4）幼儿学习故事案例集。

6. 促进自主游戏开展的保障措施

（1）专家团队引领课题研究方向。我们在省教科院领导的支持帮助下，在省、市专家的指导及理论导师（华东师范大学柳倩教授）、实践导师（东营市胜利实验小学李翠兰校长）的双重指导与帮助下，课题研究工作不断深入。专家对理论与实践的指导，为课题研究顺利开展奠定了坚实的基础。

（2）优秀团队凝心聚力助推发展。作为管理者，我们采取管理外促的方式，提出"凸显一条主线，实现两种变革"的工作思路。"一条主线"即以教科研为主线，积极培育问题意识与研究意识，用园本教研的方式解决工作中的问题；"两种变革"即教师教育理念的变革——尊重幼儿学习的主体地位，真正解放幼儿；幼儿学习模式的变革——拥有足够的活动时间、空间及材料，实现自主性游戏。

（3）专业师资助力课程全面建构。目前，我园有一支由齐鲁名校长、齐鲁名师、省特级教师、省市教学能手、省市优质课一等奖获得者、市学科带头人等组成的优秀团队。教师队伍不仅具有优秀的道德素养，还具有较高的理论和科研素养，为教育科研提供了智力支持和帮助。但是，我们并不满足现状。我们根据园本教研目标，制订学习计划；定期邀请专家、教授来园举办讲座，组织教师到华东师范大学进行订单式培训；购买《3～6岁儿童学习与发展指南》《幼儿游戏理论》《幼儿园自主性学习区域活动指导》等理论书籍并认真学习。教师们带着问题与困惑，积极主动学习，虚心请教，通过图书室查询理论书籍、网络搜寻相关经验、观看自主游戏视频、聆听专题讲座、积极参加园本教研等，使每一名老师都成为教学实践的研究者、园本教研的参与者，努力破解发展难题，从而理解了自主游戏的内涵。

（4）经费投入提供物质基础保障。我园加大课题经费投入，全园教职工凝心聚力，全力以赴，确保幼儿自主游戏课程开发与实践顺利进行。另外，课题负责人及教师注意原始资料的收集与整理工作，及时科学分类并归档管理。

（二）研究对象

幼儿自主游戏课程开发与实施的研究，以建构主义理论、发展心理学、多元智能理论等为依据，借鉴国内外关于自主游戏的最新研究成果，坚持理论与实践相结合，以促进幼儿社会性发展、提升幼儿的核心素养为目标，构建高效的户外区域自主游戏活动课程，促进幼儿多元化发展，构建园本化游戏课程。

（三）研究方法

为了顺利完成课题目标，获得真实可信的实践资料，形成具有指导意义的研究成果，在实践中，我们以行动研究法为主，辅之以问卷调查等方法进行研究。

1. 行动研究法

行动研究是课题研究的主要方法。教师针对活动的现状，发现问题，不断提出解决问题的办法与方案。

2. 观察法

制定观察量表，辅以图片、视频等手段，通过个别观察、全面观察等形式，记录幼儿游戏行为，追踪幼儿游戏发展，为解读幼儿和深入了解幼儿提供资料，为课题研究提供实践依据。

3. 问卷调查法

通过向教师、家长问卷调查，掌握制约自主游戏课程建设的因素，了解教师的发展需求；了解家长对幼儿园自主游戏的满意度及支持程度等。

4. 文献法

通过文献检索，了解项目研究的背景资料、理论基础。

5. 个案研究法

主要是针对活动中有特别表现的幼儿进行的记录、跟踪研究。

6. 访谈法

通过和受访人面对面交谈，了解受访人的心理行为及其认知，从而制定改进策略，推进自主游戏课程建设。

（四）技术路线

1. 创设独立且关联的活动区域，发挥环境课程的育人作用

（1）整体规划，创设多元户外游戏区域。

我园户外活动场地面积 15940 平方米。在"幼儿自主游戏课程开发与实践"课题开展之前，我们将场地划分为平衡区、投掷区、攀爬区、跑跳区等户外区域，并根据每个区域的活动目标和特点，配置了活动材料。幼儿与材料有效互动，促进了基本动作的发展。但是，由于区域名称及目标指向性单一，缺乏整合性，导致幼儿活动兴趣逐渐降低。因此，我们根据《3～6岁儿童学习与发展指南》各领域的发展目标，结合幼儿的活动兴趣和发展需要，本着"全面规划、因地制宜、充分利用"的原则，把户外活动区域重新调整、布局，开辟了多个开放性的户外游戏区域。区域之间既体现整合，又体现开放与互动，区域功能多元，承载着幼儿的全面发展，极大地促进了幼儿知识与理解、方法与技能、情感、认知和身体的发展，促进儿童的思维、推理、判断、解决问题等能力的发展。

如，拓展训练营，位于我园南场地的树林之内，春天小草发芽，树木吐新绿；夏天绿树成荫，鸟唱虫鸣，郁郁葱葱的草坪铺地而生；秋季果实压枝，黄叶飞舞；冬季来临，落叶铺地宛若驼色毛毯。其地势有高低适中的土坡，也有平整的林荫大道；植被有高低不同的灌木丛，更有承载起孩子们快乐的粗壮大树。在这样一片儿童乐园里，我们最初的设想是让孩子们扮演战士，可以进行体能训练、可以进行对抗作战，于是我们在此创设了大型碉堡、作战工事、轮胎桥、高空悬梯、升降轮胎车、攀爬梯、攀爬架、沙包、海绵垫、沙袋、玩具机关枪、迷彩军帽、轮胎、梯子、迷彩网、彩旗等。随着孩子们的自主探索和不断创新，我们追随孩子们的需要，相继投入了背筐、锅碗瓢盆、火苗、担架、旗子、垫子、医护急救包、吊瓶、听诊器、医生服装等，这些材料引发了更加丰富的游戏情节，每次作战或训练都会有女孩子们负责做饭、看病等，游戏活动也由原来的简单跑动对抗衍生出了炊事班、战地医院、中草药师，吸引了更多的女孩子和年龄小的孩子加入。随着孩子们运动技能的增强和挑战自我的需求，更为了满足部分动作能力较强孩子的发展需要，我们又依势而建，用竹梯设计了吊桥、瞭望塔，用滑轮和轮胎设计了升降机。孩子们把这些险关加入游戏情节中，不断地挑战自我，经过一段时间的锻炼，中班大部分孩子都能直立行走通过吊桥，也能几人齐心协力地用升降机把他们的同伴拉到半空，再缓缓降下，玩得不亦乐乎。当然，孩子们也有调皮的时候，他们会坏坏地使个眼神，一起松手，将升降机突然放下，把坐在升降机上忘情的幼儿重重地放在地上，好在地上放着厚厚的保护垫，才不至于使孩子们受伤。

拓展训练营得天独厚的环境，也为孩子们提供了唾手可得的游戏材料，如满地的树叶可以当成蘑菇、草药、饭菜等，随手捡起的枯树枝在孩子们手中变成了宝剑、捣药锤和冲锋号。春天在这里看小草发芽，大树开花；夏天来了，草地里不断出没的昆虫也能成为孩子们不懈探索的对象，任何一种人为的玩具都无法与大自然的赐予相媲美。在这里，在潜移默化的熏陶中，不仅提高了幼儿钻、爬、跨跳、平衡等动作技能，还培养了孩子们勇敢坚强的意志品质和解决问题的能力，培养了孩子们良好的合作精神和对游戏的兴趣，孩子们变得更加独立、自主、自立，与同伴协商、合作、分享的能力也大大提高。

又如嬉水区。它位于我园场地东侧，是孩子们在炎炎夏日极喜欢的户外活动区域之一。一个圆形大水池连接两个圆形小水池，空中俯瞰似米奇头像。水适合所有心智状态的孩子，玩法也是变化无穷。为了满足孩子们游戏的需要，我们在嬉水区投放丰富多样的玩水工具，如水车、压水器、大脸盆、瓶子、漏网、旋钮玩具、水箱、水枪、钓鱼器械、海洋球、水车。每个孩子都会依据自己的喜好，选择适合的游戏材料生发自己的游戏玩法。另外，雨鞋、备用衣服和毛巾也是孩子在玩耍时必备的工具。在这里，他们可以尽情地体验水的乐趣，玩水枪、打水仗、摇水车、划船、钓鱼、捞鱼、利用各种工具运水等，从而使孩子们感知水的特性，发展想象力和创造性；同时，还能体验同伴之间合作的乐趣，以及学会分类、有序地收整玩水工具等。

再如沙滩城堡。我们预设的主要功能是幼儿在玩沙的过程中，了解沙的特性，发展感知觉，激发创造力、想象力；练习大小肌肉动作，发展手眼协调能力；初步感知容器（小桶）与内容物（沙子）之间的关系，增加对空间关系的认识能力；通过大带小混龄游戏，学会与同伴进行分享，体验合作的乐趣等。因此，我们在沙滩城堡活动区域，有针对性地投放了游戏材料：一是废物巧利用类材料，如保鲜膜纸棍、奶粉桶、矿泉水瓶、废旧塑料管、粗细不同的 PVC 管、旧玩具、餐具、炊具、小水杯、废旧塑料筐、塑料桶、保温桶；二是购置类材料，如挖沙机、玩沙工具、塑料翻斗车、漏沙吊筐、引水渠、花洒、小水桶、水瓢、花园铲、塑料铲、小铁铲、各种塑料模具、铁筛子、线轴、储物箱以及供幼儿自由取水的水系

第一章 尊重和信任儿童

统。在以湿沙为主、干沙为辅的沙滩城堡里，幼儿堆小山、架大桥、挖山洞、建房子、造公园，尽情地发挥想象去创造，感受玩沙、玩水带来的乐趣。与此同时，还可以感受四季并随着四季的变化展开活动：春天孩子们在这里种树、种花；夏天挖沟引水，架桥修路；秋天捉虫拾叶，吟诗作画；冬天藏宝寻宝，尽情欢笑。他们嬉戏玩耍，充分游戏，一方沙土给孩子们带来无穷的乐趣和丰富的体验。

之后，我们继续为孩子们创建了搭建梦工厂、快乐大本营、沙滩城堡、宝贝球场、快乐淘气堡、自由创意坊等 13 个户外游戏区域，并设计了特色鲜明、易于识别的标识牌，形成了相对固定的户外活动区域，投放了丰富适宜的游戏材料，为孩子们快乐自主的游戏活动奠定了坚实的基础。（见本节附录表一：前后活动区域对比表）

（2）优化整合，实现户外区域有机联动。

第一，区域整合。我们将原先以单一动作发展为侧重点的攀爬区、跑跳区、投掷区、平衡区、钻爬区等活动区域整合为闯关游戏区，将各种活动器械有机连接，幼儿与各种器械有效互动，在游戏中潜移默化地提高了运动能力。同时，为了避免时间的隐性浪费，我们把原先的攀爬区等各个区域进行了编号，幼儿进入活动区域之后，自由选择标有不同顺序号的卡片，开展不同路径的游戏活动与锻炼。

第二，区域联动。我们巧妙利用北大门东侧的宽敞地带，创设了交通游戏城，规划了交通路线，配置了交通指挥亭，网购了体现各种社会角色的幼儿交警服饰等，购置了诸如三轮车、独轮车、人力车等多种功能的幼儿车辆；创设了交警指挥台、红绿灯、嘉年华 4S 体验中心，还设有洗车间、维修部、休闲吧等。在洗车间投放了小桶、喷壶、抹布、雨靴、手套、旧洗衣机；在维修部投放了各种维修工具以及废旧童车；休闲吧则是孩子们存放水壶的地方，并且放有幼儿读物；在换衣间中放有交警、消防员、维修工及洗车工的帽子、衣服等工作服；加油站则是把废旧的饮水机经过美化变身为一个个加油设备，为幼儿开展交通游戏奠定了坚实的基础。幼儿通过全真模拟角色游戏，了解了交通规则及行为，丰富了社会经验，培养了良好的人际交往能力及守规则、懂礼貌、善自律等品德，体验了交通游戏带来的无限乐趣。最重要的是这种情景化的学习方式生动活泼，润物无声，更易于被幼儿接受。同时，我们又利用苗木成林、绿树成荫、绿草如茵等自然条件，创建了森林乐园，先后投放了盘丝洞、锥形网、小吊床、小木桥、小木房、攀登梯、平衡木等活动材料。每种材料兼顾大、中、小班幼儿的年龄特点与性别差异，游戏材料高低不同、疏密有别，适合全园不同年龄段的幼儿玩耍。

森林乐园临近交通游戏城，孩子们经常穿梭于两个区域之间，在享受交通游戏的快乐之余，又体验到森林乐园中小吊床、爬高乐等带来的乐趣，为幼儿提供了合作交流、大胆想象、选择策略和解决问题的条件，促进了其认知和社会性发展。

独立且关联的活动区域，使幼儿园真正成为孩子们的游戏乐园，让看得见的学习随时随地发生，让幼儿随处可游戏，一处多游戏，让幼儿的学习看得见痕迹、留得下踪影。

2. 创新支持且有效的教育策略，推进游戏课程持续深入开展

随着《3～6岁儿童学习与发展指南》的颁布与实施，结合对《3～6岁儿童学习与发展指南》的精准解读，我们对当前游戏活动中存在的问题进行了反思与专题讨论，孩子们的户外区域游戏到底是真游戏还是假游戏？经过研讨，大家一致认为，虽然游戏活动丰富而精彩、组织形式别样而创新，但是，我们自身存在突出的问题，就是孩子们缺乏游戏的自主性。幼儿几乎所有的活动都在教师的策划与控制之下，孩子们习惯于被动参与，有时候甚至消极等待，很多时候都以教师允许和规定的方式进行游戏。

发现并提出问题之后，迫使我们不断进行改革。通过一次次园本教研、外出学习、游戏观摩、向知名专家请教咨询等，我们彻底醒悟，终于明白了什么是真正的游戏，幼儿真正需要怎样的游戏。随着园本教研的不断深入，一系列问题迎刃而解，支持推进自主游戏深入开展的教育策略也逐渐形成。

（1）保证充足且自主的游戏时间，满足幼儿游戏需要。

第一，科学统整，确保充足游戏时间。充足的时间是确保游戏效果的基础。过去我园每天安排户外区域活动、间操、餐后散步、户外自由活动分别为30分钟，一天累计2个小时。虽然户外活动时间符合《幼儿园教育指导纲要（试行）》中的规定要求，也能够满足幼儿的活动需要。但是，一次性游戏时间不充足，不能保证幼儿深入持久地进行游戏，无法满足幼儿的游戏愿望。针对这一问题，课题负责人组织课题组成员进行了集中教研。因为问题相对集中，大家很快达成了共识：调整作息时间，化零为整，将一天零散的自由活动时间、户外区域活动时间

进行整合，将原先 30 分钟的户外区域游戏时间调整为 60 分钟。游戏时间不足的问题解决了，随之又出现了新的问题：在长达 1 个小时的户外活动中如何解决幼儿喝水、如厕的问题？有的老师提出回班级喝水，有的老师说活动时间不太长不用组织喝水，有的老师则提出幼儿自带水壶等。我们针对多种建议逐一论证，终于有了最佳方案：幼儿自带水壶，按需喝水；搭建简易卫生间，安装洗手盆等，幼儿按需如厕等。

人性化的科学安排既保证了游戏的时间，又符合幼儿的生理需要。（见本节附录表二：时间调整表）

第二，科学调整，确保适宜游戏温度。根据不同季节的不同气温等特点，我们适当调整作息时间。在比较炎热的夏季，将户外区域游戏时间调至 15：45 ~ 16：45；在比较寒冷的冬天，将户外区域游戏时间调至 9：50 ~ 10：50 等，确保幼儿在适宜的温度下进行游戏。另外，根据部分户外区域材料可移动的特点，在不同的季节进行不同的位置调整。如搭建梦工厂活动区域，冬天，在开阔的场地上沐浴着温暖阳光自由搭建；夏天，将搭建材料装在可移动的不锈钢框内，运至有阴凉地的车棚下面惬意搭建。适宜的温度，使幼儿的自主游戏有了基本的保障。（见本节附录表三：不同季节作息时间安排）。

第三，解放幼儿，自主支配游戏时间。在一个小时的户外区域游戏过程中，教师除了提醒幼儿要注意安全外，应充分解放幼儿，不做集体安排、不做统一要求，幼儿完全可以根据自己的兴趣需要，约上能力相当、相互喜欢的小伙伴，到户外活动区域自由选择游戏材料，自主支配游戏时间，自由选择游戏内容等，使幼儿真正进入游戏世界，成为游戏的主人。在此基础上，教师可以巧用音乐和语音进行提醒，使幼儿的游戏更加自主。当游戏接近尾声的时候，因每个户外区域的材料不同，多少不同，收整所用的时间也不同的缘故，我们便用幼儿喜爱的音乐《虫儿飞》和语音提示的双结合方法，提醒幼儿游戏活动即将结束，要做好结束前的准备工作。当听到《虫儿飞》音乐的时候，搭建梦工厂、快乐大本营等区域的幼儿便可以进行收整，其他区域的小朋友可以继续游戏，五分钟之后再次听到"小朋友们，自主游戏的时间马上就要结束了，请小朋友们把玩具送回家吧"的语音提示时，幼儿便结束游戏，全部进入收整阶段，使活动进入下一个环节。

充足且自主的游戏时间，保证幼儿真正进入游戏世界，尽情地探索、大胆地交流，更加持久地进行游戏。在每一个游戏现场，幼儿的激情被点燃，生命质量得以提升。可以说，每一个幼儿都是生机勃勃、独一无二的，每一个生命都充满了张力。

（2）提供适宜且开放的游戏材料，引发幼儿自主游戏。

虞永平教授在《学前教育质量问题需要三思而笃行》一文中特别强调了游戏材料的重要性，他指出："游戏材料是幼儿发展的关键，良好的材料能引发幼儿不断的探索、交往和表现。材料多样化，幼儿的探索就会多样化；材料具有开放性，幼儿的探索就会更加自由、自主，更容易获得有益的新经验。"这成为指导教师投放材料的标准。因此，我们除了提供一些高结构材料促进幼儿发展之外，还提供了大量的低结构开放材料，让幼儿的学习看得见。

第一，提供开放材料，引发幼儿游戏行为。良好的材料能够引发幼儿不断尝试、实践与创新。为此，我们对材料的投放进行了深入研究，为每个活动区域提供低结构游戏材料，不断引发幼儿的游戏行为，让幼儿控制材料，而不是材料绑架、控制幼儿，使幼儿拥有游戏的自主权，不断获得有益的新经验。如，拓展训练营活动区域，老师提供一根木棍，孩子们就会变成刀、剑、枪甚至是冲锋号；提供一片小小的枯树叶，有碗就变成饭菜，有筐就变成蘑菇等，正是像树叶、木棍这些随手可得的低结构材料使得孩子们能自主掌控、大胆想象，不断尝试与探索。因此，作为老师只有站在幼儿的后面，去追随幼儿的兴趣，幼儿才能获得真正的自主。

第二，与材料有效互动，提高探索创新能力。在幼儿与材料的有效互动中，我们认真观察教育现场，了解幼儿的游戏需要，及时提供支持与帮助。如，在搭建梦工厂活动区域，我们提供了各种形状的大型木质积木、泡沫垫、彩色砖等，为幼儿的快乐搭建提供了保障；在拓展训练营，堆砌土丘、投放沙袋、枪支、迷彩网、轮胎、梯子、锅碗瓢盆等开放性游戏材料，生发了野外对战、炊事班的故事、战地医院等游戏。

（3）形成支持且有效的指导策略，提升幼儿游戏水平。

在自主游戏的起始阶段，教师并没有掌握自主游戏的指导策略与方法。放任不管或者高控现象依然是制约自主游戏开展的关键问题。随着《幼儿园工作规程》及《3～6岁儿童学习与发展指南》的贯彻实施，教师们认真学习游戏理论、

关注教育现场、解读幼儿行为、分享教育故事，尤其是成功案例的分享，为教师提供了便捷的、直接的学习方式以及操作层面的支持和帮助，老师们逐渐掌握了支持幼儿自主游戏的指导策略。

【幼儿学习故事一】

一起来建我的电视塔

户外区域活动的时间到了，俊宇和几个孩子商量着要搭建一个电视塔，俊宇对清风湖畔的电视塔很感兴趣，他说："我仔细观察了电视塔，高高的，下面粗，上面细……"

电视塔的基本框架采用了架空和垒高的方法，节省了不少材料，这种方法搭建出的作品空间感较强。

俊宇每一块积木都搭建得很仔细，左看看右看看，认真地目测、对齐和放平，上半部分选用了短一些的积木材料，电视塔已初具规模，下粗上细的形态逐渐展现出来。

泽华已经在电视塔的一侧立上梯子，并爬了上去，这时俊宇迅速爬到了梯子上，在梯子上两个孩子发生了争执……（基于对安全的考虑，老师及时出现了。）泽华并没有放弃，他和洋洋搬着梯子转到了电视塔的另一侧，试图参与到搭建中。这时俊宇迅速搬着一块大积木走过来，大声喊道："走开，快点走开！"无奈之下朋友们挪开了。

他费劲地登上台阶将积木举高，他有些吃力，经过一番努力，最终将积木放了上去。这时，他已经满头大汗，筋疲力尽，同时也暂时停顿了游戏。

老师趁机走过去，和俊宇展开了这样一段对话——

老师："你可真有劲，能把那么重的积木搭那么高。"

俊宇："好累呀，现在已经没力气了。"

老师："那你为什么不借用一下别人的力气呢？你的朋友一直想帮助你。"

俊宇："我怕他们把我的电视塔弄坏了。"

老师："他们是因为喜欢你的电视塔，才那么想帮助你，所以，你不用担心，大家一起会更省力的。"

（原来俊宇不接受他人帮助的真正原因，是心里更加珍视自己的劳动成果。在这个过程中，老师并没有急于告诉孩子怎样做，也没有急于引发孩子的合作行为，而是给予孩子充分的时间，让他感受独自搭建的艰辛，以便于更能理解同伴合作的真正意义。老师的静观和等待，是为了让合作交往变成一种自发自主的行为。）

俊宇接受了老师的提议，开始接纳其他孩子的参与，他说："我是队长，你们都得听我的。"在游戏中，俊宇开始分配任务，其他孩子顺从地遵守了他的分工，他在小组中的主体地位逐渐凸现出来。

小伟负责传递材料，他说："这是给大王的，第一块是给大王的。"（他心中的大王就是俊宇。）俊宇说："你先让他拿着。"

随着电视塔的不断升高，吸引了更多孩子的加入，俊宇想在顶上插上一面旗子，可是电视塔是中空的，怎么办？

老师："你们可能缺少一个插旗子的底座。"

俊宇："我有办法了，这个终于派上用场了！"俊宇和伙伴们踩在梯子上把长板一起搬上去并铺在上面。

"老师，你能帮我们往上运那种大圆体吗？"

老师："好啊。"面对孩子的求助，我欣然答应了，并及时提供了帮助。

（因为大圆柱木桩非常重，一些孩子试图举高递给俊宇，但是由于力量不够失败了。）

电视塔上细下粗及错落有致的层级搭建，形成了每一侧面的楼梯形状，孩子们争相在上面爬上爬下。

俊宇再一次和同伴发生了冲突："那不是楼梯，那楼梯在哪里？"

大小不同的梯子成了现成的楼梯，心中的电视塔，终于建成了。最初属于俊宇一人的搭建，变成了大家共同的快乐。

（薄娜娜）

经历了幼儿自主游戏之后的年级主任许海英感慨道："孩子是天生的艺术家，孩子是天生的创作家，孩子是天生的表演家。曾经我们高喊着口号：'激发幼儿兴趣、培养幼儿能力'，挖空心思、苦思冥想地设计各种所谓的游戏，与孩子们

无穷无尽的想象力、创造力相比，是我们这些自诩聪明的成人无法企及的。像树叶、木棍这些随手可得的低结构材料孩子们自主掌控、大胆想象、不断尝试，使拓展训练营活动区域每天都在上演不一样的精彩！孩子的饭还得他们自己掌勺，我们老师也许仅仅是个拾柴者。让材料引发游戏行为，孩子才能在行动中体验、在行动中学习、在行动中成长。"

一场场科学有效的园本教研活动，一次次生动有趣的学习故事分享，引导教师解读幼儿的表现，剖析自己的行为，分析游戏背后的教育价值，逐渐掌握了以下支持推动幼儿自主游戏的指导策略。

第一，最少的干预，给予幼儿自主游戏的空间。游戏，是幼儿想做，不是要幼儿做；游戏，是充分相信幼儿能做；游戏，是幼儿积累直接经验的过程。所以，在游戏之初，我们要管住自己的手，闭上自己的嘴，瞪大自己的眼，竖起自己的耳。幼儿游戏过程中，教师充分解放幼儿，做幼儿游戏的观察者、支持者、合作者，不干扰、不打断、不催促，给幼儿足够自主的时间和空间，幼儿完全根据自己的兴趣需要，或到规定区域或自选区域进行游戏，自主支配游戏时间，自由选择游戏伙伴及材料，自由想象、自由探索、自由表达，使幼儿更好地成为他们自己。

第二，最多的观察，解读幼儿的游戏行为。观察幼儿的游戏行为，记录有意义的游戏活动，判断幼儿实际的发展水平，分析幼儿行为背后所蕴含的教育价值。观察游戏行为是前提。观察的过程就是观看、记录的过程。那应该观察什么、记录什么呢？老师们认为，观察要从材料、幼儿两个方面进行。一是观察材料。幼儿是否对材料感兴趣，材料能否诱发幼儿的游戏行为，材料的数量是否适中？二是观察幼儿。观察幼儿既要全面，又要突出重点；既要短时间观察，又要长时间的持续观察。同时，应该重点关注有探索性及突出表现的幼儿，离于活动之外的幼儿，有困难需要帮助的幼儿，有冲突的幼儿等。

记录活动表现是手段。老师按照自己的记录习惯，或采取便条记录，或采用影像记录，为教师活动结束后整理、撰写教育故事与学习故事提供了方便。

分析解读游戏行为是关键。教师要树立"在游戏中发现幼儿的学习、在游戏中了解幼儿的发展"的理念，用教育的眼光敏锐地观察幼儿的游戏，获得具体、真实的信息，了解幼儿的兴趣、特点和需要，记录有价值的学习与思维的过程，解读游戏行为，掌握幼儿的实际游戏水平，做出科学评价，提供适宜的支持与帮助，更有效地拓展幼儿的经验，促使他们更健康地发展。

为了更进一步了解幼儿、解读幼儿，我们采用体验式园本教研的方法，多次组织园本教研活动，如"怎样提升快乐大本营的运动功能？"。在游戏现场，老师们实地操练，当起了孩子，体验着孩子们的感受和需要。大、中、小三个年级组的教师利用高低不同、长短不等的梯子、长板、轮胎等，自由拼摆、搭建，之后运用拼搭的 S 路、木桩、高架桥、多功能滑梯等尝试锻炼，有的老师骑上自行车、滑板车从"高架桥"下钻来钻去，有的老师找来孩子体验搭建作品是否适合，从而更加了解幼儿的发展和需要。

在幼儿游戏的过程中，老师通过观察幼儿的操作学习、实践探索、交往合作等行为，科学分析幼儿行为背后所蕴含的教育价值，准确判断幼儿实际的发展水平，并适时提供支持和帮助，推进了游戏的深入开展。

第三，最巧的支持，满足幼儿本真游戏的需求。支持包括教师介入和教师指导。从幼儿的游戏中，教师总结出了介入时机、介入方法及有效指导的最佳策略。一是适时把握介入时机。教师要在幼儿多次尝试、反复求证无果的时候适当介入；要在幼儿无所事事、游戏无法推进的时候适当介入；要在幼儿活动存在安全隐患的时候适当介入，这些都是教师介入的最佳时机。

二是科学运用介入方法。介入的方法主要包括直接介入和间接介入。直接介入是指教师在指导游戏时，并不直接参与游戏，而是以一个外在的角色，采用语言提示和材料提供的方法，引导、说明、建议、鼓励游戏中幼儿的行为。如，当拓展训练营的碉堡倒塌的时候，在几位颇具领导力的小朋友的组织下，幼儿开始自己搭建。但是由于沙袋、梯子混杂在一起，幼儿搬来搬去，半天不见效果。这时候老师直接介入，用语言提示幼儿先把梯子搬出去，然后把沙袋垒高。当幼儿完成后，老师再次进行直接指导并和她们一起检查是否牢固，确保游戏安全。而间接介入是指教师以游戏中的角色参与幼儿游戏，以游戏情节需要的角色动作和语言，来引导幼儿的游戏行为。其方法主要是与幼儿平行游戏或共同游戏，给幼儿提供支持、帮助，推进游戏的开展。如在拓展训练营，当幼儿救治"伤员"时，由于经验不足无法展开救治，这时，琳琳老师便以一名伤员的身份间接介入游戏，引导孩子使用听诊器、给她包扎、扎小针、输液等，推进游戏的进行。

教学有法，教无定法。教师不可能用同样的方法介入所有的游戏，指导所

有的孩子。华爱华教授提出了判断自己的介入是否有效的三条标准："你的介入是否尊重幼儿的游戏意愿；你的介入是否帮助幼儿获得新的经验，提升游戏水平；幼儿对你的介入是否积极响应。"这三条标准时刻提醒着教师们不断"校正"自己的教育行为。

三是有效进行个性指导。首先，教师的指导是整合的。游戏反映的是幼儿发展的整体性，因此，教师从幼儿的经验出发进行的指导也必将是整合的，各领域之间不能割裂。其次，教师的指导应体现个体差异。每个活动区域不同、游戏不同以及幼儿之间的个体差异等原因，教师指导时要根据每个幼儿的实际需要，提供不同的支持和帮助，体现个体差异性。再次，教师的指导体现顺应性。幼儿对万物充满好奇和探究的欲望，教师的指导应在顺应幼儿天性的前提下，在幼儿内部动机的驱使下，培养良好的学习品质。

3. 开展自主且有趣的区域游戏，促进幼儿健康智慧快乐成长

（1）扎实有效的园本教研，助推自主游戏有效开展。

在刚开始的户外区域活动中，有的老师并没有真正理解自主性游戏的内涵——自由、自主、自发，他们总是不放手，不相信幼儿是一个有能力的学习者，导致预设活动多、幼儿主体地位不凸显、自主活动少等问题，影响了幼儿的自主发展；有的老师则出现变革后的不适应，对幼儿的活动放任不管，任其自由、随意进行。就像褚霞老师在《放开双手，绽放精彩》一文中写道："看着这些结结实实的木质大积木，我心里为孩子们捏了一把汗，那嫩嫩的小手能搬动吗？他们知道轻轻拿、轻轻放，不让积木砸到小脚吗？他们知道走高高的平衡木时要伸开双臂吗？种种的担心一直困扰着老师。如何真正解放幼儿？如何让幼儿的游戏更加自主呢？"

北京市早期教育研究所刘丽老师说："有效的园本研究是以幼儿园存在的突出问题为研究课题，以一线教师为研究主体，将幼儿园教育实践活动与教育研究紧密地结合在一起，将研究成果直接应用于幼儿园教育教学实践的研究活动。"

针对以上种种问题和困惑，我们开展了问题讨论式园本教研活动。我们坚信，有效的园本教研必将碰撞出教育策略，教育策略必将推动自主游戏的深入开展。

【园本教研实录一】

园本教研主题： 教师预设多、包办代替多，幼儿主体性学习地位不凸显

教研目的： 解决户外活动中教师"高控"的问题

教研方式： 问题讨论式研讨

主持人： 王銮美

参加人员： 窦胜燕　李　明　薄娜娜　董　闽　李玉萍　王海芸　季朝霞
　　　　　　　刘会云　侯蓓蓓　褚　霞　刘秀梅

教研时间： 2015 年 1 月 5 日

教研地点： 教研活动室

记录人： 刘恺　李艳

摄像： 唐萌　王水莲　王超

准备： PPT、问题准备等

教研过程：

◎观看视频，抛出问题。

主持人： 各位老师，大家下午好！前段时间，我们根据幼儿的动作发展需要，开设了平衡区、投掷区、攀爬区等 6 个户外活动区域，各班教师预设活动方案，投放区域材料，设计游戏玩法，制定游戏规则。幼儿在老师的精心组织下，按照活动要求，有序参加户外游戏活动，动作发展与身体素质得到明显提高。但是，结合《3～6 岁儿童学习与发展指南》的要求，我们静心反思，不难发现，我们的教育理念与教育行为存在一些问题。下面请大家观看一段视频，并认真思考：教师的组织行为有哪些问题？

◎认真反思，查找问题。

主持人： 刚才大家看到的是平衡区和投掷区幼儿的活动片段，在大家发言之前，我们先请活动组织者窦胜燕和李明老师，简单地介绍一下活动，并进行反思。

窦老师： 平衡区预设的游戏是"送给妈妈的礼物"，幼儿要通过四关才能从礼物精灵那里得到礼物送给妈妈。游戏中孩子们兴趣很高，也能很好地遵守游戏规则，但是游戏过程中幼儿等待时间太长。在幼儿刚刚熟悉游戏、对游戏很感

兴趣的时候，户外活动的时间已经结束了，只好带幼儿回到班级进行其他活动。感觉其中最大的问题就是游戏时间不充足。

小李老师：我们的活动以投掷为主，在这个活动中，我们设计了六个环节。以"投掷手榴弹"为主线，从"投筒"至"投圈"，再到"投篮"，环环相扣，层层递进。整个流程感觉很流畅，但我感觉在这次活动中，孩子的投掷内容枯燥，情绪不高，缺乏趣味性。

主持人：好，请大家根据两位老师的活动介绍、视频及反思，谈一谈教师在活动组织中还有什么问题？

大李老师：老师在整个户外活动中都在忙碌地布置场地、摆放器械，而孩子们却在一旁等待，好像与他们没有关系，这样不仅造成了时间的隐性浪费，给老师增加了工作量，也限制了幼儿的自主发展。

王老师：活动中，游戏的流程和规则都是老师事先预设好的，孩子只能按预设的玩法进行活动，老师过于控制孩子，孩子在游戏中缺少主动性。

董老师：看完两位老师组织的户外区域游戏活动，我观察到老师没有考虑孩子们能力强弱的差异，都玩一样的游戏，对于能力强的孩子没有挑战性，对于能力弱的孩子则没有办法完成。

主持人：刚才各位老师谈得非常好，抓住了问题的关键，聚焦了以下主要问题。

一是区域固定，幼儿缺少了自主选择的机会；二是包办代替，幼儿失去了自我选择的权利；三是行为高控，幼儿的一切活动在教师的控制之下；四是等待时间较长，幼儿运动量不足，活动不充分；五是忽视个体差异，幼儿没有在原有水平上得到充分发展。

◎针对问题，研究策略。

刚才谈到的问题，虽然是个别班级存在的问题，但却带有普遍性。针对这些问题，我们应该怎样去解决，请大家畅所欲言。

刘老师：对于区域固定的问题，我认为可以采取固定区域和自主选择区域相结合的方式，把区域活动时间分为两部分，首先进行固定区域活动，加入换区音乐，当音乐响起，可以打破班级界限，甚至打破年龄界限，孩子们可以自由选择自己想玩的区域。

薄老师：刚才王老师提到了教师"高控"的问题，我觉得应该幼儿在前、教师在后，让孩子在不断的尝试中获得经验和体验。我们可以多投放一些低结构材料，给予孩子宽松的环境，教师放手让孩子去玩，与材料充分互动，自主探索和创新游戏玩法。另外，师生可以共同确定主题、制定游戏规则，一起制作图文并茂的指示牌，幼儿就可以根据图示，主动参与布置场地、收放器械等，让孩子成为发展的主体、游戏的主人。

季老师：针对时间的隐性浪费问题，我们教师在选择设计游戏时，应选一些幼儿感兴趣的趣味性游戏，可采用半预设半生成的方式，预留 1～2 个开放性的环节，鼓励幼儿参与到材料与运动器械的摆放过程中，并鼓励幼儿大胆创新玩游戏，这样不但减少了等待时间，而且解放了老师的双手。

褚老师：对于"活动中忽视幼儿个体发展"的问题，我觉得教师可以根据幼儿的不同发展水平分层次投放材料，比如在平衡区，教师可以提供高矮不同的平衡木，有高的、中的、低的，供幼儿选择，满足不同幼儿的发展需要。

◎总结提升，智慧分享。

主持人：刚才大家提出了很好的解决策略：一是打破班级区域界线，提供幼儿自主选择的机会；二是科学设置区域标识，提高幼儿的学习能力；三是增强幼儿自主意识与主动性；四是实施主题化游戏活动，增加活动内容的情境性和趣味性；五是关注幼儿个体差异，允许幼儿按照自己的方式与速度成长。

今天我们围绕"教师预设多，包办代替多，幼儿主动参与少，活动时间隐性浪费"等问题，提出了有效的解决策略。在以后的户外区域活动中，希望各位老师能够有效实践这些教育策略，解决实际问题，破解发展瓶颈。但是对教师的高控制问题，依然没有提出具体有效的解决策略，这个问题不解决，其他的措施在落实的时候，也会受到影响，请大家带着"如何解决户外区域活动中教师的高控问题"进行深入思考，等下次教研时我们一起讨论碰撞。本次研讨到此结束，谢谢大家。

（王銮美）

又如针对游戏材料不足，游戏无法深入开展的问题，刘老师组织了现场体验式教研活动。

【园本教研实录二】

研讨主题：丰富材料，推进幼儿交通游戏活动

研讨目标：丰富情景性游戏材料，掌握指导幼儿生发交通游戏的策略

研讨方式：问题式教研、参与式教研

主持人：刘恺

参加人员：全体教师

研讨时间：2015 年 3 月 16 日

研讨地点：交通游戏城活动区域

研讨过程：

◎抛出问题，引发思考。

主持人：各位老师，大家下午好。今天我们重点研讨的是交通游戏区，经过近段时间的观察，与班级教师进行交流，发现孩子们在刚开始游戏的时候，兴趣高涨，精彩不断，孩子们真的玩出了花样，玩出了智慧，每天都给我们带来许多意想不到的惊喜……但玩过几天以后兴趣不那么高了，有些孩子甚至出现厌倦的情绪。针对这一问题，我们以年级组为单位进行研讨，如果你们是小朋友的话，你们想怎么玩？给大家 15 分钟的时间思考，然后每个小组派一名代表现场演示玩法，提出解决策略，分享教育智慧。

◎小组讨论，思维碰撞。

小、中、大三个年级分组进行讨论，先由组长带领大家商定初步方案，随后进行现场体验，老师们将自己当作孩子，在交通游戏城中玩各种游戏，通过体验、研讨、思维碰撞，大家发现问题，调整方案，讨论解决策略。

◎提出策略，共享智慧。

小班组代表分享：一是提供丰富的低结构游戏材料。如：用乒乓球拍替代红绿灯，积木块替代饼干、水、饮料、巧克力等游戏所需要材料，彩色矿泉水可以替代啤酒等。二是丰富幼儿生活经验。积累生活经验是游戏开展的基础，而小班幼儿缺乏生活经验。作为老师，除了在日常教学活动中丰富幼儿的生活经验外，还要组织幼儿观察周围的生活及活动。如：马路上都有什么车？交警叔叔是怎指挥交通的？同时要积极赢得家长的支持，让家长带孩子去超市、菜场、车站，引导孩子观察各行各业人们的劳动等。

中班组代表分享：一是逐渐投放相关的游戏材料，增加难度，增强趣味性。如：斜坡、减速带、路障、交通标识牌、增设 S 形路或环形路、直的或弯的木板材料等。二是区域之间进行整合。将"交通游戏区"与临近的"森林乐园"进行整合。三是在合适的位置设置各类区域，如"洗车区""4S 店""修车区""停车位"等，这样孩子们在开展交通游戏之后，可以去洗车店洗车、去 4S 店修车，还可以把车停到停车场后到森林乐园休闲娱乐。

大班组代表分享：丰富材料，增设游戏情景性。一是设置服务区。可以投放桌椅板凳、水壶、太阳伞、烧烤吧等材料，幼儿可以根据自己的经验和需要开展各种游戏活动。二是开设加油站。投放废旧饮水机做加油站，水管做加油管，创设"加油站"，小司机可进行自主或人工加油。三是增设交通指挥亭。投放小交警服装、指挥台等，开展指挥交通的游戏。四是设置交通稽查。设置检查站点，查酒驾、超车、超载等违规行为；制作酒精测量仪、路障及事故处理车标示牌，一旦发现违章情况"事故处理车"及时拖走等。

主持人小结：今天，通过大家的体验与研讨，我们为交通游戏城提出了很好的解决策略：一是创设游戏情境。如创设加油站、洗车间、汽车修理站、交通指挥亭、服务区等游戏情境。二是提供低结构材料。关注幼儿需要，投放低结构游戏材料，生发新游戏。三是丰富幼儿生活经验。组织幼儿参观 4S 店、交警叔叔指挥交通等，丰富幼儿认知经验。四是将临近户外区域及材料进行整合。

希望负责交通游戏城的班级大胆进行实践，进一步推动交通游戏的深入开展，谢谢大家。

（刘恺）

在此基础上，管理人员每天进入游戏现场，观察教师与幼儿的活动，了解幼儿与材料的互动，发现幼儿的游戏需要，发现问题及时组织园本教研活动，依靠大家的力量，进行头脑风暴、智慧碰撞，共同寻求解决策略。在为他人提供帮助的同时，老师自己也积累了宝贵的经验。另外，除了统一订购的材料外，老师与家长们一起行动起来，搜集日常生活中随处可见的瓶瓶罐罐、锅碗瓢盆、各种材

质的包装盒、麻绳等，尽可能提供低结构、便于操作的游戏材料，使它们成为游戏中的重要资源，避免了材料的符号化、结构化与成人化。多样且开放的游戏材料，使幼儿用自己感兴趣的方式与适合自己的速度，操作学习、探索发现，收获了教师难以言表的"收获"。

扎实高效的园本教研，使教师们的教育理念得以转变，幼儿的自主游戏精神得以培养。

（2）科学有序的换区模式，促进幼儿全面和谐发展。

经过一段时间的探索与实践，孩子们在选择伙伴、选择材料、生发游戏等方面有了较大的自主性，但在打破游戏区域、自主选择活动区域方面还存在一定局限性。如何才能实现真正意义上的幼儿自主呢？老师们出谋划策，主动参与讨论，进行智慧众筹：

教师A：开展"小鬼当家"活动，请全体幼儿在这一时间段，自由支配活动时间，教师固定活动区域不动，指导前来游戏的幼儿。

教师B：先从大班开展完全意义上的自主游戏，教师从中积累经验，然后推及全园幼儿开展自主游戏。

教师C：用音乐提示的方法，提醒幼儿游戏开始、结束的时间，搭建梦工厂整理材料比较麻烦，可以提前5分钟，听到音乐时开始整理，其他班级听到语音提示后再进行整理。

教师D：应该规定每周哪几天到固定区域玩，哪几天自由选区玩。

我们边讨论、边实践、边总结，终于找到了答案。我们采用小步递进的方式，实施"三步走"策略，实现幼儿游戏的自主性，形成了相对稳定的换区模式：周一、周二固定区域玩；周三、周四、周五进行轮换，双周周五一次自选区域玩。

第一，固定区域，丰富活动经验。每个班级固定户外游戏区域，幼儿连续持久地与材料有效互动，进行深入地操作、探索、实践、研究，积累了丰富的区域游戏经验，提升了实践与创新能力，自己解决问题与争端的能力提升了，探究的意识和能力增强了，自主游戏让幼儿变得更聪明、更智慧。让我们随着记录一起见证孩子们的智慧与执着。

小玩具　大智慧

　　户外区域自主游戏的活动时间马上就要结束了，孩子们迅速进入了收整阶段，独立搬运、小车推送、小组合作……繁忙热闹的游戏场逐渐安静下来（搭建区因各种各样的大小积木，种类繁多，收拾起来自然费时一些，孩子们依然在忙碌）。

　　涵涵和梦梦两人一组一起收拾玩具。梦梦找来一个不锈钢玩具筐，把小积木放了进去，装满后她俩一起用力抬，想把玩具抬走，可玩具筐一动不动。这时，涵涵悄悄离开了，只剩下梦梦一个人，她还在坚持想办法把玩具筐抬走。她两手一起用力，小脸憋得通红，但玩具筐依然纹丝不动。这时，她用双手拉住一侧的提手拖着玩具筐后退着走，小屁股也在用力地摆来摆去，一会儿工夫，小脸涨得更红了。通向积木篮的路并不是一帆风顺，大小不等的积木块挡住了去路，只见梦梦把挡路的小积木块继续往篮子里装。（你没有因为筐子重而放弃，反而继续往框子里装积木，老师佩服你的勇敢和执着。）梦梦费了九牛二虎之力把积木筐运到一半，由于积木实在太重，梦梦终于拉不动了。

　　这时，她的小"粉丝"闻达发现自己最喜欢的梦梦遇到困难了，招呼了几个小伙伴跑了过来，想一起抬走，可是因为积木本身太重，加上装了满满一筐，那重量可想而知，试着抬了几步后又放下了。孩子们聚在一起，开始想办法，闻达说："我有办法了，我们把圆柱积木放到筐子底下当轮子，推着走不就行了吗？"这个办法马上得到了小伙伴们的赞同，他们找来两个圆柱体积木，想放到玩具筐底下，可是又遇到了新的问题：玩具筐太沉，圆柱体太大，他们根本没办法完成。正一筹莫展时，博闻突然大喊："我有办法了，你们等着……"一会儿工夫，只见他手拿一块长木板跑了过来，他招呼小伙伴将长木板一头放到玩具筐底下，然后又将圆柱体塞到木板底下，形成了一个杠杆原理（我不禁惊叹，到初中或高中才学习的杠杆原理，已经被幼儿园阶段的孩子灵活应用。）终于，玩具车制造成功，孩子们欢呼起来，他们高兴地推着玩具车往前走，可是没走几步，因为轮子

不固定，玩具筐很快从圆柱体上滚落下来，刚刚还在欢呼的孩子们瞬间又安静下来了，梦梦也撅起了小嘴巴……

这时候我正用手机记录这精彩的瞬间，一个戴眼镜的小男孩看到我在拍他们，歪着小脑袋很不高兴地说："老师，我们都弄不动了，你不来帮忙，还拍我们。"（孩子，你们也许不懂，老师的观望和看似冷漠，其实正是给你们提供了自己想办法解决问题的机会，假如我过早地伸出援助之手帮助你们，杠杆原理怎会诞生呢？）

突然，梦梦看到可心一个人用滑板推着满满一篮子积木，很迅速地运到了目的地。梦梦四处寻觅，很希望自己也能拥有一辆滑板车，可是，满场也没有发现第二辆，好失望啊！看着看着，她伤心地流起了眼泪，不知如何是好？我再也按捺不住了，走到她跟前问："你是不是也想要一辆滑板车？"她冲我点了点头。我小声跟她说："去和你的小伙伴说说看，滑板车能不能借你用一下？"梦梦站到那里一动不动，于是，我拉起她的手一起走到可心跟前，说明原因，可心很爽快地答应了。

借到了滑板车，梦梦开心极了，她把滑板车放到地上，几个小男孩齐心协力将玩具筐抬到滑板车上，可是滑板车没走多远，新的问题又发生了：草坪与塑胶地的衔接处有一条浅沟，挡住了滑板车的去路，不管他们怎么转动滑板车都无济于事，这时他们不得不重新将玩具筐抬下来，先把滑板车推过去，再将玩具筐抬到滑板车上，虽然历尽千辛万苦，总算把玩具顺利送到目的地。梦梦红彤彤的小脸上露出开心的笑容。

这时，体育老师发现了孩子们的需要，从器械房搬来几辆滑板车，其他孩子看到后也纷纷开始效仿。一会儿的工夫，凌乱的搭建区恢复了原本的整齐。梦梦和可心一起把所有的滑板车摆放整齐，这才恋恋不舍地离开活动区，走向活动室。

小玩具带来大智慧，每天都有很多的智慧故事在这里发生……

第二，轮换区域，尝试多种体验。一段时间之后，采取整体轮换的方式，班级教师组织幼儿到其他活动区域进行自主游戏，幼儿逐一体验不同户外区域带来的新奇和感受。（见本节附录表四：户外区域轮换表）

第三，自选区域，实现自主游戏。在幼儿熟悉了所有户外区域活动之后，我们采取班级试点、大中小三个年级组逐一放开的方式，推进自选区域游戏的开展。期间，每个户外区域的指导教师相对固定，600多名幼儿打破年龄及班级界限，实现了全园幼儿的完全自主游戏，他们主动交往、团结协作、自娱自乐……在户外区域自主游戏的推行中，幼儿逐渐实现了"六个自主"，即自主选择游戏区域，自主选择游戏伙伴，自主选择游戏内容，自主生发游戏玩法，自主整理游戏材料，自主表征游戏过程，幼儿真正拥有了自主游戏的权利。

（四）研究结论

在课题研究中，我们抓住游戏材料的投放、有效园本教研与策略的实践、教师专业素养的提升、幼儿完整人格的构建、课题研究的有效开展"五个关键"，使自主游戏取得显著效果。

1. 开放适宜的游戏材料是幼儿自主发展的关键

游戏材料是幼儿发展的关键，良好的材料能引导幼儿不断地探索、交往和表现。独立且关联的活动区域，开放且丰富适宜的游戏材料，使幼儿园真正成为孩子们的游戏乐园，让看得见的学习随时随地发生，让幼儿的学习看得见痕迹、留得下踪影，幼儿的探索更加自由、自主，不断获得有益的新经验。

2. 有效的园本教研是推进自主游戏开展的关键

经过长期的园本教研与现场实践，教师立足幼儿自主性发展，最终形成了有效的指导策略：一是保证充足且自主的游戏时间；二是创设独立且关联的活动区域；三是提供适宜且开放的游戏材料；四是开展自主且有趣的区域游戏；五是掌握支持且有效的教育策略。扎实有效的园本教研、科学智慧的指导策略在实践中的积极运用，破解了发展难题，使孩子们真正拥有了自主游戏的权利，拥有了快乐幸福、值得回忆的童年。

3. 高水平教师专业素养是构建游戏课程的关键

通过问题讨论式教研、现场剖析式教研、体验式教研、参与式教研等多种形式的园本教研活动，每一位教师都发生了蜕变，她们享受着园本教研的过程，使园本教研无处不在、无时不在，体现了快乐教研、幸福教研。教师们转变了教育理念，改善了教育行为，提升了教育智慧，掌握了支持策略。她们学会了观察、分析，适时介入、有效指导，明白了什么是真正的游戏、什么是真正的幼儿学习，她们成为幼儿活动的研究者、支持者、推动者与分享者，最终，实现了专业素养

的有效提升。我园先后有 58 人次教师被评为齐鲁名师、齐鲁名园长山东省特级教师、山东省教学能手等称号。

教师是推动幼儿全面发展的核心力量，教师是实现课程改革的关键生力军。教师专业素养的极大提升，使课题研究工作顺利推进、自主游戏课程全面构建。

4. 幼儿完整人格的构建是适应社会发展的关键

孩子具有的人格元素越完整，生存起来越容易。其实教育的本质就是协助人类更好地生存。"易于生存"代表着适应社会。幼儿户外区域自主游戏，便承载着这样的功能。在自主性游戏的过程中，幼儿之间打破班级与年龄阶段的界限，彼此交往；师幼之间走出班级的小圈子，与全园所有的教师积极互动、主动沟通，这种交往与交流，很好地促进了幼儿的社会性适应性发展，提高了独立自主的能力，养成了自我管理的良好习惯。同时，游戏是整体性的，在户外活动区域里，幼儿真正拥有了自主游戏的权利，她们用自己感兴趣的方式与适合自己的速度，主动探索、反复实践、挑战自我；她们按照自己的节奏探索创新，大胆交往，解决争端。幼儿游戏时是快乐的、放松的，她们全身心投入游戏，真正做回自己，真正回归幼儿童年本真，真正体验来自内心深处的愉悦感、满足感和成功感，这种游戏时的巅峰状态是别的活动所不能替代的。另外，幼儿在游戏时最为专注，这种专注能够长时间地自我坚持，有利于培养专注的学习品质，发展开放灵活的思维方式，锻炼坚强勇敢的意志力，实现多元化发展，建构完整的人格，对其一生的生存、适应与发展起着至关重要的作用。

自主游戏，点亮了幼儿的生命，实现了幼儿的全面发展，培养了关键的核心素养，为幼儿终身发展奠定了坚实的基础。

5. 课题研究的有效开展是创建特色品牌的关键

通过课题研究，使我园真正成为贯彻落实《3～6 岁儿童学习与发展指南》精神的先进园所，丰富了以健康教育为办园特色的内涵品牌发展，形成了园本课程文化，对我园课程建设、教研文化的建设和升级，具有里程碑式的意义。

（五）分析和讨论

研究过程中，我们不断总结反思，总结成功的做法和经验，反思研究中存在的突出问题，及时进行调整和改进。在成果梳理阶段，我们对过程性资料、研究成果进行论证，检验研究过程的科学性、有效性以及成果的指导价值和实践意义。在总结先进经验的基础上，反思由于自身能力不足而带来的问题，诸如理论指导下的实践不够灵活有序，游戏课程的呈现方式需要进一步规范，游戏课程与其他课程的有机融合能力需要加强等。

（六）建议

1.深化课题研究与实践的行动反思

（1）教师对游戏课程的构建水平需要提高。

在研究过程中，我们深感对课程的建构水平不高，自主游戏理论知识欠缺，对幼儿的行为分析及指导有不到位情况，遇到特殊个例，有时会束手无策，教育效果欠佳。因此，我园组织教师进行系统的学习教育理论、游戏理论、课程理论，不断提高理论水平成为我们下一步努力的方向。

（2）创建自主游戏课程的能力有待增强。

在研究与构建自主游戏课程的过程中，教师们遇到了前所未有的困难与压力，生发课程、建构课程的能力欠缺，需要进一步提升开发园本课程的能力。

（3）基于游戏课程实施的园本教研水平有待提高。

园本教研的过程不是一帆风顺的，总会碰到这样或者那样的问题，尽管每次组织研讨活动，都会提前告知教师研究讨论的问题，但是很多时候教师给出的答案并不理想，有时甚至没有答案，在一定程度上影响了研究的深度和质量。因此，探索园本教研形式、提升专业素养、解读幼儿行为等依然是我们需要解决的问题。

2.根据课题研究结论获得的启示

（1）教师要科学的爱孩子，要从儿童的视角理解孩子、尊重孩子。理解孩子需要"有科学的爱"作为基础，我们要有一个坚定的概念在自己的心里，即"孩子所做的一切行为动作都是合理的，都是有原因的"。教师要理解，和孩子在一起，不是你要教他做什么，而是和孩子们一起生活，把节奏放慢一些，使感受力和洞察力丰富和细腻起来。

（2）幼儿自主游戏需要教师有效指导。北京师范大学博士生导师刘焱教授提出："反对盲目崇拜儿童活动的自发性，反对把游戏活动神圣化的倾向，教师应该指导幼儿在游戏中的学习活动。"因此，教师要具有帮助孩子成长的能力，要具有解读幼儿、支持幼儿发展的能力，要具有敏锐观察、适时介入、科学指导的能力，不断使幼儿获得新的经验。

（3）教师要用游戏理论指导教育实践。教师除了用心感受孩子以外，要有多年的经验积累和必要的理论支持，如埃里克森的人格成长八阶段理论为我们揭示了孩子在不同时期的心理状态和表现行为，为我们解读幼儿、支持幼儿提供了理论支撑。

（4）教师要研究户外区域的创建及游戏材料的提供。环境与材料决定着幼儿游戏的水平，教师要了解每一种材料与孩子发展的关系，提供难度不同的材料，体现不同的发展价值。因为，活动就是学习，孩子所获得的一切都是通过运动、触摸和操纵材料加深印象并得到巩固发展的。

（5）构建丰富多元促进幼儿发展的游戏课程。游戏课程承载着幼儿的健康成长和全面发展，课程的内容应该是丰富的，包含社会性、情感、认知、思维、推理、判断和解决问题的能力以及身体等各方面都应得到发展。

正如维果斯基所说，游戏是儿童自己创造了最近发展区（而教学需要教师估计儿童的最近发展区）。可见，儿童在游戏中是小步递进地自我发展的。

三、主要成果

（一）梳理了过程性研究资料，构建了自主游戏课程体系

在研究的过程中，我们教师及时撰写并收集过程性研究资料，共汇总整理研究资料约 23 万字。其中，撰写课题研究报告约 2.9 万字，整理支持幼儿学习的游戏教育环境 13 篇，约 1.5 万字；收集点亮本真童年的区域户外自主游戏学习故事 69 篇，约 14 万字；收整嵌入游戏课程的教师专业发展园本教研活动实录 14 篇，约 2.6 万字；收集助力共同成长的多元化评价专家点评等 40 余份，约 2 万字。过程性资料的收集整理、提升总结，为我园自主游戏课程的开发与实践提供了翔实的第一手参考资料。另外，在自主性游戏课程的开发与实践中，采用全员参与、多元渗透、多举措推进的策略，构建了适合本园的自主游戏课程，具有很强的推广与应用价值。

（二）取得了丰硕的研究成果，打造了游戏特色幼教品牌

我园的研究成果《在健康课程开发实施中促进幼儿快乐智慧成长——东营市实验幼儿园园本课程建设实践透视》《把孩子变一朵花，香给这个世界看》《陌上蓓蕾缓缓开——山东省东营市实验幼儿园健康教育特色乐园掠影》先后在《东营日报》《教育家》《山东教育》刊物上重磅宣传与推介；研发的课程资源"我

的游戏我做主——基于户外区域自主游戏开发与实施的园本教研"入选2015年山东省幼儿园教师远程研修课程资源，供全省3万名幼教工作者远程学习；《开发实施本真游戏培育发展核心的素养》等多篇文章先后发表在《中小学校长》《山东教育》等刊物上；"把游戏的权利还给孩子——基于户外区域自主游戏开展的园本教研"等多项成果被评为第二十五届东营市社科联成果一等奖、课程资源评选一等奖；专题片《回归童年本真 绽放童年精彩》获2016年山东省特色教育活动展评一等奖；特色经验"幼儿自主游戏的开发与实施"在"全国幼儿园游戏教学专题研讨会""国培计划""山东省省直'第一书记'帮扶村幼儿园园长和骨干教师培训班上"交流推广；我园还多次承办全国、省、市健康教育及自主游戏研讨活动并提供观摩现场，承接北京、浙江、上海、湖北等地的全国幼教同行前来交流观摩近10000人次；我园还先后荣获全国实施素质教育先进单位、山东省学前教育先进集体、山东省百所家园合作示范园、信息化建设示范单位等百余项省市级以上称号。

附录（插图、表格、问卷等）

表一：前后活动区域对比表

序号	调整前区域	调整后区域	班级	序号
1	综合区	闯关游戏区	体育组 / 小二班	1
2	攀爬区			
3	跑跳区			
4	钻爬区			
5	投掷区			
6	北树林	森林乐园	大五班 小三班	2
7	南树林	野战训练营	大一班 中一班	3
		搭建梦工厂	大六班 中五班	4
		快乐大本营	大二班 大四班 中四班 小四班	5
		交通游戏城	中三班 小五班	6
		宝贝球场	大三班 / 体育组付乃海	7
		湿沙城堡（东）	小一班	8
		阳光沙滩（西）	中二班	9
		淘气堡	大一班	10
		海洋球池	小五班	11
		空中乐园	大五班	12
		嬉水区	小五班	13

表二：时间调整表

调整前

	内容	时间
上午	入园晨检及区域活动	7：40-8：50
	生活及餐点活动	8：50-9：10
	第一节主题活动	9：10-9：40
	生活活动	9：40-9：50
	间操	9：50-10：20
	户外区域游戏活动	10：20-10：50
	餐前准备	10：50-11：00
	午餐	11：00-11：30
	户外散步	11：30-12：00
下午	午休	12：00-2：30
	餐点及生活活动	2：30-3：00
	第二节主题活动	3：00-3：30
	生活活动	3：30-3：50
	园本特色教育活动	3：50-4：40
	餐前准备	4：40-5：00
	晚餐	5：00-5：30
	离园准备	5：30-5：40
	离园	5：40-6：20

调整后

	内容	时间
上午	入园晨检及室内区域活动	7：40-8：50
	生活及餐点活动	8：50-9：10
	集体教学主题活动	9：10-9：40
	户外区域游戏活动及整理	9：50-10：50
	午餐	11：00-11：30
下午	睡前准备及午休	11：30-2：30
	餐点及生活活动	2：30-3：00
	间操	3：00-3：30
	主题教育活动	3：30-4：00
	园本化特色教学活动	4：00-4：40
	餐前准备	4：40-5：00
	晚餐	5：00-5：30
	离园	5：45-6：20

表三：不同季节作息时间安排

东营市实验幼儿园作息时间表
（5月1日至9月30日）

7：40-8：40	入园晨检及晨练活动
8：40-9：10	生活及餐点活动
9：00-9：40	主题教育活动
9：40-10：10	间操
10：10-10：50	室内区域游戏活动
10：50-11：00	餐前准备
11：00-11：30	午餐
11：30-12：00	户外散步及睡前准备
12：00-2：30	午休
2：30-3：00	生活及餐点活动
3：00-3：30	主题教育活动或特色教育活动
3：30-3：45	生活活动
3：45-4：45	户外区域游戏活动
4：45-5：00	餐前准备
5：00-5：30	晚餐
5：30-5：45	离园准备
5：45-6：20	离园

东营市实验幼儿园作息时间表
（10月1日至4月30日）

7：40-9：00	入园晨检及室内区域活动
9：00-9：20	餐点及生活活动
9：20-9：50	主题教育活动
9：50-10：50	户外区域自主游戏活动
10：50-11：00	餐前准备
11：00-11：30	午餐
11：30-11：45	户外散步及睡前准备
11：45-2：00	午休
2：00-2：30	餐点及生活活动
2：30-2：50	户外区域自主游戏拓展活动或个性化活动表征
2：50-3：20	间操
3：20-3：50	特色教育活动或主题教育活动
3：50-4：00	餐前准备
4：00-4：30	晚餐
4：30-4：45	离园前准备
4：45-5：20	离园

表四：户外区域轮换表

2016-2017学年度第一学期东营市实验幼儿园户外区域轮换表（2016.09）

	第二周		第三周			第四周		第五周			第六周	
	周三	周四	周三	周四	周五	周三	周四	周三	周四	周五	周三	周四
大一	森林乐园	闯关游戏区	搭建梦工厂	森林乐园	快乐大本营	宝贝球场	森林乐园	宝贝球场	交通游戏城	森林乐园	创意涂鸦坊	闯关游戏区
大二	闯关游戏区	搭建梦工厂	野战训练营	创意涂鸦坊	阳光沙滩	森林乐园	搭建梦工厂	交通游戏城	森林乐园	海洋球池	森林乐园	搭建梦工厂
大三	搭建梦工厂	野战训练营	交通游戏城	空中乐园	森林乐园	创意涂鸦坊	闯关游戏区	搭建梦工厂	野战训练营	搭建梦工厂	野战训练营	
大四	野战训练营	空中乐园	森林乐园	搭建梦工厂	宝贝球场	交通游戏城	森林乐园	搭建梦工厂	野战训练营	宝贝球场	野战训练营	空中乐园
大五	快乐大本营	野战训练营	创意涂鸦坊	宝贝球场	交通游戏城	森林乐园	快乐大本营	湿地城堡	淘气堡	闯关游戏区	快乐大本营	创意涂鸦坊
中一	快乐大本营	森林乐园	宝贝球场	湿地城堡	野战训练营	搭建梦工厂	闯关游戏区	淘气堡	快乐大本营	湿地城堡	快乐大本营	森林乐园
中二	空中乐园	宝贝球场	野战训练营	交通游戏城	海洋球池	空中乐园	淘气堡	野战训练营	湿地城堡	阳光沙滩	空中乐园	宝贝球场
中三	宝贝球场	交通游戏城	快乐大本营	阳光沙滩	淘气堡	淘气堡	野战训练营	快乐大本营	闯关游戏区	野战训练营	宝贝球场	交通游戏城
中四	交通游戏城	快乐大本营	海洋球池	淘气堡	湿地城堡	闯关游戏区	空中乐园	阳光沙滩	创意涂鸦坊	空中乐园	交通游戏城	野战训练营
中五	森林乐园	海洋球池	快乐大本营	野战训练营	空中乐园	快乐大本营	阳光沙滩	快乐大本营	宝贝球场	交通游戏城	森林乐园	海洋球池
中六	创意涂鸦坊	闯关游戏区	淘气堡	闯关游戏区	野战训练营	阳光沙滩	森林乐园	海洋球池	搭建梦工厂	野战训练营	海洋球池	快乐大本营
小一	海洋球池	淘气堡	闯关游戏区	湿地城堡	搭建梦工厂	野战训练营	交通游戏城	创意涂鸦坊	阳光沙滩	快乐大本营	湿地城堡	淘气堡
小二	淘气堡	创意涂鸦坊	湿地城堡	搭建梦工厂	森林乐园	海洋球池	宝贝球场	海洋球池	闯关游戏区	搭建梦工厂	闯关游戏区	湿地城堡
小三	闯关游戏区	湿地城堡	阳光沙滩	森林乐园	闯关游戏区	搭建梦工厂	创意涂鸦坊	交通游戏城	空中乐园	快乐大本营	海洋球池	湿地城堡
小四	湿地城堡	阳光沙滩	森林乐园	海洋球池	创意涂鸦坊	闯关游戏区	湿地城堡	野战训练营	海洋球池	淘气堡	湿地城堡	阳光沙滩
小五	阳光沙滩	森林乐园	空中乐园	闯关游戏区	森林乐园	湿地城堡	海洋球池	闯关游戏区	野战训练营	创意涂鸦坊	阳光沙滩	森林乐园

第一章 尊重和信任儿童

调查问卷：

东营市实验幼儿园自主游戏家长开放周调查问卷

时间：2015 年 5 月 日

所在班级：_____ 孩子姓名：_____ 家长姓名：_____

一、对幼儿园开展的自主游戏活动，请谈谈您的看法？

二、通过开展自主游戏活动，您发现孩子有哪些变化？

三、对幼儿自主游戏活动，您觉得哪些方面需要完善？您能提供哪些资源支持？

四、安全是幼儿园活动的重中之重。户外自主游戏活动中，我们尽最大努力做好各项安全保护措施，但孩子们可能依然会出现小磕小碰，您如何看待这种小磕小碰现象？

第二章

为儿童开辟一方自由开放的游戏乐园

游戏是儿童基本的活动方式。游戏的本质是儿童和环境的互动、交流和对话。只有在和环境的自由、自主、亲密对话中，儿童才能全方位地吸收、消化和成长。如同一粒萌芽的种子，环境是其最基本的保障。

　　游戏环境是儿童舒展心灵的"舞台"。当舞台搭建起来，自由而开放，充满了吸引力，不需要教师的催促，儿童自己就会主动地登台"献艺"，在自导自演的游戏活动中体验人生的幸福，感受能量的涌动，绽放生命的精彩。

第一节 户外游戏区域的创建原则

2016 年颁布的《幼儿园工作规程》中明确提出，幼儿园应当将环境作为重要的教育资源，合理利用室内外环境，创设开放的、多样的区域活动空间，提供适合幼儿年龄特点的丰富玩具、操作材料和幼儿读物，支持幼儿自主选择和主动学习，激发幼儿学习的兴趣与探究的愿望。因此，创建自然的、生态的、趣味的、开放的、整合的、具有挑战性和创造性的环境，才是有价值的环境，才是提高幼儿身体素质、促进幼儿和谐发展的最有力支持。同时，教育者应该将户外游戏环境的创设与课程开发、资源利用、幼儿发展有效链接、紧密结合起来，引发幼儿与环境积极有效地互动，促进幼儿自主游戏的深入开展，实现幼儿身心多元发展。

一、户外游戏环境的创设原则

环境不仅是幼儿园课程生发与实施的载体，而且是幼儿园形象和品质的展示。作为幼儿园园长，重视户外环境的创设，就是重视自己教育理念和文化的外化，重视幼儿园的品牌形象建设，重视幼儿园特色建设与发展过程，因为环境是幼儿园教育理念、教育内涵、教育特色的最本质的体现。环境可以成就教育，成就儿童的发展。

幼儿园并不仅仅是让孩子玩的场所。要使幼儿积极、主动地开展游戏活动，充满魅力的游戏环境是必要的保障。也就是说，要让幼儿充实、有效地开展游戏活动，环境构成是关键。为了开展幼儿自主性的活动，教师必须摒弃"让幼儿活动"这一概念，也就是说应该创设使幼儿能够自主活动的情景，这种情景创设及环境创设实际上就是教育活动。

环境是幼儿园的隐性课程。我园本着"整体规划、自然生态、开放多元、趣味挑战、安全实用、艺术教育"二十四字原则，整体规划户外环境，巧妙整合有效空间，打造立体化、多维度的健康教育环境，进一步激发幼儿的运动兴趣，为幼儿开展健身怡情运动、自主游戏奠定了坚实基础。

（一）整体规划性原则

我园占地面积 22345 平方米，户外活动场地 15940 平方米（含上人屋面），有着开展健康教育得天独厚的条件。在户外环境的创设中，结合幼儿动作发展需要，我园于 2012 年创建了跑跳区、钻爬区、攀爬区、投掷区及游戏场地，户外环境中既有幼儿参加大型活动的塑胶场地，又有适合幼儿欣赏、观察、记录、挑战的自然环境。随着自主游戏活动的开展，我园进一步因地制宜、科学规划户外场地，创建了森林乐园、搭建梦工厂、快乐大本营、空中乐园等 13 个户外活动区域，并根据每个区域的特点，创新设计，专项定制，配置了不同结构的活动器械与游戏材料，赋予每个区域不同的功能，使每一个空间、每一个区域、每一件器械及材料都发挥最大效用，促进幼儿完整成长。

（二）开放多元性原则

开放的户外空间和玩具材料是保障幼儿自由、自主活动的基础。户外区域在空间规划及玩具材料投放上要考虑幼儿自由选择和自主游戏的可能性，比如，户外活动区域空间的连续性、流通性、整合性，有助于幼儿从一个区域转换到另一个区域，玩具材料的取用、收纳、整理和摆放有助于幼儿自主意识的形成等。同时，户外环境应有助于课程的实施和生成，我园根据园本课程的理念和特色，因地制宜地创设具有地域和园本特色的户外环境，注重户外区域功能的多元化和层次性，既考虑教育目标和教育过程的需要以及各个户外区域运动、社会性交往、发散思维、创造能力等不同教育功用的需要，又考虑大中小各个年龄段幼儿能力的差异性、性别的差异性以及同年龄同性别幼儿个体的差异性等，充分体现户外活动区域的丰富多元、活动材料的开放适宜，满足全园幼儿的活动需要。

（三）自然生态性原则

户外活动场地很重要的功能之一就是为幼儿提供一个亲近自然、感受自然变化、沐浴阳光和空气健康成长的空间。因此，户外环境的创设要保留自然、生态的元素，使之充满情趣。如，我园在南边场地规划种植了桃树园、苹果园、山楂园、柿子园以及各种遮阳防尘的粗壮法桐大树等，使幼儿在欣赏中学会观察、记录、采摘与分享，感受季节更替与万物生长，感受生命的成长变化，感受大自然的神奇莫测。

（四）趣味挑战性原则

兴趣是最好的老师，幼儿的学习是在与环境的反复互动中习得的。因此，创设趣味性的户外区域环境是园长和教师必备的专业素养之一。好的户外运动区域可以使幼儿百玩不厌，在潜移默化中提升各种能力。另外，随着幼儿年龄的增长、能力的提升，大班幼儿越来越喜欢富有冒险性、挑战性的项目。因此，为幼儿创设一些富有变化、充满创意、富有挑战和一定冒险性的环境，使幼儿在挑战自身能力极限时，调动一切已有经验面对问题、解决问题，这就是幼儿学习与发展的真实过程。但是必须要说明的是，冒险性和挑战性的环境必须要绝对安全，杜绝所有的安全隐患，不能因为幼儿喜欢挑战，便盲目创设一些冒险和超越幼儿发展水平的项目与设施。

（五）艺术教育性原则

审美教育渗透在幼儿教育的方方面面，环境是美育的重要途径。幼儿美的感受力是通过具体的环境潜移默化提升的。户外环境中色彩的搭配、图案的选择、空间的设计、诗性的创意等，无一不体现着美、艺术与教育。另外，我们的教育目的是培养全面发展的人，户外环境的创设要具有目的性、教育性，而不是任性而为。如，结合幼儿臂力较弱的问题，我们运用动力原理，设计了专门练习臂力的索道装置、升降轮胎车、吊环等，使幼儿在兴趣盎然的游戏中锻炼了臂力，发展了大肌肉力量。

（六）安全实用性原则

安全性主要表现在场地、设施设备、游戏材料等方面。3 ~ 6 岁幼儿动作发展不完善，自控能力比较差。为确保幼儿活动安全，我园在场地建设方面采用塑胶、草坪与土地沙地并用的原则。塑胶场地采用国家最新标准的材料进行铺设，安全、绿色、环保且实用合理。同时，在户外场地上留有很多松软而干净的泥土地、沙土地、自然草地等，体现场地的多元化，让幼儿感受体验，确保幼儿活动安全，也适合幼儿的发展需要。在设施设备和游戏材料的配备方面，均采用正规厂家生产的、带有安全标识、符合国家规范要求的产品，使之成为幼儿真正喜欢的运动设施，而不是一件摆设。另外，安全小组成员定期或不定期进行检查，安排专职维修人员进行修护，为幼儿的安全使用提供了保障。

二、户外游戏活动的育人价值

（一）户外活动促进幼儿学习

第一，适于幼儿亲近自然。意大利幼儿教育家蒙台梭利说："只要准备一个自由的环境来配合儿童生命的发展阶段，孩子们的精神与秘密便会自发地显现出来了。"大自然是上天赐给孩子们最好的礼物，走进大自然，孩子们每时每刻都会与自然进行链接，都能找到属于自己的天地，倾听鸟儿的歌声，触摸大自然中的自然物，嗅闻不同季节下自然的气息，观看四季自然风光。孩子们不断地与外界环境进行互动，不断吸收刺激物，进行存储、排序、分类、整理，最终形成自己身体的一部分。

第二，适合于幼儿深度学习。良好的户外环境，不仅可以用来观察大自然，让大自然成为共同学习的课堂，而且可以开展体育运动和自主游戏，既能支持幼儿广泛的自主学习和探究活动，也能引发幼儿的深度学习。如，幼儿对植物、动物、季节变化等的观察，本身就是很好的科学学习活动。幼儿在户外活动时面对很多的困难和问题，在独立解决这些问题的过程中，要学习观察、尝试、对比、分析、推理等，潜移默化中提升了各种能力与认知。同时，幼儿期是大脑发育最为关键的时期，充分的身体活动是大脑良好发育的基础，通过良好的身体运动，可以激发幼儿心智的全面发展。

孩子们在充满趣味的户外环境里，感觉更放松、更愉悦，这种在空间和管理上都相对开放的环境，会让幼儿的学习更有效。户外环境因为它独特的空间、四季的轮回、万物的变化会让幼儿的学习更富有变化，会让幼儿的学习更加有效、更加自主，充分满足幼儿的模仿与想象、探索与发现。

可以说，户外游戏活动是目前幼儿园课程建构的新支点，它体现了多元课程的新理念与发展趋势。

（二）户外游戏活动实现游戏课程生发

优质的幼儿园户外环境是幼儿的游戏场、运动场、社交场和科学探究园地，它是课程实施的物质基础，同时也是课程生成的发源地。只要教师是一个有心人，具有一定的课程意识，健康、语言、社会、科学、艺术各个领域的活动就可以不断生成。例如，我园薄教师针对孩子们提出的"我们幼儿园有多少棵大树？"这一问题，抓住教育契机，组织孩子们进行了计算、测量、分析、统计等，生成了课程"数数大树有多少"的教育活动；许老师、窦老师利用户外资源，根据孩子们的生活经验和兴趣，生成了"战地医院""炊事班的故事"等幼儿学习故事。这样的课程既满足了幼儿的兴趣和需要，又实现了《3～6岁儿童学习与发展指南》提出的各领域的发展目标。

（三）户外游戏活动促进幼儿整体发展

意大利著名教育家蒙台梭利认为，环境就像人的大脑一样，影响着人的整体发展。创设环境是幼儿园教师重要的工作之一，也是体现幼儿园教师专业素养高低的途径之一。良好的户外环境应顺应幼儿的天性，满足幼儿的多种需要和兴趣；良好的户外环境应诱发幼儿生成游戏，利于实现课程目标，促进幼儿的全面发展。正如华东师范大学华爱华教授所说："游戏反映发展，游戏巩固发展，游戏促进发展。"所以，良好的户外环境能有效承载幼儿的学习和需要，承载幼儿实现最好的发展，是提高幼儿园保教质量的物质基础和基本保障。

在生态、自然、开放、创新的户外环境中，幼儿自由选择游戏材料、自主生发游戏内容，呈现出多种多样的游戏状态。

（王銮美）　

第二节 创建适性适宜的游戏区域

孩子们喜欢什么样的幼儿园，喜欢怎样的生活学习环境，喜欢怎样的户外游戏环境，作为一名专业人员，不用问，从幼儿游戏时的状态、脸上的表情就能读懂。当然，专业的幼儿园管理者，并不是幼儿喜欢什么就提供什么，而是要结合幼儿的年龄特征、认知特点、教育规律等提供适宜的学习生活环境和游戏场所，满足幼儿的发展需要。那么怎样做才能既让幼儿喜欢，又能促进幼儿的发展呢？在环境的创建过程中，我们应时刻铭记幼儿时期的主要任务是什么？幼儿阶段的年龄特点是什么？幼儿的学习方式是什么？只有基于这样思考创建的幼儿园，孩子们才会喜欢，才会乐在其中，百玩不厌，也才会在玩耍中愉悦身心，在潜移默化中实现多元发展。

在幼儿游戏场的创建中，我们立足幼儿视角，一切从幼儿需要出发，使幼儿所遇见的所有环境都是美好的，时时感受来自老师的科学之爱，处处体验来自同伴的欣赏之爱以及操作材料带来的快乐游戏、探索发现。幼儿游戏场不外乎三个场所——室内环境、公共环境以及户外游戏环境，而所有的环境中都有教师和玩伴，物质的环境和精神的环境组成了一个完整的环境系统，一个处处隐藏着游戏踪影的地方。它安全、温馨、自由轻松、美好舒适、有序、有准备、自然、朴实、有生命感、有季节性、和谐、鲜活、合作、有交流、互动、充满关爱与平等。室内环境能够满足幼儿多元且有品质的学习和生活，使物质的身体和精神的人一起成长；公共环境让幼儿感受园所文化的丰富充实，在文化的美好浸润下，潜移默化地感受美、欣赏美，不断提升审美能力；户外环境让幼儿感知大自然的奥妙多变、生态自然、野趣开放，让孩子们有机会亲近自然、触摸自然，在自然中感受游戏、生发游戏，唤醒童年应有的灵性和本真，在享受自主游戏的过程中促进身心健康和谐发展。

随着我园户外区域自主游戏的深入推进，在《3～6岁儿童学习与发展指南》的指导背景下，我们把环境作为一种隐性课程，把3～6岁所有年龄段的幼儿作为学习游戏的主体，放置其中，使其在适宜、趣味、丰富、挑战、具有层次性的游戏环境中积极互动、自发学习、自我成长。

（王銮美）

第三节 自主游戏课程的环境设计

幼儿园户外区域是根据活动内容对户外空间进行划分的活动区域。一般来说，每个幼儿园根据户外空间大小和园本课程需要，分隔成若干个功能的活动区域，这些区域有时候具有单一的功能，有时候具有多种功能；有时候单独使用某一个活动区域，有时候会两个或者三个区域整合使用；有时候由一个班级使用，有时候由多个班级幼儿共同使用。但无论如何安排空间，不外乎五大类型的区域功能，即运动类活动区、表演类活动区、建构类活动区、美工类活动区、探索类活动区，这些功能涵盖了幼儿发展的五大领域发展目标。

　　户外区域环境是幼儿感受大自然、发现探索、自主学习的优质资源，孩子们在户外奔跑、嬉笑、运动、探索，大自然的魅力激发了他们自主游戏的热情，欢乐的游戏促进了他们良好身体素质及运动能力的提升，与同伴的互助合作提高了他们的社会性发展。户外环境是资源与课程的巧妙融合，它让老师们拥有了用心观察的眼睛、专业从容的情怀、引领成长的智慧，让孩子们的学习、游戏变得更加生动有趣，让孩子们在快乐中游戏，在快乐中学习，在快乐中成长。

（李艳）

搭建梦工厂环境创设

预设发展目标

* 喜欢参加搭构活动，能够按照自己的意愿和方式进行搭建。

* 在观察和感受的基础上，搭建或拼插出体现事物典型特征的作品，发展想象力、创造力，提高实践操作能力。

* 会根据主题需要，创造性地选择材料并搭建作品，不断丰富搭建主题。

* 在搭建过程中，初步感知对称、平衡等相关概念，运用简单的搭建技能，发展空间知觉。

* 在搭建活动中学会与同伴进行协商与分享，体验合作的快乐。

* 游戏结束后，按照标识的提示，对搭建材料进行分类整理，提升自我管理能力。

区域环境创设

搭建梦工厂是孩子们自主搭建、无限创意的乐园。在这里，他们完全可以按照自己的想象、自己的方式，自由结伴、自主探索、自主生发、快乐建构，搭建出属于自己心中的美好世界。

搭建梦工厂活动区在我园户外活动场地东侧，面积约 380 平方米，它宽阔平整，区域两面靠墙，是一个洒满阳光、相对独立的半封闭活动场所。这样的区域布局有利于材料的摆放，可以保持相对安静，并且夏季有凉棚遮阳，有利于幼儿专注地进行搭建活动。

活动区材料以大型木质搭建积木为主，其他辅助性材料为辅。根据幼儿的生活经验和发展需要，专门采用高密度碳化防腐木，设计了长方体、正方体、圆柱体、圆锥体等不同形状的建构材料，共计 5000 余块。在积木的规格设计上，严格按照一定的比例进行放大，或两倍或四倍，便于幼儿感知各种形状、数量关系。辅助性材料包括各种瓶瓶罐罐若干、泡沫垫 50 块、彩色空心硬纸板砖块 200 块、滑板车 10 辆、小推车 8 辆、收纳箱 10 个，收纳篮 4 个等。

自制轮胎车、滑板车等辅助材料

大小不同、形状各异的木质建构材料

游戏材料投放

大型木质搭建积木、各种瓶瓶罐罐、泡沫垫、彩色空心硬纸板砖块、滑板车、小推车、收纳篮等。

游戏区域介绍

搭建梦工厂以开放性建构材料为主，幼儿和材料充分互动，进行各种搭建活动，搭建出独特作品，从而生发更多游戏，促进幼儿综合能力及社会性发展。该区域的建构游戏材料具有规则性、操作性和灵活性等特点，有着固定的规格，便于幼儿进行排列、组合等操作，构建出各式各样的作品，幼儿从中获得力、平衡、数概念等初步的早期经验，为将来的认知学习打下基础，并有利于幼儿创造性培养和解决问题能力的提升，以获得感性经验和心理满足，逐步实现社会建构。该区域中的非结构辅助材料如瓶瓶罐罐、泡沫垫等，是搭建游戏材料的有力补充，丰富多样的辅助材料能吸引幼儿的兴趣，提高幼儿参与游戏的积极性，发散幼儿思维，为幼儿自由发挥创造机会，极大地满足他们的游戏需要。

经验分享

游戏活动的开展大致经历了四个阶段：初始阶段即自由开放的发散式搭建活动；第二阶段即教师预设的主题搭建活动；第三阶段即混搭式综合搭建活动；最后阶段上升为体验式自主搭建活动。在游戏过程中，幼儿逐渐掌握了一些搭建技能，如排列、组合、镂空、镶嵌、拼搭、垒高、穿套、黏合等，随着游戏的不断推进，他们搭建的过程更加丰富有趣，搭建的作品更加复杂、更具创意，并可以自由分组和协商，参与挑战、分类收整，懂得了合作与分享，显现出优秀的意

志品质和良好的游戏精神。

（薄娜娜）

拓展训练营环境创设

预设发展目标

*练习钻、爬、跨跳等基本动作技能，提升综合运动水平。

*发展自主、自由、自发的意识与能力，发展自我控制、自我约束等自律意识。

*发展自我管理能力，能够在游戏结束后按照图片的提示，对材料进行分类整理。

*学会合理交流、协商、分工、合作的精神，体验各种社会角色对人们及社会的贡献与帮助。

区域环境创设

拓展训练营创建于幼儿园南场地的树林间，面积约 1500 平方米，成长条状，整个场地大树参天、果园飘香、绿草覆盖。春天小草发芽，树木吐新绿；夏天绿树成荫，鸟唱虫鸣，郁郁葱葱的草坪铺地而生；秋季果实压枝，黄叶飞舞；冬季来临，落叶铺地宛若驼色毛毯。其地势有高低适中的土坡、也有平整的林荫大道；植被有高低不同的灌木丛林，更有承载起孩子们快乐游戏的粗壮大树。

游戏材料投放

拓展训练营有大型碉堡 1 个、作战工事 1 个、折线长城 1 座、瞭望塔 1 座、

具有挑战性的自制玩具

自制坦克　　　　　　　自制攀爬梯　　　　　　玩具手枪

轮胎桥2座、高空悬梯1组、滑轮轮胎1组、攀爬梯1组、攀爬架2个、迷彩坦克、轮胎车、攀爬梯、攀爬架等；锅碗瓢盆若干、沙包200个、医护急救包5套、吊瓶若干、海绵垫15块、大型雨布4块、彩旗8面、沙袋、玩具机关枪、迷彩军帽、轮胎、梯子、迷彩网、沙包背筐、火苗、担架、军医旗子、垫子、医生套装等。

游戏区域介绍

该区域活动器械丰富，幼儿可以扮演战士，进行野外训练，进行跑、钻、爬、匍匐、平衡、投掷等的动作体能训练；可以进行比赛，体会做一名战士为祖国冲锋陷阵的淋漓快感；也可以做一名医护人员，救死扶伤；还可以就地取材烹饪各种美食和自己的战友分享。拓展训练营得天独厚的环境为孩子们提供了随手可得的游戏材料，如满地的树叶可以当成蘑菇、草药及饭菜等，随手捡起的枯树枝在孩子手中变成了宝剑、捣药锤和冲锋号。春天里小草发芽、大树开花，夏天里昆虫出没，这些都成为孩子们不懈探索的对象。游戏中，孩子们不仅锻炼了基本动作、提升了综合运动能力，促进了幼儿的社会性发展，还懂得了怎样与同伴协商合作，显现出优秀的意志品质和良好的游戏精神。

经验分享

开始时，我们旨在引发幼儿扮演战士，进行拓展训练，进行跑、钻、爬、匍匐、平衡、投掷等的动作体能训练。之后，我们发现孩子们对野外训练游戏感兴趣，于是又增设了背筐、锅碗瓢盆、火苗、担架、军医旗帜、垫子、听诊器、吊瓶等材料，引发了幼儿更加生动、丰富的游戏设计，每次游戏时都会有女孩子负责做饭、看病等，由原来的简单跑动对抗衍生出了炊事班、战地医院、中草药师，吸引了很多女孩子和年龄小的孩子加入。随着孩子们运动技能的增强和挑战自我的需求，为了满足部分动作能力较强孩子的需要，我们又依势而建，用竹梯设计了吊桥、瞭望塔，用滑轮和轮胎设计了升降机。孩子们把这些险关加入游戏情节中，不断挑战自我，经过一段时间的锻炼，中班大部分孩子都能站立行走通过吊桥，也能几人齐心协力用升降机把其中的一个同伴拉到半空，再缓缓降下，玩得不亦乐乎。在游戏中孩子们懂得了怎样合作、分享、协商、交流，促进了其社会性发展。

（窦胜燕 许海英）

快乐大本营环境创设

预设发展目标

*借助梯子、木板等大型建构材料搭建的"作品"进行运动，发展幼儿的平衡、攀爬、跳跃等动作。

*借助斜坡、滑板、小车、轮胎等器械，勇敢挑战新动作，培养创新求异的思维能力，培养不怕困难的精神，体验与同伴合作的乐趣。

*会主动分类、有序收整器械材料。

区域环境创设

快乐大本营活动是一个综合性运动区域，创建于幼儿园主操场的中间位置，

能载人的四轮车

轻快的三轮小车

自制轮胎车

| 适合小班的梯子组合 | 高低不同的梯子 | 搭平衡的长条板 |

面积约为 1000 平方米，用符合最新标准的塑胶材料铺设而成，场地平整而富有色彩变化。其北面临近各班级，便于各个班级使用和管理；南边临近拓展训练营，直径 30 ~ 50 厘米的粗大法桐依次排开，绿树成荫。宽阔的活动场地为幼儿的游戏活动提供了空间保障。

游戏材料投放

活动区以开放性材料为主，如高矮梯子、长短木板、大型积木、人力车、三人自行车、单人自行车、扭扭车、轮胎车、保护垫、轮胎、滚筒，各种材料按照标识分类摆放。

游戏区域介绍

快乐大本营是极具挑战的自主游戏区域，可供两个班级的幼儿自主游戏。他们自由结伴，利用大型梯子、木板、轮胎等进行自由组合搭建，体验合作的力量；他们设计各种宽窄、长短、高低不同，纵横交错的立交桥，设立入口及出口，在不同高度、不同斜度的平衡桥上或跑或跳、或攀或登、或滑或走，在运动中发展了平衡、协调、攀爬、跳跃、灵敏等能力，锻炼了其勇敢的意志品质；另外，孩子们还利用搭建的各种"作品"进行社会性角色扮演，锻炼了语言表达、社会交往及表演能力。

经验分享

在快乐大本营，幼儿刚开始游戏的时候，梯子、长板、体操垫等材料分类摆放，两个班级的幼儿取用十分不便，经常挤到一起，影响了游戏进程；孩子们搬到材料后总是就地搭建，不能充分利用宽阔的活动场地四散搭建活动，阻碍了其他幼儿活动。我们发现后，把梯子、木板、体操垫等分到两个区域摆放，便于每个班级幼儿自由取用。同时，引导幼儿拿到材料后要到开阔的地方拼搭，并学习运用目测或者测量工具进行测量，到距离摆放材料处约 10 米的地方进行搭建，而不

是就地使用。这样一来，幼儿借助梯子、斜板搭建的作品从缩小版到扩大版，充分体现了幼儿心灵的舒展和视野的开阔；他们的游戏从任务性游戏到快乐自主游戏，充分诠释了游戏自主、自由、自发的本质特征；他们在作品上运用的技能从生疏到熟练，从独立到合作，充分见证了游戏促进发展的奇特功效。

在活动场地上，孩子们可以自由地几人合作抬梯搭成桥梁进行攀爬、走平衡；可以骑上各种小车在立交桥下或载人、或独立自由行驶；可以前拉或者后推载人轮胎车玩耍、比赛，看谁的力气更大；可以用体操垫子搭起帐篷躲在里面一起进行角色扮演……

总之，在快乐大本营活动区，幼儿可以自由地拼搭、运动、闯关、挑战、游戏，在与材料的互动中不仅锻炼了身体，提升了运动技能，使动作变得更加协调、灵敏，而且让幼儿有了更广阔的想象空间及动手操作空间，孩子们更加自信、快乐，更喜欢和朋友一起挑战、一起合作、共同进步。

（王海芸 夏小芳 李明）

交通游戏城环境创设

预设发展目标

＊认识各种交通标志，在游戏中体验交通规则的重要性，培养自觉遵守交通规则的意识，提高自我保护能力。

＊学习交警指挥交通，懂得各种指挥手势的意思，丰富社会经验。

＊培养幼儿良好的人际交往能力及守规则、懂礼貌、自律等优秀品质。

区域环境创设

交通游戏城创建于幼儿园北大门东侧的空地上，与"森林乐园"毗邻而居，面积约1000平方米。交通游戏城的游戏活动是立体模拟城市道路的交通游戏，"马路"东西走向，路上画有各种道路指示标线，设有交警指挥台、红绿灯，南面靠墙处依次是停车区、4S中心、加油站。这个活动区麻雀虽小但五脏俱全，虽仅有1000平方米却宛然是整个城市道路的缩影。

自制加油站

各种各样的维修工具

游戏材料投放

我们先后投放货运车、手推车、人力车、脚踏车等6种70余辆户外游戏车及指挥台、红绿灯等设施。随着游戏的开展，还创建了嘉年华4S体验中心，设有洗车间、维修部、休闲吧。在洗车间里，投放了小桶、喷壶、抹布、雨靴、手套、旧洗衣机；维修部投放了各种维修工具以及废旧童车；休闲吧则是孩子们存放水壶的位置，并且投放了幼儿书桌及读物；换衣间中放有交警用的帽子、衣服以及维修工、洗车工和消防员的工作服；加油站里，废旧的饮水机经过美化变身为一个个加油设备。

游戏区域介绍

交通游戏城活动区旨在通过全真模拟的角色游戏让幼儿学习交通规则及行为，丰富社会经验，培养幼儿良好的人际交往能力，有利于培养幼儿守规则、懂礼貌，善于合作、自律等品德。通过投放各种交通游戏车、交通游戏附属设施等材料，增加了孩子们的学习兴趣、提高了动手能力、增加了学习趣味性。"维修部"中的各种维修工具以及废旧童车，让孩子们真实体验用扳子、钳子等维修工具修理交通游戏中损坏的车辆及废旧的童车等，不同的维修工具可供幼儿各种游戏，提高了孩子们的动手能力，在商量对策、交流意见的过程中发展创造思维和团队协作能力。

经验分享

交通游戏城以各种类型的小车为主，幼儿通过骑车衍生出许多与车有关的各种活动，从而生发更多游戏。游戏活动的开展大致经历了三个阶段：按交通规

则骑车的尝试期，逐渐投放游戏材料的发展期，创设游戏情境下自主游戏的成熟期。

在尝试期，教师带领幼儿到马路上参观交警执勤工作，学习常用指挥手势，为幼儿进入交通游戏活动做好前期经验准备。同时，还投放了货运车、手推车、人力车、脚踏车等6种70多辆户外游戏车。随着交通游戏城游戏的发展，继而配备了洗车间、维修间、休闲吧等，但是它们没有很好地推动游戏的开展。之后，我们引进汽车4S店的模式，对洗车间、维修间、休闲吧进行整合，取名嘉年华4S店。嘉年华4S店利用废旧的三块大展板分隔成三个区，由东向西分别是洗车间、维修间和休闲吧。在洗车间里，我们充分利用园里的废旧材料，在家长朋友的支持帮助下，投放了小桶、喷壶、抹布、雨靴、手套、旧洗衣机等；在维修间里，我们提供了废旧的童车和大量的维修工具，而且尊重幼儿的建议，增加了移动工具箱，方便道路上事故车辆的维修；休闲吧是供幼儿放松、休息的地方，除了桌椅之外，还投放了幼儿图书、玩具、自制饮料等。在加油站里，一个个废旧饮水机经过美化变身成为加油设备，孩子们自己研究决定谁是人工加油员、谁负责讲解自助加油流程、谁负责收款等。随着游戏情境的不断丰富，社会角色的分配体验以及游戏材料的充实和孩子们活动经验的日益丰富，孩子们的游戏兴趣更加浓厚，交通游戏城的自主性游戏向前推进了一大步。

（李玉萍 成菲菲）

森林乐园环境创设

预设发展目标

*发展幼儿平衡、攀爬等动作，提升身体协调能力。

*养成乐于挑战、坚强勇敢、超越自我的良好意志品质。

森林乐园区域标识

大型固定器械和移动器械相辅相成

区域环境创设

森林乐园位于幼儿园北大门东侧，面积大，树木多，固定的大型器械和中小型移动器械数量充足。这里夏季树木郁郁葱葱，幼儿可在其中自由快乐活动。

游戏材料投放

木质荡桥、木质钻洞、盘丝洞、爬高乐、葫芦塔、梅花桩、平衡木、竹梯、轮胎秋千、软皮秋千、软绳秋千、拱形桥、滚筒、太空舱攀岩、攀爬架、吊床。

游戏区域介绍

森林乐园以钻爬、攀爬、平衡类的大型固定器械为主，吊床、秋千、滚筒、拱形桥等移动器械为辅。木质荡桥、梅花桩、平衡木、竹梯等可以发展幼儿平衡能力；木质钻洞、盘丝洞、爬高乐、太空舱攀岩、拱形桥、攀爬架等可以发展幼儿攀爬能力；秋千、吊床等有利于发展幼儿身体协调能力。模拟烤串、饮料等辅助材料有助于幼儿生发角色游戏，从而发展幼儿的语言表达能力、社会交往能力。森林乐园夏季绿树成荫，凉爽宜人，有各种昆虫和小鸟入住其中，幼儿在森林乐园嬉戏追逐，观察动物和植物，在游戏中学习，不亦乐乎。冬天可以在这里捡拾落叶，在"落叶雪"中旋转飞舞，用落叶做拓印画，做书签，丰富了幼儿的美工活动。一年四季，森林乐园伴随幼儿成长，是幼儿最喜爱的户外区域之一。

经验分享

　　森林乐园建立之初，只有吊床、平衡木、梅花桩等少数器械。器械数量有限，挑战难度小，幼儿在熟悉并熟练了玩法之后，对户外游戏的热情逐渐降低。于是老师们进行了深入思考，将森林乐园的材料进行了丰富和充实，先后增加了爬高乐、盘丝洞、钻爬筒、木质荡桥、木桩等大型固定器械。丰富活动器械的投放大大提高了孩子们的活动兴趣，增加了挑战难度。在教师的适当引导下，孩子们很快熟悉了这些器械的各种玩法。教师也适时转变角色，成为幼儿户外活动更好的观察者、引导者和参与者。随着幼儿前期活动体验和中期活动材料的丰富，森林乐园逐渐成为一个综合的且充满魅力的户外活动区域。根据幼儿动作水平的不断发展，教师在森林乐园已有器械的基础上，又增加了竹梯、滚筒、拱形桥、软绳、葫芦塔等器械，并将竹梯连接在小木屋上、搭在树干上进行组合、加固，吸引了更多幼儿来森林乐园游戏、探险。

（陈玉洁）

闯关游戏区环境创设

预设发展目标

＊喜欢参加闯关游戏，能根据路线标识牌认真、专注、勇敢地完成闯关游戏。

＊能利用活动器械自主地进行走、跑、跳、平衡、攀爬、投掷、抓握等各种

孩子们在运动长廊可以锻炼臂力

层次不同的多元材料符合幼儿的个性选择

运动，提升综合运动水平。

　　＊养成乐于挑战、坚强勇敢、互助合作、超越自我的意志品质。

　　＊发展自我管理及规则意识，知道闯关游戏的规则并按规则完成游戏。

　　＊游戏结束后，会按照图示的提示，整理游戏器械及材料。

区域环境创设

　　闯关游戏区创建于幼儿园东南侧场地，面积约 500 平方米，视野开阔，用塑胶铺设而成。偌大的树冠与南边遮天蔽日的粗大法国梧桐，为幼儿撑起了一片阴凉地，适合幼儿四季随时展开活动。

　　游戏材料投放

　　多功能大型滑梯、拱形桥梯、横梯、单双杠、投掷架、铁索桥、梯子、吊环、方格网、运动长廊（设有攀爬网、攀爬轮胎、攀爬架，有不同形状、不同材质的平衡吊板以及吊环等）。

　　游戏区域介绍

　　该区域活动器械丰富、综合性强，对幼儿综合运动能力的锻炼有很大帮助，幼儿在快乐的闯关游戏中潜移默化地提升运动能力，增强身体素质。

　　闯关游戏区以大型综合性运动器械为主，将每一样活动器械用数字进行标识，作为闯关的关口，根据不同年龄阶段幼儿动作发展的特点和个体差异，设计难易程度不一、闯关内容不同、锻炼部位各异的运动路线。幼儿自选路线标识卡，

第二章　为儿童开辟一方自由开放的游戏乐园

将若干区域有效链接，形成快乐的闯关游戏，潜移默化中发展走、跑、跳、投掷等多种能力。如，吊环、单双杠、投掷以锻炼幼儿上肢力量为主，有效缓解在其他关卡中由于跑跳过多引起的疲劳，对幼儿上肢力量弱、悬垂能力不足等问题能起到很好的补充练习和提升作用。

如多功能大型滑梯、拱形桥梯、横梯、扇形攀爬架、综合攀爬墙、铁索桥、梯子、方格网等器械，有利于幼儿综合运动能力的锻炼，对力量、速度、耐力、柔韧性、灵敏性、协调性及平衡性等机能的发展有直接的促进作用。又如，我们根据活动场地的地理位置，设置了曲线形木质长廊，在廊柱间创设不同功用、不同材质、不同难度、隐含不同发展目标的活动器械组合。或利用软绳创设格子形、蜘蛛网形的攀爬网；或利用木杆、铁杆、铁链等创设立体攀爬架；或利用长绳、木板、轮胎等创设多功能的平衡器械；或设置吊环等锻炼孩子臂力，充分体现活动器械的层次性和教育性，满足不同年龄、不同水平幼儿进行攀爬、平衡、投掷等活动需求。再如，充分利用活动场地中九棵呈九宫格排列的大树，在树的上方用绳网有机连接，使之成为一个整体，网下悬挂高低不同、大小不一、形状各异的五彩塑料桶、塑料瓶，在树与树的间隔处摆成轮胎方阵，或者在树与树中间拴上下两条长绳，使活动场所变得有挑战、有趣味，孩子们可以纵跳打怪兽、勇渡黄河、智闯关口等。

在游戏过程中，孩子们自主增加难度。如渡黄河时，孩子们双脚蹬住下边的绳索，双手抓紧绳索，并不停晃动身体。他们时而在绳索的一侧，时而会根据两边人数不同、重量不对等，而导致身体与地面成45度角。这时部分幼儿赶紧站到绳索的另一侧，调整难度，使绳索两边的重量相当而顺利过关。在这个过程中，培养了幼儿遇事不慌想办法、勇敢坚毅不退却的优秀意志品质。

更为重要的是，幼儿在游戏中，能更加自主地根据个人发展水平和喜好选择不同闯关路线、不同动作难度、不同运动强度项目，提升运动技能，发展基本动作，从而实现了各自在原有水平上的不断提升。

经验分享

开始时，我们设置的游戏关卡路线一致，出现了运动能力强的孩子重复无数遍、失去了运动兴趣，能力弱的孩子难以完成整套闯关游戏、缺少成功感，产生挫败感的问题。之后，我们及时调整，根据幼儿的不同能力设计难易程度不同的闯关路线标识卡，引导幼儿自主选择闯关路线，实现个性化发展，在提升运动能力的同时，让每一个孩子体验成就感。在这一过程中，孩子们学会了观察路线图，分析个人运动能力，比对不同路线的运动难度等，培养了理性思维、勇于尝试、乐于探索、勇敢乐观、坚持不懈的运动精神以及谦让、合作、互助的优秀品质。

（李艳 刘秀梅）

水上乐园环境创设

预设发展目标

* 感知水的特性，发展幼儿的想象力和创造力。

* 通过玩水游戏，体验同伴之间合作的乐趣。

* 学会分类、有序地收整玩水工具。

区域环境创设

水上乐园创建于幼儿园东南侧，是一个脚印形状的大水池，水池底部用蓝色的马赛克铺设而成，两条跃然而出的"鲸鱼"分外惹眼。水池的东侧外延装有高低不同且呈弧形的防腐木，防腐木上安装着水循环管道，密密麻麻，宛如一个大的水系工程。管道上安装着各种阀门和水喷头，幼儿可以通过猜想哪一个阀门控制着哪一个水龙头的办法，进行尝试、探索和实验，奇妙无穷。水的玩法变化无穷，在这里，每个孩子都会依据自己的喜好，选择适合的游戏材料生发自己的游戏玩法，任何一种人为的玩具都无法与大自然的赐予相媲美。

在水上乐园的南侧，

丰富多样的游戏材料有序地摆放

设有四个用粗大树干凿成的水系工程，它们高低不同，宽窄不一，在电机的带动下，水源源不断地从一边的储水缸里流向另一边的储水缸。这样的装置，不但节约用水，而且增添了趣味。

游戏材料投放

压水器、大脸盆、瓶子、漏网、旋钮玩具、水箱、水枪、钓鱼竿、海洋球、水车、水枪、雨衣等各种玩水工具；每位幼儿一双雨鞋和一套备用衣服，毛巾若干。

游戏区域介绍

水上乐园是孩子们在炎炎夏日极喜欢的户外活动区域，在这里他们可以尽情地玩水。水是无形的，可随着孩子的喜好而随意变化，将水洒在地上可以观察水形成的图案，往水里扔进不同的东西可以观察形成的波纹，利用水箱当游船捞鱼捕虾，穿上雨衣打水仗，光着脚丫捉泥鳅，投放沉浮材料感知属性等。在玩水的过程中，幼儿不仅感知了水的特性，发展了其感知觉，而且激发了幼儿自主探究精神和兴趣，练习了肌肉动作，发展了观察力和想象力，更重要的是孩子们在玩水游戏中获得了情绪上的满足。

经验分享

起初，孩子们在水上乐园更多的是进行简单的玩水、运水、泼水、玩水枪、打水仗、摇水车等游戏。随着游戏材料的逐渐增多，孩子们自发生成了很多玩水游戏，如钓鱼、捞鱼、划船。随着孩子们游戏经验的积累，他们对打水仗溅起的水花、海洋球为什么能漂在水上、小石块为什么会沉入水底等产生了浓厚的兴趣，引发了他们更多的问题探究。孩子们渴望了解世间万物，喜欢自己动手，喜欢不停地问为什么，水上乐园给予了孩子们释放天性的空间。

（李明 王奕文）

湿沙城堡环境创设

预设发展目标

*在玩沙的过程中，了解沙的特性，发展感知觉，激发创造力、想象力及探

究精神。

　　*能在观察和感受的基础上，通过铲挖、拍打、堆塑、筛滤等活动练习大小肌肉动作，发展手眼协调能力。

　　*在铲沙、装沙的过程中，初步感知容器（小桶）与内容物（沙子）之间的关系，增加对空间关系的认识能力。

　　*通过大带小混龄游戏，在玩沙活动中学会与同伴相互关爱、相互帮助，体验大带小合作的乐趣。

　　*在游戏中能够自我管理，游戏结束后收拾整理，培养整理的良好习惯。

区域环境创设

　　湿沙城堡创建于幼儿园东南角，沙池呈椭圆形，主要以湿沙、水为主，有自由操作的水龙头、压水井、循环水道、浮沉等操作材料，又有长达十几米的水管，孩子们可以随时随地取水。湿沙城堡环境优美，空气清新，上方为膜结构遮阳棚，一侧设有专门放置玩沙工具的木屋，两旁植有果树及各类花草树木，树影婆娑，别具情调。

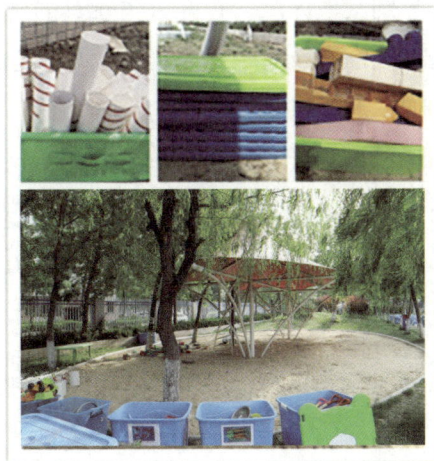

| 丰富有趣的玩沙工具 | 摆放有序的各类操作材料 |

游戏材料投放

　　保鲜膜纸棍、奶粉桶、粗细不同的PVC管；玩具铲土机、餐具、炊具、小水杯；废旧塑料筐、塑料桶、保温桶等废旧材料；玩沙工具、塑料翻斗车、漏沙吊筐、花洒、小水桶、漏斗、舀子、储物箱、小铁铲、各种塑料模具、铁筛子等购置类

材料。

游戏区域介绍

沙子是孩子们最喜欢的游戏材料之一，幼儿在与沙土的接触中，能诱发多种游戏活动。孩子们可以在这里做各种各样的沙雕，可以利用低结构的材料筑路、挖河、挖沟，可以在小房子里做饭过家家，还可以当园艺师种花、种树以及藏宝寻宝、施肥浇水等自主活动。幼儿在玩沙中感受湿沙的可塑性，不仅使幼儿的兴趣需要得到满足，而且激发了幼儿的探究欲望，幼儿的积极性、主动性、创造性得以充分发挥，人格得到健全发展。

经验分享

活动初期，我们结合孩子的年龄特点，投放了不同结构层次的可操作材料；为了便于孩子们收拾与整理，在摆放玩具的位置都配有相应的图片，让孩子们学会物归原处。孩子们在与辅助材料的互动中，充分体验玩沙的乐趣，孩子们在自主游戏的过程中利用低结构材料开发了多种多样丰富的玩法。在经历了一段时间之后，孩子们陆陆续续出现了一些问题。例如在收拾整理环节，孩子们有时图省事，没有把玩具放回到原处，或者把玩具拿到其他区域，存在丢失玩具的现象。有时孩子们会把玩具藏进沙子里，活动结束时没有及时拿出来，导致玩具越来越少。于是我们进行了改进：夏天，适当添加一部分供孩子玩水的玩具，让孩子更喜欢玩沙。针对玩具摆放较乱和不收拾的现象，各班老师在结束时会提醒孩子，按种类收拾，这样既可以摆放整齐，又不会遗漏。同时，为了增加游戏兴趣，我们陆续为孩子们增加了新的游戏材料，架设了可以玩水的管道、压水井、用来筛沙的筛子、塑料游戏挡板等玩沙玩水材料，让孩子们保持较高的游戏热情。

（刘会云 朱维莉）

阳光沙滩环境创设

预设发展目标

＊利用各种工具进行玩沙，了解干沙的特性。

* 锻炼幼儿的动手能力，充分发挥幼儿的想象力和创造力。

* 激发幼儿的探究兴趣，体验团结合作的快乐。

* 在玩沙活动中学会与同伴进行协商、合作与分享。

* 游戏结束后收拾整理，培养整理的习惯，提高自我管理能力。

区域环境创设

阳光沙滩创建于幼儿园南面的红色膜结构下面，占地面积约 100 平方米。阳光沙滩中的沙子具有细小、松软等特点，容易诱发幼儿的想象力和创造力。

松软的玩沙场地，丰富多样的玩沙材料

游戏材料投放

各类瓶子、易拉罐、小纸杯、沙漏、瓶盖、各种棍子、竹条、筷子、碗、勺、漏斗、筛子、铲子、车子、桶等活动材料。

游戏区域介绍

沙子对幼儿有天然的亲和力，玩沙、玩水是幼儿的天性。幼儿利用长短不同的铲子、管子、小桶、沙漏等多种开放性玩沙工具与沙子进行充分互动，他们三五成群，自由结伴，自由生发更多的精彩游戏。幼儿在玩沙活动中，感知觉、观察力、想象力、创造力都得到较好的发展，大肌肉、小肌肉力量得到锻炼，手部精细动作得到提升，同时克服困难的优秀品质也得到发展。

经验分享

我们按照各年龄段幼儿的年龄特点和玩沙需要，组织幼儿收集、制作一些辅助材料，如易拉罐、管子、瓶子、木块、泡沫板、小旗，这些材料的提供为幼儿打开了创造之门。每当提供新材料时，我们不直接告诉幼儿如何使用，而是请他们动脑筋这一材料可以当什么、怎么用。如色彩鲜艳的海洋球，幼儿在玩沙中把它当作了马路上的路灯和埋在马路下的路灯，这些奇思妙想是只属于幼儿的"杰作"。需要老师们做好的是，要根据幼儿的发展需要和课程需要，不断提供开放性低结构游戏材料，使幼儿保持较高的游戏兴趣，不断获得新经验。

在玩沙的过程中，我们始终坚持幼儿是活动的主体，教师适当、适时给予指导，孩子们在阳光沙滩中快乐玩沙、幸福成长。

（董闽）

宝贝球场环境创设

预设发展目标

* 认识各种球，了解并掌握各种球的多种玩法与规则，激发对球类运动的兴趣。

* 在玩球及比赛过程中，锻炼幼儿的腿部等大肌肉动作，提高手眼协调、身体协调等能力；学会与同伴协商、交流、配合，发展幼儿的竞争意识和合作意识，

宽阔的宝贝球场

各种各样的球

增强集体荣誉感。

　　* 学会解决球场上随时出现的问题，发展幼儿解决问题的能力及应变能力。

　　* 根据自己的兴趣自主选择球类并创造性玩球，发展创造性思维能力。

　　* 会按照图示的提示，对区域材料进行分类整理。

区域环境创设

　　宝贝球场是一个较为综合的运动区域，创建于南场地西侧，区域面积约为400 平方米。其场地为专业的球类运动 PU 材料，平坦且防滑。场地西南侧均种植了法国梧桐、垂柳、银杏树等，绿树成荫，大树下修建了宽宽的木质树池，便于幼儿运动后休息；场地北侧紧靠小班部教学楼，专门定制的盛放球类的收纳木箱一字摆开，幼儿可以自由取用、整理、摆放。

游戏材料投放

　　投放足球、篮球、曲棍球、脚跳球、羊角球、粘球、皮球、保龄球等不同种类的球若干；投放围栏、球架、收纳篮、收纳箱等，便于开展各种球类运动游戏及比赛。

游戏区域介绍

教师立足于提升幼儿的球类运动水平，根据不同年龄段幼儿的特征，尊重幼儿个别差异，投放各种球类，使活动内容、进度、方法等适合幼儿的身心发展特点和学习需要。幼儿通过自由选球、自寻玩伴、自创玩法，在教师的引导以及同伴的互助下，认识了多种球类，探索掌握了各种球的多种创新玩法，实现了独立玩球、合作玩球、竞争玩球等。幼儿在快乐玩球的过程中，提高了动作的爆发力及奔跑能力、投掷能力，激发了对球类运动的兴趣，增强了合作意识、规则意识及竞争意识，同时发展了思维能力。

通过适宜的球类游戏，提高了幼儿对球类运动的兴趣，改善了幼儿的健康状态，使玩球、赛球成为生活中必不可少的常态化运动方式，帮助幼儿形成了健康的生活方式。

经验分享

宝贝球场游戏活动的开展大致经历了以下几个阶段。

初始阶段：认识各种球，了解并掌握各种球类的基本玩法及动作技巧。

第二阶段：熟悉各种球类运动，幼儿自由寻找玩伴，在遵守各种球类游戏规则的前提下进行简单的球类游戏。

第三阶段：教师指导选择材料，分配角色，组织幼儿进行简单的球类比赛。

第四阶段：幼儿自由选择活动材料，自由组合队伍，在教师的适时引导下进行球类比赛活动，并逐渐掌握了各种球的运动技能，如足球中的曲线跑、侧身跑、颠球、击球、扣球、停球等；保龄球中的握球、助走、送球等；篮球中的向前、转身、后退、折步跑、滑步、单手传球、反弹球等。

随着球类游戏的深入开展，幼儿比赛的过程更加精彩、激烈，幼儿在比赛中的表现更为灵活多变。球类游戏活动，使幼儿的大肌肉群得到锻炼，身体的协调性、平衡性得到提高，意志力得到增强，身体素质得以提高；幼儿的自我认可度、伙伴之间的合作意识、班级团队的合作意识以及竞争意识、集体荣誉意识等大大提高，有效促进了幼儿身心健康发展。

另外，在球类运动中，老师们通过园本教研与现场实践，懂得了自由、自主、自发的自主游戏同样需要规则的约束，以推进自主游戏的深入、有序开展。

（马莉 刘梦琪 尚凡霞）

空中乐园环境创设

预设发展目标

*创造性地使用软绳、软梯进行锻炼，发展腿部及手臂力量；激发运动兴趣，体验其中乐趣。

*利用组合材料创造性地拼插、拼搭，掌握攀爬、平衡等动作技巧，发展身体灵活性和协调性，激发幼儿的想象力及创造力。

*学会与同伴友好协商，合作分享，遵守规则，并能够按照图示分类整理拼搭材料。

区域环境创设

空中乐园创建于幼儿园三楼上人屋面，面积约 500 平方米，其中凉亭面积约为 150 平方米。我们利用凉亭顶部凸起的结构，用膨胀螺丝安装了长短不一的软绳、软梯（绳内含有钢丝），确保幼儿活动安全。露天人造草坪场地约为 200 平方米，平坦而富有弹性，四周摆放了颜色不同、形状各异、大小适中的塑质拼搭材料，方便幼儿随时取用、拼搭、收整、摆放。

宽阔的三楼上人屋面

平坦的空中乐园场地

可调式悬空软绳、软梯

用于创意手绘的废旧轮胎

丰富的俄罗斯方块玩具

多功能滑梯组合

游戏材料投放

悬空软绳 8 根，悬空软梯 4 根，秋千滑梯 1 个，轨道飞车 1 个，跷跷板 3 个，轮胎 22 个，俄罗斯方块 58 块。

游戏区域介绍

空中乐园是以攀爬、平衡和拼搭为主的活动区域。我们充分利用三楼上人屋面上凉亭所特有的宽阔、顶部隆起的结构特点，悬挂木棍制作的梯子和绳子组成的空中软梯、空中软绳。软绳区域，难度较大，完全没有依附点，需要孩子综合各种能力配合完成。孩子们在玩的过程中探索出单双人荡秋千、软梯传球、倒挂金钩、多人合作爬软梯等多种新颖的玩法。孩子们愉快攀爬、快乐游戏，既锻炼了臂力和腿部力量，又发展了创造性思维能力，对发展幼儿的协调性、灵敏性、耐力以及勇敢挑战的优良品质也有着重要作用。

经验分享

幼儿与游戏材料充分互动，生发各种游戏情景，适合各个年龄段的幼儿进行游戏。俄罗斯方块的拼搭大致有两种。单元拼插：主要适合在年龄较小的小班幼儿之间进行，根据幼儿认知及年龄特点开展单元式的拼插游戏，如单一的拼插房子、火车、轮船、花坛。主题拼插：主要在中、大班开展，游戏的主题可以来源于幼儿的区域建构，也可以来源于幼儿的创意想法、教师的建议或者近期开展的主题活动。多样的拼插操作材料，可以提高幼儿排列、组合、接插、镶嵌、拼插、垒高等搭建技能，实现自己搭建的需求及愿望，体验自己与同伴共同搭建的快乐感、成功感；可以帮助幼儿梳理设计、操作、拼搭等过程，发展他们对材料、模型和建筑物之间的空间关系与逻辑关系的理解，支持他们再现或创造性地表达生活经验，有助于促进幼儿认知水平的发展以及手眼协调能力、社会性经验、审美能力、创造性等方面的发展；可以使幼儿展开奔跑、跳跃、翻滚、钻爬等动态游戏，满足不同幼儿的多种需求；游戏过后幼儿可以通过自由分组、协商、挑战等方式将材料进行分类收整，从而懂得了合作与分享、收整与归纳，显现出优秀的意志品质和良好的游戏精神。

（成菲菲 王雪雯 张佳佳）

欢乐淘气堡环境创设

预设发展目标

＊能利用系列活动器械自主地进行走、跑、攀爬、跳跃等各种运动，促进其手臂、腿部等大肌肉力量的发展。

＊发展动作的灵敏性和协调能力，增强幼儿耐力。

＊养成乐于挑战、坚强勇敢、超越自我的意志品质。

区域环境创设

欢乐淘气堡创建于东教学楼中心场地，位置得天独厚。其面积约400平方米，

软绳

玩具鸭

多功能滑梯

软梯

感统训练器材

蹦蹦床

四周环绕着教学楼，活动场地上方建有膜结构，遮风避雨，防晒保温，利于幼儿四季开展活动。

游戏材料投放

多功能滑梯、蹦蹦床、软绳、软梯、跳跳球、拱形门、拱形桥、滚筒、滑板及感统训练系列器材等。

游戏区域介绍

欢乐淘气堡是针对幼儿喜欢钻、爬、滑、滚、晃、荡、跳、摇等天性设计的。儿童在玩的同时能培养独立的个性、锻炼身体、健脑益智。该区域中的滑梯能促进孩子的触觉发育，不同长度、斜度的滑梯给孩子带来的速度体验是不同的，可以锻炼幼儿体能、开发运动技巧、增强平衡和协调感。蹦床运动非常适合儿童，坚持锻炼会使孩子的腿部肌肉群和小脑平衡神经系统以及大脑神经系统更加发达，且能达到长高的目的。软绳和软梯对孩子们来说极富挑战力，它们能锻炼孩子们手臂的抓握能力、身体的平衡能力、手脚攀爬的协调能力，同时还能培养孩子们乐于挑战、坚强勇敢、克服困难、超越自我的意志品质。感统训练系列器材则通过刺激孩子的中枢神经系统，促进身体各项功能的协调发展。拱形门、拱形桥则可以锻炼孩子的钻爬能力和攀爬能力。

经验分享

欢乐淘气堡游戏活动的开展大致经历了三个阶段。第一阶段是自我探索、熟悉玩法。在此阶段是树立幼儿安全意识的关键阶段，例如提醒幼儿在滑滑梯时要排队、不推也不挤，玩软绳、软梯时要注意抓牢、不能用力过猛，玩跳跳床时要注意手脚协调、保持平衡。第二阶段是增加材料，丰富游戏。在幼儿身体协调性、平衡力有了一定的提高之后，继续丰富区域材料。在幼儿熟悉感统训练器材的基础上，将滑板和斜坡滑梯相结合，增加难度，锻炼幼儿身体的协调性。在此过程中教师因材施教，进行有差别地指导，逐步提高幼儿的动作发展能力，帮助幼儿养成乐于挑战、坚强勇敢、克服困难、超越自我的意志品质。第三阶段是打破年龄和班级界限，实现游戏伙伴互通。大班、中班、小班的幼儿在交往过程中，慢慢由老师引导到自由结伴、互相学习、互相帮助。例如在玩软梯的游戏当中，大班的孩子会主动把小班孩子抱到底层的梯子上，推着弟弟妹妹们荡秋千，同时他们玩软梯时的"飒爽英姿"也在无形中影响着小班的孩子。中、大班学会了关爱幼小，小班则找到了学习的榜样，混龄使得活动更丰富、有意义。在游戏的推进过程中我们不断思考、改进、提升，引导幼儿探索创新，开发器械新玩法，较好地体现了幼儿为本的教育理念。幼儿自发、自由和自主地游戏，在自主意识、身体协调性、平衡力等方面有了很大发展，有了更强的安全意识和自律意识，在彼此的交流中懂得了关爱他人，体现了在游戏中的主体地位，真正成为游戏的主人。

（褚霞）

创意涂鸦区环境创设

预设发展目标

* 喜欢参加表征活动，能够按照自己的意愿进行绘画创作。

* 能在观察和感受的基础上，绘画表征出体现事物典型特征的作品，发展想象力、创造力与表达能力。

* 在绘画表征活动中学会与同伴协商、合作与分享，从而感受活动的快乐。

* 在游戏中能够自我管理；游戏结束后，会按照标识，对绘画材料进行分类

宽阔的场地，丰富的游戏材料

整理。

区域环境创设

创意表征区创建于幼儿园东教学楼二楼上人屋面，面积约 500 平方米，呈 T 字形。其场地空旷、平坦且日照充足，区域的四面墙壁上设置了画板 10 余块，便于幼儿开展综合性的表征活动。

游戏材料投放

场地大体分为三个板块：区域东侧投放了大型的俄罗斯方块 80 余块；区域西侧投放了彩色图案轮胎、拱桥、轮胎车、扭扭车、泡沫垫等；区域的四面墙壁上设置了 10 余块防水画板，投放了彩笔、粉笔、毛笔、水粉笔、水粉颜料、墨汁等。

游戏区域介绍

自由表征是一种独特的艺术表现形式，能使幼儿身心得到全面发展，是培养幼儿观察力、想象力、创造力的重要手段。自由表征给幼儿带来的快乐很大程度上不是绘画的结果，而是幼儿能够完全根据自己观察到的内容，结合自己的理解及在绘画方面的表达技巧，自由表征、随心而作的创作表征过程。幼儿进行自主绘画表征，可以是观察之后的追忆创作，可以是一幅现场写生画，还可以是基于现场游戏之后直接经验的绘画表征。孩子们尽情表达自己的所见所闻，尽情释放自己的美好情感。表征的方式也是多种多样的，可以用彩笔、粉笔、毛笔、水粉笔，也可以用丙烯颜料、水粉颜料、墨汁等多种表征材料，在黑板上、废旧轮胎上、大画布上大胆表征、创作。伴随这种愉快的"自我发现"的经历，孩子们的表征兴趣愈发浓厚，表征表达的能力越来越强。他们在表征过程中自主自由地表现自己的感受和内心意愿，在创作中发展潜能，建立自信，享受成功，在表征中懂得了如何与同伴合作、分享。

经验分享

创意表征区以开放性材料为主，幼儿和材料充分互动，进行各种综合性表征活动。在幼儿进行自由表征的过程中，教师引导幼儿结合自主游戏的前期经验，进行自主绘画表征，逐渐掌握了一些绘画技能，并随着游戏的不断推进，他们的表征过程更加丰富和有趣，表现的作品更加复杂、更具创意。在创意涂鸦中，幼儿懂得了协商合作与分享。

（许海英 李明）

第三章

把游戏的自主权真正还给儿童

自主游戏课程的精髓是"游戏精神"，而非既定的游戏主题、游戏步骤、游戏流程等表面化、形式化的东西。在儿童游戏的过程中，必须收放结合，形散神聚，真正把握住"自主"之游戏精髓。

　　游戏过程中，教师要把游戏的自主权真正还给儿童，解放他们的双手、眼睛和心灵。教师要后退一步，作为观众去欣赏，作为研究者去观察，作为指导者去点拨。当教师的干涉和限制少了，儿童的主体性、能动性和创造性就多了。

第一节 儿童拥有自由自发自主的游戏权利

儿童在游戏中应该拥有自由、自发、自主的游戏权利，只有这样，幼儿的学习才会真正发生。

联合国《儿童权利公约》明确规定了儿童具有最基本的权利可概括为四种，即生存权、受保护权、发展权和参与权。其中儿童的发展权（Development Rights）是指儿童拥有充分发展其全部体能和智能的权利。在《儿童权利公约》里，发展权利主要指信息权、受教育权、娱乐权、文化与社会生活的参与权、思想和宗教自由、个性发展权等，其主旨是要保证儿童在身体、智力、精神、道德、个性和社会性等诸方面均得到充分的发展。

《幼儿园教育指导纲要（试行）》中指出："幼儿园教育应尊重幼儿的人格和权利，尊重幼儿身心发展的规律和学习特点，以游戏为基本活动，保教并重，关注个别差异，促进每个幼儿富有个性的发展。"作为幼儿教师，我们应尊重幼儿的人格和权利，以游戏为基本活动，学会观察、分析、解读幼儿，在对幼儿的教育过程中顺应幼儿的天性，走进幼儿的世界，接纳他们的个体差异，使幼儿在游戏中以适合自己的速度想象、创造、交流、探索。

游戏是儿童的基本活动。那么，儿童在游戏中应该拥有什么自主权利呢？儿童拥有参与游戏环境创设的权利，拥有使用丰富游戏材料及均等游戏机会的权利，拥有按自己的意愿以及方式自由选择游戏的权利，拥有与同伴共同分享游戏带来乐趣和学习彼此经验的权利。也就是说，我们要允许儿童在一定条件下，对自己的活动具有支配和控制的权利，他们在游戏中拥有自由、自发、自主的权利。只有儿童拥有了这"三自"权利，游戏才会真正发生，老师笔下的记录才更有价值和意义。这对教师来说，具有很强的挑战性，如何转变教育理念，从注重教师的"教"转向注重幼儿的"学"，如何充分解放儿童，犹如陶行知先生所言的"六个解放"：解放他的头脑，使他能想；解放他的双手，使他能干；解放他的双眼，使他能看；解放他的嘴巴，使他能谈；解放他的空间，使他能到大自然、大社会

中去获得更丰富的学问；解放他的时间，不能把他的功课表填满，让他做自己喜欢的事情。同时，教师要管住自己，站位靠后，做幼儿活动的观察者、启发者、记录者、引导者与支持者。

（王銮美）

第二节 记录儿童的学习故事

一、关于记录

对儿童的学习有何种理解，会在很大程度上影响教师教育、教学目标的确定，教育、教学内容的选用，教育、教学手段的采用以及教育、教学评价方式的运用；还会在很大程度上影响儿童与教师、儿童与儿童以及教师与家长之间的关系，影响环境的布置以及对环境布置所赋予的意义，等等。简言之，对儿童学习的理解，在某种程度上会决定或改变整个教育、教学的面貌。因此，对教师来说，寻找一个可以帮助他们正确理解儿童学习的有效途径显得十分重要。

在人们寻找这种有效途径的过程中，记录逐渐被凸显出来。于是，"记录，让儿童的学习看得见"，日渐成为学前教育实践工作者所关注的焦点。目前，"记录，让儿童的学习看得见"已成为不少学者及教师所致力的研究课题，大家都在尝试运用记录来理解和研究儿童的学习。

记录，真正实现了让儿童的学习看得见，让老师的眼中有儿童，让儿童自由、自发、自主的游戏权利得落实。

追溯这种教育研究和实践在幼儿教育领域兴起的历史，我们不难发现，"记录，让儿童的学习看得见"在当今世界上受到如此的礼遇，与意大利瑞吉欧·艾米利亚幼儿教育实践的风靡世界有很大关系。[1]

---

[1]瑞吉欧是意大利东北部的一座城市。20世纪60年代，洛利斯·马拉古齐和当地的幼教工作者一起兴办并发展了该地的学前教育。数十年的艰苦创业，使意大利在举世闻名的蒙台梭利之后，又形成了一套"独特与革新的哲学和课程假设，学校组织方法以及环境设计的原则"，人们将其称之为"瑞吉欧·艾米利亚教育体系"。

记录的运用，被认为是"瑞吉欧·艾米利亚教育取向在幼教领域里最特别的贡献"。在瑞吉欧，教师一直注意观察、收集和记录儿童在学习过程中的具体实例，教师也经常聚集在一起，对关于儿童学习的记录内容进行深入的讨论。包括儿童所说的、所做的，儿童的学习过程和学习成果，以及记录儿童活动的录像带、磁带、照片、儿童的作品以及教师与儿童互动交往的文字记录等等。他们认为，记录最直接的作用，就是使儿童的学习过程、他们所付出的努力和最终的学习成果都变得清晰可见，可以成为理解儿童学习的宝贵的研究资料。

美国著名幼儿教育家琳莲·凯茨非常推崇瑞吉欧对记录的运用。她认为，瑞吉欧的记录提供了幼儿学习和发展的信息，可以让教师了解幼儿的意图，因而是教师对儿童学习进行研究的一种重要形式。在借鉴瑞吉欧经验的基础上，美国学者还出版了一本题为"学习的窗户——纪录幼儿的工作"的书。琳莲·凯茨在该书的序中说："记录的巨大贡献之所以是可能的，就是因为记录把幼儿在教室里的经历变成可见的东西，它提供给教师和父母关于儿童在他们工作过程中的思维的启示。"

随着我国幼儿园课程改革的推进，记录在我国学前教育领域内受到了越来越广泛的重视，有一些幼儿园从国外的经验和自己的研究中获得了灵感，教师们拿起纸和笔、摄像机、照相机等工具去观察和记录儿童的学习，开始尝试运用记录这一工具作为研究儿童学习的平台，并取得了不小的成效。教师在对记录进行解读的时候，十分感慨，他们认为，记录开始修正他们原来所持有的儿童学习观，记录能使儿童的学习看得见，儿童的学习潜能超出了他们原来的估计，他们的头脑里开始有了活生生的儿童。他们与儿童真实的学习更为贴近，能够研究性地看待儿童的学习，他们在更为广泛、更为深刻、更为生动和更为恰当的意义上开始理解儿童的学习，也使得他们在此基础上能更好地去促进儿童的学习。通过记录，教师能利用已有的成熟的经验，可以切实关注并深入细致地了解儿童的某一个学习过程，可以参与关于儿童学习的解读和分析。对记录的不断重温，不仅可以在教师头脑中激起原有的关于儿童学习的过程，而且可以促使教师对过去发生的事件产生新的解释和建构。这样，积极的教学者就可以从中不断加深和拓展对儿童能力和兴趣、儿童的发展水平、儿童的个体差异、儿童的思维方式等方面的了解。

"记录儿童的学习"除了对教师有益之外，对家长和儿童自身也有着极大

的价值。由于记录使得儿童的学习过程和成果变得清晰可见，因此记录可以使得家长了解、关注幼儿在幼儿园中的学习过程，加深对幼儿早期学习方式的了解；记录可以使幼儿容易与父母分享他们在幼儿园的学习经验，因而可以增加亲子之间讨论的话题。通过了解幼儿的学习活动，家长还可以参与进来，进一步反思自己的家庭教育，为幼儿的进一步学习提供机会。瑞吉欧教育奠基人洛利斯·马拉古奇认为，记录提供给家长一个知的途径，它可以实质地改变家长的期望，让他们重新审视对幼儿生活经验的看法，并以一个全新、更具好奇心的方式来看待整个幼儿园的教育，这对于促进家园交流工作的展开无疑是大有裨益的。例如，在一次邀请家长和教师一起重温幼儿学习记录的过程中，家长感叹道："听了你们对我儿子这段录像的解读，我感到仅仅为孩子创设一个宽松的环境是不够的，作为家长，也要努力使自己站在孩子的立场上想问题，这样，我们就会更多地了解孩子，更好地与孩子平等对话。"

另一方面，记录也可以拿来和幼儿一起分享和重温，教师可以让幼儿看看记载下来的照片、录像、图片等，或者把文字记载读给幼儿听。实践证明，这种重温可以进一步激发儿童学习的积极性，也可以促进幼儿的学习。当幼儿通过记录看着自己所完成的工作时，会更加好奇、感兴趣以及有自信心，幼儿可以从中感受到教师对他们活动的认真对待，并可以切身感受到他们努力的价值，从而更加积极地投入到今后的活动中去。与此同时，通过重温自己学习过程的记录，幼儿再次温习、提炼并强化自己的经验，通过和教师以及其他幼儿的对话，幼儿还可能对相关经验形成新的、清晰而深入的理解，来自教师或同伴的评价、疑问或者经验还可能引发幼儿进一步的思考和行为。作为旁观者的其他幼儿则同样可以从中获得有益经验或者生发新的思考，而教师则可以通过和幼儿的对话，进一步了解幼儿的所思所想，有助于教师更深刻、更准确地理解幼儿，并能据此适当地给以引导，为幼儿的自我思考、为幼儿间的互相沟通和集体游戏搭建平台。

事实上，记录的意义不仅仅在于它带来了一种评价方法的有益变革，它的价值更多地还在于它是一种适合当前我国学前教育改革取向的教学方法和研究方法，从更多地强调教师传递知识技能转向了更多地强调幼儿的主动学习和探索，把教育教学的研究视角由原来注重"教师如何教"到注重"幼儿如何学"，要求教师更多地关注幼儿的自身经验，尊重幼儿的兴趣和需要，遵循幼儿的思维特点和学习方式。

总而言之，记录儿童的学习过程，使发生的学习变得可见，它既可以为教师提供深入思考的平台以及专业发展的途径，也可以为教师和同事以及家长提供交流的平台，同时也塑造和影响着幼儿新的学习。也正因为如此，记录才得到了大家的一致认同。

虽然"通过记录理解儿童的学习"在我国已经成为日益高涨的呼声，但是，实践显示，做有研究价值的记录并非一件容易的事。弄清楚能被用于理解儿童学习的记录究竟是什么，还要明白如何去做，这对于幼儿园教师而言，需要经过一个学习的过程。

二、关于学习故事

学习故事由新西兰怀卡托大学玛格丽特·卡尔教授和她的研究团队经过数年的研究发展而成，是一套用叙事的方式进行的形成性学习评价体系。在新西兰的早期教育机构中，它被教师用来观察、解读并促进幼儿的学习，同时记录每一个幼儿学习与发展的轨迹。[1]

学习故事是一种以幼儿为中心的、教师与幼儿一起工作的思维与行为方式。即，教学始于对幼儿学习的观察（注意），然后分析与解读幼儿游戏行为（识别），最后依据识别到的信息支持幼儿进一步学习与发展（回应）。

"学习故事"由"注意""识别""回应"（观察、解读、支持）这三步评价过程组成，它具有评价方式叙事化、从积极视角进行评价等特点。教师的评价基于对幼儿学习的观察，并在分析与解读幼儿学习行为的基础上选择适宜的方式，支持幼儿进一步学习与发展。教师要自始至终秉承幼儿本位的教育理念，并基于此种教育理念进一步支持幼儿的学习。

学习故事是教师利用图片、文字等多种形式对幼儿在真实活动情景中的"魔法"时刻进行连续的观察与评价的一种叙事性评价方式，教师用叙事的方式描述幼儿在游戏过程中的真实表现与"魔法"时刻，并分析儿童在游戏过程中所出现的五大领域关键经验和幼儿学习品质，在此基础上为支持幼儿进一步的学习与发

---

[1] 玛格丽特·卡尔，新西兰怀卡托大学威尔夫·马尔科姆教育科学研究院教授，曾任新西兰国家早期教育课程框架发展研究小组主任，带领团队研发了于 1996 年颁布的"新西兰早期教育课程框架"。

展制订计划。

"学习故事"十分强调有助于幼儿学习的心智倾向：感兴趣、在参与、遇到困难或不确定情境能坚持、与他人沟通以及承担责任，这五方面的心智倾向与《3～6岁儿童学习与发展指南》所提出的幼儿学习品质有着极大的联系。

《3～6岁儿童学习与发展指南》在说明部分强调：要重视幼儿学习品质。幼儿在活动过程中表现出的积极态度和良好行为倾向是终身学习与发展所必需的宝贵品质。要充分尊重和保护幼儿的好奇心和学习兴趣，帮助每位幼儿养成积极主动、认真专注、不怕困难、敢于探究和尝试、乐于想象和创造等良好学习品质。其所倡导的儿童观以及学习观与发展观与《3～6岁儿童学习与发展指南》所提倡的幼儿本位、注重幼儿与环境的互动、重视家园合作等理念相似，故在我国已为一些幼儿园所关注。

通过"学习故事"来观察、解读和支持幼儿学习，对于幼教工作者不断践行《3～6岁儿童学习与发展指南》所倡导的教育理念以及促进幼儿的学习与发展而言大有裨益。

学习故事，是一条支持和培养儿童的优势领域和兴趣的道路，对于老师来说，就是要"提供各种机会让这条道路通向一种创造性的生活"。

综上所述，我们简单地理解为：学习故事是讲一个能让老师、家长和儿童听得懂的故事，是为儿童建构有能力、有自信学习者的自我认知提供强有力的机会，是能促进未来学习的一种回顾工具，是将共同的主线提炼出来，揉在一起，用以描绘个体的学习路径。它不仅仅是一个学习故事，它是一种理念，包括一整套的记录：个人学习故事、集体学习故事；来自幼儿园的学习故事、来自家庭的学习故事；包括儿童的声音、儿童的作品、带有注解的照片等。

三、如何撰写学习故事

撰写学习故事，要把握好以下几点。

（一）注意

在这个过程中，教师要多观察，要善于观察幼儿的游戏行为，分析幼儿行为背后所蕴含的教育价值，判断幼儿实际的发展水平，实施支持幼儿发展的教育策略。观察要从材料、幼儿两个方面进行：一是对材料的观察，要看材料的多少是否适中，材料能否引起幼儿的游戏兴趣，能否诱发幼儿的游戏行为，是否具有挑战性与互动性。二是教师对幼儿的观察，既要兼顾全体幼儿，又要照顾个别幼儿；既要短时间观察，又要长时间持续观察。同时，教师还要多关注有探索性及突出表现的幼儿、游离于活动之外的幼儿、有困难需要帮助以及有冲突的幼儿。另外，教师在观察的过程中要少干预，做到尽可能不干扰、不打断、不催促，给幼儿足够自主的时间和空间，使他们充分地自由选择、自由想象、自由探索、自由表达，使幼儿成为他们自己。

（二）识别

教师要尽力去理解儿童的学习，例如，"儿童在这里发生了什么样的学习？""今天促进了什么发展？"通过解读，教师的目光切实转向儿童，真正关注和尊重儿童，研究儿童的学习，并在此基础上做出教育教学上的积极反思与调整，以支持和促进儿童的学习和发展。这正如《让儿童的学习看得见》一书中所说的，"她们会把儿童放到一个非常重要的位置"。

（三）回应

充分利用我们观察和分析的信息来理解和支持儿童的学习，即我们做些什么能加强、支持和拓展学习？教师可以依据她们对儿童的认识和理解进一步思考她们的教育、教学决策和教育行为，面对所记录和理解的幼儿，应如何回应儿童，以满足儿童的兴趣和需求；教师实际能做什么和确实做了些什么，教学是怎样联系儿童和儿童的活动的；教师所做的哪些事是有价值的，哪些是没有价值的；怎样才能做得更好，等等。这样，教师回应幼儿的智慧以及教学实践能力无疑都得到了极大的提高。

（四）撰写"学习故事"应该注意什么

1. 树立科学"三观"

"三观"即儿童观——儿童是有能力的学习者，作为教师，一定要转变教育理念，从关注教学、关注活动转向关注儿童、转向学习；课程观——儿童在幼儿园所获得的所有经验都是课程；发展观——幼儿园的教育要为儿童的终身发展奠定坚实基础。

2. 理解儿童的学习

之所以要求教师要理解儿童的学习，因为它影响着教育活动目标的确定、教育内容的选用、教学手段的选用、教育活动评价的运用、教育环境的创设以及

（王蜜美）

第三节 让自主游戏真正发生

　　《幼儿园教育指导纲要（试行）》中指出，教师应该成为幼儿学习活动的支持者、合作者、引导者。在幼儿自主游戏的过程中，教师应充分解放幼儿，关注幼儿表现，尊重幼儿的学习方式和特点，让幼儿按照自己的认知方式和速度去探索、认知、建构属于自己的知识；不过多干涉幼儿，站在幼儿的后面，去追随幼儿的兴趣，让幼儿获得真正的自主；为幼儿提供开放的、低结构的、不同层次的游戏材料，让材料引发游戏行为，幼儿通过不停地尝试、观察、探索、讨论，获得相应的经验，让幼儿在行动中体验、在行动中学习、在行动中成长。

　　这样的教育实践模式，凸显了教师观察的重要性，通过观察了解幼儿游戏中的兴趣点、表征和需要，在游戏中发现教育的生长点，追随幼儿兴趣和关注点，追随幼儿游戏中遇到的困难，通过及时的互动和介入推进游戏的延续和提升。通过观察，我们总结归纳了有效经验，提升了教师的支持策略，更加关注孩子的个性化发展，尊重每个孩子的兴趣和特点，和孩子们一起投入每一个活动中，真正走进孩子的世界，接过孩子抛过来的"球"并予以回应，与他们一起成长，共同进步。

　　本章幼儿学习案例共计 69 篇，教师从不同视角、不同纬度记录和描述了自主游戏中幼儿的个性化学习和发展过程。"搭建心中的五彩梦""采蘑菇的炊事班""会上升的轮胎""快乐的饭店小老板"等，一个个鲜活生动的游戏故事，记录了孩子们成长进步的点点滴滴，记录了孩子们有价值的学习与思考的过程。一次次成功的跨跳与超越，凝聚着教师深切的期待与责任，引导着教师深入解读幼儿的游戏行为和表现，用教育的眼光敏锐地观察幼儿的游戏，追随幼儿的兴趣、特点和需要，理解幼儿游戏的表征，知道他们在玩什么，理解他们脑子里的想法，理解幼儿在游戏过程中产生了什么样的一个念头，遇到了什么样的一个困难，他需要什么样的帮助等等，获得具体、真实的信息，掌握幼儿的实际游戏水平，分析游戏背后的教育价值，剖析自己的教育行为和教育策略，做出科学评价。并及时提供适宜的支持与帮助，更有效地拓展幼儿的经验，逐渐掌握支持推动幼儿自主游戏的指导策略，让自主游戏真正发生。

经过几年户外自主游戏的实践和探索，我们深刻地体会到孩子是天生的艺术家，孩子是天生的创作家，孩子是天生的表演家，孩子们的想象力是成人无法企及的。

（唐晓云）

第三章　把游戏的自主权真正还给儿童

【搭建梦工厂儿童学习案例】

我有一个搭建梦

大班毕业在即，班级的最后一次搭建活动，我们想采用自主搭建和主题搭建相结合的方式进行，以期孩子们的搭建活动更丰富。于是，我在班里组织了一次主题为"我有一个搭建梦"的谈话活动，孩子们的想法多种多样：搭一座美丽的房子、汽车书店、电动抽奖机、小兔之家、无敌赛车、复式小楼、移动房车……怀揣着这么多新奇的想法，我带着孩子们和摄像机走向了"搭建梦工厂"。

一、案例描述

（一）我眼中观察到的活动现场

来到搭建梦工厂，孩子熟练地搬动着搭建材料，一部分孩子最先选择的是大型的积木，他们已经习惯用大型的积木打地基和做最基础的主体构造。不一会儿，场地上的不同区域出现了一些材料的堆积，当然也出现了与材料相对应的一个个的小组。只有李泽宇一人专注于自己的赛车，很快小组内的孩子们做出了分工，有的孩子负责搭建，有的孩子负责搬运材料，每个小组搭建的作品各不相同，作

幼儿自由搭建出的三款不同的车，分别为：赛车、出租车和可移动房车

品的主体框架已具雏形。他们又选用了小型的各种形状的积木块进行装饰和美化。40分钟后，大家的作品接近完成，有房子、移动书店、抽奖机、小兔之家、赛车、复式小楼、大炮等，他们开始进行角色游戏，并进行小组之间的观摩和互助。

　　许圣涵和王博闻共同搭建的房子还没有完成房顶的搭建，钟美琳从她的复式小楼中过来帮忙，斜面的尖顶非常难，斜面总是滑落。我上前去帮忙，引导他们在前面的位置加了一块条形积木，尖顶的斜面终于完成了。房子建好了，许圣涵高兴地钻进房子里。

无敌赛车场

汽车书城

复式楼房

小兔之家

清风凉亭

（二）细看镜头里的活动现场

　　大多数孩子最先选择的是大型的积木，一小部分孩子用小车或是收纳筐选取小型的积木。动作快的孩子选择了就近的位置放下，其他孩子则选择了不同区域放置材料。许圣涵发出了邀约式的呼喊："王博闻，我们到那边的空地上去吧。"王博闻应邀搬运着积木过去了，蒋俊宇、冯楚洋、钟美琳等几个孩子也是小组的核心人物，很多孩子跟随他们组成一个小组。

图中这样的方式，省时省力　第三幅图为一幼儿坐在积木上，防止轮胎车拉动时积木脱落

场地上大约有七个小组，李泽宇自成一组，张俞涵等两人一组。小组内的搭建主题取决于小组长，他们负责主体建构和分配任务。小组内每个人都忙碌起来，许圣涵和钟美琳两个女孩搭建的主体很像，都是正方体，许圣涵跑到钟美琳身旁，和她展开了这样一段对话：

许圣涵："你们搭的是什么？"

钟美琳："我们建的是房子。"

许圣涵："我们建的也是房子。"

钟美琳："那我们就建两层的复式小楼。"

许圣涵："好，我们建尖顶的一层的小房子。"

许圣涵和王博闻共同搭建的房子的房顶非常难搭，屡次尝试不成功，最后通过老师和同伴的帮助得以建成。镜头中他们建成的这座房子非常逼真。

后面的孩子悄悄在房顶一侧加上了一个圆柱形的烟囱，为整座房子的搭建起到了画龙点睛的效果

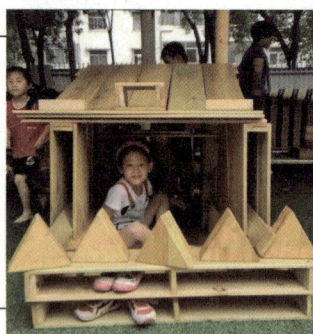

二、案例分析

（一）有益经验

（1）现场亲历观察和镜头透视观察的关注点不同，通过案例描述对比，不

难发现前者更重视观察者的亲身体验和感受，后者更利于细致观察和全面分析。

（2）本次重在观察班级幼儿小群体交往和小组分工合作的具体表现，关注面较广，关注了大班幼儿自然状态下的社会性的发展和交往的过程。这也是全面观察和个体观察相结合的一次有益的尝试。

（3）大部分幼儿已内化了建构的一般性原理，通常"地基"要大、重、稳，这样才能使搭建出来的作品具有牢固和承重的特性。基本的搭建技巧和建构尝试，已在平时的活动中渗透到孩子心里，并能灵活运用。

（4）每组大都有组长似的核心领导者，这是每个小群体的灵魂人物，一般组长的搭建想法，会左右和影响其他成员，并能给小组内成员合理地分配任务，组长大多是平时想象力较丰富而又相对外向的孩子。

（二）寻根问源

（1）自然分组的组合多为幼儿平时的伙伴群，另一类是源于爱好和兴趣的组合，还有一类是毫无主见的幼儿，每次会受到邀约去不同的小组。活动前适时、适当地丰富强化分组、分工的概念，或是推选组长类的信息，会帮助他们在活动中的顺利交往。

（2）从最初的个人搭建游戏到小组合作游戏，真正实现了孩子自主选择游戏玩伴、自发生成活动的过程，社会性交往的过程是一个潜移默化和循序渐进的过程，活动本身是载体，技能的掌握和提升是基础。

（3）支持孩子自己寻找游戏的规则，并进行建构。例如：活动前期的谈话活动，在丰富经验的同时，也是在给孩子一定的范围和限定。游戏初期，体现在同伴之间的模仿、作品的同一性。而在活动中，例如许圣涵和钟美琳的谈话，体现出了幼儿对作品的"求异"性。这说明了幼儿搭建水平提高的同时，已经在自己建构规则和标准。

（三）支持策略

（1）教师要从不同的侧面和角度观察，全面观察和个例观察相结合，综合分析幼儿的表现。用镜头记录的方式很不错，可以帮助教师更加细致全面地分析。

（2）关于自主选择游戏伙伴，我们老师应该遵从以下原则：注重孩子们之间自发自然的交往合作；激发群体中不积极的社会性交往；引发有游戏交往欲望的孩子主动交往。创设各种条件和机会，为幼儿营造良好的交往环境，让他们通

过在实际生活和活动中积累有关的经验和体验而学习。

（3）每次活动的难点突破，需要老师适时地引导和支持，并帮助孩子解决问题、完善知识架构。自主游戏不等同于自由游戏，教师的放手也不等同于放任，我们教师要做的是：最多的观察、最少的干预和最好的支持。另外，还要有一双善于发现的眼睛和一颗以幼儿为本的爱心。

诸如，房子尖顶斜坡的建构，需要一定的科学知识支撑，老师要及时地发现问题，并给予一定的引导和帮助，引发孩子继续探究的欲望。

（4）以《3～6岁儿童学习与发展指南》为引领，要充分理解和尊重幼儿发展进程中的个别差异，支持和引导他们从原有水平向更高水平发展。允许"小组长的光芒"带动和辐射小群体的进步，同时也为某些孩子保留自己的专属空间，比如李泽宇的专属"赛车"空间，很多次我会受邀帮他照看好作品，后来，他会邀请我坐上去，现在他也会允许同伴坐上他的赛车。

（5）注重活动前的丰富经验、活动中的有效支持和活动后的表征分享。

幼儿合作搭建房顶，几次失败后，在老师的引导下，在下面加了两片木板作为阻拦

每次活动后，及时组织孩子进行表征和分享，并粘贴在班级设立的展示栏上

（薄娜娜）

我爱我的幼儿园

幼儿园是孩子们每天生活、玩耍、运动、学习的地方，在孩子们的心里，幼儿园就像公主和王子居住的城堡一样，充满着童话色彩。对于孩子们来说，这

里的每一个角落都非常奇妙，每一次玩耍总能探索出不一样的秘密。2017年春季学期，幼儿园原有的城堡外观已显露出岁月的痕迹，园领导做出了改造幼儿园外观的决定。中三班的孩子们得知这一消息，纷纷表示不舍，但更多的是对幼儿园新面貌的期待。孩子们沉浸在探讨幼儿园外观的热烈气氛中，我不禁思索，为何不以"我的幼儿园"为主题，开展一次有趣的自主建构游戏活动呢？于是，一场关于建构游戏的行动研究，就此拉开帷幕。

一、初步构想：仓促的计划与准备

由于是突发奇想，我便在当天户外活动的时间，决定和孩子们一起实施搭建幼儿园的计划。出发前，我仔细思索了本次建构活动的目标：主要引导幼儿通过合作，学会建筑大门、围墙等基础设施，扩大地基，并在围墙之内进行创造性的建构。由于游戏充满着不确定性，所以定好基本的活动目标之后，我向孩子们交代了建构游戏中常出现的几点注意事项，便和他们一起匆匆踏上通往搭建梦工厂的路。

二、小试牛刀：初步探索幼儿园的建构方法

幼儿园是孩子们再熟悉不过的建筑，在这里的每时每刻都充满着轻松愉悦的体验和值得铭记的回忆，然而让孩子突然去回忆幼儿园的样子，他们仍是手足无措的。并且中班幼儿在建构游戏中会存在"恒常性"的行为，即喜欢搭建自己曾经搭建过或者是非常熟悉的作品。一开始都决定要搭建幼儿园的孩子来到活动场地后，几乎都纷纷选择了自己熟悉的作品开始建构，只剩下12人想尝试新的建筑。于是我和这12位孩子一起商量，该如何分工。孩子们自由结伴组成建筑队，分成负责建筑大门、围墙、教室、滑梯、食堂等园所设施的5个队伍。之后幼儿开始以"施工队"为单位，进行分工和取材，然后进行建构。在此之前一切都是按照计划井然有序地进行，而接下来则发生了许多困难。很多幼儿表示不会建构自己所负责的部分，有的幼儿在建构过程中也会突然改变自己原先的主题，或由于建构水平的不一致，建构规模还没有出现雏形就已经开始假想角色游戏了。而且由于之前我们的游戏分组多集中在3～5人一组，孩子们习惯于建筑较小的地基，这远远不能够满足"幼儿园"内部设施所需要的空间。而且孩子们习惯与固定的搭档在一起搭建，所以这12人的合作对他们来说无疑是一个巨大的挑战。要克服搭档间的不适应，其中每组的领头人更要互相"容忍"彼此的脾气，再不

幼儿尝试建构幼儿园大门的框架

幼儿尝试用各种积木进行幼儿园"围墙"的建构

幼儿参照林门的样子继续装点自己的作品

幼儿探索教室的建构方法

是每个人在自己小组里说了算的时候了，每个人都要商量着来，如果一意孤行就会导致整个团队的分裂。建构到后面，已经有"下水道管线施工队""门前公路施工队"等小组出现。

这时，我觉得孩子们已经遇到了前所未有的挑战，他们的已有经验不能够再支持他们尝试新的搭建方法。我开始介入，引导幼儿回忆幼儿园大门的样子。孩子们一开始仍是选择搭建房子最常用的长条形的大型积木进行幼儿园大门的建造，然而长方形并不能体现出城堡的感觉，我便激发孩子寻找圆柱体，摞在一起变成门柱，并亲自示范幼儿园大门的搭建方法。之后，再引导围墙建筑队进行围墙的扩建。孩子们长期搭建迷你型建筑，没有尝试过大型幼儿园的建构，而围墙圈出的面积很大程度上决定了幼儿园内部建筑队的发挥。而这时，时间已经浪费在手把手地示范和教学上了，幼儿听到结束的音乐响起时，只能被迫开始收玩具。所有"建筑队"突然变成"拆迁队"，孩子们陷入收玩具的混乱之中。

三、三省吾身：评价与反思整改

第一次实施活动方案便遇到如此多的困难，也是我意料之中的，说明我们准备不够充分，没有提前渗透好，幼儿的已有经验准备不足，是不利于活动开展的。而且本次建构游戏虽然有一个明确的主题，但仍是充满自主性的游戏形式，教师的介入程度需要控制，本次活动中我却在其中起到了很长时间的"干扰"作用，在教授搭建技巧上浪费了大量时间。

1. 多元评价

本次活动中，积木的取出和收整过程仍旧混乱，少数幼儿还是未意识到积木的倒塌、争抢或抛扔会导致其他幼儿受伤，规则意识仍需加强。除此之外，收积木时，幼儿的建构作品以小组为单位分布在搭建区域中，遍地的积木让幼儿失去收整的耐心，爱偷懒的幼儿往往在收整过程中留恋玩耍，不爱收玩具，而有的幼儿却十分认真但因个人力量薄弱收整较慢，有些时候还会发生"这块积木应该我来收"这样的矛盾，中班幼儿的合作意识仍需进一步激发。但在建构过程中，幼儿能够在教师的引导下尝试自我分工，合作搭建。虽然每组能够坚持的合作时间不尽相同，总会有幼儿中途脱离团队，但这一切都是中班幼儿在同伴交往中的正常现象，我们需要给予充分的理解和接纳，帮助幼儿在解决问题的过程中慢慢学会合作。

幼儿在为幼儿园修建下水道

幼儿采用各种建构技巧，模拟建构幼儿园门前的道路、高矮不一的围墙和环形的西教学楼

在本次建构游戏中，中班幼儿"借形想象"的能力非常突出，他们不仅能把小块的积木想象成一砖一瓦，还可以想象成手机，或者用作道路的建构。他们这次建构的幼儿园，很大程度也来源于他们的想象。他们认为幼儿园的大门应该

是怎样的，就会融入自己的设计，让作品充满童趣。但由于教师介入引导幼儿进行新的搭建技巧的尝试，孩子们在接受新方法的时候需要多次尝试，导致作品并没有完成，从而也失去了体现更多想象力的机会。

2. 反思整改

这一次的设计，将从建立游戏常规开始，提前准备好幼儿园的图片等资料，从室内的教学活动中对幼儿进行引导，为户外的主题建构游戏做准备。因此，反思整改后，主题活动分成了两个活动：一是"我的幼儿园美又大"活动，向幼儿介绍幼儿园，观看照片，并一起找出幼儿园的建筑特点，请幼儿思考"如果请你搭建幼儿园，你会用哪些形状的积木""该如何建构"等问题。二是户外区域活动"我的幼儿园"，分组调整为不再限制幼儿的"施工队"所负责的"项目"，并做好收玩具时的分组引导。

四、激流勇进：游戏再次进行

通过先导活动"我的幼儿园美又大"的渗透，孩子们已经基本明确自己的分工，并参照上一次的建构经验，幼儿园的大门和围墙已经迅速开始施工。这次我主要引导围墙内幼儿的建构，与幼儿合作搭建滑梯，孩子们想尽办法还原滑梯的样子，建成之后便开始滑滑梯，玩得十分开心，这一行为也吸引了很多喜欢独自游戏的幼儿来幼儿园里面参与滑滑梯游戏。建构教室已经基本建成，有桌子，小床，已经开始了模仿老师上课的角色游戏。另一支建筑队还完成了食堂的建造，于是我引导剩下的孩子进行装饰，主要装饰大门、围墙和广场，用半圆形积木装点已经建成的设施。越来越多的孩子加入进来，帮忙加固建筑，或者建造人行道、排水管等特别的设施。孩子们在幼儿园大门里出出进进，玩着上学、放学的游戏，还学着爸爸妈妈刷卡入园，十分开心。

当然，大型建筑所需要的材料是非常多的，收整玩具将成为最头疼的事情。这次我给每个建筑队按积木的形状分配收整任务。每个建筑队负责一个形状，并派一人守在对应积木箱子前负责整齐摆放，其他人负责快速运输，幼儿有条不紊地进行着收整。

两天后，孩子们在建构区已经主动要求再搭建幼儿园了，他们自己分工、建构，忙得不亦乐乎。这次，我主要引导喜爱自主建构并且喜欢建构固定建筑或事物的幼儿来到幼儿园，担任专家，为幼儿园配备校车等设施。校车格外受欢迎，使一直喜欢独处的幼儿得到了同龄人的肯定，并且乐于参与合作游戏。

五、灼灼其华：评价与总结升华

（一）教师评价

1.规则意识与同伴合作

"我的幼儿园"这一建构游戏的再次实施，与先前的"毫无准备之战"形成了鲜明的对比。孩子们通过先导活动的渗透，进入深度思考，加之在老师的辅助下已掌握新的建构技巧，这一次游戏中孩子们显得胸有成竹。自主分组、自由选择材料并合作运输，搭建过程中争抢材料等同伴冲突减少，商议、互助等友好行为慢慢产生。收整积木时也出现了分工合作的场面，整个团体有条不紊，游离在外的个体明显减少。

2.想象力与角色游戏

中班幼儿在建构过程中极易发生角色游戏，有时角色游戏的产生非常早，会出现在建构作品完成之前。孩子们天马行空的想象虽说有时在一定程度上"阻挠"了建构游戏的进行，但想象力又是非常重要、必不可少的。在这次游戏中，孩子们能够根据自己的想象与设计，用积木建造滑梯、食堂等园所设施，在"幼儿园"初具规模之后，有的孩子会根据已有经验，模仿家长入园、离园打卡，自

主进行角色游戏。教师的介入让性格内向的孩子也能够融入进去，更增添了作品的丰富性，为幼儿创设了更为广阔的想象空间。

3.动作发展

"我的幼儿园"建构游戏打破了以往小组3～5人搭建"迷你"作品的常规模式，在占地面积、幼儿人

幼儿与"我的幼儿园"建构作品合影留念

数方面有着巨大的变化。这一作品的完成需要十几人甚至是几十人的通力合作，这对于中班孩子来说无疑是一种挑战。孩子们在搬运积木的过程中想尽各种办法，有拖、拉、推、拽、抬、扛等动作的出现，在搭建过程中更有托举、平衡等动作在里面，随着"幼儿园"内部设施的完善，孩子们自由活动的空间会越来越少，便出现跨、跳、钻、爬等运动技能，尤其是在这一大型建构作品中开展角色游戏的时候，孩子们跑进跑出，搬运建材，在快乐的角色扮演中获得了动作的发展。

（二）总结升华

由此可见，一个主题的建构游戏，可能需要多次的实施才能够接近或达到预期的活动目标。在游戏过程中，幼儿的学习是一个反复探索、不断建构知识经验的过程。

游戏创造了儿童的最近发展区。在建构游戏中，幼儿的建构水平反映幼儿的心理发展水平。建构游戏对幼儿的成长意义非凡，在良好的建构游戏环境中，幼儿更容易获得自信，能够更早地掌握使其受益终身的合作能力。

1. 建构游戏能够满足幼儿身心发展的需要

建构游戏对于幼儿来说，不仅仅是娱乐消遣，更是身心发展的巨大契机。幼儿在游戏创造的最近发展区里，通过建构与合作，展现其丰富的内心世界。建构游戏是不同于其他游戏的一种表现形式，它能够反映出幼儿各方面能力的发展。幼儿在建构游戏中，能够自愿、主动地去表现自己，进行大胆的创新，在动手操作中表现出思维、认知、语言和社会交往等能力的发展水平。在建构过程中，教师更容易发现幼儿的需要，抓住宝贵的教育契机。

2. 建构游戏促进幼儿社会性的发展

在建构游戏中，幼儿的建构作品并不是凭空想象的，而是与实际生活密不可分的。例如，常见的幼儿合作建构主题有公主房、小洋楼、商场、停车场、火车站等，这些都是孩子在已有生活经验的基础之上进行的创新和改造。如果我们的建构主题更改为天安门或者赵州桥的时候，幼儿就会遇到认知方面的困难，这时，教师可以把握教育契机，为幼儿补充空白的社会经验，引导幼儿进行建构。除此之外，在建构游戏中少不了合作，既然有合作，就少不了幼儿与幼儿之间、教师与幼儿之间的互动。幼儿在与人交流的过程中，学会倾听、协商，学会共同设计搭建图纸、分工并努力完成搭建作品。尤其是遇到同伴冲突的时候，幼儿自主解决人际交往的难题，将会使其社会性发展发生质的飞跃。

如今，幼儿园这一主题已经成了孩子们自主建构中自由选择的主题了，孩子们也能够根据人数建造不同大小的幼儿园，很多从来不在一起玩的孩子也因此凑到了一起。相信通过"建构幼儿园"这一活动，不仅让幼儿了解了房屋的基本构造，并且能够让中班的孩子们更好地开展合作游戏，启发、创造更为丰富的角色游戏。然而这些最终的情感目标，便是激发幼儿更加热爱幼儿园的美好情感，在合作游戏中收获珍贵的友情，从而成长为幸福、智慧的人。

（冯媛茹）

我创意我做主

对户外区域活动大胆放手之后，发现孩子们的玩法更有创意、更加多样了，孩子们更加喜欢区域活动，也更有智慧了。开学近两周，在搭建乐园，孩子们三五个一组，自由结伴搭出了千姿百态的造型，玩出了五花八门令我们成人都意想不到的游戏。孩子们在游戏的过程中快乐着、成长着，他们自己创意、自己做主，真正成了游戏的主人。

在本周二的搭建活动中，涵涵带领她的姐妹们一起分工与合作搭起了漂亮的公主房，她们脱掉鞋子坐在舒适的公主床上准备玩游戏时，发现有个男孩（张学栋）

面包店开业

小公主与小保镖对话

第三章　把游戏的自主权真正还给儿童

穿着鞋子到了她们的床上，女孩们极力反对：这是我们的公主床，脱掉鞋子才能上，并且只有女孩才能进。（提出这样的条件，女孩们明明就是不想让男孩进入她们的女孩世界。）从动作和表情上看，小男孩张学栋非常想加入她们的游戏，但女孩们一直不同意。张学栋一句话也不说地蹲在床上（原来他在动脑想办法争取大家的同意），他说："你们提的第一个条件我可以做到（把鞋子脱掉），但是第二个条件我做不到，因为我就是男孩，不可能变成女孩，不过我有妹妹，我今天变成我的妹妹张学彤可以吗？"女孩子们还是不同意。张学栋一招不行又出一招："你们都是小女孩，万一有坏人来了，多不安全，我是男子汉可以保护你们。"女孩们觉得他说得有点儿道理，就说："你可以站在我们的公主房门口，但不能到我们的房间和床上来。"能当他们的小保镖，张学栋心里有点儿满足了，他想"我可以慢慢来，争取她们的完全同意"。小人儿心眼儿不少，时不时发出这样的声音——"这是我们家公主的房间，任何人不许进。""你们是什么人，快点离开这里。"（其实这些都是他为了争取女孩们的同意故意制造出来的紧张气氛，根本就没有人来过。）有了小保镖的保护，女孩们在里面玩游戏玩得好踏实、好开心。女孩们感觉这小男孩还挺认真、能干的，如果做宝宝的爸爸还不错，可以同意他加入。（原来女孩们是在考验他，看他是不是真正的好男孩。）张学栋加入进来之后，更加珍惜机会，也更加认真地参与了。他一会儿和宝宝玩游戏，一会儿喂宝宝吃饭，一会儿给宝宝喝水……有了这样能干的宝爸，那几个女孩可以自由地干她们自

滑滑梯

巧搭平衡木

己想干的事了。

（小男孩张学栋通过自己的努力，动脑筋想办法，达到了自己的目的，女孩们都对他有些依赖了，感觉她们的游戏都离不开他了。哈哈！真是双赢啊！孩子们在这个过程中，积极思维，解决问题的能力得到提高，社会性也得到了发展。）

"卖面包了，免费品尝，买一送一！"公主房旁边的面包店今天生意也红红火火，老板李哲瀚正在用他的大嗓门叫卖着，吸引顾客，他用他的伶牙俐齿向顾客介绍着他们店面包的美味。几块长条木板当货架，方形木头、半圆形木头当各种各样的面包，圆柱体当自己的座位，无须太多的材料，就能玩得如此开心陶醉。

周四换区域进行活动，虽然材料有所变化，但是孩子们还是玩得很自如顺手。他们结合自己的前期经验进行了创新：两个梯子之间搭一个长木板变成了平衡木，梯子下斜着架起一条木板就变成了滑梯……田浩哲等小朋友在几个梯子下面的铁链上搭上长木板，就变成了摇摇晃晃的独木桥，他们在上面跪着爬，滑着走……玩了几次之后，浩哲发现这种玩法，到终点下的时候不容易下，自己在那儿喃喃自语地说："怎样才能容易下，还不晃呢？有了有了（他看上去很兴奋），边说边拿来了一块圆柱体，放上之后不够高，又拿来一块，结果高了，通过目测和不断调整，浩哲终于解决了下独木桥时摇晃的问题。"他和小伙伴们更加顺利地玩起了过独木桥的游戏。

类似的片段有好多，我们教师要做的就是善于观察，给孩子提供必要的支持，大胆放手，鼓励孩子们大胆创造，自己的创意自己做主！让孩子们真正成为游戏的主人，自主游戏，快乐成长！

（季朝霞）

一起来建我的电视塔

户外区域活动的时间到了，俊宇和几个孩子商量着要搭建一个电视塔，俊宇对清风湖畔的电视塔很感兴趣，他说："我仔细观察了电视塔，高高的、尖尖的，下面粗、上面细……"我想这可能与近期班级开展与春天相关的主题活动有关。

在老师的提议下，利用周末时间，班级家长一起参加了开心亲子游活动，所以，孩子的游戏内容很大一部分来自实际生活，这也是孩子生活经验的再现。

俊宇首先选择了镂空的大型长方体条状积木，他将两条积木中间预留一定间隔后平行放置，洋洋和晓益运来了许多木板，按照同样的方法进行了叠加（图一）。此时俊宇站在一侧，观察了一会儿，他说："这样好像不对呀，电视塔怎么是塌的？它应该是高高的，你们先把木板撤掉，还是我来搭吧"。木板撤掉了，随意积散在四周，场地上只剩下平行放置的两条大型积木。只见俊宇又将两条同样大小的积木纵向垂直角度放置在上面，四条积木两两架空，依次叠加，正好在中心呈现正方形（图二）。大约2分钟后，在俊宇的努力下，电视塔的底部框架基本完成，底部构造大约与俊宇身高一致，这种架空垒

图一

图二

高的方法节省了不少材料，整个作品呈现出的空间感较强。

看来，这段时间孩子们的搭建技能提升了不少。平时，在每次游戏活动之后，我会及时帮助孩子梳理自主学习经验，运用自由表征、小结、谈话、交流等方式，获取新经验。随着搭建区活动的不断深化，在丰富孩子生活经验的基础上，他们的搭建技能也得到了逐步的提升，比如，排列、拼接、垒高、组合，主要目的是为了帮助孩子掌握一定的建构技能，以满足搭建作品的复杂度的需求。

其他两名小伙伴在经历了先前的拆除工作之后，也不敢轻易上手，不知何时融入了其他小组的活动之中。电视塔上半部分的搭建开始了，俊宇能否独自完成呢？他搭建每一块积木时都很仔细，左看看右看看，认真地目测、对齐和放平，"电视塔"上半部分选用了短一些的积木材料，已初具规模，电视塔下粗上细的形态逐渐展现出来（图三）。

泽华已经在电视塔的一侧立上了梯子，并爬了上去，这时俊宇迅速爬到了梯子上，在梯子上两个孩子发生了争执……俊宇对于泽华的加入表示拒绝，在梯子上两人面对面争吵了起来，俊宇下意识地出现了推搡的动作，基于对安全的考

图三 图四

虑，我及时出现了，并制止了他们的行为，泽华从梯子上下来了。

泽华并没有放弃，他和洋洋搬着梯子转到了电视塔的另一侧，试图再次参与到这里的搭建活动中。这时俊宇迅速搬着一块大积木走过来，用积木横向挡住了电视塔，并声嘶力竭地大声喊道："走开，快点走开！"无奈之下，小伙伴们都挪开了（图四）。

由于积木较重，俊宇已经搬了一段时间，所以，我很快观察到接下来的一幕：他登上台阶将积木举高，显然已经有些吃力，经过几番努力，最终将积木放了上去。这时，他已经满头大汗、筋疲力尽，同时，他也不由自主地停顿了游戏。

老师趁机走过去，和俊宇展开了这样一段对话——

老师："你可真有劲，能把那么重的积木搭那么高。"

俊宇："好累呀，现在已经没力气了。"

老师："那你为什么不借用一下别人的力气呢？你的朋友一直想帮助你。"

俊宇："我怕他们把我的电视塔弄坏了。"

老师："他们是因为喜欢你的电视塔，才那么想帮助你，所以，你不用担心，大家一起会更省力的。"

原来，不接受他人帮助的真正原因，是因为心里珍视自己的劳动成果。这个过程中，作为老师的我并没有急于告诉孩子怎样做，也没有急于引发孩子的合作行为，而是给予孩子充分的时间，让他感受独自搭建的"艰辛"，以便于更能理解"同伴合作"的真正意义，老师的静观和等待，是为了让合作交往变成一种自发自主的行为。

很快，俊宇接受了老师的提议，开始接纳其他孩子的参与，他说："我

是队长，你们都得听我的。"在游戏中，俊宇开始分配任务，其他孩子顺从地遵守了他的分工，他在小组中的主体地位逐渐凸现出来。（图五）

小伟负责传递材料，他说："这时给大王的，第一块是给大王的。"（他心中的大王就是俊宇。）俊宇："你先让他拿着。"

图五

随着电视塔的不断升高，吸引了更多孩子的加入，俊宇想在顶上插上一面旗子，可是电视塔是中空的，怎么办？

俊宇："我有办法了。这个终于派上用场了！"

他看到了堆积在四周的木板，在小伙伴的帮助下，他成功地将电视塔进行了封顶。

俊宇："老师你看一下，为什么这边粗、那边细呢？"

老师："你仔细看一下是哪里的问题呢？"（此时俊宇似乎用肉眼看出了作品有一点不对称，随即两个小伙伴又调整了一下电视塔的整体架构。）

老师："你们可能缺少一个插旗子的底座。"

"老师你能帮我们往上运那种大圆形的积木吗？"

这次，面对孩子的求助，我欣然答应了，并及时提供了帮助。原因很简单，大圆柱木桩非常重，一些孩子试图举高递给俊宇，但是由于力量不够失败了，这个操作他们反复尝试无果，最终失败了，这时，孩子们是真的需要帮助了。最后，在老师的帮助下，终于旗开得胜。（图六）

电视塔上细下粗及错落有致的层级搭建，形成了每一侧面的楼梯形状，孩子们争相在上面爬上爬下，他们相约再给电视塔搭建两面楼梯。（图七）

俊宇再一次和同伴发生了冲突："那不是楼梯。"那楼梯应该搭建在哪里呢？

图六

大小不同的梯子成了现成的楼梯，心中的电视塔终于建成了。最初属于俊宇一人的搭建，变成了大家共同的快乐。（图八）

　　我一直在孩子们身边，穿梭于他们的游戏之间，时而参与其中、时而游离、时而深思、时而犹豫，面对孩子们那么多次求助，我想告诉孩子们：

　　老师不是不帮你，

　　看到游戏中反复尝试多次，你依然没有收获果实，

　　我知道，此时你需要我的引路。

　　发现热闹的游戏中断停顿下来，游戏多时无法进行，

　　我知道，这时你需要我的帮助。

　　细观活动的每个角落，捕捉到你担心的眼神，

　　我知道，需要我为你的安全护航。

　　听闻你多次的主动求助，很多时候想急于给你帮助，

　　但是我却犹豫了再犹豫，

　　或许再耐心等待不多时，你就会自己将问题解除，并且发现了另一片新的世界。

　　正当这时，内心深处有个声音响起——

　　尊重童心，尊重游戏。

　　老师不是不帮你，当你真正需要的时候，

　　我会全力支持和守护你。

　　谁的游戏谁做主，你的发展还得要靠自己。

（薄娜娜）

图七　　　　　　　　　　　　　图八

第三章　把游戏的自主权真正还给儿童

变形金刚变形记

　　搭建梦工厂一直深受中、大班幼儿的青睐，我们小班幼儿在玩过几次之后，也渐渐喜欢上了这个区域，并且创意也越来越好。下面是我在一名幼儿游戏活动时记录下的场景，这名幼儿在长达半小时的活动过程中非常投入和专注，期间我有几次想介入却又止步，最后静静地等待他慢慢完成。

一、活动实录

　　活动开始，阳阳搬来一条木板和一个圆柱，然后把长条木板放到了圆柱上面。（我想，这真像一个晃板，他会站上去吗？我知道这对于他来说很有难度，但我还是希望阳阳站上去。）我们的想法不谋而合，阳阳也想挑战一下自己，于是试探着站上去，可马上他就改主意离开，向材料筐走去。这时我也走向其他小朋友，想看看他们在干什么。

　　（尝试性行为是幼儿游戏的一个常见表现，因为游戏是幼儿力所能及的活动，每个孩子都在他们自己的水平上玩，他们不会选择难度过高的活动内容。孩子选择放弃离开，是他认为刚才的尝试超出了自己的能力。）

　　等我再回来，阳阳的变形金刚（这是我向他询问后知道的）已初具规模，还别说，真的很不错，于是我被阳阳的变形金刚雏形所吸引，迫切地想知道最后会变成什么样。

　　我看着阳阳在其他小朋友之间来回穿梭，不断拿来不同形状的积木。看样子接下来需要什么，阳阳好像非常清楚，而且阳阳每次都能摆的左右对称，对于小班的阳阳来说，已经很不简单，只是阳阳每次都只拿一块积木。

　　（如果我告诉他一样的拿两块的话，

尝试站上晃板

他就会少走很多路，但我又担心因为我的介入会打断他的活动，于是我选择让他继续按自己的想法去做。）

慢慢地，我发现阳阳好像已经不满足于用一种材料来拼搭，阳阳又发现了旁边的纸盒积木，于是阳阳把它们变成了变形金刚的一部分。我发现他用的积木形状越来越多，变形金刚也越来越复杂，他自己好像也越来越满意，表情也慢慢发生着变化。

（游戏对于儿童来说是一种"重过程，轻结果"的活动，在这个活动中，幼儿一直沉浸在不停地拼摆过程中，对于他来说游戏的价值就是他操作的整个过程。）

阳阳的变形金刚越来越复杂，阳阳也不断拿来不同形状的材料。阳阳不知道，就在他把两个半圆摆好转身去拿其他材料时，他的一个半圆形被别的小朋友拿走了，也许是阳阳太专注，回来后他竟然没有发现变形金刚缺了一块，但这丝毫不会影响整体效果。

（也许阳阳已经发现，却不想要回来，这也表现出了他的大气。孩子，你也许不知道，其实不对称也是一种美。）

变形金刚已接近完工，因为阳阳时而满意地来回踱步欣赏整体效果，时而表情凝重蹲下来研究有没有需要改进的地方。阳阳沉浸在自己的创作中，丝毫不受旁边小朋友的干扰，慢慢地，在他的不断努力下，他的变形金刚越来越完美。

变形金刚初具规模

第三章　把游戏的自主权真正还给儿童

见证了整个搭建过程后，我被他在整个过程中表现出的认真和执着所感动。（在整个活动中，幼儿一直专注于一个活动，不受任何外界因素的干扰，跟同年龄段幼儿不同的是，他的心中有目标，知道自己要干什么，我在他的身上看到的是坚持、专一的学习品质。）

至此，阳阳的变形金刚也终于完工，真的很难想象，他用了将近50分钟的时间将它拼完。看到阳阳脸上的喜悦，我知道他很满意自己的作品。游戏时间马上要结束了，阳阳也不忘坐上来体验一下，感觉很不错，宝贝，老师期待下一次你会有更好的创意。

二、活动分析

（一）丰富生活经验，不断更新"最近发展区"

作为教师我们需要提供的支持就是帮助孩子丰富生活经验，因为游戏活动是幼儿已有经验的表现，有了生活经验的积累，幼儿就会有创造性的表现。我想幼儿之所以选择变形金刚来搭建，正是因为他有这方面的认知经验。

游戏中，阳阳时而尝试，时而放弃，不断地在搭建中做出判断和取舍，让搭建活动顺利进行下去，这正是"尝试性行为"的一种表现。根据维果斯基的观点，儿童在游戏的过程中往往不满足于已经达到的行为水平，他们总是以略高于日常的水平来尝试新的游戏行为，阳阳的行为很好地诠释了这一观点。

（二）最好的观察才是有效介入的基础

在幼儿搭建的过程中我没有介入，应该也是正确的选择，当教师不能确定自己的介入是否会推动幼儿的活动时，最好的方法就是静观。相信只要教师大胆放手，给予幼儿足够的空间和机会，让他们自由探索、操作，他们就会还我们以惊喜。

众所周知，真正的学习与收获，是孩子在游戏过程中体验获得的，生活经验的迁移、游戏水平的提升、社会交往能力的不断进步，不需要教师过多地干预，幼儿能够在自主的状态下轻松快乐游戏，并在无形中获得提高，这正是游戏化作为学习活动所要达成的目标。教师要做一个默默的观察者，观察发现孩子，给予适当的游戏支撑，帮助幼儿在游戏中获得更快乐的体验。

记得中国台湾女作家龙应台在《孩子，你慢慢来》一书中写了这样一段话："我，坐在斜阳浅照的石阶上，望着这个眼睛清亮的小孩专心地做一件事；是的，

观察是否需要改进

我愿意等上一辈子的时间，让他从从容容地把这个蝴蝶结扎好，用她五岁的手指。孩子，你慢慢来，慢慢来。"这是一种何等美丽的教育过程，这是一种何等美妙的教育艺术。我想在我们的教育过程中，不正需要这种静待花开的教育过程和教育艺术吗？

（刘会云）

飞船带我去遨游

一、案例描述

今天，"搭建梦工厂"里热闹非凡，孩子们热火朝天地搭建着，一帆、中源和少恩也在忙碌着什么。一帆和中源都属于非常有主见的孩子，一帆的搭建能力也是比较强的，少恩则是比较顺从、能干类型的。我想看看他们三个是怎么合作的，能搭建出什么，于是我把镜头对准了他们。

当我走过来时，看到的是图片上这凌乱的样子。说实话我看不出他们搭的是什么，只见三个人不断往这里搬运积木。

这时中源坐上来调整了几块积木的方向，的确比刚才有型多了。中源说："试试我们的飞船能发射吗？"（原来是搭飞船，看来之前我提供的飞机和飞船图片，成了他们的参考。）少恩则蹲在一旁看着。一帆回来了，立马否定道："还不行，你看飞船翅膀还没装好。"中源看了下似乎也这么觉得，于是安排少恩："你再去搬两块圆木头，我把翅膀固定住。"少恩果然麻利地搬来两块圆木头。中源和一帆一边一个把翅膀安好。

紧接着一帆把中源刚才竖着摆好的平衡板横过来了，中源不同意，喊道："应该是竖着的，不能横过来！"一帆不服气道："就是应该横过来！"两人争执不

下，少恩则默默地看着。（这时搭建难以继续，我想我可以问问一直沉默在一旁的少恩。）于是我问少恩："你觉得呢？横着好，还是竖着好？"少恩小声地说："横着。"我问为什么，他则不说话了。

如果就这样，中源肯定不服气，我决定介入一下："我们走平衡木时，怎样才能保持平衡，不掉下来呢？演示一下。"中源伸平胳膊演示走平衡木，我说："你伸平的两个胳膊就是用来保持平衡的，那飞船的平衡木怎样放，才能更加平衡呢？"中源笑着说："应该是横着放吧！"

搭建继续，过了一会三个人的飞船搭好了，迫不及待地让我欣赏，"你们搭的真不错，飞船的外形基本完成了，只是有一点，船身悬在空中不太稳，容易塌掉，怎么办呢？"听了我的提醒，一帆立刻搬来几块高低不同的积木，经过一块块试验，一块圆桩积木高度合适，就把它支撑在船身底下，"看，老师我把它支撑住，就牢固了。"

最后，我在手机上找出一幅和他们的飞船相似度很高的图片给他们看，"还少个东西，飞船摄像头。"中源说着就去拿来一块三角形积木，放在飞船的顶上。这次三人终于完成了他们的作品，而且很满意，"我们是宇航员，飞船准备发射，我们去遨游太空喽！"

最初的不规整

田中源对飞船外形进行微调

调整平衡木方向以固定飞船翅膀

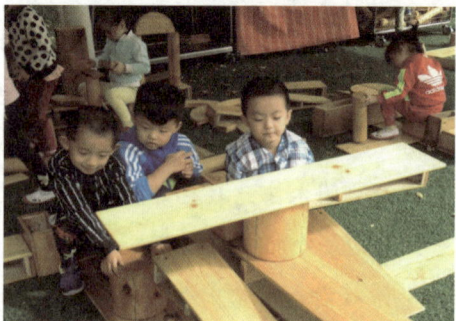

支撑好船身

二、案例分析

这次三个孩子的搭建活动，是在我提供给他们的间接经验基础上完成的，过程虽然并不顺利，但行动结果是有价值的，因为他们获得了新的经验。正如虞永平教授所说，在"经验的细化"中：

（1）能在自主活动中自发与同伴合作。

（2）活动时能与同伴分工合作，遇到困难能一起克服。

（3）会协商合作的目标和任务；会分析困难的性质、原因，并共同寻找解决办法。

（4）能通过共同尝试、查阅图书、求助等方式解决问题。

在搭建飞船的过程中，三个孩子做到了以上几点，可以说他们的活动对他们是有意义的。孩子的经验是一点一滴积累起来的，我们要善于帮助他们积累，并且把经验转化成实践应用。

那么，在活动中我介入指导的时机是否合适呢？我们都知道选择介入的时机是相当重要的，只有适时地介入，才能推进幼儿游戏的顺利进行，促进幼儿游戏水平发展。华爱华教授说过，当出现三种情况时，教师可以介入：幼儿游戏难以进行，遇到困难时，应当给予支持；当出现安全隐患时，必须干预；当幼儿出现消极行为时，可以引导。

我的介入正是在出现第一种情况——三个孩子对"平衡板"怎样放意见不相同、搭建不能继续进行时实施的。我用语言提醒的方式让他们联想平时走平衡木的肢体动作，来确定"平衡板"的方向，最后他们达成了统一意见，搭建继续进行。

（王奕文）

好玩的斜坡

一、案例描述

平时，孩子们在搭建梦工厂都是搭建各种各样的造型，比如电视塔、房屋、

大桥、飞机。今天，正正和冰冰在搭建梦工厂里玩出了新花样。

他俩在比赛，看看谁的圆柱更厉害。正正和冰冰合作将五个空心的三角积木连接成一排，一个一个的空心三角积木一头高、一头低地连续排列，远远看去，像极了连绵的小山。他们把小山当作赛道，每人拿一个圆柱，让圆柱从斜坡上往下滚，比一比，谁的圆柱能够最先翻越五座小山，谁就获胜。

（科学就在身边。当看到幼儿准备在斜坡上滚圆柱时，我仿佛置身在科学发现室。面对同样的积木，不同的孩子有不同的玩法。"孩子有一百种语言，一百双手，一百个念头，一百种思考方式、游戏方式及说话方式。"给予幼儿更多探索的材料和机会，他们就会不断刷新自己的纪录。）

游戏赛道设置好了，两个人商量谁先开始。冰冰抢着说："我先来。"只见他迫不及待地把圆柱放在了赛道的起点处，手一松，圆柱就冲了出去。他满心欢喜地向正正炫耀："我的圆柱厉害吧！"这时候，正正不紧不慢地对他说："这轮不算，咱们得公平。剪子包袱锤，谁赢了谁先开始。"冰冰觉得有道理。于是，他们剪子包袱锤，正正以一把剪刀的优势获得了第一轮比赛的最先出场权。

（大班幼儿在相互交往中开始有了合作意识。他们会选择自己喜欢的玩伴一起开展合作性游戏。他们的规则意识逐渐形成，明白在游戏中要遵守游戏的规则，也要遵守公平的原则。）

正正手中的圆柱，一路上翻山越岭，终于来到了最后一座小山，却在两端高、中间低的洼地里来回荡了几个回合后，静止不动了。正正焦急地跑过去，想看看是什么原因。这可把在一旁看热闹的冰冰高兴坏了，他幸灾乐祸地对正正说："哈哈，你输了，该我了。"然而，冰冰并没有创造奇迹，他的圆柱也被困在了洼地里。就这样，他们不厌其烦地一遍又一遍尝试，想让自己的圆柱率先翻过最后那座"小山"，但是，无一例外，都以失败告终。

有时候，失败真的不是一件坏事。正正和冰冰开始停下来检查他们的赛道，正正首先解开了圆柱被困的谜团。

正正："这边太高了，圆柱滚不上去。"

冰冰："要是最后的三角低一点就能过去了。"

正正："要不直接把最后一个三角去掉，也许能成功。"

说着，两个人跃跃欲试，抢着进行尝试。

（在幼儿游戏的过程中，教师更多的是扮演观察者的角色，退一步，放手让幼儿去玩。当他们遇到困难停下来时，我并没有给予孩子关于答案的任何暗示，而是默默地观察。当看到孩子们独立解决问题的时候，我很欣慰。幼儿期是幼儿行为能力发展的关键期，应适当培养大班幼儿独立解决问题的能力，为将来进入小学做好能力准备。）

两个人轮流试了几次，都成功了，他们的情绪又重新被调动起来。显然，这个难题已经被他们的智慧所"攻破"，这一对好搭档很默契地开始增加难度，升级赛道。正正用一个小圆柱和一块木板固定了一个斜坡，冰冰拿了三个圆柱准备进行首次尝试，看看是否能将斜坡撞倒。

冰冰："3、2、1，发射！"

正正："加油、加油！"

（大班幼儿探索欲和求知欲逐渐增强。在圆柱滚斜坡的比赛游戏成功进行到一定阶段后，孩子们自发创造新游戏。游戏中，两个小伙伴不仅能共同面对问题、解决问题，而且还能合作创新、体验乐趣。老师要做的，就是要尽量创造条件让幼儿实际参加探究活动，让他们感受科学探究的过程和方法，体验发现的乐趣。）

这一次，他们是合作者，而不再是竞争者。冰冰的第一次尝试，没有成功，但这丝毫不影响他们游戏的兴趣，他们仍在一遍一遍地摸索、尝试。搭建区里的新游戏激发了孩子探索的兴趣，相信以后的搭建区会更加精彩，探索活动会更加有意义。

二、案例分析

（1）激发探究兴趣，发展初步探究能力。大班幼儿好奇、好问、好探索，正如《3～6岁儿童学习与发展指南》所言，探究既是幼儿科学学习的目标，也是幼儿科学学习的途径。幼儿生活中的一些现象是幼儿探究的主要内容，当幼儿好奇地摆弄物体，探索物体和材料，试图通过各种动手动脑的方式解决问题寻找答案时，正是幼儿"好探究"的表现。因此，我们主张引导幼儿在周围环境中、在游戏中通过亲身感知、体验和操作，对自然界中的现象进行探究，在探究中加强对现象的理解和认知，使幼儿形成受益终身的学习态度和能力。

（2）幼儿对斜面有所认识，出现了斜面概念认知。案例中，幼儿充分利用各种大小、各种形状的木块设计、搭建出各种斜坡和形状，并将它作为轨道，试

验圆柱体在木制轨道上的滚动情况。这一自发的活动过程，使幼儿对物体斜面运动的方向性和摩擦力有所感知，增强了判断推理斜面运动的能力。在自主游戏中，幼儿通过与周围环境互动习得了初步的物理知识经验，逻辑思维能力逐步发展。

（成菲菲）

小魔仙的秘密基地

一、案例描述

最近，我发现班里的女孩子们迷上了搭建城堡，而且她们还常常扮演《巴拉拉小魔仙》里面的角色进行游戏。今天，也不例外。

——搬来长方形积木搭建城堡

魔法城堡里摆好了桌椅和床

来到搭建场地，一一搬来了很多长方形的积木当作城堡的围墙，准备搭建城堡。很快，她又拿来许多正方形的积木，把它们一个一个地垒起来。（真不错，我心想：垒高的技能已经掌握了。）接着一一又拿来了许多各种不同形状的积木，按照刚才的方法，迅速搭建出了城堡围墙上造型各异、高高低低的建筑。（孩子已经熟练地掌握了搭建技巧，并且不断重复地运用到搭建活动中去。）咦，城堡的入口在哪里呢？一一发现自己的城堡已经全部围合起来，没有入口也没有出口。她想了想，把长方形的围墙向旁边挪动一下，这样就可以轻松地进出城堡了。"我还要请我的仙女好朋友来这里和我一起玩。"（"可是她们坐在哪里呢？"我问了一句。）"对了，小魔仙的魔法堡里还有桌子、椅子，还有床……"（孩子把日常生活经验迁移到了搭建活动中来，这个过程中充满了联想和想象。）——听到我的话，立刻转身拿来了需要的积木，不一会儿就准备好了小桌子、小椅子，还有一张小床呢，赶快请魔仙朋友们来做客。

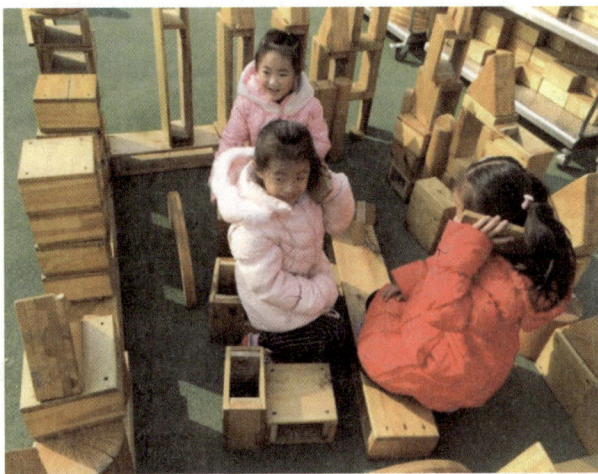

孩子们开心地在魔仙基地玩耍

"美琪、美雪，快来和我们一起玩吧，咱们先打电话邀请其他的小魔仙到我们的秘密基地里来做客……"小魔仙们拿起自己的魔法棒和其他的魔仙们联系起来。（角色游戏中经常出现"以物代物"，一块木板、一根小树枝常常可以被当作椅子、魔法棒等游戏活动的替代物。）

孩子们对建构游戏日渐熟悉起来，随着他们年龄的增长及建构经验的丰富，她们在活动中的垒高、排列、围合等建构技能也得到提升。孩子们在兴趣的指引下不仅发展了自己的创造力，而且对空间概念的理解逐步形成。

二、案例分析

（1）搭建技能逐渐成熟，能够进行多种技能的组和运用。区域中投放的很多积木，这些看似没有关系的各种形状积木之间，经过孩子们的排列组合，搭建出了一个个属于他们的秘密基地。

（2）同伴交往密切，有固定的玩伴，角色游戏活动深入开展。自主游戏就是孩子自己主动游戏，并在游戏中主动去发现问题、解决问题。孩子在自我解决问题时的热情触动了我，自主游戏本就是让孩子去承担游戏主人的责任，随着幼儿自主游戏能力的提高，我们放手让孩子自由探索，他们会带给我们更多的惊喜。

（崔英杰）

第三章　把游戏的自主权真正还给儿童

我爱北京天安门

一、活动实录

对于大班幼儿来说，在建构游戏中，幼儿不仅能按照自己的想法去任意搭建，而且还能够进行有主题内容的搭建活动，幼儿具备一般的拼、搭、接、插等搭建技能。

区域活动前老师就搭建的主题和孩子们交流讨论他们去过的地方、有哪些特别的建筑、建筑设计的特点和功能，北京天安门、长城、新世纪广场和新世纪门为多数孩子熟悉，接着我出示课件图片让孩子更直观地再现建筑的特点，为接下来的搭建做好铺垫。谈话中孩子们有了自己的想法：我要搭建天安门，我要建长城、故宫，我要搭建新世纪门……孩子们带着"梦想"来到搭建区，开始了搭建之旅。

（一）总览搭建作品

这边的小甲和小乙组织几个小朋友，有负责搬运材料的，有负责搭建的，分工明确，合作愉快。他们用四根长板做门框，横板搭在两端，板上选择用许多三角形的木板做装饰，很庄严很威武的哦！门前还铺设了宽敞的"马路"，游客们从右边进从左边出，为了防止拥挤，小甲想出多修几个台阶的办法，在前面修了三个，两端各修一个，这样游客们可以选择任意一个台阶往上走，解决了拥堵的问题。

最后，几个小伙伴修建完成，将其命名为天安门城

正在铺建中的马路

楼，还邀请老师和班里的其他小朋友当游客，小建筑师小甲做导游来天安门城楼观看。孩子们自发地活动，乃是"真游戏"所在。

教师在活动中引导幼儿进行更为丰富、具体、复杂的搭建内容，鼓励幼儿能大胆运用辅助材料来更好地完善建构内容，同时引导幼儿在游戏中与同伴合作，共同完成游戏，体验游戏的快乐。

（二）细看搭建过程

游戏开始了，孩子们自由组合、分工，有负责运材料的，有负责拼摆的，有负责设计指挥的。小丙这一组大约有四个人，两人负责运材料，取来了两根日字形长方木板竖起来作为大门框架，中间横上一根在上面做装饰，大门主框就出来了。小丙又拿来两根口字型长方木板，分别放到了两根竖着的日字形木板的两侧，嘴里还嘟囔"这样就好了！"旁边的小乙不解，小声地问他："你为什么又拿来两个，放这有用吗？""当然有用了，这样可以更结实啊，风吹不倒！"我在心中竖起了大拇指，这是一个有经验的想法啊。接着，大门后面孩子们陆续取来许多彩色的长方体进行架空，为了形成阶梯式的外形，他们在第一层用了10个长方体，每两个相隔约20厘米，然后每增高一层减少一个长方体，就在垒到第四层的时候，孩子们发现长方体有倾斜，怎么放都不平整。孩子们反复研究，更换长方体也不行，一个小男孩尝试把长方体翻转几次，果然可以了，原来这个长方体的宽和高都不相同。解决了这个问题，孩子们继续探索往上拼摆，终于到了顶层，孩子们有些够不到，搬来几个垒高踩在脚下才封顶。顶尖使用了一个三角形，整个建筑漂亮、美观！

搭建完了主楼，孩子们分小组在主楼的后面建构周边的设施。其中一组的三个小朋友在一侧建起了花园，还用长三角木板铺成了马路做连通，有上坡、下坡。花园第一层用两个大半圆拼成圆形作底，又取来四个最粗最长的圆柱体均匀摆放，上面再用两大半圆做

庄严宏伟的天安门

第二层，就这样，孩子们小心翼翼地继续垒高，因为一不小心就会前功尽弃、全塌掉，看得出孩子们像护着自己心爱的玩具一样保护着它，而且继续往上垒，不断突破新的高度。这边的小朋友受到他们的启发，在另一侧也垒起了同样的空中花园。

二、实录分析

（一）活动分析

（1）大班幼儿有明确的结构目标，对所熟悉的建筑有一定的造型经验，会选择相关的材料有意识地运用接插镶嵌和盖顶的建构技能进行搭建。

（2）材料本身在搭建中就涉及平衡、稳定、对称、长短、中心点、面与面的角度等几何原理，孩子们需通过很多次的探索和感受才能掌握，尤其是在独自操作时困难更大一些。

（3）在遇到建构困难时还不能主动寻求帮助，但能接受同伴的帮助并能体验到由此带来的成功和快乐。

（二）教育策略

（1）加强游戏过程的观察，发现孩子的困难后先行等待，给孩子解决问题的时间和空间，在反复的尝试中解决问题，在实际的操作中习得相关经验。

（2）生活中丰富造型经验，有意识地提供不同大小、材质、形状的平面镶嵌盖顶材料供孩子反复练习，并启发孩子创造性地运用多种材料，让作品更丰富。

（3）将本次作品与大家分享，互相交流学习新经验。

（李明明）

我是小小建造师

每一个孩子似乎都是天生的玩家，游戏对孩子充满了神奇的吸引力。一只飞舞的蝴蝶，一朵娇艳的红花，甚至一片落叶，一个滴在地板上的墨滴，都能让这些小小的孩子驻足半天，快乐许久。

快乐大本营，已然成了这些"小不点们"最喜欢也最渴望去的地方。每一次快乐玩耍

图一

的同时，他们总会给我带来成长的冲击（图一）。今天我们又要踏入这个充满笑声的地方了，这回对于普通的海绵垫，他们又有什么不同的玩儿法呢？我的内心充满了期待和想象。

一、活动实录

图二

在快乐大本营里，几床海绵垫、几块木板也让孩子们玩得不亦乐乎。首先开动起来的是小瑜，他先把两个垫子搭成了三角形，又拿了一块木板，放在里面（图二）。我以为他是想垒一座小房子，小孩子的思想倒也简单，我不禁笑笑。可是接下来他的两只小手却在木板上敲来敲去，嘴里还不知念叨些什么。咦？

这是在干什么！我有些摸不着头脑。看了一会儿，我不禁乐了，原来是在模拟玩电脑啊！亏这"家伙"想得出来！嘀，这就是小男孩儿！

我又把视线对准了小女孩。不得不说，相较于男孩，女孩子的心思更加细腻，不仅是搭了一个三角，还把三角的其他地方全部盖起来，变成了一个更加严密的房子，然后开始装扮起这个"小房间"。不一会儿工夫，这间房子就摆满各种家具，而它的建造者琳琳正在自己的小房子里，静静地享受着这一切呢！当她看到我时，不由得不好意思起来，立马藏在房子里和我躲猫猫呢！小孩子想象力实在很丰富哟！

"咦？这是谁的房子？"（图三）我的目光立刻被这个显得更高大上的房子吸引了！两座小房子连在一起，最前面是什么呀？一条木板横放在门口，原来是门槛儿！哈哈，小孩子们的想象力不得不说是很丰富的！可是小主人呢？我开始寻找起他们来，涵涵和乐乐，在一旁似乎在观察什么，我走近她们，涵涵便举起小手来让我瞧，我仔细一看，原来是七星瓢虫（图四）。看着眼前的七星瓢虫，孩子们既惊喜又激动，好像发现了世间的珍宝一样。她俩商量要给七星瓢虫也搭个家！

我问她为什么给七星瓢虫搭个家？乐乐说："我们都有自己的家了，它没有多可怜啊！"孩子的世界就是这么简单。

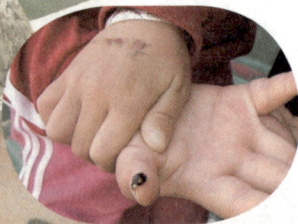

图三　　　　　　　　　　　　图四

经过努力，孩子们的作品逐一完成了，虽然大部分的孩子都搭了房子，但是总能在小细节上找到差别，会发现每个盖房子的"小建造师"那独特的想法，使得这一座座房子显得那么富有个性，男孩的房子高大，女孩的房子精美。诚然，这一次的户外游戏又让我见证了孩子们在成长之路上展现出的智慧。

孩子们在一天天长大，更懂得发现身边的美好，就算是一只小昆虫也能为他们带来惊喜！善于观察，有发现美的眼睛，这也是孩子们在成长中的必修课！

二、实录分析

作为幼儿教师，我发现在这次活动中，孩子们的构思多多少少都折射出对自己身边环境的模仿。模仿是孩子学习的一个重要方法，也是孩子能够正常与他人沟通和交流的体现。因而在游戏中，孩子们会把平时在家庭中、社会中看到的一些事物添加进自己的脑海中，在参与游戏的时候不自觉地展现出来。就如小瑜建好房子，又搭好一台电脑，并且自己还在那里玩得很开心，这显然是他平时生活中的一个场景，就这样被他很自然地带到了游戏中。

其次，在游戏的过程中，孩子们开始懂得分工和合作。比如涵涵和乐乐，她们两个一起完成了一座房子的建造。在这个过程中彼此商讨，听取对方的意见，完成一个共同的目标，而这正是人际交往中非常重要的能力。

－125－

最后，我发现在游戏中孩子们的情绪得到自然的放松。他们在一个个活动中展现着自己独特的个性，充分、自由地表达自己的态度、能力、倾向以及缺点。不同的游戏爱好也展露着孩子们的不同个性，在这种自由放松的玩乐中发展了孩子本身的个性特点。

游戏中，孩子们更加体会到了团结合作、帮助人、理解人的重要性。孩子们在玩耍中也感受到了分工协作的快乐、作品完成之后的喜悦！当孩子遇到困难需要帮助的时候，当孩子将求助的眼光投向你的时候，当孩子多次尝试仍不能顺利解决问题的时候，当孩子因为场地或材料发生矛盾的时候……每当这个时候，一定要耐心、耐心、再耐心，陪伴、观察和等待是教师必须要做到的。

（李玉萍）

快乐进行曲

　　幼儿园的户外自主活动深受小朋友们的喜爱，自主选材、自由结伴、自主探究、合作交流等，在游戏中幼儿可以尽情地去想、去钻、去跳、去爬、去创想、去绽放。为进一步丰富幼儿的户外活动环境及游戏材料，幼儿园新进一批木质的大型材料投放于快乐大本营的区域之中，这些材料与幼儿可以发生怎样的互动，幼儿在快乐大本营区域又可以玩出哪些新的创意呢？让我们一起跟随孩子来到快乐大本营。

一、第一次与材料亲密接触

　　又到了户外活动的时间了，幼儿们兴奋而专注地投入活动之中。今天是幼儿第一次参与这样的区域活动。幼儿园新进的大型木梯、木板、圆柱体等，长短不一、高低不同，且有厚薄之分。这些木质材料展现在幼儿们面前，幼儿有种跃跃欲试的感觉。活动开始，教师讲清活动注意事项之后，这些材料就完全由他们来自由搭建、连接，形成高低不同、造型各异的活动场所。不一会工夫，他们就将木板、木梯有效地进行搭建与连接，然后在自己搭建的场所中尝试着走、爬、滑、跳等动作，玩得不亦乐乎。木梯之间连接的木板由刚开始的一层，通过多人合作之后变为了两层，用孩子们的话说，"上面一层是用来走路的，底下一层是我们搭建的床，可以用来休息"。听到孩子的话语，我想孩子们的世界是丰富多

圆柱体变枕头

上下两层床

彩的，只有走进孩子的世界，才能给孩子更多的自由、更宽松的游戏空间与时间。在活动中，我也看到很多孩子来光顾这些休息场所，苗苗全心放松地躺在床上休息，全然不顾上面还有伙伴在行走；恺恺在休息时拿来圆柱体当枕头，非常悠闲地躺着休息，有种与世无争的感觉。看到孩子们各自忙碌着，作为教师的我在欣赏这样的美景时幸福感也油然而生。

二、两周后玩法更丰富了

孩子们通过与大型建构材料的互动，在玩的过程中不断创新出新的玩法。今天洋洋把圆柱体木块放在最上层的木板上，尝试站在上面走过去，脚在圆柱体木板上待了好长时间，最终还是没敢站在上面，而是选择了迈过去。我在旁边一直鼓励，孩子还是害怕，因为有一定的高度。圆柱体木板一直放在那里，从这里经过的孩子

移动推车

们都选择了迈过去，也许经过一段时间的锻炼孩子们会战胜这一高度的，我期待着。洋洋把圆柱体放在最高处，而果果却把圆柱体放在了最低处，只见她把两个圆柱木块放在地上，相隔一定的距离，然后搭上一个木板，自己坐在木板上左右摇摆。两个圆柱体的加入让这个座位变成了移动小车，果果脸上带着微笑，非常自在，看来对自己的新创作非常满意哦。

建成的房子变滑梯

三、一个月后的精彩呈现

今天孩子们玩得比前几天更"嗨"了，因为他们又创新出新的玩法，而且吸引了班级大部分幼儿一起来玩。最初的创想是方景浩小朋友想出来的，两座木梯中间搭一个木板，小朋友喜欢在上面走来走去，走的速度加快了，胆量也变大了。在原来搭建的基

础上，方景浩在木板两侧又分别搭上多个木板，形成一个三角形的样子，他说这是在建造房子。可房子还没等建好，很多小伙伴就上来了，有的当作滑梯滑下来，有的当作小山奋力爬上去，看到大家一拥而上，他着急了，忙说："先等等，还没盖好呢。"最终，在大家的共同努力下，像模像样的房子盖好了，大家用自己喜欢的方式尽情玩耍，在一旁观看的我有些心惊胆战，唯恐木板会滑落下来，可孩子们却玩得特开心。这一创意的出现让大家一直玩到活动结束，真的有种意犹未尽的感觉呢。

四、实录分析

（一）放开幼儿手脚，给予想象空间

通过这样连续几次的观察、跟踪与记录，真切地感受到幼儿在户外活动中的进步。可以看出在与材料的互动中，幼儿的玩法也在慢慢地丰富，由搭建的单一、简单到丰富、复杂，与材料的互动由静止变为运动，可以说幼儿的想象力是成人无法预想的，幼儿的活动状态给予教师一种正能量，教师应该放开孩子的手脚，给予他们充分的时间与空间，他们会给我们意想不到的惊喜与震撼。

（二）根据幼儿能力大小给予不同的指导

面对这种大型的木板、木梯，不同的幼儿的感受是不一样的。爱活动、爱挑战的幼儿可能更喜欢这种有些刺激的活动，特别是从高高的平衡木上往下跳时特别有成就感。而胆子小、喜欢安静的幼儿面对这种木质材料时可能会有些抵触。在活动中，教师更应该关注后面这部分幼儿群体，给予鼓励与支持，让她们一点点地进步，在进步中体验成功感与成就感，慢慢培养其自信心，最终使其能真正地融入与这种大型材料的互动之中，最终达到锻炼胆量、增强体质的目的。

通过幼儿自主探索、自由结伴、自选材料，在玩的过程中我们可以看出孩子们的创意是无限的，我们教师收获的惊喜也是多多的。在确保幼儿安全的前提下，教师给自己的定位就是少干预、多观察，必要时提供一定的支持与帮助。期望幼儿在这种不受约束、不受打扰的氛围中与伙伴合作搭建，勇于挑战，创新活动，快乐成长。

（夏小芳）

让木梯"活"起来

一、活动实录

快乐大本营的区域材料以大、小两种类型的木质梯子、有一定厚度的木板、有一定高度的圆柱体等组成，面对这样厚重的器材，幼儿可以玩出什么花样？这是活动初期我们教师的疑惑。

在玩的过程中，我们惊喜地发现幼儿真的是能玩出很多的花样，他们天生就是思想家。看，两个圆柱体和一个木板可以非常巧妙地组装成一辆移动汽车，幼儿坐在上面非常悠闲；梯子与梯子之间搭上木板，变成了高高的平衡板，幼儿开始尝试在上面行走；梯子与梯子的底部加上木板，幼儿就可以躺在上面，像极了我们所说的双人床，上面有尝试行走的幼儿，下面有躺着休息的幼儿；还有的幼儿索性拿个长方体或者圆柱体木块当成枕头呢。

经过一段时间的观察，我们发现幼儿创意搭建出很多有趣的东西，幼儿的胆量在此过程中一步步地提高，由最初的不敢走，到慢慢弯腰行走，到后来的行走自如。同时，在此区域中也发现男孩与女孩的胆量差异。开始只是男孩子喜欢行走的高平衡板，慢慢地女孩们也参与其中。同时，各年龄阶段的幼儿在此区域

小车（组图）

玩耍时也会非常明晰地表现出：中班的幼儿对于这样高的平衡板有些胆怯，他们会选择小梯子进行搭建，建造出和大班哥哥姐姐一样的造型进行玩耍，这里面有模仿、有榜样学习。同时，胆量大一点的中班幼儿也可挑战大班幼儿玩的难度，胆子小一点的大班幼儿也可以和中班弟弟妹妹一起搭建。幼儿根据自己的能力水平自由组合，满足了不同幼儿的需求，真正做到了因人而异，考虑了个体的差异。

经过一段时间的玩耍，我们发现此区域也存在一定的问题。日常的固定区域玩法中幼儿在此区域玩得特别开心、快乐，可是当周五的自由区域玩耍时，此区域会变得特别冷清，没有几个小朋友会光顾这里。我们教师也在自我反思，为什么平时玩的特别"嗨"的区域，当自由选择区域时会无人问津呢？是因为材料太重，收整起来比较麻烦？还是这样的材料已经不能满足于幼儿的需求？为了改变这一状况，我们决定进行一次实地的现场体验教研活动。

通过教师们的亲身体验、现场实地教研活动，快乐大本营区域进一步丰富了活动材料，幼儿在玩耍过程中教师适时地鼓励：鼓励骑车的幼儿可以在梯子、木板搭成的高架桥底下来回穿梭；鼓励幼儿可以将铁圈放置在木板之中，幼儿弯腰爬行过去；鼓励中班的幼儿可以挑战一些稍低一点的平衡板；鼓励大班的幼儿去带一带身边的弟弟妹妹……经过长时间的探究，幼儿也搭建出许许多多我们未曾想到的东西。如他们将两个梯子按一定间隔放好，上面搭上木板，在此木板的两侧再分别搭上多个并排的木板，形成一座非常结实的"双面滑梯"或"房子"，幼儿可以起跑之后到达双面滑梯的顶部，再快速地滑下来，也可在这样的房子底下和好朋友一起过家家等。地垫、轮胎、车子、滑板的组合给幼儿提供了更大的想象空间，幼儿可以将轮胎间隔开来，上面有木板搭出一条窄窄的小路，幼儿推独轮车行走，厉害的幼儿还邀请好朋友坐在独轮车中，自己推着好朋友一起"过小河"，等等，这样的游戏活动在区域中随处可见。

有了前期的铺垫和活动材料的丰富，幼儿在此区域玩耍时我们教师会看到一种很繁荣的景象。幼儿纷纷合作搭建出错落有致、高低不同的平衡板，而且会有多个出口，幼儿闯关挑战的过程中可以找任意出口下来，在高架桥上走累了的幼儿可以在滚筒中休憩，也可骑三轮车在自己搭建的"成果"下兜风玩耍，欣赏风景。经过长期与材料的互动，幼儿的胆量增大了，合作互助的意识更强了，高处跳跃、高平衡板行走已不再是难题，他们可以非常自如、镇定、自信地在这里闯关，挑战自己。幼儿身体的平衡能力、躲闪能力、身体的灵敏性等都得到了很好的锻炼。

二、实录分析

户外游戏活动指导的核心是帮助幼儿提高游戏的计划性、目的性、有效性，引导幼儿学会选择，学会共处与分享，学会创造性地使用材料，而不仅仅是管理纪律、控制纷争与噪音。教师是环境的提供者，也是户外游戏活动的观察者、参与者、合作者、指导者。教师如何通过有效指导来提升幼儿自主游戏水平呢？这是值得我们深思的问题。

（一）探索挖掘游戏活动，促进幼儿游戏发展

教师要以积极的态度挖掘和利用各种适宜幼儿的游戏内容和资源，综合其他教育元素，多方位地引发幼儿游戏发展。

1. 举一反三的创意空间

在快乐大本营的游戏活动过程中，教师引导幼儿举一反三地运用游戏材料，使活动持续有效、创意无限。如：利用木板可以生发很多的游戏（可以搭建桥梁，可以组合小车，可以搭建跷跷板等），教师要引导幼儿自由探索游戏区各种材料的玩法。孩子们是天生的发明家，他们在探索各种玩法的过程中，不仅开发智力，还能提高运动能力（快乐大本营的所有材料是有重量的，单单把游戏材料搬运过来就是力量的练习）。自主游戏的创设不仅激发了幼儿的发散性思维，还能让幼儿体验成功的快乐，进而促使游戏活动生动、持久。

2. 有机整合的组合运用

单一的玩法会让人倦怠，而富有变化的组合则会创造精彩。"快乐大本营"自主游戏区有宽阔的户外场地，有多样化的游戏材料（小车、废旧轮胎、轮胎车、木板、木梯、木块儿等），将它们进行有机整合，将有意想不到的收获。幼儿可以根据自己的意愿将游戏材料自由组合（可以搭建出社会性游戏活动，可以通过搭建生发出竞技性游戏等），快乐大本营的游戏活动充分体现了综合性、创造性、挑战性。

3. 扩大自由的活动时间、空间

教师要使幼儿从狭小的空间走出来，发挥户外游戏活动相对自由、自主、轻松愉快等优势，根据环境特点、幼儿年龄和水平，为幼儿提供丰富的辅助材料，

提供适宜的支撑力量，让孩子大胆地、自由地去感受、去体悟、去探寻、去挖掘，让他们在自己能够支配掌握的世界中健康快乐地成长。

（二）善于有效观察，提高幼儿游戏水平

在户外宽敞、自由的空间里，要求教师具备善于观察、适时指导的能力。因为只有认真、完整地观察幼儿，关注幼儿的一言一行、能力的发展以及游戏中的表现，我们才能有较为客观的认识，指导时才能做出适宜的调整策略。教师还要善于观察、敢于放手，引导幼儿挖掘材料更多的价值，在理解幼儿的想法与感受的基础上，对幼儿的行为做出回应，巧妙介入，有效指导，提高幼儿的游戏水平。

（三）解读幼儿行为，满足幼儿不同需要

先贤有言："教无定法，因材施教。"幼儿是一个独立的个体，个体之间必定存在差异。我们不能单纯从字面上保持尊重幼儿差异性的认识，要真正在活动中做到"尊重个性，区别对待差异性"。解决教育个体的不均衡性问题，就必须因人施教。首先，提供的材料具有层次性，可满足不同个体、不同能力幼儿的选择。如：可为平衡力差点儿的幼儿提供低矮的游戏材料。其次，创设的户外游戏要具有递进性，满足幼儿的不同需求。如：搭建立交桥，可以为幼儿提供宽窄

看！我飞起来了（组图）

不一、高低有别的材料。幼儿可以从较宽的小桥到较窄的小桥进行练习，再到负重过小桥、花样过小桥，难度逐渐递增。能力弱的幼儿可练习单纯地过小桥，而能力强的幼儿则可以练习挑物过小桥、两人对面过小桥，等等，既实现了锻炼目标，又充分满足了幼儿的需要，获得了成功的快乐。

小游戏，大世界。只要给予幼儿自由探索的时间和空间，幼儿一定会带给我们更多的惊喜，在活动中我们教师也切身体会到了这一点。学会放手，试着放手，学会观察，试着思考，静静地思索幼儿行为背后的一些教育故事，在此过程中幼儿获得了发展，同样教师的专业性也获得了提升。

（李明）

学做一个"懒"老师

一、活动实录

今天是小四班的孩子们第一次到快乐大本营活动。看着这些结结实实的实木大积木，我心里为孩子们捏了一把汗，那嫩嫩的小手能搬动吗？那些高高矮矮、形形色色的大积木、梯子，他们可从来没玩过，知道保持平衡的时候伸开双臂吗？知道轻轻拿、轻轻放，不让积木砸在小脚上吗？我带着一肚子的担心，忍不住找了一些典型的积木摆成一排，让孩子们先去练习基本技能，恰巧那天园长值班，她胸有成竹地说："学会放手，孩子们一定能行！"接下来，请看孩子们第一次在快乐大本营给我们带来的惊喜吧！

随着一声令下——"孩子们，想怎么玩就怎么玩吧！"孩子们的表现让我震惊了，只见他们三五个一组，边说边笑边游戏，（就小班幼儿的年龄特点，他们的建筑游戏大多是平铺式的）孩子们的智慧和能力是在自身的劳动体验中获得的。

大约20分钟过去了，一件件精美、富有创意的作品出炉了：有的用大型积木搭建了轮船、火箭、大吊车、火车站等；有的搭建了幼儿园的跷跷板、变形滑梯、三脚架等；最精彩的是用大型积木建构的美丽家园……真是五彩缤纷，应有

尽有，令人目不暇接。一件件作品都是那么生动、逼真，直叫人看得眼花缭乱、啧啧赞叹。孩子们看到自己的作品，脸上都不由地露出了自豪的笑容。

小朋友们还玩起了过家家的游戏。丁丁当家长，他先召集家庭成员开会，明确分工：他负责建楼房，桐桐和远远负责建餐厅，小曦和小天负责造床，他们忙得不亦乐乎。

大约20分钟过后，一个温馨的家就营造好了，他们开始过家家。几点起床，几点睡觉，几点吃饭，几点上课——时间安排和幼儿园作息时间表惊人一致啊，太好玩了！

二、实录分析

有一种爱叫放手。放手让孩子去做，孩子会有更广阔的发展空间。我们常说："小鸟飞出鸟笼，会自由翱翔；水滴流入大海，会自由流淌；那么对孩子放手，就会张扬孩子独特的个性。"然而在幼儿园一日生活中，我们教师总是忍不住大包大揽，这些貌似爱孩子的行为实则剥夺了孩子发展的权利。今天是孩子们给我上了一课：爱我，就请相信我。我之前的种种担心和忧虑都在活动开始后迎刃而解了。是的，小班的孩子搭建大型的积木会碰到种种难题，也正是碰到了问题，孩子才会思考，才会探究，才会合作，才会解决，才会获得经验。如：孩子们在搬运积木时，有的大积木自己搬不动怎么办？一人搬不动，三人帮，他们学会了合作，懂得了团结就是力量的道理。

小积木，大智慧。积木搭建是孩子最喜欢的游戏之一，孩子们能变幻出无穷的玩法。今天孩子们三五个一组，有的搭建，有的运材料，大家分工明确，合作能力显著提高。孩子们的想法总是多样的，所以在搭建城堡的过程中难免会出现一些小小的摩擦。如：在搭建"家"时，有的孩子说要在家里搭建花园才够漂亮，有的孩子却反对这一想法。看到孩子们个个摩拳擦掌，努力表达自己的看法，积极商讨最佳方案，我没有干预他们，而是鼓励他们集体解决问题。看着孩子们运用自己的智慧团队合作搭建的可爱的家，在一旁观察的我无比高兴和欣慰。

教师适当变"懒"，孩子开始变"勤快"，凡是幼儿能做的就应让他们自己去做。孩子唯有在一系列的活动过程中通过探究、操作、交往、表达去感受世界及自己的内心，才能获得新的经验。

（褚霞）

快乐的饭店小老板

户外区域中，快乐大本营是大四班幼儿最喜欢的一个区域，这个区域中投放了各种各样的梯子、不同种类的小车、滚筒等材料。

一、活动实录

户外活动时间，孩子们来到快乐大本营选择自己喜欢的材料，跟小伙伴开心地玩起来。其中一个小男孩引起了我的注意。他一手拿锅，一手拿碗，在一个角落里，一个人自言自语。他仔细地端详着手里的锅和碗，不知想到了什么，端起锅和碗兴奋地跑了起来。

原来他跑向了老师。他放下锅，端起碗，从碗里假装拿出东西递给老师吃。老师也很配合，做出吃到美食很享受的样子。男孩重复了几次，好像没有第一次那么兴奋了。这时，老师说："这么好的美食，没有其他人一起分享真是可惜了。"

只见小男孩又端起锅跑到了一张桌子旁边，放

男孩子主动递东西给老师吃

下锅，就开始吆喝："今天饭店开张啦，所有美食买一送一，走过路过不要错过。"另外一名小男孩听到后，骑着扭扭车就停在了他的"饭店"门口。小司机问道："你这里有什么好吃的美食啊？"男孩答道："我这里什么都有，有各种炒菜、凉拌菜、甜点，还有各种饮料。今天刚开张，买一送一，你快叫你的朋友一起来吃吧！"小司机转身而去。（我以为男孩的游戏又要中止了，大班小朋友应该对

此不太感兴趣。）令我没有想到的是一大群小司机都围了过来，小老板开始给其他的小司机讲解美食的种类和做法，大家听得津津有味，可是时间长了，有几个小司机就离开了，嘴里嘟囔着："你的碗里什么都没有。"

小老板好像又想到了什么，跑到旁边找到了几个三角形的木块。小老板神采飞扬地说："今

请老师一起分享美味的蛋糕

天是我的生日，我想请老师来吃蛋糕。"然后就请来了老师一起分享美味的蛋糕。他说："老师，我就是听了你的话，才想起来开这个饭店，今天我过生日，请你吃蛋糕。"老师听后笑了。

老师咳嗽了一声，被小老板听见了，"对了老师，我给你做点汤。"紧接着小男孩跑向了小树林，捡了一锅的落叶，就开始准备汤了。所有的小司机又跟过去向小老板要汤喝。小老板说："先给老师盛一碗汤，她刚刚吃蛋糕噎住了。"老师很感动地接过汤，假装喝掉了，小老板这才给其他的小司机盛上了汤，大家心满意足地喝上了汤。

正要离开，看到地上满是树叶，老师灵机一动，"哎呀，刚才老板给盛汤的时候不小心撒了一碗，地上太脏了，快来帮忙打扫打扫。"结果所有的小司机把小车放到一边帮忙忙收拾起来，一会儿地上就干净了。小老板端着锅说："今天太累了，我要关门去休息了。"所有的小司机都骑着小车离开了。

大家一起整理卫生

二、实录分析

游戏中的小男孩是大班幼

儿，平时活泼好动，爱学好问，经常提出一些稀奇古怪的问题，做出一些异于其他幼儿的行为，以引起老师的关注。在"小老板开饭店"整个游戏中，可以看出这个小男孩的模仿和迁移能力很强，创新性思维发展得很好，与同伴和老师的交流也可以体现出他的语言能力较强。下面从游戏、幼儿和教师三方面对活动进行分析。

（一）游戏的社会性

案例中"小老板开饭店"是一个角色游戏，充分体现了幼儿的社会性发展。以社会性活动说为代表的心理学家维果斯基认为："游戏是儿童有目的、有意识的社会性活动，是儿童的一种特殊的实践活动。游戏的社会性实践，是在真实的实践情况以外，在行动上再造出的某种生活现象。游戏是儿童现实生活的反映，儿童可以通过游戏掌握基本的社会关系。"

小男孩在现实生活中看到成人开饭店、做美食、当老板，所以便模仿这些活动，把它们迁移到游戏中去。这一角色游戏既适应了幼儿身心的发展，又促进了幼儿身心的发展。

（二）幼儿是游戏的主体

（1）在游戏中小男孩充分发挥自己的主观能动性，主动发起活动并且在活动中出主意想办法。案例中的小男孩用一个锅和碗就开展了一个角色游戏，从无人问津到高朋满座，小男孩在当老板的过程中想尽各种办法吸引顾客，推销自己的美食，符合《3～6岁儿童发展指南》中提出的社会领域的要求，能与同伴友好相处，能想办法吸引同伴和自己一起游戏。

（2）在游戏中小男孩主动与老师和同伴交往，合作意识逐渐增强，社会交往能力有所提高。案例中的小男孩扮演小老板，跟其他小朋友扮演的小司机进行互动，有老板就得有顾客，同伴交往提高了幼儿的合作能力。在跟老师的互动中，请老师分享美食时，从老师的提示中想到了开饭店的主意；为了答谢老师，请老师吃蛋糕；看到老师咳嗽，为老师做汤，这些都体现了幼儿的社会能力及解决问题的能力，幼儿协调人际关系的能力得到发展。

（3）小男孩主动发挥自己的想象力和创造力，主动克服困难。在游戏中通过自己的想象力和创造力，用简单的材料来代替现实中的美食，比如：把三角形的积木想象成蛋糕，把树叶当成做汤用的菜。在同伴将要离去、游戏眼看要中止

的时候，小男孩主动想办法，创设情景，说自己过生日请大家吃蛋糕，丰富游戏内容，推动游戏发展。

（三）老师的支持策略

（1）老师为幼儿创造自由的环境，提供丰富的材料，促进幼儿更好地游戏。教师根据自己的细心观察和了解，鼓励孩子们自由地去选择自己需要和感兴趣的游戏，从而获得自由选择的快乐。在快乐大本营这个区域中，老师投放的材料都是比较丰富的低结构材料，活动范围也比较开放，其他的幼儿都选取小车，当起了小司机，而案例中的小男孩根据自己的兴趣到拓展区选取了游戏用的道具——锅和碗。

（2）老师注重细心观察，判断是否有介入的需求，注重指导艺术。教师作为观察者，应注意观察幼儿的游戏活动，了解幼儿游戏的意图、能力及行为表现。教师对观察的游戏行为加以分析，才能决定指导的对象和方式，给予及时的帮助和指导，促进游戏的开展。小男孩主动找到老师，老师积极配合。看到游戏即将中止，教师没有直接为小男孩解决问题，而是说了一句："这样的美食没有人来分享真是可惜。"教师让小男孩自己去解决问题，问题解决后，老师及时退出游戏。之后幼儿主动邀请老师吃蛋糕，老师也积极参与游戏，激发了小男孩和同伴的游戏热情。老师无意间的一阵咳嗽，都能促进游戏情节的发展，说明老师作为幼儿的游戏伙伴，有很好的推动作用。最后环节，老师一句："哎呀，刚才老板给盛汤的时候不小心撒了一碗，地上太脏了，快来帮忙打扫打扫。"所有的幼儿帮忙捡起地上的落叶，保证了游戏环境的整洁。

总之，小男孩在游戏中获得了快乐，身心得到了发展，如果老师能够进行相应的游戏评价和延伸就更完美了。

（张振杰）

放手，玩出精彩

当那么多的大型梯子、木板摆放在我的眼前时，有些问题一直困扰着我：

怎样才能使孩子们玩得开心，应该怎样引导孩子玩，这么大的梯子会不会存在安全隐患，孩子们怎样取放，等等。经过几次练习，我发现我的担心都是多余的。在孩子们的眼里，那就是他们的玩伴，玩多少次都不会玩够，每一次都能玩出精彩，孩子们的创造力和想象力是无穷的。

第一次探索：孩子们认真地搭建着，有些孩子对梯子感兴趣，有些孩子则对大型积木感兴趣，分区域开心地玩耍着。小茹和芮芮搭建了滑梯，李睿涵用简单的几块积木搭成了汽车，赵铭宇和陈冠宇搭成了迷宫，马仲谞和田俊昊搭建成了舞台，还摆了两个凳子。还有的孩子躺在搭建的小床上晒着太阳，真舒服。孩子们小心翼翼地走着，玩着。我想：他们是在努力地尝试着，这一次孩子们几乎把所有的梯子、积木都利用了起来。收积木的时候好费劲啊！

第二次尝试：睿涵搭建了小车，并对这辆车进行了改装，车轱辘能动了，还有了座位，这样更好玩了。俊昊和仲谞选择了将最高的梯子和木板连接在了一起，还将木板斜着摆放，放眼望去好壮观啊！为了安全起见，他们在下边放上了软垫。不一会的工夫，就可以轻松地往下跳了，在跳的一瞬间，我被吓了一跳。越来越多的孩子想挑战，子轩和文静当滑梯滑了下来。大江用短小的木板搭在梯子中间，也在探索着怎样才能搭得更稳，小心翼翼地往前进。陈奕冰搭建了小床，有枕头，这样躺着真舒服。笑安利用了小型梯子和木板，搭成了滑梯，在上边跑

这迷宫先从哪开始走

车轱辘动啦，我成功啦

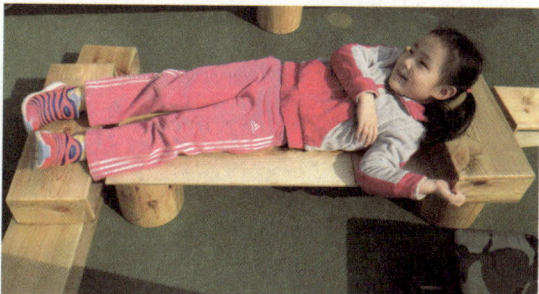

这滑梯真好玩

这小床真舒服

来跑去，玩得不亦乐乎。孩子们能够与玩具更好地互动了，能够更好地玩起来了，玩得更专心。

第三次玩耍：睿涵的车又一次进行了改进，是因为在上次玩的过程中，来回活动过大，导致被摔了屁股，现在他将圆形的积木竖了起来，这次更稳了。俊昊这次不仅从上面往下跳，还加上了动作。瑞航也想这样玩，但还是有点害怕，他就先从矮的梯子上练习，最后也能够从最高梯子上往下跳并且还有动作展示"我是超人"。笑笑和昊芯玩起了过家家，两人通电话，聊得不亦乐乎。孩子们玩的梯子又减少了，他们更能够专心地玩了。这时听见一个声音：睿涵小车的车轱辘让锦霖借走了，大四班的孩子都在说："圆形的积木都被你们班的借走了。"我走过去一看，锦霖将圆形积木都放在了梯子底下，叠得那么高。这是干什么呢？原来是在建造蜜蜂蜂巢，酿蜂蜜呢！这次玩耍，孩子们自己加入了情境性，与积木有了更多的互动。

在观察中我发现，每一次的玩耍都有新的突破，孩子们都能够大胆地探索尝试，平时比较安静的孩子玩着拼搭积木，活泼好动的孩子玩着梯子等挑战性的积木；男孩比较喜欢从高梯子上往下跳，女孩比较喜欢从梯子上往下滑。每位孩子的需求不同，与其他班级一起玩耍时，社会性也有了很大的提高。在今后的玩耍中，相信会有更好更多的故事等着我去发现，大胆地放手，让孩子自己来，会有不一样的结果。

（郑萍萍）

海阔凭鱼跃，天高任我飞

每一个孩子都是精灵，他们来自大自然、属于大自然，他们天生就喜欢木头、水、沙子、土等。幼儿园的主要活动是游戏，当然更离不开丰富多彩的户外区域游戏活动。孩子们通过这些户外区域活动，在不知不觉中提高了想象力、创造力，并且激发了探索的兴趣和动手能力，以及细心和专心做事、独立解决问题的能力，同时也增进了合作交流的机会，在游戏中得到了成长，真正做到了"在学中玩，在玩中学"。

快乐大本营是孩子们最喜欢的户外区域活动之一，在这里孩子们充分感受到了集体工作的热情和登高、爬梯、飞翔的快乐。在这里，每一个孩子都像是自由快乐的小鸟，他们自由翱翔在快乐大本营的彩色天空。

一、我眼中观察到的活动现场：我们会合作——"我是勇敢的小鸟"

来到快乐大本营，孩子们首先合作搭建。他们分工明确，

看，我飞得多高呀

一部分孩子两两一组一起搬梯子，他们已经知晓如何快速搬运这些对他们来说像是巨人的长木梯。另一部分小朋友则负责搬运平衡木，只见他们你在平衡木的这头我在平衡木的那头，合作得相当愉快。搬完长木梯的孩子们在摆好位置之后则又跑去搬垫子，他们就像一个个小士兵有序地操作着手里的兵器。不一会儿，场地上搭起了一座座长长的独木桥，有的孩子在终点加上平衡木，说要做个滑梯，其中小雅想再加大难度，加一个双向独木桥，于是她和馨馨搬来平衡木在独木桥的一端衔接上，单向独木桥瞬间提升了难度。这样，孩子们就可以从这边的独木桥跨到另一边了。我提醒他们在桥的衔接处加上垫子，此时有几个小朋友已经迫不及待地想要挑战了。嘉嘉小朋友首先登上了独木桥，只见她轻巧地爬上梯子，稳稳地站到平衡木上，动作敏捷，身轻如燕。当我在终点扶着梯子等待她的时候，她告诉我要像小鸟一样飞下来，我回答："没问题，你肯定是飞的最高的小鸟。"她两手张开站到梯子的最高一层，膝盖微蹲纵身一跃，轻巧落地，果真像是小鸟一样，又像是体操选手完美落地。

二、细看活动现场：从"我不敢"到自豪地说"老师你看我"

大部分小朋友都可以勇敢且轻松地通过，唯有瞻瞻小朋友站上去之后不敢

| 我可以勇敢地站起来 | 我会排队不拥挤 | 坚持不放弃，就能战胜自己 |

直立行走，趴在独木桥上略带哭腔地说："老师，我不敢。"瞻瞻平时学习能力很强，但是比较胆小，性格偏内向，所以更适合鼓励式教育。于是，我引导他慢慢站起来，并且给他安慰，在我的鼓励下他慢慢站了起来，只是双腿有些颤抖不敢往前走，为了让他有信心且不会有挫败感，我告诉他："我可以牵着你的手在旁边保护你，但是下一次你尝试着自己来。你看下边是垫子，我在你的旁边，不用怕，我会保护你，你肯定能走过去的。"他轻轻点头，抓住我的手走了几步后逐渐有了信心，慢慢身子站得越来越直了。第二次他就能够脱离我的手自己往前走了，只是身体微弯还不敢走太快，我赶紧给予鼓励，瞻瞻也越来越有信心了。他一次次重复攀爬，每当有新的突破就看看我，仿佛告诉我"老师你看，我可以的"，我也及时给予肯定。到后来他已经可以独立并且直立往前走，这对他来说可是不小的突破，看到他越玩越起劲儿，我也逐渐放心了。不一会儿他自豪地喊我："老师，你看我。"我一看他已经登上了比刚刚更高的梯子，我和他同样兴奋，我高兴地为他鼓掌。快乐大本营活动中瞻瞻可以说是进步最快、最敢于突破的孩子，这让我们很惊喜。像嘉嘉那样勇敢的小朋友，像瞻瞻那样努力坚持不放弃、敢于突破自己的小朋友，让我想到了一句话："海阔凭鱼跃，天高任我飞。"

我想大家都知道"海阔凭鱼跃，天高任我飞"的原意就是指大自然的广阔无边为鱼跃鸟飞提供了广阔的空间，也通常比喻为在广阔的天地里，人们可以自由地施展才能。快乐大本营是能促进幼儿身心共同发育的户外环境，是立体的、多层次的、多视角的"教科书"，满足了幼儿多方面发展的需要。在这里，孩子们是自由的，老师是开放的，我会允许孩子按自己的速度前进，依据差异提出不同的要求，提供不同的材料，给予不同的指导，纵向比较孩子自身的发展变化，不会放弃任何一个孩子。必要时，我会对孩子进行间接的帮助，但会给予孩子自己试验和探索的余地，真正实现"海阔凭鱼跃，天高任我飞"。

三、实录分析

（一）有益经验

（1）本次案例前期重在观察班级幼儿小组分工合作的具体表现，关注面较广，关注了大班幼儿自然状态下的社会性发展和交往的过程；后期着重观察个体发展，并根据个体差异给予幼儿针对性的指导。此次案例全面观察和个体观察相结合。

（2）大部分幼儿已具备一定的平衡能力，通过教师对个别胆小幼儿的引导和鼓励，让每一位幼儿都积极参与到游戏中，可以强化幼儿身体的双侧配合、平衡反应和视觉协调。与其他活动配合进行，对幼儿身体协调、空间知觉和运动能力的养成都助很大。

（二）寻根问源

（1）孩子们分工合作会充分发展孩子们的社会性交往。在游戏中他们就像进入了一个小社会，而这些交流沟通的能力、关心集体的能力都是他们一生中所必须要具备的社会适应能力。

（2）相信孩子，站在孩子立场上来看待孩子的要求，支持孩子们自己的原则。

（三）支持策略

（1）具有观察孩子的能力，能够因材施教。教师要根据对孩子游戏过程的观察，了解孩子的兴趣、需要、性格、学习方式、行为习惯等，认识到每个孩子都有自己的发展潜力和优势，教师要依据个别差异提出不同的要求。例如案例中若嘉进入游戏较快，而子瞻却较慢，教师就需要根据个体差异给予不同的引导。

（2）懂得孩子当下的状态和需要，懂得自己的行为怎样才不会给孩子造成压力、又能恰到好处地对孩子给予指导和帮助。教师要给孩子自己解决问题的机会，发现孩子真的感到孤独无助时及时给予必要的支持和帮助，并且要学会在恰当的时候撤离。

（岳超）

第三章 把游戏的自主权真正还给儿童

采蘑菇的炊事班

今天是拓展区开展以来的第三周了，我和窦老师商量着再投放点材料来激发孩子们的游戏兴趣。我们想到了以前玩游戏用的塑料背筐闲置在仓库，就决定用这些小筐挂在树上设置一些寻宝关卡，让孩子们玩寻宝的游戏（自主游戏以后，老师不再自作多情地为孩子们设置游戏，但我们也试图引导孩子们不断生发新的游戏。）说干就干，我和窦老师分头将十几个塑料筐挂在适当高度的树杈上。（塑料筐挂得有高有低，我们的设计意图是满足不同水平孩子的发展需要，低的唾手可得，高的需要借助梯子之类的工具才能摘到。）我们一边干活一边幻想着孩子们玩寻宝游戏的美好场景，心中不禁暗暗窃喜。

正当我挂到第三个的时候，孩子们（我班的果果等几个小姑娘）发现了我的举动，围过来好奇地问"老师你在干什么啊？""我在把它挂到树上啊！"果果指着塑料小筐问："老师，这个是用来干什么的？""你们想用来干什么都行。"（差点把我们老师设计的想法脱口而出，还好忍住了，一定要牢记问题越开放，孩子越自主。）霈儿说："老师你别挂了，给我们当竹筐吧，我们想采蘑菇用。"孩子们听霈儿这么一说都跟我要起了塑料筐。我很爽快地答应了你们的要求，分到佳慧时塑料筐没有了，在我的授意下，孩子们还帮助佳慧从树上摘了一个塑料筐。（原来追随孩子的兴趣就是这么简单。）背上塑料筐，孩子

一个简单的塑料筐被孩子们赋予了新的生命

们情不自禁地唱起了《采蘑菇的小姑娘》的歌曲，歌声传遍了整个拓展区。

孩子们一路走一路歌地向山上（拓展区东面的土坡）出发。走着走着孩子们似乎意识到了什么（用什么当蘑菇呢），脸上露出了迷茫的表情。（游戏似乎快要中断了，是不是该介入、支持一下，我也迷茫了，但是，但是……我记起了一个声音"再等等"，对，再等等。）就在这时，一诺举着一片树叶向大家挥舞着："我有办法了，咱们用树叶当蘑菇，咱们用树叶假装蘑菇。"姑娘们都兴奋地跳起来："对，我们用树叶当蘑菇，看谁采的多。"孩子们马上低头认真地投入采蘑菇的劳动中来。只见霑儿身背塑料筐，手里拿着一片树叶，像小狗咬自己的尾巴一样在不停地转圈，原来她穿了一件带帽子的马甲，向后伸手放蘑菇时总是放不到塑料筐里去。经过几次小狗咬尾巴式的努力，蘑菇还是落到了马甲的帽子里。霑儿向我求助，我鼓励她再想别的办法试试自己解决问题。（孩子，别怪老师狠心不帮忙，我没有权利剥夺你成长的机会。）采蘑菇的队伍里大部分孩子都遇到了同样的麻烦，是爱动脑筋的韵歌首先想到把塑料筐摘下来放到地上，装满了蘑菇，再背上塑料筐。同伴们纷纷效仿（韵歌解决问题的方式是一种创造性思维的体现，思维的灵活性得到锻炼，同时带动了同伴学习）。采蘑菇的队伍越来越庞

大，几个没有塑料筐的小姑娘也用帮别人采蘑菇的方式愉快融入游戏中（有时候材料的不足反倒能激发幼儿的合作行为）。

不一会儿工夫，蘑菇都装满了筐。孩子们互相帮忙把满筐的蘑菇背到背上，兴奋地欢呼着、笑着。可是短暂的喜悦过后，孩子们的表情像僵住了一般，你看看

两个孩子在不断尝试和相互学习中解决了问题

第三章　把游戏的自主权真正还给儿童

我，我看看你，眼神里一片茫然。孩子们似乎又断电了，接下来该干什么呢？（游戏又一次中断了，我知道你们只不过是一群刚刚5岁的孩子，思维的完整性和丰富性还有待进一步发展，好吧，我继续等待，等待你们新的惊喜。）过了大约一分钟，果果说："咱们该煮蘑菇了。" 我用手指着放锅具方向说："对啊，你们的蘑菇煮出来一定很香，我刚才看见山的那边有一些锅。""锅在哪里啊？"孩子们一个个跃跃欲试，我指了指旁边用轮胎垫起的横梯和绑在树上的迷彩网说："过了这座独木桥，钻过那个山洞，就能找到锅了，加油！"在果果的带领下，孩子们背着蘑菇毫不犹豫地出发了，韵歌在过河的时候不敢站立，只能弯下腰手脚并用地往前爬，可是一弯腰蘑菇就往外撒，反复几次尝试以后，韵歌的蘑菇都快洒光了，排在后面的好姐妹帮她重新装满筐，没有背筐的萱萱主动牵起韵歌的手扶她过河。钻山洞时孩子们聪明地不再只顾弯腰，而是双腿弯曲，半蹲式地通过了山洞，蘑菇没有再撒出来。（只有经历失败和困难，才能激发你们不断地思考和尝试，坚持、不放弃的意志品质是你们走向成功的武器，这样的过程才是最有价值的成长。）

孩子们在一爬一蹲的尝试中不断前行

终于，孩子们成功地到达了目的地，找到了几套锅具，很兴奋，但是孩子们似乎并不满足，"我们在哪里做饭呢？"沐晨望着四周有些犹豫（旁边的主战场上窦老师正在带领男孩子们展开激烈的战斗，机关枪四处扫，炸弹漫天飞）。我顺手把一个轮胎拖到一片小空地上，孩子们很聪明地发现这正是他们需要的灶台。孩子们看到湛源手里拿着用纸壳画成的火苗，还邀请他烧火，刚才还举着火苗无所事事的湛源一下兴奋起来，他冒着枪林弹雨找更大更多的火苗（培养孩子们的交往能力和合作意识不能空谈，只要有事件和任务就会引发合作，在合作中必然能习得交往技能，提高交往能力）。孩子们热火朝天地煮起了蘑菇，有的翻炒，有的放盐（盐是需儿和沐晨冒着枪林弹雨、跋山涉水不远"万里"从最东面的沙池区运来的沙子），有的继续采蘑菇。形形捡了一个金黄色的大纸球兴奋地来请果果煮一煮，孩子们惊呼起来："这是炸弹，会把我们的锅炸烂的，赶快扔掉！"形形毫不犹豫地拿起"炸弹"扔得老远。正在参加战斗的嘉浩看到这一情景，端着枪雄赳赳地来到孩子们的锅灶旁愤愤地说："谁敢炸你们的锅我就把他打死。"（平时柔柔弱弱、安安静静的小嘉浩在战争中显示了他男子汉英勇、负责的一面，看到他的表现我很惊喜，真为他感到高兴。）饭做好了，孩子们首先去喂伤员，然后招呼战场上的战士们来吃饭，忙得不亦乐乎！孩子们玩了整整一个小时没有喊累，队伍越来越壮大，故事越来越精彩，直到游戏时间结束，孩子们才依依不舍地收拾玩具离开场地。

在这过程中，时不时有孩子向我打枪、扔炸弹，我告诉他们我是战地记者，交战双方都不能攻击我，我才得以消停，好好地观察记录。（我不禁感叹，终于体验到战地记者是多么危险。）就这样"蘑菇的小姑娘"变成了"炊事班的故事"，在孩子们的不断努力下，一张照片编织成一首歌，一首歌曲创造出一段丰富、曲折的故事，让我真正体会到孩子是天生的艺术家、孩子是天生创作家、孩子是天

一个个塑料筐就这样演变成了一顿顿丰盛的战地野餐

生的表演家。曾经我们高喊着口号"激发幼儿兴趣、培养幼儿能力",挖空心思、苦思冥想地设计各种所谓的游戏。经过这一段"自主游戏"的实践和探索,我发现作为老师只有站在幼儿的身后,去追随幼儿的兴趣,幼儿才能获得真正的自主。老师提供一根木棍,孩子们就会将它变成刀、剑、枪甚至是冲锋号;一片小小的枯树叶,有碗就变成饭菜,有筐就变成蘑菇,有桶就变成草药,孩子们的想象力是我们这些自诩聪明的成人无法企及的。从另一方面来讲,也正是像树叶、木棍这些随手可得的低结构材料使得孩子们能自主掌控、大胆想象、不断尝试,所以我们的拓展区里每天都在上演不一样的精彩!

孩子的饭还得孩子自己掌勺,我们老师也许仅仅是个拾柴者。让材料引发行为,孩子才能在行动中体验、在行动中学习、在行动中成长。

(许海英)

乡村大包开业了

一、活动实录

萧萧、然然把迷彩帽一排排地摆在地上,然后每一个迷彩帽里放一个沙包,再把装有沙包的帽子卷起来,把沙包紧紧地裹在迷彩帽里。我很好奇,第一次见到这样的玩法,我忍不住问:

"你们在干吗?"

"我们在包包子呢!"

(我恍然大悟,终于明白了迷彩帽与沙包这样奇怪的组合。其实,越是低结构、指向性弱的材料,越能给孩子更多想象的空间,增强以物代物的能力。)

一会儿工夫,三排包好的包子整齐地排在地上,一共有二十几个。萧萧和然然很开心很满足地看着她们的劳动成果。看到旁边的我,她们拿起一个包子请我品尝。我先问:"包子是啥馅的?"萧萧说:"是肉馅的。"我面露难色:"可是我不想吃肉馅的。""哦,我们还有芹菜馅的。"然然及时地给我端来一个芹菜馅包子。我还是不满足:"可是,你们的包子好像还没有蒸呢,是生的怎么吃啊！"两位姑娘被我"刁难"地不知所措。

（我不是故意刁难，因为我看到这两个孩子把包子摆在了交通要道上，不时会有从这里跑过的孩子们踩到她们的包子，引起冲突，打断她们的游戏。）

这时小前正好经过，我喊住他来帮忙："小前，她们在做包子，没有蒸笼，你愿意帮助他们吗？"我一边说一边指着她们手中的包子。小前立刻被这些包子吸引住了，得知两位不会"蒸包子"之后，他决定带领伙伴们寻找"蒸笼"，终于他们发现了一处最合适的地方（一处高1米左右、长1.5米左右的长方形的爬网）。然然把包子整齐地摆放在爬网上（显然这里的网格像极了蒸笼）。在小前的带领下，泽泽和萧萧还找来了坏掉的塑料桶和玩具刀，挖来泥巴，拔来杂草开始和面、绞馅，忙得不亦乐乎！（小前家里开了一家名叫乡村大包的包子铺，对于如何做包子小前有着丰富的生活经验，萧萧和然然在游戏中遇到的困难就这样通过同伴学习的方式得以解决，游戏的情节也逐渐丰富起来）。

把包子整齐地摆上蒸笼

找来枯草剁成包子馅

由于需要照顾到其他的孩子，我离开他们去巡视，没能持续观察他们接下来的游戏，但是我心中一直惦记着他们游戏的进展。大约10分钟以后，我回到蒸包现场，发现孩子们已经停止了蒸包的工作，泽泽和萧萧在聊天："我来当爸爸，你来当孩子好吗？"萧萧无精打采地拒绝："我不想当。"小前在漫无目的地挥舞着玩具刀；然然在无聊地转圈。

看到这一幕，我意识到他们已经结束了刚才的游戏，并且还没有产生新的游戏。

"哎呀！干活回来又饿又渴，热死我了，谁来帮帮我啊？"我一边擦汗，一边卖力地"演出"。（我想以角色介入的形式帮助孩子们重拾游戏，丰富游戏。）

看到我的"狼狈"，孩子们立即充满了能量，然然和萧萧争相端来美味的芹菜馅大包子。我大口大口地吃完，满意地摸摸肚子，又喊："哎呀！我吃饱了，但还是又热又渴。"前前把一个沙包放到一个锥形小路障上，做成冰激凌，端来给我解渴降温。就这样，一个功能齐全、服务周到的包子店重新忙碌了起来。生意越红火，孩子们也越干越起劲，然然和萧萧到处向顾客推销包子，前前还用铁桶装满包子，骑上他心爱的坐骑开辟了送外卖的生意。就这样，孩子们又活跃了起来，游戏又得以继续，直到区域活动时间结束。

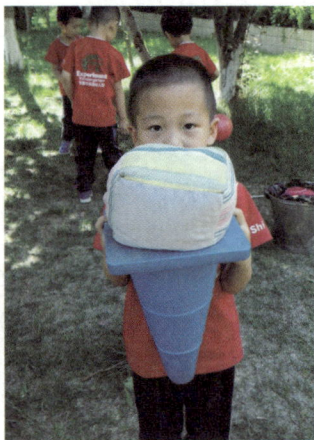
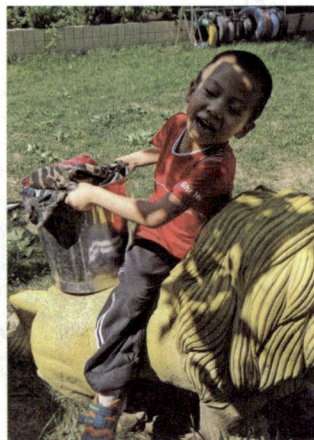

包子真好吃　　　　　　　超级冰激凌　　　　　　　送货去喽

二、实录分析

本活动中，一个指向性较强的迷彩帽和一个普通的沙包在孩子们大胆的想象之下巧妙地结合出了一种美食。当然，令我感触更深的还是"同伴学习"的力量，小前作为一个对蒸包工作有着丰富生活经验的孩子，显然他在整个游戏中起到了"主导"的作用，其他同伴能在这样一个"榜样"的主导下，分工合作，相互学习，不断地丰富游戏的情节。我想在拓展区这样开放性、自主性强的区域里，值得我们思考和行动的有以下几点。

（1）在材料投放时，针对中大班年龄段的孩子，尽量选择低结构、标志性不明显的材料，这样有助于幼儿"以物代物"能力的发展，有助于幼儿思维灵活性、概括性的发展，有助于幼儿想象力的发挥，他们也更容易控制材料，生发更加丰富多彩的游戏。

（2）关于已有经验，特别是生活经验，幼儿个体之间差别较大，游戏时让幼儿自由结伴，有助于游戏的开展，更容易产生同伴间的相互学习，相互丰富游戏经验、提升游戏水平。

（3）所谓自主游戏，教师对游戏的指导不能因为怕破坏幼儿的"自主"而畏首畏尾，教师可以以平行游戏的身份进入游戏，及时捕捉到幼儿的"最近发展区"，激发幼儿游戏中更多的学习行为，激活幼儿新的知识增长点，帮助幼儿提高游戏水平，在原有经验的基础上产生新的经验。

（许海英）

小小飞虎队

拓展训练营位于我园南场地的树林之内，面积很大，呈长条状，整个场地被绿树、草地覆盖。孩子们既可以在这里进行对战，体会做一名战士为祖国冲锋陷阵的淋漓快感；也可以做一名医护人员，救死扶伤；还可以就地取材，烹饪各种美食，与自己的战友分享。

一、爸爸和我们玩游戏

今天，嘉瑞爸爸和子萱爸爸（两位退伍军人）给孩子们讲述了"部队里的故事"和"战争的故事"，还对孩子们进行"军事训练"，教孩子们掌握钻、爬、跑、跳等动作技能。两位叔叔很受孩子们欢迎，他们不但加入拓展区的战斗中，还被

跨过轮胎桥

走过高空铁索

孩子们推选为司令。每位叔叔带领一队展开了激烈的战争，谁是拓展区里的英雄，将在这次的对决中见分晓。

战斗的号角已经吹响。嘉瑞爸爸和子萱爸爸成为两个部队的司令。他们拿着作战图纸和孩子们一起商量作战对策，进行部署。嘉瑞爸爸带领大一班守住碉堡阵地，子萱爸爸带领大四班守住二号阵地。冲啊，孩子们飞快地跨过轮胎桥，走过高空铁索。（平日里孩子们对跨越和攀爬的动作掌握熟练，所以速度很快。）有的拿着手榴弹，有的背着干粮，还有的拿着枪向敌人的阵地出发了。

双方对战了一段时间后，他们选择了这样的战略——"擒贼先擒王"。双方都想把对方的司令给抓住。这可不是一件简单的事情。两队的司令厮打在一起。孩子们都在为自己的司令喊："加油，加油！司令加油！"即使不小心被撞倒了也赶紧爬起来，继续为自己的部队加油鼓劲。又过了一会儿，嘉瑞爸爸被子萱爸爸俘虏了，大一班的孩子们一看自己的司令被俘，都很着急。李翼天像队长一样喊着："谁敢抓我们的司令。大一班的兄弟们，冲啊！我们一定要把司令救回来。"在他的带领下，大一班的孩子们，加紧火力用炸弹、手枪不断攻击子萱爸爸和他们的士兵。枪声、喊声、攻击声响成一片。孩子们用枪指着子萱爸爸喊："放了我们的司令，要不然把你们都消灭。"在大一班的猛烈攻击下，子萱爸爸和他的几个战士实在坚持不住了。子萱爸爸一直在喊："大四班的战士在哪里？快来支援我们。"可是没有几个人来接应他，无奈之下，他们只好"跑为上策"去寻找自己的队员。大一班的孩子们成功地把自己的司令救了回来。他们高兴地喊着："我们胜利了，我们胜利了！"

双方对战

"擒贼先擒王"

二、借助轮胎车查敌情

就在大一班的孩子们为救回自己的司令高兴地欢呼时，升降轮胎车旁出现了两个机灵的小士兵——大四班的方景浩和贾松林。方景浩说："松林，你把我拉上去，我看看敌人去哪了，待会我们找到我们的战士，去偷袭他们。""好，你坐好了，我把你拉上去。这次我们一定要打败他们，让他们好看。"说着，松林使劲儿拉升降轮胎车上的绳子，可是试了几次都拉不动。松林着急地说："你太重了，我拉不动。""我在这里等着，你去找几个人帮忙。"听了景浩的建议，松林去找帮手。孩子们都去打仗了，没有人愿意来拉轮胎车。松林对方景浩说："我42斤，你多重？""我51斤。"贾松林高兴地说："51斤比42斤重，我轻你来拉我吧。"可能是觉得松林的话有道理，景浩让松林坐到升降轮胎车里他来拉。只见景浩使出全身的力气用力向上拉，轮胎车渐渐地离开地面，松林高兴地喊："加油景浩，我马上就能看见敌人了。"可是，轮胎车刚离开地面一小段距离，景浩就没力气了。

机灵的小兵

眼看着轮胎车在一点点地向下落，松林想出了好办法："我和你一块儿拉绳子，这样我们的力气就大了。"景浩接受了他的建议。松林坐在轮胎车里双手使劲儿抓住绳子，景浩也抓紧绳子。嘴里喊着："一、二、三，一、二、三……"喊到"三"的时候，两人同时用力拉，经过一番努力和尝试他们两个竟然成功了。"好，好，再高点。我看见我们的战士了！他们在二号阵地，也看到敌人了他们在碉堡休息。快去找我们的人，这次非把他们打败不可。""你下来，我们一起去。"经过商量，两个人决定先搬救兵，再去偷袭"敌人"。

三、战地医院救伤员

战争越来越激烈，医务室的护士们从四面八方抬来伤员。看到伤员很多，

王佳悦、张书戈、赵静萍等几个小姑娘赶紧戴上护士帽和口罩，拿上医疗器械给伤员们治病。他们一会儿帮伤员测血压，一会儿给伤员量体温，一会儿给伤员包扎伤口。在他们几个的带动下，更多的孩子加入战地小医院的游戏中。因为人多，小医院里显得有点拥挤。这时

专业的治疗

张书戈说："哎呀，这里人太多了，我们几个在这里给病人治病，你们再去找受伤的伤员，然后抬到这里来。你们几个拿着药箱出去，看到有人受伤就给他们包扎好。"按照她的指挥，有的医生在临时搭建的医务室救治伤情比较严重的战士，还有的医生抬着担架寻找伤员。孩子们都有自己的事情做，救治伤员的工作也在顺利进行着。因为伤员越来越多，教师及时关注游戏，为孩子们提供了更多的输液器、听诊器、和急救箱。

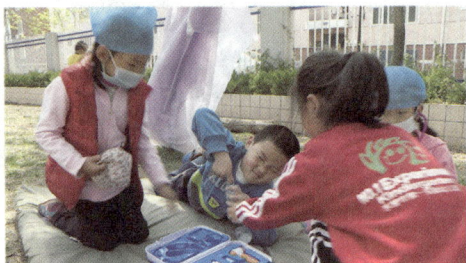 

忙碌的治疗

"快救救他，他快不行了。"担架队抬来了一名受伤很严重的伤员芳泽。孩子们用担架抬着他边喊边走，有时实在抬不动了就在地上拖着走，他也一动不动（看来真的是伤势严重）。到了战地小医院，医生们让他平躺在海绵垫铺成的床上。医生们开始商量治疗方案。王佳悦说："伤得这么严重，都不会动了，先做紧急抢救吧。"说着双手就使劲儿按住李芳泽的胸部向下压。可能是受不了这力度，芳泽动了一下。这个细小的动作被张书戈看见，她兴奋地说："动了，动了。"然后，佳悦、书戈两位医生同时给李芳泽做心肺复苏。这下李芳泽实在受不了了，就想爬起来走。张书戈一把把他按住说："你别动，你的伤很严重，需要马上做手术。"李芳泽一听要做手术又乖乖地躺好。赵静萍说："先给他输上

液再做手术吧，我在电视上看到手术前都挂吊瓶。""好，好。"听了她的建议，医生们准备给李芳泽挂吊瓶，可是吊瓶上的盖子怎么也打不开。李芳泽本来躺好等着，可是躺了一会儿看到三个医生都打不开一个瓶子，就坐起来说："我来帮你们。"说着，轻松地把瓶盖打开。佳悦笑着说："好了，你是病人快躺好。"很快，"医生们"就帮李芳泽打上吊瓶。本来吊瓶是赵静萍用手拿着的，可是拿了一会儿她说："我的胳膊酸了，你们帮我拿一会儿吧。"佳悦和书戈也没闲着，一个用手按着李芳泽的手，一个按着她的头。这时，静萍用求助的眼光看向我。我说："你们去医院打吊瓶的时候，医生怎么挂吊瓶的？"孩子们想了一会儿，佳悦说："用绳子把吊瓶挂到一个架子上。""我们用什么当架子呢？"我不断地引导孩子们，佳悦又说："我们可以把吊瓶拴在这两棵树之间的绳子上。"说完就去找来绳子把吊瓶拴在两棵树之间的绳子上，问题解决了。为了不让针管脱落，他们还用小绳把针管系在了李芳泽的手上。通过自己的努力，佳悦和静萍终于解放了自己的双手。

虽然救护条件简陋，但是医生们还是严格操作。手术前，听诊、测血压一样不能少。确诊后，医生给伤员打针、吃药、做手术，非常专业。赵静萍在手术前还提醒其他医生，应该让家属签字的，可是在混战的情况下还是先救人要紧。在进行手术的时候，佳悦发现风太大，说："风太大了，这样病人的伤口会感染的。"为了不让大风影响户外治疗效果，老师们用手拉住救护帘为孩子们搭起了一面小帐篷。5分钟过去了，10分钟过去了……经过医生们的努力，小战士的手术成功了，在口述日记中他这样提道："手术完成后，医生让我回家休息，吃点有营养的食物，千万不要吃凉东西。"医务室的医生们不但给自己的战友治病，有时候，老师在战地、受伤了，孩子们也会精心为老师治疗。经过他们的努力

老师来帮忙

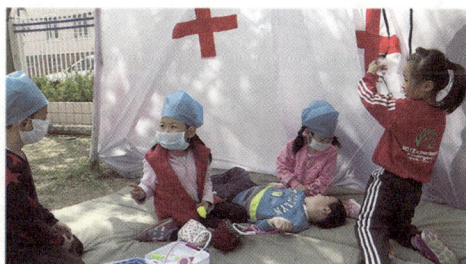

成功的治疗

工作，伤员们快速康复，再一次投入战斗。

四、炊事班里真热闹

午饭时间到了，炊事班为战士们做了非常有营养的饭菜。可是战士们都忙着去打仗没有人来吃啊，这怎么办呢？郭一恒和徐海珊商量了一下说："海珊，我们喊他们来吃吧。""怎么喊？"海珊有点难为情。就这样喊："战士们，快来吃饭吧！今天的饭菜营养又美味，有红烧排骨、清蒸鱼、西红柿炒鸡蛋、土豆丝、大骨汤、小米粥。"郭一恒为大家做了示范。听着郭一恒喊，杨雨诺、杨子敏等几个小姑娘也跟着喊起来。其实对于内向的海珊来说，像郭一恒他们这样喊真的很不容易。可是，同伴的带动力量是无限的。刚开始，海珊的声音很小很小，小到我们基本听不见。郭一恒说："海珊，你这样他们听不见，你要像我们一样大声喊。"海珊还是不好意思，这时杨雨诺说："我们一起喊吧！"于是，四个小姑娘的声音越来越大，大得能让每个人都听见。（因为之前班里的区域活动中有一个小超市，孩子们对这种叫卖式的推销方式还是很拿手的，他们知道怎样推销自己的东西。）功夫不负有心人，他们的喊声吸引了很多战士来用餐。在他们的努力下，战士们吃上了营养放心的饭菜，身体也恢复得很快。

热闹的炊事班

（窦胜燕）

会上升的轮胎

　　在拓展区有一个会上升的轮胎，深受孩子们的喜爱。它是利用滑轮原理制作而成的，定滑轮不省力，但是可以改变力的方向，当你用手向下拉一端的绳索时，轮胎会缓缓向上升起。这个简单而有趣的游戏给孩子们带来了欢乐，同时也给我带来了无尽的思索……

一、活动实录

　　今天是孩子们升到中班后第三次来到拓展区。在我和孩子们讨论了拓展区的游戏规则后，自主活动开始了。大多数孩子去玩战斗游戏了，只有3个孩子向轮胎走来。他们很快发现了轮胎的基本玩法：只要用手向下拉绳索的一端，另一端的轮胎就会向上缓缓升起。3个孩子各自玩了一次后，便招呼自己的朋友过来一起玩。逐渐地，很多小朋友被吸引过来，他们边说边笑，每个人都尝试了一下"新武器"，这时孔祥达说："我坐到轮胎上面，你们往上拉我吧！"

　　就这样，孩子们进行了第一次尝试——乘坐会上升的轮胎。孔祥达一只手拉住绳子，一只手扶着轮胎边缘，一只脚还踩着地面，他将信将疑地等待着——（他在担心：我能升高吗？会不会掉下来？）这时候，他们一起向下拉绳子，孩子们满怀希望地喊着口号："一、二，一、二，起。"但是结果并不像他们想象的那样，孔祥达坐的轮胎纹丝未

第一次乘坐轮胎失败后，孩子们做起了沙包乘坐轮胎的实验

动，这是怎么了？（孩子们碰到了难题：两个人拉绳索的力量还不能够拉起坐在轮胎里的孩子。）这时，孔祥达从轮胎上下来，和伙伴们交谈着什么，看样子他们好像要离开这里了。

我连忙走过去，和孩子们谈心：宝贝们遇到什么难题了？我可是你们的大朋友哦，咱们一起来想想办法吧！这时很多孩子都过来帮忙出主意：图图说要多几个孩子拉绳子才行；莹莹说轮胎下面很危险，不可以在下面乱跑；远远说坐在轮胎上的小朋友一定要用手扶住绳子；乐乐说如果轮胎升得很高，坐在上面的孩子会害怕的；细心的王梓源说我们先把沙包放到上面试一试吧！我连忙说：这个主意真不错，咱们来试一试吧！于是，孩子们就找来了沙包，放到了轮胎上，兴致勃勃地做起了实验。

哇，成功了，只见沙包稳坐在轮胎上，升到了高空中。

孩子们欢呼起来！他们迫不及待地抢着乘坐会上升的轮胎，郭星汉小朋友第一个坐上了轮胎，其他孩子负责拉绳索。在孩子们的合作下，郭星汉乘坐的轮

孩子们对会上升的轮胎进行了各种各样的尝试

胎缓缓升起来了，孩子们脸上露出了欣喜的笑容。可是，轮胎刚升到半空中，绳索就被树枝卡住了，无论后面的孩子怎样使劲，轮胎就是不再上升。他们只好将轮胎又放了下来。由于孩子们一起松开绳索，郭星汉差点摔倒！（幸亏老师早预料到有可能发生的安全隐患，及时用手抓住了绳索。）

新的问题又出现了：绳子为什么会被卡住？我们应该向哪个方向拉绳子？放下轮胎时应怎样松开绳索？孩子们带着一系列的问题，想出了许多办法，并勇敢地进行了各种各样的尝试。请大一班的哥哥姐姐来玩一次，他们仔细观察；他们通过自己的探索，获得了宝贵的经验：绳子向正南方向和西南方向拉时，不会被卡住，同时也最省力；放下轮胎时不要松手，要慢慢向前走；5个以上小朋友一起拉绳索，轮流乘坐会上升的轮胎；不拉绳子的小朋友不允许乘坐轮胎。

瞧，远远乘坐的轮胎平稳地升到了高空中，孩子们成功了！孩子们异常兴奋，他们快乐地玩起了会上升的轮胎的游戏，每个人的脸上都挂着灿烂的笑容。他们通过自己的努力，解决了难题，获得了宝贵的经验。

二、实录分析

会上升的轮胎怎么玩，到底蕴藏着哪些奥妙，老师并没有直接教给孩子，而是让孩子自己去探索。孩子们从发现会上升轮胎的玩法到第一次乘坐轮胎的失败，从把沙包放在轮胎上做实验到孩子们研究拉绳索的方向，从观察大班幼儿的玩法到自己锲而不舍地探索，孩子的经验哪里来？让孩子回到过程中去，通过自己的探究、操作、体验去获得宝贵的经验。

儿童的行为需要教师识别，识别的主要标准是："这里有学习在发生吗？可能有什么样的学习会发生？"此时，我的识别是"可能有学习会发生"。例如：孔祥达坐的轮胎纹丝未动，孩子们在游戏中遇到的困难，可以说这个困难阻碍了孩子们进一步游戏，于是教师介入了。只有把孩子推到困难的最前端，才能够让孩子拥有面对困难的勇气，锻炼孩子的意志品质。在"静阅"与"敏阅"中感知孩子们游戏的真实需求，并给予无声的支持，就能将"星星之火"变成"燎原之势"，推进游戏的发展。孩子们在探索会上升的轮胎的过程中，通过自己的主动学习和探索，建构知识，从而获得真正内化的实践经验。

（褚霞）

第三章 把游戏的自主权真正还给儿童

拓展区里的"女汉子"

今天在拓展区里男孩和女孩分成两队玩对战的游戏。哨声响起，双方的进攻开始了，孩子们有的拿着冲锋枪，有的拿着手雷，向对方的营地冲出去。女孩们很勇敢地对男孩发起进攻。

一、角色游戏开始了

涵涵打了一会儿就受伤了，她用一只手捂住伤口，一只手匍匐着拼命地向救护站爬去。可是刚爬了几步就被敌人发现了，五六个敌人拿着枪一直朝她的身上打去。涵涵慢慢地向救护站爬去，虽然她的战友没有发现她，但是她靠着自己顽强的毅力爬到救护站门口，伸着手喊："救命，救命……""我来救你。"就在这时涵涵的战友出现了，救护站的人赶紧给涵涵打针。

大班幼儿在游戏中已经有很强的角色意识，他们有的当战士冲锋，有的当护士救人，还有的当担架队队员。涵涵则扮演一名女战士，在地上爬了很长时间，无论敌人怎打她、阻止她，她都没有停下来。对于大班幼儿来说，这种坚持是很难的。

二、游戏规则大家定

涵涵一直爬爬、看看，我想她一定希望自己的队友来救她，可是好长时间，孩子们都在忙着自己的事情，没有注意到她，直到小苗的出现给她带来安慰。可是，小苗在没有枪的情况下用手和敌人打了起来。这时矛盾出现了，苗苗真的打到敌人了。敌人说："要假装，不能真打。""那你们那么多人还欺负她一个人呢。"我默默地观察着他们。我想，游戏结束后我们应该谈一谈了。

回到教室后，我先让孩子们说一说今天玩得怎么样，孩子们都说很好，可是涵涵却撅着小嘴说："我觉着不好，我们女孩队不团结，因为我受伤的时候，想到救护站打针，可是我在地上爬了很长时间都没有人来救我。""你要喊救命。"付美琳提醒道，"我喊了，可是还是没有人来救我。""你都被我们打死了，你还喊救命，你早就死了。"刚才不断攻击她的东东不服气地说。"哎，这些女生都打不死。"孩子们笑了起来。为了让孩子们看得更清楚，我把刚才发生的事情放到大屏幕上。

游戏中出现很多问题，如果在孩子们游戏的时候说，他们肯定听不进去。通过看这段视频记录，我们要解决以下几个问题：和敌人对战的时候，战友之间要不要团结互帮，怎样算是团结互帮；当前线的战士受伤了，救护站的医生要不要救，怎么救；被打中后要不要死，怎样算死了；在和敌人对战时能不能用手或是抢，打到对方的身体。

女孩们搭建防御墙

看完后，我问："你们觉得游戏中出现了哪些问题？"又是张书戈第一个说："我在喊救命的时候声音很小，队友听不见。"郭一恒说："我们救护站的人应该出去救人，找受伤的人，不能光在屋里等着。""老师，他们女孩子都不团结，张书戈受伤的时候，我们都打她，她的队友都不会掩护。"

在讨论时，孩子们提出了很多问题和解决问题的方法，我没有说对，也没有说不对。因为我认为行与不行，在明天的游戏中他们会自己得到验证。

三、细化规则继续玩

拓展区的战争又爆发了。和昨天不同的是，张书戈始终和几个好姐妹在一起作战，你掩护我，我掩护你。张书戈还当起了小队长："付美琳，你对付崔子墨；张子琪你对付徐子清；李仁泽长得很胖我来对付；张一涵如果我们受伤了你就去叫人。"她和战友们一边笑着，一边向敌人打枪。一不注意，杀出一个张正林。眼看他就要打中张子琪，张书戈一下冲过去救了她，自己却受伤了。队友们都很着急，她却说："没事我能坚持。"孩子们搬来了梯子当担架，有的给她治病，还有的在救护站外面掩护。

拓展区里的汇合

昨天的谈话活动还是很有效的，因为孩子们亲身体验了游戏，所以他们能发现游戏中的问题，并能积极寻找解决的办法。而作为教师的我也深刻地体会到，做一个游戏中的引导者，远远不如做好一个细心的观察者。因为，细心观察了才能找出有代表性的问题，真正地了解孩子们的需要。把游戏还给孩子们，是我们要做的第一步。

在拓展区里，你们女孩再不是娇弱的代名词，一个个变得坚强、勇敢、聪明，我想这就是游戏的魅力所在吧。相信，在以后的游戏中，通过不断想、做、试中，孩子们会变得更棒，老师相信你们！

（窦胜燕）

小小炊事班的故事

一、活动实录

孩子们的小班生活已经过去7个月了，除了下雨的天气，我们每天都会来这里和大班的哥哥姐姐并肩作战，但是不排除孩子们给哥哥姐姐们添一点小麻烦。这次我们想采用炊事班大带小的方式保障"后勤工作"，以期孩子们的炊事班活动更加丰富。于是，我在班里组织了一次主题为"炊事班里做什么"的谈话活动，孩子们按照游戏规则说出自己的想法：炊事班里洗碗、炊事班里洗蔬菜、炊事班里戴围裙、炊事班里放勺子……孩子们结合家里和幼儿园的经验开展想象。带着这些认真的想法，孩子们走进拓展训练营。

（一）争做小帮手

来到拓展训练营，哥哥姐姐们熟练地搬动炊事班的各种用具，他们从小木屋里搬出大箱子，那里面有炊事班的锅、碗、水壶等各种用品。不一会儿，炊事班区域出现了各种材料。

小班的弟弟妹妹们开始自己寻找可以搭档的哥哥姐姐。昊昊是个直截了当的孩子，看到一个小姐姐正在摆放餐具，他径直走过去蹲下来问："我能和你一起放餐具吗？"小姐姐仰起正在认真摆放餐具的小脸，很认真地点点头："可以。"在他

炊事班的锅、碗、瓢、盆

们工作的过程中，昊昊还不忘"推销"自己："我在家里就帮妈妈放勺子和筷子，这些我都会。"我又看见阳阳走向另一个小姐姐，姐姐正在专心寻找今天可用的蔬菜，阳阳轻轻地蹲在姐姐的旁边，他没有说话，而是捡起了一片树叶放在了姐姐的锅里，而这片树叶和姐姐捡过的树叶是同一种，采用这种方式，阳阳成功引起了姐姐的关注，姐姐说了一声："谢谢你。"随后阳阳又捡了十多片这样的叶子，一片一片慢慢地放进姐姐的锅里，姐姐说："这些差不多够了，我们去那边洗一洗吧。"于是两个孩子带着蔬菜一起离开。

很快，炊事班的孩子们都找到了可以帮助的哥哥姐姐，在哥哥姐姐的带领下做出了分工，有的孩子负责采摘更多的蔬菜，有的孩子运送食物，每一组的工作各不相同，但是井然有序。厨师们已经进入炒菜环节，有些已经暂停工作的小帮手们开始整理炊事班的小棚子。过了一会儿，厨师宣布炒菜完毕，大家开始盛菜盛饭。

（二）我们开饭啦

晨晨戴着围裙，手里拿着大勺子向碗里盛菜，可是碗总是倒下，哥哥姐姐看到以后赶快来帮忙，哥哥姐姐接过她手里的勺子，他们盛饭的时候碗却没有倒。我上前问晨晨："为什么哥哥姐姐盛菜的时候碗没有倒呢？"晨晨仔细观察以后

告诉我："老师，他们慢慢地放菜，一直轻轻地，刚才我的勺子总是把碗碰倒了。"我引导她再去帮哥哥姐姐，接过勺子第一次盛菜她又失败了，她很失望地看看我，我用鼓励的眼神看看她，终于第二次的时候，那个碗没有再倒下。晨晨高兴地看看我、看看哥哥姐姐，更有干劲了。

我们开饭啦

终于所有的小碗已经被饭菜"占领"，炊事班的孩子们大声发出邀约："开饭啦！开饭啦！"一声声呼喊将分散在各处的小战士们呼唤到炊事班的周围，小班的小战士还未站稳脚跟，赞美之词就已经到嘴边了："好香呀！"孩子们狼吞虎咽地吃起了美味的饭菜。

吃饭完毕，炊事班的孩子们又开始忙活起来，他们分工明确，有的收拾碗筷，有的清理场地。帮助小哲的小哥哥临时被叫去抬伤员了，小哲不知道应该把餐具放到什么位置，这个平时就腼腆的小男生不经常到炊事班工作，他拿着碗左看看、右看看，有点不知所措，这时，他看见馨馨拿着锅走到一个大箱子旁边，把锅放进了大箱子，他赶紧跑过去，先看了看箱子里都有什么，然后轻轻地把碗放到了箱子的一角，满意地离开了。我情不自禁走过去朝箱子里看了看，箱子的一边放着刚才馨馨送回的锅，而另一边是两个小小的碗，小哲为碗找到了家。

二、实录分析

（一）有益经验

大部分幼儿已经知晓炊事班区域的工作，基本的生活习惯和生活方式已经渗透到孩子们的心中，孩子们能够根据炊事班情况有所应对，继而成为大班幼儿的小帮手。

（二）寻根问源

（1）"大带小"的互助形式加强了幼儿的小群体交往和小组分工合作，我

炊事班里并肩作战

们老师积极创设各种条件和机会，为幼儿营造良好的交往环境。

（2）支持孩子们自己寻找拓展区炊事班游戏的规则。活动前期的游戏环节，是在向幼儿传输一定的规则；小哲帮小碗找家的活动，是幼儿对游戏物品规则的发现和探索。

（三）支持策略

（1）关于选择游戏伙伴，我们老师应该遵从以下原则：注重孩子们之间的互助，同时尊重孩子们之间自发自然的交往合作。

（2）孩子们每次尝试一个动作或者一项活动时，需要老师适时地引导和支持，并帮助孩子解决问题。我们教师要多观察、少干预、多支持。诸如，盛菜的婉总是倒下，这时我们要给予孩子一定的引导，培养他们的好习惯，引导他们观察榜样的做法。向别人学习也是一项修行，而这样的修行我们希望孩子们从现在开始。

（隋素玲）

寻找游戏本真

一、活动实录

拓展训练营坐落于幼儿园操场南侧的小树林里，这里有小山坡、草地、大树，是老师们利用天然的优势打造的一个户外区域，为孩子们提供了钻爬网、葡萄网、沙袋阵地、坦克、梯子、轮胎、玩具枪、医疗器械、锅碗瓢盆等工具。该区域创设的目的是让孩子练习钻、爬、躲闪、跨跳的技能，进一步培养幼儿良好的合作

精神和对体育游戏的兴趣，是孩子们比较喜欢的区域之一。对于该区域的游戏探索总共经历了三个阶段——幼儿自主游戏、有组织的集体游戏、再次回归幼儿自主游戏。

（一）自由游戏

户外时间到了，老师带着孩子们来到拓展训练营，解散之后孩子们便撒欢儿似的四散开来。对于中班的孩子来说，这个区域的器械并没有那么难，孩子们有的在匍匐前进过钻爬网，有的在爬坦克，有的在走梯子，玩锅碗瓢盆的孩子在忙着做饭，医疗队的孩子玩着医疗器械，偶尔给生病的小朋友看病……孩子们在尝试着每一种操作材料，每一位孩子都玩得很开心。

匍匐前进钻过爬网

险过独木桥

（二）情景游戏

拓展训练营已经玩了一段时间，孩子们也创新出越来越多的玩法，个别能力强的孩子可以初步尝试合作游戏。玩了一段时间后，看孩子都没有什么创新性的玩法，老师参与到了游戏当中。创设游戏情景，我和薛老师各自带领一队队员进行实战演练，热身阶段要把所有的关卡都走一遍。演练正式开始，被子弹（沙包）打中的人必须去医疗队进行救治后才能再次上战场。战斗过程中我们必须——学会闪躲敌人的子弹，快速地奔跑更有利于打到对手而自己免受伤害。现在的医疗队已经经常有人光顾，不过小医生们只是简单地进行处理——吃药、打针。我这时正好受伤了，需要到医疗救治队进行诊治。孩子们对我进行简单的处理——打针。我告诉他们子弹打进了我的身体，我需要手术才能把子弹取出。之前在电视上看过相关信息的睿睿马上动手进行消毒，打麻药拿手术刀进行手术，其他的孩子成了她的小帮手。手术完成之后，小医生们又去炊事班端来了利于病人恢复的小米粥。

两军对战

营养餐来喽

（三）深度游戏

孩子们找到自己的好朋友，分成了好几个队伍，有侦察队、狙击队、后勤保障队、弹药保管队，等等。孩子们分工不同，所在区域的位置也不同。朱朱这次是狙击队的，负责在前线冲锋陷阵。战争到了白热化阶段，他已经连续打伤了好几名对手，就在他一个不注意的时候，不小心被打伤了，而且非常严重，躺在那里一动不动。同伴赶紧用担架把他送到了医疗救助站，小医生们快速地对他进行救治，消毒、取子弹、打针，经过几个小时的抢救病人终于可以睁开眼睛了，但是一直没有好转的迹象。显然，朱朱还想再考考这些小医生们，有的人说可能是头受伤了，于是检查检查头；有人说可能骨折了，又检查检查四肢。看到病人还是没有动的迹象，睿睿说："是不是太久没吃饭了，因为缺少营养饿成这样呢？"于是赶紧派人到炊事班端来了很多好吃的营养餐。炊事班的孩子们很卖力地为他

又来新伤员了

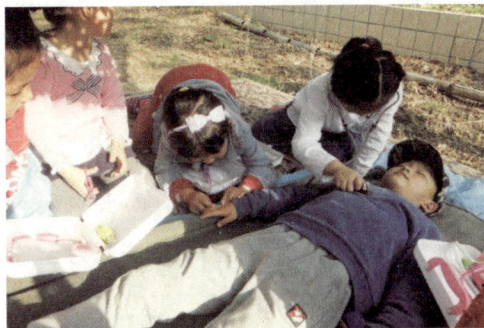

紧急救治中

们准备了很多的病号饭。饭菜一来，朱朱眼前一亮，看到这么多美食，病情一下子好转了。小朋友们都在为孔祥瑞小朋友鼓掌，说："你真聪明！"。

激烈的战争、敬业的伤员、聪明的军医、勤劳的炊事员，演绎了一幅幅壮观的战地情景图。孩子们乐在其中，用自己的智慧不断编织着跌宕起伏、惊险刺激的战争故事。

二、实录分析

（1）活动前期，由于幼儿缺少活动经验，在自主游戏活动时只是和游戏材料进行简单的接触，单纯地体验每一种活动器械。通过对整个区域的材料接触，孩子们大脑中形成了初步的游戏策略，可以进行简单的角色扮演，可以和同伴进行合作游戏。

（2）活动中期，孩子王最先组织伙伴们一起进行游戏，在活动中起着至关重要的领导作用。孩子王的出现使孩子们由独立游戏慢慢地变换成合作游戏。这些能力强的孩子推动着游戏继续进行，自己的能力得到了提升，其他幼儿在游戏中通过观察、学习、内化，个人的能力也得到了不同程度的提升。

（3）活动中，教师完全放手，只是做游戏的观察者。自主性游戏是幼儿最喜欢的游戏活动，在这种游戏中幼儿能按照自己的意愿选择游戏材料，按照自己的方式与游戏材料发生互动，并在这一过程中获得知识、能力、情感的发展。适宜的游戏材料，能激发幼儿参与游戏的愿望，能引发新的游戏情节。

（黄婷婷）

热闹的战场

拓展区里都会是士兵们的战争吗？答案：不是。在拓展区中我发现男孩们喜欢观察敌情、打败敌人，而女孩则喜欢玩娃娃家。如果男孩和女孩一起玩会不会更精彩？我时常期待着男孩女孩合作游戏的出现。

一、活动实录

今天的拓展训练营里，俊昊拿着枪、望远镜观察着前方的敌情，一旦发现敌人来攻打，就及时通知自己的同伴，做好战斗准备。
男孩们发挥了他们的男子汉气概，为保卫自己的家园，
不怕苦，不怕累，非常投入地游戏着。

　　女孩们在玩着娃娃家做饭的游戏，晨芮和艺涵在
做汤，子轩在做八宝粥，这时我发现雯雯端着个东西，
我问："做的什么好吃的啊？"雯雯一脸认真地回答：
"刚烤的蛋糕啊！今天芮芮过生日！"（看到他们在
土上插了几根小树枝，可能是代表了生日蜡烛。）女
孩们有的负责做菜，有的负责拿碗，有的负责拿筷子，
一会一桌丰盛的饭菜做好了（树叶、杂草和土）。女
孩们在享受着自己的劳动成果。

丰盛的饭菜做好啦

　　这时俊昊满头大汗走过来了，一边走还一边说："可累死我了。"我想，
这正是推动孩子们合作游戏的更好发展的时机。这时我对雯雯她们说："你看我
们做了这么多好吃的，我们一起邀请俊昊来吃饭吧！他为了保护我们的安全，现
在已经太累了。"女孩们非常高兴地接受了，这时俊昊大声吆喝："开饭啦！"
好多男孩子都来参加了！俊昊还将自己受伤的事情告诉小茹，并且还请锦霖当哨
兵，拿着枪放哨，观察敌情，这样就可以好好地吃顿美餐了。

这样，就可以看得远啦

哨兵放哨

开饭啦

　　俊昊又找来了火的标志，往树上挂。可是他怎么也够不到，因为小树枝不
结实，大树枝够不到。他想办法踩在滑梯上，一直坚持不懈地往上挂。（我就纳
闷了，我的经验告诉我，火挂树上，不会把树给烧坏吗？）我就问他："为什么

把火挂到树上啊！"原来他想的是，天黑了，火可以照明，挂到树上就可以看到饭菜，就可以好好吃饭了。吃完饭后，孩子们将碗扣了过来，敲起碗来。（怎么可以敲碗呢？这习惯可不好，我就想上前阻止。）可是当我正想阻止时，俊昊说："郑老师，快来参加我们的音乐派对啊！"他们已经变化了游戏，开起了音乐派对。

二、实录分析

老师的一个简单的邀请提示，迅速打开了孩子们的游戏思路，将女孩的饭菜推销给了饥渴的战士们，让女孩和男孩迅速生成了愉快的合作行为，刚柔并济的团队还意外地擦出了音乐派对的火花，不愧是一次成功的引导。

孩子们在游戏时，我们要及时地观察，给孩子们不断地提供各种支持，适宜的时间介入，推动了游戏的发展。幼儿游戏是在不断变化着的，战斗游戏、吃饭游戏已经满足了他们，所以他们又换了一种新的游戏。孩子们的每一种游戏都是自主生成的，他们从每个游戏中得到满足。

（郑萍萍）

淑女也疯狂

自主游戏深受孩子们的喜爱，无论哪个区域都会带给孩子们不同的快乐和收获。我们的感悟是：大胆放手把自主还给孩子们之后，孩子们每天都给我们带来惊喜……

一、活动实录

今天我班孩子们选择了拓展训练营，他们一会儿就把自己全部武装起来，带上军帽，手持军枪，扛上战旗，各自到了自己的岗位，有的负责炊事做饭，有的是战地记者、战地医生……他们的各种游戏也在不断进行，这边发出呼救的声音：不好了，我们的战

护送伤员

士受伤了，马上送往医院进行手术。这时，战地医院的工作人员迅速赶到现场，用担架抬起伤员奔赴医院进行治疗。医生各尽其责，耐心检查和诊治，不断报告伤员的病情。炊事班的人员按营养食谱精心为战士备餐，送往前线……

勇闯难关

孩子们勇敢坚强，不畏困难险阻，就连平时温柔胆小的淑女们也像"女汉子"，她们

爬过电网、冲过封锁、闯过一个个难关。一会儿，男孩女孩打起了对战，互不相让。眼看女兵们的数量不断减少，剩下的女兵忍受着失去队员的痛苦，化悲痛为力量，下定决心一定要打败敌人。淑女们变得疯狂起来，从她们的神态表情能看得出她们一定要打胜仗的决心。而那群男兵，一时被胜利冲昏了头脑，放松了起

双方对战

分享战绩

来，为争功起了内战。马上到手的胜利成果被团结奋进、执着的淑女们夺走。淑女们脸上重新露出胜利的微笑。

对战结束，两队各自分析自己战胜、战败的原因。男队说是骄傲、争功和不团结导致了自己队的失败；女队分析是她们的团结和齐心协力而使她们获胜。两队从各自战败、战胜的原因分析总结出了打胜仗的经验：团结、执着、不浮躁、勇敢、坚强……积累了经验之后，为以后各自的作战奠定了良好的基础。孩子们都很期待下次的对战，也期待下一次的对战会更加精彩！

二、实录分析

大班孩子已经有很强的竞争意识，有很强的集体荣誉感，都有为集体利益牺牲一切和努力奋斗的精神。女孩们为打败男队，齐心协力、团结协作战胜了敌人。我们作为教师，应去引导孩子学会与他人合作，学会公平竞争等，逐渐在班级中形成这种氛围，并且应随着孩子年龄的增长针对孩子的这种合作竞争意识提出不同的要求。教师应该为幼儿提供机会让他们在活动中学会进行公平正当的合作性竞争，让孩子意识到要把成功建立在自己和他人共同努力付出的基础上。我们教师随时都要鼓励幼儿通过发展和提高自己在与他人的公平正当竞争中获胜；鼓励幼儿和同伴要相互激励，相互帮助，在竞争中获得共同发展。同时，教师要在幼儿的学习生活中及时纠正一些不公平竞争的现象，以真正促进幼儿的健康发展。

（季朝霞）

马路上的车来车往

交通游戏城是幼儿园新创设的一个户外游戏区域，旨在通过全真模拟的角色游戏让幼儿学习交通规则及行为，丰富社会经验，形成习惯，培养幼儿良好的人际交往能力，有利于培养幼儿守规则、懂礼貌、合作、自律等品德。最重要的是，这种形式更易于被幼儿接受，生动活泼，润物无声，符合幼儿的身心发展规律及教育规律。

自从各式的小车入驻交通区，班里的孩子们便很兴奋，每个人都跃跃欲试。今天，我们终于来到了孩子们梦寐以求的交通游戏城。

一、尝试期

孩子们兴奋地骑上车出发了，小交警也各就各位，没有交通灯，没有指挥台，也没有像样的交警服，指挥交通只能靠吼。有的孩子社会经验比较丰富，发现了地面上的各种标识线，便会提醒大家"喂，那里不能拐弯！""这是路口，有红绿灯！"而大多数的孩子完全是无组织、无纪律，就只是这样简单地骑车子，可他们高兴极了，因为这是大家许久以来的愿望。半个多小时后，马路边就有好几个孩子在休息。菁泽来说："老师，车子实在太沉了，难道要骑一天吗？能不能坐下歇会儿？"

交通游戏初尝试

我们观察孩子们在完全自主的情况下的游戏状态，并及时发现问题。回到教室以后，我们便展示了游戏时所拍的照片并和孩子们展开了讨论："为什么那么多的车子都拥挤在一起？""我们平时看到的公路上是怎么样的？"终于，孩子

们发现了导致拥挤、撞车的原因：大家都没有遵守交通规则。相信在发现问题后，孩子们会自己想办法解决的。

果不其然，今天的马路上奇迹般的变得有秩序起来，没有撞车，没有逆行，不再拥挤。小交警手里终于有了工具：两个红绿灯指示牌以及指挥台（孩子们找来的一个轮胎），还会模拟信号灯（以倒

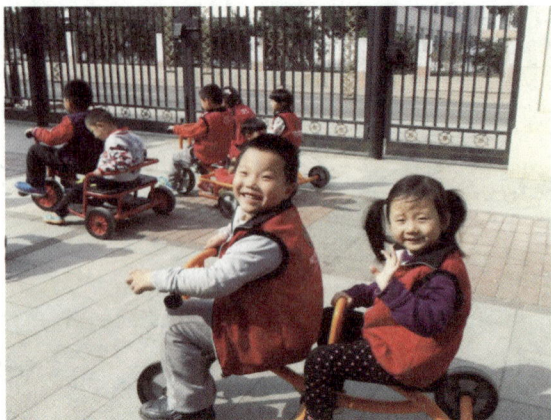

渐渐有秩序的交通游戏城

数的方式操控信号灯）。其实，有的时候无须成人太多的介入，孩子们就会自主地开发、创新。比如货运车在今天有了更多的功能，静雯开着货运车说："餐厅里没有面粉了，我去买面粉。"于是，更多的孩子加入了搬运工行列，有运水的，有运蔬菜的，有运汽油的……

楠楠在路旁发现了一样工具——三角形的木板，于是把它搬到路中间当起了路障。远处有小朋友骑着车子来了，被路障挡住了去路，可是他很快便想出了办法，把车子倒退，然后发力，终于通过了！我们发现后赶紧添加了更多的障碍增加骑行的难度，这对于他们来说是一种新的挑战。由于其他活动区缺乏交通工具，我们决定"捐赠"部分车子。这是个大工程，相当于游园了，孩子们驾驶车辆拐过弯看到操场上琳琅满目的繁忙景象，集体欢呼起来，就这样，我们游遍了整个幼儿园，孩子们大汗淋漓却满脸喜悦。

在经过两天的户外游戏后，终于有小朋友提出来——"我们能不能去小树林里玩一会儿，就一会儿"。森林乐园和交通区毗邻而居，那里绿树成荫，有各种大型的玩具，可钻，可攀，可跳，可爬，甚至可以爬树，爬到攀爬网的最顶端还可以望见幼儿园以外的风景，这种诱惑实在太大了。孩子们的种种需求让我们觉得，对于游戏的引导，老师虽然不能有过多的介入、限制，但是要为孩子们提供更丰富的素材、设置更有趣的区域，我们应该创新。

二、发展期

加油站入驻交通区！

乐乐发现了加油设施

乐乐骑了一圈车子后突然喊："我的车没油了！"鑫鑫立马说："那我们去加油吧！"两人来到交通区最东端的一座彩色小房子前，鑫鑫提议这里可以作为加油站，他取了几个小木箱放在加油站，但乐乐说："没有管子，怎么加到车里？"于是两人找来一根绳子当作加油管，终于可以加油了！

加油站的设置需要有一定的社会经验，孩子们投入、认真的样子是那么有魅力。随后，又有小朋友玩起了洗车、修车的游戏。

孩子们搜集来了矿泉水桶、水管、小水桶、绳子等材料，以丰富加油站和洗车房，同时也有了相应的职业体验牌。"交警"有了更多的任务，不只是指挥交通，还要处理交通事故。成成的社会经验丰富，对于交通事故能判断出谁要负全责，如何扣分罚款；嘉嘉还要求交警换岗时要互相敬礼。加油员把水管插进矿泉水桶中就可以为大家加油了，有小朋友拉着黄包车来到加油站，淇正问："你来干什么？""我来加油啊！""你那是人力车，有劲儿就行了，加什么油啊！"

辉辉在洗车房发挥了他认真负责的优点，给每辆车都洗得干干净净的，连车座位都洗了……并且，我们和旁边的大班合作游戏，中班小朋友负责运积木，大班小朋友来搭建城堡；同时，还可以骑车子去森林乐园郊游，一时间，交通区又重新热闹起来。

为了让孩子们能及时地补充水分而设置了途中小憩，大家可以把水壶放在这里，随时喝水。加油站的各个

小朋友用小车运送积木

油桶上也贴上了标签93#、97#，显得更专业了。

设置区域、提供材料就像是一个杠杆，有了这个杠杆，孩子们才能自己推动游戏。

梦露的车子转辘不是太灵活，其他的小朋友便帮她修好车子，他们的工具是几根树枝，修车工有模有样地敲敲打打，还用手拧一拧螺丝。慢慢地，形成了一个修车队，他们有固定的位置，工具也更丰富了，有树枝、石块、塑料膜……伤得较重的车子需要拖到修车点，一开始是把车子的前轮抬到其他车子上，后来天天发现了绳子，还发明了拖车，维修工们玩得不亦乐乎。

可是大家也发现了问题：洗车房可谓是居无定所，原本的小木亭被大班几个小女孩据为己有，成了冰激凌店，经过一再地协商、合作甚至硬抢，结果都败下阵来，于是转战到小树林中。可那里恰是森林乐园的进出口，洗车工们经常"遭人嫌弃"，慢慢地就有像曹晋一党提着水桶到处求擦车……

根据交通游戏城目前的状况，全园教师一起进行了参与式研讨，提出了在游戏过程中出现的各种问题：

（1）投放的材料不够丰富，不能满足幼儿的游戏需要。

（2）各班级幼儿的交通规则意识不强，部分幼儿不能按照车牌号相对应地存放车子，并且在游戏过程中出现车辆乱放，工具乱丢、损坏等现象。

（3）维修部的修车游戏有些枯燥，幼儿并不满足于假装的敲敲打打式修车。

根据出现的各种问题，大家热烈讨论，通过亲身体验游戏，也提出了以下解决策略。

（1）投放更丰富、更实用的材料。比如投放操作性强的维修工具，投放可拆卸、组装的交通玩具，让幼儿真正体会修车带来的乐趣；投放有趣的洗车工具，让幼儿体验洗车的忙碌与快乐。

（2）建议每个班级加强幼儿的规则意识，通过各种活动让幼儿知道并遵守规则，学会并主动保护区域材料，及时整理工具及车辆。

（3）改变平坦的路面，设置各种不同难度的有趣的路障，创设游戏情境，激发幼儿自愿游戏。

（4）"世界那么大，我想去看看。"交通城也要走出去看一看，不只是局限在本区域里，可以带领幼儿骑车去郊游、去度假，等等。

（5）给幼儿制作驾驶证，采取12分计分制，加强交通规则意识，这样也给小交警带来了乐趣，而不只是在炎炎烈日下指挥交通。

基于以上建议，我们首先从废旧材料入手，满仓库的材料被一抢而光，交通城得到了展示板三个、消毒柜一台、桌子两张、饮水机四台，等等，经过和孩子们的一番布置，交通城发生了翻天覆地的变化……

三、创新期

嘉年华4S体验中心：设置在交通城的东南位置，设有洗车间、维修间、休闲吧，各区域用废旧的展示板隔开。洗车间里投放了一台废旧洗衣机用来盛水，工具箱中有靴子、手套、喷壶、毛巾、小桶、工作服等，洗车工们终于有了固定位置，擦起车来也更卖力了，每每都会把大家的车擦得相当干净，还负责与顾客聊天谈心……维修间里投放了几辆旧车子供维修工们平时练手，工具箱中有工作服、整套的维修工具，修车对于孩子们来说不再是假装游戏，他们有了真正可操作的工具。休闲吧是大家都很喜欢的地方，两张桌子用来放孩子们的水壶、一个用旧消毒柜改装而成的饮料机，还放有各种绘本、故事书，孩子们累了便坐在休闲吧里，喝点饮料，读个故事书，玩得不亦乐乎。4S体验中心位置合适，各区域功能齐全，材料丰富。

加油站：加油站分为两部分——加油区和休息室，而且不再是用油桶加油，而是由饮水机改装的加油机，用水管当作加油管连接在车子上，按下开关便可以加油了，小加油员累了就在旁边的彩色小屋中休息。在马路上骑车子的小司机们最喜欢干的事儿就是不停地加油，并且会根据不同的车子选择不同型号的汽油，这种游戏大家乐此不疲。

创新后的4S体验中心

停车场：幼儿园对停车场进行了统一规划，按照车子的类别设置了4个停车场，地面上画有标准的停车位，车子和墙面上标有相对应的车牌，这样一来，孩子们便能准确、快速、整齐地停好所有车辆。

马路上骑车子的小朋友也自发玩起了游戏：比如赛车是让大家非常兴奋的游戏，尤其是穿越各种障碍物的赛车，更是增添了挑战；还有帮忙运货物，交通城的货运车司机们曾经给大班小朋友运过积木、给洗车间运过水、帮休闲吧运过水壶和故事书、甚至给食堂运过大葱……交通城和森林乐园完全打开界限，两个区域终于可以畅通自如，实现了骑一辆单车去旅游的愿望；另外，还有许许多多孩子们自发的游戏情境……

交通城的特殊职业中不只有交警，还有消防员，身穿消防服，拿着灭火设备，不辞辛劳地为大家排除隐患、消灭火灾。雨桐最喜欢拿着"火苗"到处放，还大声呼喊："着火了！"消防员便会立马赶到着火点进行灭火。我们有时候在想，这种"蓄意放火"的习惯是不是要改一改？可是看到他们在这种角色游戏里玩得那么快乐、满足，便随他们的心愿吧！

交通城经历从春寒料峭到烈日酷暑，先后经历了尝试期、发展期、创新期等。

四、成熟期

短暂数月却有了翻天覆地的变化，由开始的热闹繁忙到差一点无人问津，现如今又重新恢复了活力。每每看到孩子们热火朝天地游戏，总会回忆起我们的童年，和几个小伙伴随意找一些废旧物品，寻一处角落，快乐地过家家便开始了，过去的一切和交通城里的故事是那么神似，孩子们不断地开创新游戏，老师只是

创新后的交通游戏

跟在后面为其提供更丰富的材料、更适宜的空间。跟着孩子们的脚步，尊重他们的意愿，让游戏回归本真，游戏本就是自主的。

游戏还在继续，问题会不断出现，但是创新也仍在继续。我们会继续和孩子们共同努力，一起发现更有趣的玩法，一起发现快乐，我们信心满满，让孩子们继续幸福下去……

（杨芳　李玉萍）

火车组装趣味多

一、活动实录

户外活动的时间到了，幼儿飞奔向幼儿园北树林的活动场地，争先恐后地寻找场地上的小车。洋洋最先看到了三轮车，一个箭步跨上车子。美琳跑过来表示也想玩，洋洋不肯，美琳不高兴，这时洋洋说："到我车子后面来，我当司机带你兜风去！"美琳欣然接受了邀请，高兴地坐上了洋洋的车子。不一会儿，场地上出现了各种各样的组合小车，有的孩子将三轮车与滑板车连接在一起；有的孩子把扭扭车的前轮放在三轮车的后架上；还有的孩子将小推车与三轮车进行了组合（组图一）。

大家最喜欢玩的是组装火车的游戏，他们将几辆三轮车连在一起，后面车子的轮子放在前面车子的后架上，几辆三轮车很快变成了一列小火车，前面的孩子当小司机，组合火车慢慢出发了。出发不久车子就不动了，伟伟跑过来问："是

组图一　各种各样的拼搭，快乐有趣的组合

不是火车熄火了？"伟伟和几个伙伴用力地在后面推车，终于组合火车又顺利开动了。可是，一会组合火车子又停了下来，小司机认为 车厢太沉了。孩子们纷纷想办法，有的孩子想到用绳子；有的孩子想到不能只在后面推车，还需要有人在前面拉车，但是这些办法经过大家尝试后都不是很理想。（组图二）

组图二　三轮车组合火车、人力推助力火车、前拉后推助力车

我走过去说："我是车辆修理厂的工人，需要帮助吗？"很自然地，他们很乐意接受我的帮助。我首先引导他们仔细观察组合小火车的构造，引导他们想办法怎样才能使小火车多几个动力车厢，这时有个孩子说："要是后边的车也能骑就好了。"最后，我建议大家尝试着操作一下，孩子们积极尝试着，终于成功解决了这一难题，组装了多动力火车。三轮车依然作为组合火车的车头，扭扭车作为第二车厢，挂在了三轮车的后面，一名幼儿坐在扭扭车上面拉着后面的扭扭车，这样第三节车厢就可滑动起来，组合火车就变成双动力了，第四节车厢是三轮车，由坐在第三节车厢的第二个孩子用手拉住连接，以此类推，多动力火车就组装好了。孩子们在尝试过程中，滑板车也被孩子们顺利加入组合火车的行列，孩子们坐上自己的组合小火车，高兴地开动起来。（组图三）

组图三　幼儿自主尝试操作，利用各种车进行组合连接，将组合火车变成多动力火车

二、活动分析

（1）自主活动生创意，宝贵契机不可失。我们在平时的教育活动中，更应该关注幼儿在运动中的生成活动，善抓教育契机，在互动中支持幼儿的思维建构。组合火车创意源自幼儿，他们在最喜欢的骑小车运动中发现了更为有趣的组合火车，并且遇到问题能够积极解决问题，体现了幼儿自发自主游戏活动的过程，同时，伙伴间的合作与交往，在活动中也能够很好地展现。这种活动充分遵循了幼儿的发展规律，体现了"以人为本"的教育理念。

（2）适时介入来互动，引领方向解难题。当组合火车出现火车动力不足的问题并在孩子多次尝试无果的情况下，教师适时地介入了，并引导幼儿仔细观察，帮助他们分析问题的症结所在，即动力车厢不足和车厢的连接方式问题。找到问题的难点之后，教师又把问题抛给了孩子，把主动解决问题的机会还给了孩子，教师的主导性作用支持了幼儿的主动发展。

（3）生活经验常再现，创设情境搭平台。游戏过程中幼儿能够结合已有的生活经验进行活动，例如洋洋说："到我车子后面来，我当司机带你兜风去！"伟伟跑过来问："是不是火车熄火了？"幼儿在角色扮演中，能够以物代物，利用物体的相似特点进行经验迁移，所以像这种扩散性游戏非常有助于幼儿创造力的形成和发展。教师在今后类似活动的指导中，更应该注意帮助幼儿创设情境，或是积极参与其中，扮演活动中的某个角色，巧妙地介入活动之中。

（4）激发兴趣多鼓励，培养运动好品质。《3～6岁儿童学习与发展指南》中提到，要激发幼儿参加体育活动的兴趣，养成锻炼的习惯。为幼儿准备多种体育活动材料，鼓励他们选择自己喜欢的材料开展活动。幼儿自发的活动，既是对原有经验的积极尝试，也是对新经验的重新建构，这个过程还会培养幼儿主动解决问题的学习品质，所以教师要做到细心地观察，积极地鼓励，尊重每个幼儿的个体发展。

（薄娜娜）

迷茫在交通城里的鑫鑫

鑫鑫坐在路边台阶上哭了起来，问他为什么，就说"我累""我想姥姥"，这是在他身上从没有出现过的一面。一直以来，他都是一个充满活力、有朝气的孩子，认真、自信、大方，小朋友眼中的好人、领导者，可就这样的一个小朋友，这几天总是不在状态。开学第一天，姥姥来说了一下鑫鑫的情况，自从过年精神就不好，哭闹厉害，想了很多办法总不见成效。经过观察，我们发现他没有家人说的那么些严重，只是在早上来园时会有焦虑，还有遇到困难时会停步不前。我们想，也许这一切和放假有关，也和家人的过度关注有关。我们相信，慢慢地他

鑫鑫在交通城里当司机

一定会像以前一样快乐。

一、快乐的小司机

鑫鑫早已停止了哭闹，和小朋友一起玩交通游戏，今天他是司机，大家都说他长得壮就应该当司机。对于骑小车，鑫鑫也是期望已久，很高兴地融入游戏中，然而几圈下来，他就喊累了，自己坐在一边休息，任我们怎么劝说也没有兴趣。但是在刚才的游戏里，他是积极投入的、快乐的，这就说明他没有姥姥所说的那么多问题。

二、合作运器械

既然在昨天的活动中鑫鑫是感兴趣的，只不过兴趣没有维持太久而已，那今天再稍加引导他就会回到游戏中来。活动一开始，我们便让他的好朋友齐梓成邀请他一起去骑车子郊游（给别的区域送器械），鑫鑫立即兴趣高涨，骑上车子带着小伙伴出发了。一路上他总是在最前面，和我们说他以前和家人的郊游经历，还不断地问起其他区域的情况，眉眼之间尽是羡慕。

本以为这几天鑫鑫的情况在慢慢好转，可没想到接下来的两天，他的家长给他请了假，又去想各种办法治疗了。其实有时候作为家长要有定力，不要总是认为孩子有问题，过度的关注只会给孩子造成更大的精神压力。

三、今天来当小交警

又到了户外活动时间了，如今对于交通区的各种社会角色孩子们都很积极，也包括鑫鑫。从他期待的眼神中就可以看出，今天他肯定不会坐在一旁休息了，他想尝试。这种机会着实难得，在自主选择角色时，他选择了小交警一职。活动时，他认真负责地指挥交通，处理车辆碰撞、拥挤等交通事故和问题，他认真执着，一定可以胜任交警这一角色。真好，宝贝又融入游戏中来了。

第二天，鑫鑫仍然选择了交警，不同的是他不再一直站着了，偶尔坐在指挥台上，并且当值期间还溜出去一次，和他的好朋友齐梓成去洗车房参观，也许他也想尝试其他的角色，只是不知被什么想法牵绊，还没有迈出那一步。但是我们相信，慢慢引导，不要放弃，他一定会尝试更多。

四、一起建城堡

今天我们可以去搭建区了！许久以来孩子们对搭建区的向往在今天终于可以去亲自尝试一把了。让我们意外的是，鑫鑫来到搭建区后，两眼放光，欣喜雀跃，

鑫鑫在搭建区盖城堡

立即组成了以他为总监工的建筑小分队，其中监理一名，小组长一名，建筑工人若干，在他的带领下大家盖起了城堡，自这次开学以来真的还没有见到他这样。其实在这里，搭建的成果是次要的，关键是每一个孩子那种专注、执着、认真甚至说是较真的态度就足以让我们感动。鑫鑫在今天终于生龙活虎、满血复活了！

我们也常常在想，到底什么才是自主选择，我们为孩子提供如此丰富的游戏材料只是为了局限住孩子的脚步从而达到我们期待的成果吗？也许我们总是忘记游戏最直接最首要的目的就是快乐，"我不喜欢这个，你偏要我玩，我怎么能快乐"？可是联系到实际情况，每个孩子喜欢的游戏都不同，如果只有顺从了每个人的意愿才会尽最大可能地发挥其积极性、主动性的话，那样的效果倒是事半功倍的，但是一个班要分开完全撒开手让孩子选择吗？那老师的观察和介入也会遇到困难，游戏结束集合孩子也会遇到困难，到底要不要采用混班的游戏形式？一系列的问题困扰着我们。当然，探索永无止境，我们也会继续采取横向研究、纵向研究、个案研究的方式，让游戏更自主化，让每一个孩子都有选择的权利，让每一个孩子都快乐地游戏。

（杨芳）

没有规矩　不成方圆

苏联教育家阿尔金曾说："游戏是儿童的心理维生素。"游戏是孩子们活动的一种形式，户外游戏则是对孩子们最有吸引力的形式之一。不论是组织幼儿进行体育竞赛，还是让幼儿进行自主游戏，我们都能听见孩子们在玩耍中发自内心的、爽朗的笑声，看见孩子们努力奔跑的身影。

交通游戏城，已经成了初升中班的这些小不点们最喜欢也最渴望去的地方。每一次来到交通游戏城，我都能看到孩子们在自主游戏中，浑身上下散发着的那种愉悦与轻松的气息，而在其他活动中，我们却很难见到他们如此投入和享受的神情。那么，在这个简单而又普通的游戏区域中，孩子们是如何玩得如此欢乐的呢？

带着这个问题，我作为某次游戏的观察者，开始了我的追踪之旅。首先开始工作的是小警察。所有的小警察都穿上警服，在一个地方商量了许久才开始游戏。当他们开始游戏以后，立刻找到了自己负责的区域，原来他们刚刚在"开会"进行分工，有的负责指挥，有的负责贴罚单，有的负责解决交通拥挤问题，看到他们如此有条理地开始游戏，我心生敬畏。一会儿，我看到一个小警察拦阻了一辆车，我问她为

规则游戏初尝试

什么进行阻拦，她说："交通游戏是有规则的，车辆不能逆行。"我本来以为孩子们游戏的时候很多事情都会假装玩，没想到孩子很认真地告诉我"规则"这件事。对呀，没有规矩不成方圆，我清楚地看见每一辆车都在按交通规则认真行驶。

此时，加油站的小伙伴们也开始投入工作中，本来我以为加油站的小朋友也只是贪图好玩，不会像小警察那么认真，可是不一会我就听见多多说："加油

站不营业了！"我感到不可思议，于是我问加油站站长多多："怎么了？怎么不营业了呢？生意不是很好吗？"多多说："不行啊，今天加油的都不排队，车辆太多了，这样我们也不好加油，所以，我们先暂时不营业，改善一下再营业。"

游戏暂停，让孩子认识规则的重要

原来是孩子们要自己制定游戏规则。此时，我看到多多跑到"交警队"和一个警察说"你好，请问你们可以派两个警察去加油站帮助我们吗？我们那里需要维持秩序。"乐乐说："好的，一会儿我们就派两个工作人员过去。"一会儿，多多和小马把加油站附近的小朋友都召集在一起说："以后咱们加油要排队，要不然我们也不知道给谁加油、谁交钱了、谁没交钱，不排队的话我们就不营业了。"大家纷纷点头。过了一会儿，加油站重新营业，两位警察也按照之前的约定纷纷赶来，陆陆续续来了很多车，有的排队，有的想插队，这时候警察跑过来说："加油请排队。"大家特别有秩序地分成了两队。大家已经开始了"有规则的活动"。不得不说，我非常佩服这些只有四五岁的孩子，一个小小的加油站活动都可以做到如此井然有序，加油出现混乱问题时，他们首先想到的不是告状，而是用自己的规则来解决这些问题，这恰恰超出了中班幼儿解决问题的水平，他们正向着更高的层次发展。

"您好，请问您需要洗车吗？"不一会儿我就被一阵好听的声音吸引过去，我看到洗车间的小朋友们进行了微笑服务，我很好奇地开始询问："是谁让你们站在这里迎接顾客的呀？""是我们自己讨论的，我们觉得这样比较像服务行业，而且我们有自己的规则，就是门口接待和洗车人员都要保持微笑！"天哪！我真的不敢相信，这些话从一个中班小朋友嘴里说出来！可是，我也看到了他们的成果，这个洗车间的生意真红火啊！不仅如此，他们还一起谈笑风生，看起来真的就像在洗车店里工作的同事一样，我都想加入孩子们的游戏了！

孩子们真的在长大，已经不是小班懵懵懂懂的样子了，他们的游戏渐渐有了秩序，也懂得自己去解决问题、自己去制定规则。我看到他们排队开起的小车，我深感欣慰。

作为本次活动的观察者，我惊喜地发现，在这次活动中，孩子们的表现充分地展示了他们自身对于规则的理解和认定、对于独立解决问题的向往，孩子们真的长大了。

没错，无规矩，不成方圆。孩子们之所以会认定这个做法，正是因为平时我们带领孩子们进行了良好行为习惯的养成，不断地给他们传达此类思想。没想到今天，孩子们便在游戏中运用了，这种潜移默化的影响真的是令人感叹。

融入角色，体验快乐

有了今天的观察，我已了解孩子们有了解决问题的经验，孩子们自己组织的游戏总是比老师定下的规则要更有说服力。我决定，以后再遇到这种类似情况的时候，我仍旧会把问题交给孩子，让他们自己尝试去解决。而且，我要即时把旁观者这一角色转化为孩子的引导者、合作者，给予孩子帮助，这样不但可以对孩子的良好游戏行为搭建支架，而且还能引导孩子慢慢脱离教师的帮助，实现真正的自主游戏，做游戏的主人翁。不仅如此，在日常的活动中，我们也要注意观察孩子的行为，及时疏导孩子的情绪，适时参与孩子的活动，成为促进孩子们成长的"后援"力量。

经过在交通游戏城的多次观察，我发现孩子们在进行户外游戏时会非常放松，非常开心，不管他们是小司机，在马路上飞奔也好，还是加油站或者洗车间的工作人员，承担服务他人的任务也好，他们都会非常享受，并且乐在其中！

（逯文倩）

规则游戏，乐在其中

【森林乐园游戏区儿童学习案例】

林木葱郁 乐在其中

夏天到了，森林乐园一片郁郁葱葱的景象，吊床、秋千、滚筒、拱形桥、平衡木、爬高乐、竹梯等幼儿非常喜爱的器械隐藏其中，幼儿有很多新奇的想法并自主创设出了很多玩法，在和同伴的自主游戏中既可攀登、钻爬，又可和同伴在吊床上、秋千上享受静谧的美好时光。

一、爬高乐的新玩法

今天阳光明媚，又到了户外活动的时间了，孩子们像出笼的鸟儿一样飞奔到森林乐园。森林乐园的器械在不断地完善和补充中又迎来了新的成员——爬高乐。爬高乐是一个大型的攀爬网，高 10 米有余，可以有效地锻炼孩子的胆量和攀爬能力，孩子们非常喜欢这个"新朋友"。

手脚并用，勇攀高峰

经过几天的尝试，孩子们已经能够熟练地攀上去了。只见他们双手先抓住网绳，脚上找一个着力点，依靠上肢和腿部的力量一步一步向上攀登，胆量大的孩子甚至能攀上最顶峰。下的时候比上的更有难度，有的孩子一步一回头地往下下，有的孩子则用脚试探性地往下退。

今天，我像往常一样，站在爬高乐的下面，看着孩子们如一只只灵敏的小猴子一样向上攀登，同时也在保护着孩子们，以免孩子们脚下打滑或不小心发生跌落。这时，辰辰小朋友已经爬到接近顶峰的位置，我正期待他一步步安全退下，结果出现了让我胆战心惊的一幕，只见他竟然双手和双脚伸直，整个身子趴在网上，一松手"嗖"地一下从 10 余米高的爬高乐上滑了下来，双脚正好落到底部的支撑架上。第一次见到这种"惊悚"的下滑方式，着实惊出一身冷汗，这时我已经下意识地跑到跟前，扶起辰辰问道："没事吧，有没有磨到手臂和肚皮，疼不疼？"没想到孩子却调皮地笑道："老师，你看我厉不厉害，这样下好快啊，像风一样。"在确认孩子身体确实无恙后，我不禁对孩子的胆量和创造力竖起大拇指。看到辰辰发明的新玩法，孩子感到非常新奇，纷纷效仿，玩得不亦乐乎。

"老师，我来了！"听着爬高乐上的一声呼喊，我朝上看去，只见小秋小朋友在尝试了刚才的玩法后，马上又创新了一种新的"下山"方式——背对着攀爬网，手和脚离开网绳，像滑滑梯似的正面滑下来。小秋滑下来的瞬间，又让我担惊受怕了一次，真怕孩子们头一往下看，身子一往前仰，会直直地摔下来。结果，我的担心又多余了，孩子们平衡掌握得很好，又一次稳稳地落下来。这时，孩子们像发现了新大陆一样，纷纷模仿尝试，乐此不疲。

二、竹梯上的挑战

森林乐园中有一个小木屋，小木屋的两面墙由一层层的架子组成，孩子们很喜欢在架子上爬来爬去。于是，幼儿园请来师傅将竹梯连接在小木屋上、搭在树干上进行组合、加固。想要顺利到达小木屋，就得先走过一段平衡木，攀上一个不断升高的竹梯后，再翻越一个支撑架，然后尝试通过各种方式通过连接小木屋的竹梯后，到达小木屋，才算完成挑战。丰富的器械大大提高了孩子们的活动兴趣，更增加了挑战难度，这套自制器械投入使用不久就成了森林乐园的新宠。

平衡与协调的较量，胆量与智慧的比拼

今天，森林乐园里展开了一场别开生面的比赛，看看哪个小朋友能够最快、最安全地通过平衡木和竹梯，安全抵达小木屋。这不仅是一场身体平衡能力和协调能力的较量，更是一场胆量和智慧的比拼。只见，孩子们小心翼翼地走在平衡木上，全神贯注地看着脚下，孩子们已经知道了如何保护自己，走平衡木求快不如求稳，一不小心就有磕到或掉下来的危险。通过平衡木的小朋友手脚并用，快

速地爬上竹梯，翻越支撑架，到了难度最大的一关，通过连接小木屋的竹梯。平时胆量很小的衡衡今天意外地走在了最前面，双脚交替试探着向前进，张开双臂保持着身体的平衡。突然，竹梯一阵剧烈的晃动，衡衡赶快屈膝蹲下，双手扶住竹梯以免掉落。原来是竹梯后面的大队伍赶上来了，竹梯因承受重量太大而摇晃。一向腼腆的衡衡向后看了一眼，竟然大声地说："竹梯上人太多了，快承担不了我们了。后面的先别走，等我过去你们再走。""那你快点啊，我们都等不及了，磨磨唧唧的。"急躁的小宇在后面有点生气地怒吼道。本来我以为内向的衡衡面对小宇的指责会恼羞成怒或者放弃这次比赛，没想到衡衡淡定地说："你着急也没用，我在前面过不去你也过不去，等着吧。"还调皮地朝小宇吐着舌头做了个鬼脸。小宇听后两只手握成小拳头，表情愤怒说："啊，气死人了！"但是他不得不停下来耐心地等待衡衡先通过。

三、精彩瞬间

在幼儿动作水平地不断发展的基础上，根据孩子们的需要，幼儿园又增加了滚筒、拱形桥、盘丝洞、吊床、秋千等器械。这样既满足了孩子们动作技能的

旋转的滚筒

敲响胜利的锣鼓，传递喜悦的心情

发展，又使森林乐园成了孩子们娱乐休闲的好去处。森林乐园已经成为一个综合的且幼儿非常喜爱的户外活动区域，不断丰富的游戏材料，吸引了更多幼儿来森林乐园游戏、探险，进一步促进了幼儿动作技能和人际交往能力的发展。

　　这边，小姚在飞快地滚着滚筒，姗姗躺在滚筒里面360度旋转，头朝下，小脚高高地翘起，随着滚筒飞快地旋转，两人默契地配合着，精彩的表演像两个杂技小演员一样引来了其他小朋友的阵阵欢呼。盘丝洞中，孩子们化身成为一只只灵敏的小猴子，时而穿梭其中，时而向外翻转跳跃。小木屋里，一场激烈的拔河比赛正如火如荼地举行，小男生和小女生各分为一队，小男孩明显占优势。这时，有几个小男子汉主动跑到小女生的队伍中，帮助女生队赢得了这场比赛。"咚咚咚，咚咚咚"，一阵悦耳的鼓声从高高的树梢上传来，抬头一看，原来是我们班的"女汉子"涵涵顺着陡峭的竹梯爬到了树干的最顶端，敲响了胜利的锣鼓。

　　四、实录分析

　　（1）孩子们果真是游戏的主人，他们的游戏天赋无与伦比。在玩爬高乐的过程当中，不仅锻炼了孩子们的攀爬能力，更锻炼了孩子们的胆量，培养了幼儿大胆尝试、勇于挑战的意志品质。

第三章 把游戏的自主权真正还给儿童

（2）在通过竹梯的过程中，孩子们身体的平衡能力和协调能力得到了很好的锻炼，在遇到紧急危险的时候，孩子们还学会了自我保护，而且还体验到了比赛中的竞争和合作关系。孩子们还学会用幽默的语言化解一场危机，同伴之间互助交往的能力也得到了一定的发展。

（3）自主游戏是促进幼儿建立良好伙伴关系的有效途径。在游戏中，大部分幼儿能够自主选择游戏伙伴，自主解决游戏中的问题，能够体验到操作和交往的乐趣，还学会了分享、合作。

五、指导策略

（1）尊重孩子按照自己的方式进行游戏。在空间充足和大型器械丰富的基础上，多提供低结构材料，如滚筒、轮胎、模拟烧烤材料等，大型器械的玩法虽然比较单一，但是幼儿却能将这些材料赋予生命，既可以进行技能锻炼，又能用滚筒和轮胎等进行搭建。

（2）保证幼儿安全，提前预设不安全因素，做好防护措施。竹梯、爬高乐、葫芦塔、梅花桩等存在安全隐患的器械，教师需在这些位置提前摆放海绵垫，并分工站位，保证幼儿安全。

（3）以《3～6岁儿童学习与发展指南》为引领，适时介入，支持孩子的交往行为，充分理解和尊重幼儿的个别差异，支持并引导幼儿向更高水平发展。同时，支持幼儿的自我规则和自我管理，使得幼儿在游戏中充分发挥自主性，有效促进自身富有个性地发展。

（陈玉洁）

陪你到勇敢

森林乐园里的一草一木，无不吸引着孩子们欢快的脚步，宽窄相间的木栈道、高高低低的平衡桩、直上树梢的单云梯，还有纵横交错的盘丝网……果真是一方七彩乐园。

憨憨胖胖的辰辰在这里是否有新的挑战呢？小朋友们四散活动，辰辰转悠了一圈来到平衡桩旁，想上去，可是又很矛盾，只见他先用一只脚踩到圆木桩上，试试感觉，看到我走了一遍，他也小心翼翼地走了上去。

（其实他刚刚是去了旁边的麻绳桥，希望能够站着过河，尝试一次没有成功，才到了这里。看他心有余悸，我便在他身边停下来，顺势在他前面走上了木桩，但没有说话。）

辰辰嘴里念念有词："慢着点儿，慢着点儿……"他在为自己壮胆儿呢。

我在旁边用相机追随他，辰辰不时用眼睛撇我一下，嘴角露出憨憨的微笑，好似自信了些。终于走到低处，只见他双手在前胸画了一个圆，深吸一口气，用地道的沾化口音说道："老师，俺的心啊，扑登扑登地跳，平复一下哈……"我忍不

辰辰尝试着踩上了最高的木桩

很自信地跳一个

第三章　把游戏的自主权真正还给儿童

住笑出声，并给他竖起大拇指："真棒，好久没来变勇敢了！"听了我的鼓励，辰辰于是又走了一遍平衡木桩，第二次下来时还展示了"高空跳跃"，完成后非常兴奋地跑到我跟前说："老师，俺终于战胜了恐惧。"看他憨态可掬的样子，越发可爱，"既然战胜了恐惧，再挑战一下其他玩具吧，试试看"，我继续鼓励他，于是他朝另个一方向走去。

（辰辰一直是一个人尝试挑战的，因此教师要尽力站在他的立场上，观察他的变化情况和实际水平，与他成为朋友，理解他独特的感受，在需要时做他的游戏伙伴。在此过程中，辰辰并没有惊心动魄的高难度动作，仅仅是一排平衡桩，但由于他平时入园时间少、锻炼机会太少，使得他胆怯、缺乏自信。越是这样，老师的一句话、一个动作，哪怕一个眼神，都会给他力量。就如他站在梅花桩前踌躇不定、正想放弃时，也正是老师参与了走木桩，给了他鼓励，于是他决定要试一下。）

有了第一次的成功，辰辰自信多了，于是到处寻找挑战的机会。他看到伙伴攀爬竹梯胜利后洋洋得意的样子，辰辰有些羡慕，可想想自己，好像不敢爬。看出心思后，我依然鼓励他："试试吧，你能行的。"他看了我一眼，摇摇头："俺不敢上。"看他的样子，我又忍不住笑。接着又有两个伙伴上了梯子，这次辰辰有些动心了，于是我悄悄让一个小朋友过去邀请他，果然，他同意了。

（由于经常不来幼儿园，辰辰确实有些胆小放不开，但看得出来，他骨子里有一股不言放弃的韧劲，喜欢挑战新鲜事物。他的小心来自家长的过度保护，

辰辰继挑战平衡木

小心地过木梯

总觉得孩子还小，害怕受伤。但其实对于孩子却不同，他更希望有挑战的机会。）

看着辰辰一步一步小心翼翼地爬着梯子，我都有些紧张了，再听他嘴里依然念念有词，"慢着点儿，别着急……"，当他一步步挪到梯子中间时，后面跟上来一个小朋友，梯子晃动了一些，只听辰辰喊："老师、老师，不行啊……"我赶紧向前一步，靠近他但没扶到他，"辰辰，勇敢点，梯子很结实，继续前进"。

（就在此时，我悄悄给了后面动作灵敏的青青一个眼神，请他鼓励一下，于是青青也像我一样喊："你能行，我在后面保护你呢，加油吧！"）

辰辰小心地继续前进，脚显然有些抖，依然听见嘴里的碎碎念："马上成功，马上成功……"

辰辰为自己的成功加油

即使是空梯也要努力通过

此时，突然有一股感动涌上心头："孩子啊，你的勇敢让我等得好辛苦，其实你真的很棒！"辰辰先后又尝试了平衡桥、攀爬网、小木屋等，还找到了一个志趣相投的好朋友一起挑战。森林乐园里的辰辰不时握起胜利的拳头，发出爽朗的笑声……

（王海芸）

"小懒蛋"不懒了

户外区域游戏开展以来，我们一直在探索给孩子创设适宜自主发展的环境，不断投放合适的材料，自主的户外区域活动满足了绝大多数幼儿自主探索的发展需求，提供了更多的自主游戏机会。可是，总有一部分幼儿游离在游戏之外，他们总是喜欢观看别人，自己却懒得去思考、去游戏，只是享受观看其他小朋友游戏带来的点滴快乐，我喜欢称这一类小朋友为"小懒蛋"。

我们的硕硕小朋友就是这样一位"小懒蛋"。他平时像"小大人"一样，说话总是小大人的样子，喜欢读书，认识很多字，也喜欢跟别人讲道理；可就是有一点"懒"，懒得画画，懒得整理衣物，尤其最懒得挑战自我，总是推辞说"还是下次吧"。户外区域活动开展这么久了，他还只是慢慢尝试了一些简单的活动，没有体验到户外区域挑战的乐趣。我们几次试图帮助他改变，却没有好的进展。如果强迫他去挑战一些他认为有难度的项目，结果可能适得其反。于是，只能继续观察，等待那一个能撬动他挑战兴趣的"支点"出现。

一、森林乐园初感悟，看一看

"硕硕，你感觉今天的森林乐园怎么样啊？""恩，还行吧。""那你玩什么？""其实那个独木桥还可以，那个吊床也不错。""攀爬网和梯子呢？你没试试？""别的还是算了吧，我还是等下次再试试吧。"

二、森林乐园再体验，试一试

"硕硕，你站在这里看了很久了，怎么不到梯子上玩玩呢？""我就是看看。""上去试试吧！""不用了，我有点害怕。""没关系，你看，我张开胳膊保护你，放心吧。""哎哎，老师，我看还是下次吧。"

在森林乐园里，孩子们很喜欢攀爬那个斜靠在树上的长梯子，爬上去碰一下代表成功的轮胎圈，每次来玩都会有很多小朋友去尝试。我发现硕硕有好几次驻足在梯子下面仰望别的小朋友去攀爬，而自己始终"懒"于尝试。此时的硕硕已经被小伙伴们爬梯子的欢乐所吸引，却还是没有勇气迈开那一步，我觉得这是

初次尝试，有爸爸的鼓励

撬动他挑战神经的一个"支点"的最好时机。当老师发现幼儿兴趣点时要抓住机遇，及时创设情境，鼓励幼儿发起行动，帮助幼儿积极尝试。

　　家长开放日这一天，硕硕的爸爸作为志愿者参与了我们的户外活动，我们提前"合谋"准备让这个有点"懒"的小男孩在今天有所改变。爸爸先是将他哄骗至一个梯子下面，开始时硕硕一步也不动，还一个劲地退缩。在爸爸又是鼓励、又是威慑，再加物质奖励后，他终于迈出了第一步，左脚登上了梯子。我们老师和小朋友趁机赶紧过来为他加油，"硕硕，很好，手抓住上一层，脚往上抬""好，脚下踩稳，别急，手再往上挪一点""别往地下看，眼睛盯着你的手"。说了半天，他又犹豫了许久，终于在"众目睽睽"之下迈上了第二层。"好，硕硕，你真棒！"人群里泽楷小朋友大声说。就这样走一步劝一步，大约十分钟后，他终于爬上了五六个阶梯。看着梯子下面小朋友的赞扬与掌声，他心理发生了一丝丝变化，露出一丝略显紧张的微笑，继续鼓励，硕硕终于摸到了那个象征成功的轮胎圈。

　　其实，通过仔细观察会发现，没有懒孩子与勤快孩子之分，所谓的"懒"

再次尝试，信心满满

是一种逃避，一种缺乏鼓励、缺少自信的表现。此时小伙伴的支持与鼓励对硕硕来说是一剂镇静剂，让他对梯子的恐惧减轻了许多。在老师和爸爸的帮助下硕硕又一步步缓缓地爬了下来，当双脚接触地面那一刹那，他长舒一口气，拍着手激动地又笑又跳，围观的小伙伴们都纷纷拍手叫好。此时，一样紧张的硕硕爸爸一句话逗乐了大家："唉，不容易，太空飞船终于安全着陆了。"

这次成功的尝试让硕硕体验到了成功的喜悦，而他却也真切感受到了梯子的高度。所以当我们鼓励他再来一次的时候，他连说"不要了"。我想，要循序渐进，不能太着急，慢慢等待他下一次的需求。果然，几天后再来到森林乐园时，他先是站到树底下看别的小朋友玩，看到四周没人了，就拉着我的手商量："我要是一会爬上去了，你给我拍张照片，发给我的爸爸妈妈，好吗？""当然可以，我还可以在旁边保护你呢！"这次显然顺利多了，当他爬到顶端摆出胜利的姿势，我记录下了这一瞬间。紧接着，他提出尝试更高难度的攀爬器械，我惊讶于他的改变。细细想来，是他内心积蓄已久的能量恰巧在这一刻迸发了。

有了好的开始便要继续坚持，在以后的森林乐园活动中，硕硕渐渐地不再是以前的"小懒蛋"了，他会主动去攀爬，享受到成功的喜悦后，带着满满的自信继续主动探索其他器械。渐渐地硕硕改变了游戏的心态，最终享受到了自主探索的乐趣，也大大地增加了他的自信心。在此期间，教师并没有盲目地"强迫"他去玩这个梯子，而是希望通过这个梯子帮他找到"自我"。从此，他喜欢上了各种户外区域活动：能和身边小朋友合作搭建，和拓展区的战友协同作战，每一次都能"勤快"地想各种法子玩出不一样的精彩。

教师在整个活动中始终以孩子为主，首先通过细致观察发现幼儿改变的"点"，然后通过适当的情境创设、游戏等方式让幼儿主动探索。游戏是孩子的基本活动，所以在教育者与被教育者这种双边活动中就始终有一个"度"在衡量大家——"要我玩"还是"我要玩"，管太多则会变成填鸭式教学，会禁锢孩子。硕硕通过梯子找到了攀爬的乐趣，从挑战自我中提升了自信心。这整个事件是幼儿心理改变在前，教师支持在后。

（胡月月）

家里要来客人了

今天我们班的孩子们选择到森林乐园游戏。因为我们班级优越的地理位置，班里孩子们对森林乐园并不陌生。森林乐园俨然是我们班孩子的后花园，是孩子们的乐园，每次孩子们总能在里面玩得不亦乐乎。

刚玩不久，我就被佳佳叫过去看她扫地，只见她在小木屋附近手拿一把平时班级里打扫卫生用的笤帚边扫地上的树叶边说："老师你看我在扫地，瞧我扫的多干净啊！"我表扬她很能干，又问她为什么要扫地，她犹豫了一下，挠挠头，不一会儿，她就抬起头指着旁边的小木屋说："嗯，今天家里要来客人，我得把家里打扫得干干净净。"她指着小木屋告诉我那是他们的家，她兴奋地跳着、笑着。

贴合故事情景的材料投放往往能产生巨大的吸引力

佳佳编织的这一段美好情景，产生了巨大的效应：正在滚轮胎的允允赶来家里做蛋糕，睿睿拿起抹布把家里的各个角落都擦了一遍，豆豆和源源更是不辞辛劳踩着梯子爬到屋顶，他们把屋顶粉刷得更漂亮。他们一边刷一边高唱《我是一个粉刷匠》，他们干得不亦乐乎。（我的心提到了嗓子眼，于是赶紧站在旁边随时准备保护他们的安全。）看到这么多人来帮忙，佳佳兴奋地一边扫地一边布置、安排、检查工作。见粉刷的工人圆满地完成了任务，佳佳又提出："今天来的是一位漂

幼儿的成就感在自己勤劳的活动中产生

亮的女孩，是从国外留学回来的高才生。"工头霈儿说："那我们得找点东西把家里装饰得更漂亮才行，咱装饰的得有国际范儿。"佳佳高兴得手舞足蹈。（同伴合作最珍贵的就是心有灵犀，佳佳觉得霈儿这样的好帮手、好知音真是幸运。）霈儿自告奋勇出去找材料，不一会她就找来了几块废旧窗帘，豆豆和源源立即投入施工中，他们利索地一手拿窗帘，一手扶着梯子往上爬，他们按照主人佳佳和工头霈儿的要求把窗帘挂到满意为止（真为他们捏了一把汗，试想一下，手里拿着东西再来爬那么高的梯子，这在以前出于安全的考虑，这样的行为是不被允许的）。大家都各显神通，尽心尽力地为布置一个温馨漂亮的家而忙碌着、努力着。似乎并没有谁太在意客人什么时候来，他们却玩得很开心、很投入。直到游戏时间结束，孩子们依旧在不断地完善这个温馨的小家。

整个游戏过程中，我作为一名老师并没有参与其中，也没有过多地干预和指导，只是在可能存在安全隐患的地方随时做好防护。回想一下，如果佳佳在向我展示扫地、索取表扬的时候，如果我只是就佳佳扫地这件事给予表扬和肯定，如果没有我的一句"为什么要扫地"的追问，也许就不会有"家里要来客人"的游戏，孩子们也不会争先恐后地爬梯子当粉刷匠、搬轮胎做餐点、找布头挂窗帘。

我想，也许是我的一句"为什么"激发了孩子们的想象，支持了孩子们的行为，让孩子们得以在自己原有经验的基础上，从各自的兴趣和水平出发去设计属于自己的游戏故事。游戏中他们通力合作、各司其职，每个孩子都能找到适合自己的角色，为游戏故事增光添彩，最终大家都体验了成功的喜悦！

教师是环境的提供者，更是户外游戏活动的观察者、参与者、合作者、指导者。希望自己努力做一个有心的老师，多用几个"为什么"来激发孩子的想象和创造，支持孩子的操作和体验，助推孩子的进步和成长！

（许海英）

旋转自行车

天气非常炎热，又到了户外活动的时候，我问孩子们："今天这么热，咱们去哪里玩好呢？"孩子们异口同声地说要去森林乐园，因为那里有大树、有树荫，肯定很凉快。遵从孩子们的意愿，我们来到了森林乐园。森林乐园的视野很开阔，大树枝向四周伸展，形成了天然的绿荫。树下有攀爬网、攀爬架、梅花桩等好玩的东西，旁边还有小木桥、小木屋、吊床。大树挡住了火辣辣的太阳，筛下一束束金光，风一吹，金光随风舞动，让人忘记了炎热，变得神清气爽，确实是一个好去处。

在我嘱咐完要注意安全、不能推人、要互相谦让等注意事项之后，孩子们以飞快的速度奔向自己心仪的玩具。张辰跑得最快了，他迅速地抢到了一个秋千玩了起来。因为他是第一个抢到玩具，所以特别得意。没多久，其他小朋友也来玩了，张辰不同意，哭着喊着，

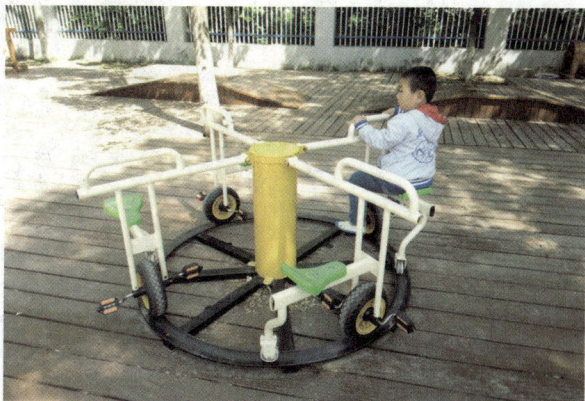

初遇困难，体验合作的重要性

用力把他们推了下去。如果有人靠近，他就会很生气。

过了一会儿，他又跑到旋转自行车上。在森林乐园的这个旋转自行车，是我们孩子们最爱玩的，它可以容纳四个小朋友同时玩，孩子们经常在上面用力骑，然后自行车就会转得飞快，甚是开心。可是张辰来到旋转自行车后，却要把正在上面玩的几个小女孩都赶走，然后自己霸占这个玩具。小女孩们很气愤，对着张辰说："我们正玩着呢，我们不走。"只见他双手掐腰，瞪着眼睛喊道："都给我让开，我要自己玩。"女孩们说："咱们走，不跟他玩。"接着女孩们就跑向另外的攀爬网上玩了起来。张辰看他们都走了，就赶紧爬上自行车。这时郭子凡也想来玩，张辰一把推开她。"不行，这个玩具是我的，你不能玩。"郭子凡见状，就去找别的伙伴了，剩下张辰一人在旋转自行车上。只见他用尽力气使劲骑，可是自行车纹丝不动。试了好几次，自行车还是一动不动，急得他直流汗，嘴里还嘟囔着："怎么不动啊？是不是坏掉了？"这时，我走到他旁边问他："你怎么不用力骑呢？"张辰着急地说："我在用力啊，很用力，可是为什么还是骑不动呢？"我笑着说："那是因为你一个人的力量还是太小了，要想让它飞速地旋转，需要有更大、更多的力量。"说完我就走到一旁观察他怎么做。只见他沉思了一会儿，跑下自行车，找来了几个小伙伴，然后几个人一起让自行车飞速地旋转起来了。张辰的脸上露出了开心的笑容。

在户外自主游戏活动中，不难发现有很多像张辰一样的"小霸王"，不肯和小伙伴一起分享，也不懂得谦让。如果争抢的对象没有让给他，可能就会演变成一场"战争"。其实在幼儿园这种争抢玩具的现象非常普遍，但是作为老师的我们，不能因为常见、普遍而做简单的处理或者视而不见。如果他在想要赶走那四个女孩的时候我直接制止他的话，他可能也会按照我的要求去做，但这只是一种屈服于教师权威的外在干预，并不是

合作成功，感受快乐

遵从他的自身意愿。当出现别的玩具时，他的占有欲则会更强烈，保护意识也会增强。所以，我当时并没有去制止他，而是在伺机寻找机会。

在张辰成功夺取旋转自行车之后，机会来了。任凭他用尽力气，旋转自行车都纹丝不动，原因是一个人的力量不足以让自行车旋转起来，而这时他的关注点只是在怀疑是不是自行车坏掉了，而没有意识到是自己的力量太小。这时候的我选择出场，只是几句简单的对话我就迅速闪到了一边，留下他自己思考问题所在。很幸运的是，他想到了，也做到了，找到朋友的他开心地在自行车上笑。或许张辰自己都不知道，在成长的道路上自己又向前迈了一大步。

（尚凡霞）

坐着火车去北京

森林乐园里有个小火车头，几个女孩子一起在这里玩起了过家家的游戏。徐一舟说："我们一起开着小火车去旅游吧。"语悦欣喜地说："咱们去北京天安门看升国旗吧！""好呀，好呀，我们坐着火车去北京咯。"说着，她们就爬上了小火车。

她们的好朋友欣欣经过时，她们立刻发出了邀请："欣欣，我们要坐火车去北京玩，去看天安门，看升国旗，你愿意和我们一起去吗？"我听到他们的对

小朋友陆续坐上火车

话后想，这么突然，欣欣能怎么回答他们呢？（欣欣是个比较成熟的小姑娘，她可能会认为是小孩子的游戏不愿意参加呢。）如果拒绝她，语悦会怎么办呢？然而孩子的世界就是这么奇特，欣欣很爽快地就答应了："真的吗，我早就想去北京玩了，太好了，咱们快点出发吧！"于是小火车"呜呜"地出发了。小女生坐在火车上开始聊天："咱们去北京可真远啊，万一有坏人把我们骗了怎么办，咱们邀请嘉欣（我们班最强壮的小伙子）和我们一同去旅游吧，这样他可以保护我们。"就在这时候，赵一诺小朋友捡树叶时经过小火车，她听到了她们的对话，知道她们坐着小火车要去北京，特别想要加入她们："我能和你们一起坐小火车吗？"小火车头就这么大，已经坐了好几个小朋友了，徐一舟他们几个也有点不情愿了："小火车坐满了。"一诺不想就这样放弃，"我很瘦的，就坐一点点。我买火车票上车好吗？我还可以给大家在火车上唱歌、讲故事给你们听。"徐一舟一听就怀疑地说："好吧，可是你有钱吗？""我没有钱，但是我刚才找了几片好看的叶子送给你当车票好吗？"一诺边说着边把刚才捡来的树叶递给徐一舟看。就这样一诺也加入了他们的队伍，几个孩子嘴里还不停地发出火车"呜呜——"的声音，开心地在火车上有说有笑。可能是去北京的路途太遥远了吧，赵一诺都累得倚在前面的小朋友身上睡了，她也许在想，我睡一觉就到北京啦。

冬日暖暖的阳光照在孩子们身上，孩子们聊着北京的名胜古迹，欣欣讲述着北京哪里哪里好玩、都有些什么好吃的，孩子们都认真听着，欣欣俨然一副小导游的样子，时不时地报个站："各位旅客，下一站是天津，天津马上到了，请下车的旅客做好准备……请各位旅客注意乘车安全，不要吸烟、吐痰、乱扔果皮，保持车厢的卫生，谢谢配合！"火车到站了，欣欣举着小旗带着伙伴们开始了他们的北京之旅。

幼儿最喜欢模仿游戏，这不仅培养了孩子们社会交往的能力，还有助于孩子们语言能力的发展。这是孩子自发的、自主的游戏，没有任何社会功利目的，只为获得满足和快乐，也无须教师的刻意组织与要求。通过模仿游戏，孩子们会乐意做很多力所能及的事情，平时大人也应多带孩子外出旅游，开阔眼界，丰富生活内容，提供观察想象的场所和机会。幼儿接受的信息越多，想象力和模仿力就越强，过家家游戏的内容就越丰富。

（董闽）

快乐游戏 智勇闯关

　　闯关游戏区以大型综合性运动器械为主，以动静结合、上下肢协调运动为原则，运用自选路线标识牌的方式，将若干小区域有效连接。游戏中，幼儿根据个人发展水平自主选择不同动作难度、运动强度和高度的闯关路线，从而实现在各自现有水平上的个性化发展。同时，在同伴交往、相互合作的基础上，幼儿的社会性发展及运动智力得到有效提升。

一、穿越时光隧道

　　轩轩和几个小伙伴把 S 形通道变成了可以穿越的时光隧道，家煦胆子大，他把胳膊伸向前方，趴着滑下来；亦恒用自己喜欢的姿势一跃而下，为自己的勇敢兴奋不已。滑下来了，但是怎样上去呢？看来，他们并不想从台阶上一步一步简单地到达，几个小伙伴凑在一起，又来挑战逆行上滑梯，轩轩双手使劲抓住滑梯两侧，双脚使劲往上爬，这个违背规则的玩法引来了一帮小伙伴的模仿，他们有时会"撞架"，但孩子们却专注于游戏中玩得不亦乐乎，没有争执、告状，游戏继续进行着，快乐地进行着。

穿越时光隧道　　　　　　　　双层立体网桥建成了

　　通过网桥时，小班孩子会手抓双侧绳子、一个跟着一个、小心翼翼地通过；而中班的孩子就能从容地通过；大班孩子却对这个通道怎样穿越有了自己的想

－ 205 －

第三章　把游戏的自主权真正还给儿童

法。看，孩子们已经把它想象成了双层立体桥，瑞瑞和几个小伙伴双脚踩住两边一定高度的网格绳，自觉排成一队不断地前进，变成了空中绳索。几个孩子在下面弯下腰，钻过空中绳索向前走，上下两层互不打扰，井然有序。双层网桥就这样愉快地形成了。

二、攀过火焰山

火焰山倾斜度大且坡面光滑，但是孩子们却非常喜欢挑战。刚开始孩子们需要紧紧地抓住绳子，用力攀登才能成功翻过，然后迅速滑下。玩过几次以后，喜欢挑战的俊伟和铭震开始尝试用助跑的方法攀上山顶。俊伟尝试了几次后，轻轻松松就通过一座火焰山。铭震作为班里年龄最小的孩子，动作的发展等各方面可能稍稍落后一些，但他有一股不服输的劲头，在那里一遍又一遍地尝试，好不容易攀上了山顶，可是由于方向没有把握好，一不留神"咣当"一声从山顶摔了下来，旁边的老师吓了一跳，刚想去扶他起来，看看有没有受伤，却见他迅速爬了起来，自己用手揉揉小屁股，又开始继续挑战。最终，铭震成功跑过了火焰山，教师忍不住给铭震这个真正的小男子汉点赞！

加油！敢于挑战的小勇士

三、攀上最顶峰

在一片"加油"的呐喊声中，孩子们一起比赛攀爬方格网和蜘蛛网，他们甚至能像小蜘蛛一样在网格中自由游走并且长时间停留，好像在告诉大家这是他们几个的领地。综合攀爬墙可是闯关中不可缺少的难关，但是这些孩子并没有被难倒，他们努力地挑战着综合攀爬墙，绳子、轮胎、木质横条各有不同的难度，孩子们不断地克服各种难关，不断地挑战，成功通过后再继续挑战更难的关卡。轮胎绳索晃晃悠悠不好控制，孩子们却满不在乎，勇敢地向上爬，不一会儿就到达了顶端。

我一定可以爬上顶峰

四、吊环花样玩

空中吊环可不是只有专业运动员才能玩，这些孩子也可以自由玩吊环，花样百出。静静和苗苗就是非常喜欢空中吊环的两个小姑娘，她们经常在户外活动的时候来到这里与吊环一起"玩耍"，静静偶尔还来一个熟练的360度转身。今天，她们又来到了这里，还跟来了一群小"粉丝"。开始时"粉丝"围在两个小姑娘的周围看了一会儿，后来忍不住想自己尝试一下，但是两手拽住吊环，使出吃奶的力气也没有翻过去。静静看到这种情况忍不住过来想帮她一下，但是因为力气太小，还是没能成功。苗苗说："你也帮我试一下。"苗苗手抓住吊环，双脚一跳，静静趁机托住她的腿，用力一翻，苗苗成功完成了一个完美的360度转身。孩子们欢呼起来，跃跃欲试，他们互相帮助，都开始尝试他们喜欢的360度转身。完成后，每个人的脸上都洋溢着成功的喜悦。

我能翻过去

第三章　把游戏的自主权真正还给儿童

五、挑战行梯桥

　　竹梯桥分上下两层，能够满足不同能力孩子的发展需要，老师在竹梯桥下面为孩子们铺上厚厚的垫子，保护孩子们的安全。孩子们都非常勇敢，或站或坐。在一人多高的横梯上，孩子们开始尝试用各种方法通过。有的孩子选择了安全又不费力气的方法：爬过或者坐着滑过。玩的过程中涵涵的鞋子掉了，但是她仍然坚持着缓慢前进，直到顺利通过才下来穿上鞋子。丹丹和涵涵是班里的两个"女汉子"，她们最喜欢的挑战就是用各种方法过横梯，这时她们又想到了新的玩法，丹丹说："我可以倒挂着通过梯子，你信吗？"涵涵不太相信："你吹牛！"丹丹："我表演给你看。"只见她手握横梯，脚挂在梯子上，然后手脚交替，真的是"倒挂"着通过。涵涵见状也不甘示弱，也开始尝试，但是因为她第一次用这种方法，还不熟练，犹如"龟速"，丹丹的第二次倒挂行走被她挡住了去路，丹丹大喊一声："涵涵你让开！"涵涵瞥了她一眼，用更大的声音回答道："你们都闪开！"女汉子本质体现无疑……

行梯桥，我也能挑战成功

　　运动不仅能提高幼儿运动技能，更为重要的是可以促进幼儿运动智力的提升。以上案例中，我们看到，不同年龄段的幼儿在闯关游戏中自主选择、快乐游戏、遇到问题积极思考，并能与同伴合作、协商解决问题。所以说，运动不仅需要勇敢，更需要智慧。运动既锻炼了身体机能、提升了身体素质，又懂得了谦让、合作、互助，养成了不怕困难、勇敢乐观、坚持不懈、积极思考的良好品质。

（刘秀梅 李艳）

摇晃不可怕 总会有办法

    闯关游戏区是集合了平衡、跑跳、攀爬、钻爬等多种技能的综合性户外活动区，它满足了孩子们的动作体验和情绪体验。这个充满"危险"而又神奇的闯关区深受孩子们的喜爱。吊绳桥是闯关游戏区中的第五关，旨在锻炼孩子们的平衡能力。幼儿期平衡能力的发展是非常重要的，它要求注意力高度集中，有效地控制自己的动作、行为以及情感等，协调好全身的活动。

    孩子们按照闯关卡的提示来到吊绳桥。尽管大部分的小朋友都体验过它的"魅力"，但有几个孩子还是对这个吊绳桥充满了担心和好奇。

    好好充满疑惑地问："这么细的绳子啊？摇晃起来，可真是挺害怕的，会不会摔下来……""试试不就知道了。"辰辰顿时表露出男子汉的气概。"我是男孩，我先上去试试。"说着辰辰站上吊绳桥走了两步。他似乎感觉还不错，于是邀请好好一起试试看。吊绳桥吸引了更多来闯关的小朋友，大家一个个走上去都想体验一番。随着孩子数量的增加，绳子晃动的幅度也越来越大，孩子们左摇右晃，已经不能控制绳子的摆动，好好站在原地不再前进。（看似简单的吊绳桥对于孩子们的控制力、平衡力和胆量的要求还是挺高的，尽管离地并不高，却因为人在行走过程中身体与吊绳产生的晃动，对个别孩子来说保持平衡，还是很有

男孩尝试同边、同方向过吊绳

女孩尝试不同边、不同方向过吊绳

第三章　把游戏的自主权真正还给儿童

挑战性的。）

可是，如果闯关失败就无法获得通行卡，站在吊绳上的好好左顾右盼，却又不愿放弃。（一直在观察的我，本想去鼓励她、安慰她，给予她一些帮助。可是我没有，或许是源于对这群孩子的了解，而他们果然也没有让我失望。）闯关成功的小朋友并没有离开，而是用手护着绳桥上小朋友的腰帮助他们闯过这一关。（孩子们互相帮助，齐心协力，不会因为闯关中的小困难而放弃。我欣慰于孩子们的"不离不弃"，喜悦于孩子们的互助合作！）

原本以为闯关成功的他们会进入下一关，但是孩子们的行为让我意识到我低估了他们的想法。他们并没有选择继续闯关，而是留下来。我很好奇，于是继续观察。辰辰提议："要不我们试试看有没有别的、更好的办法吧？也许大家就都不怕了。"或许此刻孩子们已经不再把闯关成功作为最终目的，或许吊桥绳更能激发起大家的兴趣，又或许他们充满爱心地想要帮助个别小朋友战胜吊桥绳。各种猜测在脑海中呈现出来，可是无论哪一种猜测，值得高兴的是孩子们真正自主、自发地体验和享受游戏过程。（你们总会给我意想不到的惊喜，而我也很期待你们的方法。因为，我相信在游戏过程中，遇到问题尽可能地想办法，并大胆尝试探索，是助力你们成长的最宝贵的品质。）

大家开始你一言我一语地讨论起来。乐乐说："一个一个地过绳桥，其他人扶好绳桥。"大家想到办法就去尝试，当然，效果不错。（此时我有些着急，毕竟是闯关游戏，对于时间还是有一定的要求，这个办法稳妥却耽误时间，我很想提醒孩子们，最后还是先提醒自己"等等，再看看"。）此时，辰辰大声说："这也太慢了，旁边还有个桥，要不分开走吧。"（孩子们在游戏中自发地进行人数分配，避免出现拥挤现象，这个办法我很欣赏，心里偷偷地乐，暗自庆幸自己没有急于去纠正他们。）

于是，大家按照这个办法兵分几路开始闯关。大家不约而同地分成男女两队，女孩小心翼翼地一个个上桥，大家选择一个在绳子左边、一个在绳子右边，此时的绳子似乎稳当了许多，这个办法看上去也安全了很多，从小女生的脸上看出她们对于这个办法的满意度应该是百分百。（值得欣慰的是，孩子们在分析问题时已学会从多角度去思考，一个问题可以想到多种答案。游戏中尝试了失败，也获得了成功，这是孩子们开动脑筋、克服困难、坚持不懈的结果。这种坚持的意志品质对于孩子们的成长来说是最有意义的。）

　　男孩思维更是活跃，选择了多个具有挑战性的闯关模式。他们先是在同一边朝同一个方向一个个地出发，后来又尝试在同一边从不同方向出发，最后选择在不同边从不同方向的走法闯关，他们的勇气促使自己在吊绳桥上尝试了多种玩法，玩得不亦乐乎。

　　更有趣的是，在走吊绳桥的过程中悬挂在上方的瓶子会因为风的吹动而不停地晃动，给过桥又增加了一定的难度。面对这个小麻烦，男孩选择把北侧瓶子少的绳桥让给女孩，有难度的一边留给自己。尽管他们要面临绳桥的摇晃和瓶子的摆动，但这并没有难住他们。面对大大小小的困难，孩子们没有退缩，而是想出不同的解决办法，并一一进行了尝试，大家齐心协力，最终闯关成功。

　　造型简单的吊绳桥，不但提高了运动技能，而且还激发孩子们兴趣。在良好的游戏环境中舒张幼儿的身心、激发幼儿浓厚兴趣的同时，还能在活动中体验快乐，在同伴交往中体验合作。解放儿童的头脑，使之能思，摇摇晃晃的吊绳桥再也难不倒可爱的孩子们。让孩子在体验中成长，真正享受游戏带来的乐趣。

（慕文端）　　- 211 -

我是山大王之占山为王

　　今天，孩子们来到户外的闯关游戏区进行活动，这是孩子们最喜欢的户外区域之一了。出发前，孩子们按捺不住心中的兴奋，不停地"耶耶"大喊起来。从他们一张张期待的小脸上，我读到了他们即将大展拳脚、施展游戏本能的冲动，我也同样期待今天会观察到孩子们富有创意的游戏。

　　这个区域是由平衡区、攀爬区、大型器械区（如滑梯）、小器械自由组合区等多个相对独立又相互关联的运动区组成的，所以称它为闯关游戏区。这个区域里有一项男孩子最喜欢的游戏就是占山为王，器械是由一个像金字塔小山一样的三角锥形器械为主体，由很多零散的小玩具为辅助构成的。每次一听到活动开始的哨声，就会有几个敏捷的男孩子猛扑过去快速占领他们的山头，随后还会有

其他小朋友也跑过去一起玩，不亦乐乎。当然，有时候也会出现因为争山头而起争执甚至推搡的状况。这不，解散的哨声一吹响，浩浩便飞一般地冲向山头，使出洪荒之力爬上山头当起了山大王。占领山头的浩浩掩饰不住内心的喜悦与得意，对下面观望的小兵说："哈哈，今天我是大王，你们谁也别想上来，这是我的地盘。"下面的小兵望而生怯（浩浩是我们班比较强壮的男孩子），欲走还留。（不能让浩浩这么霸道呀，别的小朋友也想玩，我要不要出面干预一下呢，这么僵持着也不是办法。）这时，我发现瑞瑞开始不紧不慢地爬向山头。（我庆幸刚刚自己没有出面干预，给他们点时间，孩子们总有自己的"游戏轨迹"。）"浩浩，你往旁边挪一挪，咱俩一块坐上面行吗？""嗯……好吧，你上来吧。"（我没想到浩浩这么好说话，这可是他好不容易占领的山头，怎么会这么容易就妥协了呢，我估计是他自己待在上面太无聊了，想找个人陪而已，心中暗喜。）过了一会儿，又一个小朋友也想上去，最后他们三个都坐在山头上，相处倒也融洽。其实那个小山头非常窄，最多也就能容纳三个小朋友。接下来，仍然有小朋友不断地往上爬，他们便改变策略，演起了"敌人往山头上冲，山大王英勇灭敌"的戏码，我在旁边光是看着都不禁被他们丰富的想象力和自导自演的故事情节所感染。（我

就这么远远地看着么，这个占山头当大王的游戏，虽然孩子们就是这么简单地爬上去滑下来、简单地为自己的游戏设置一下情节，也能开开心心地玩上20分钟甚至半个小时，但是如果有老师介入引导，会不会情节更加丰富一点呢？）

就在我看着孩子们翻来覆去玩了快半个小时占山头的游戏后，我观察到孩子们不像一开始那么有游戏的激情了，于是我走过去跟山头上的浩浩说："你看看山下的敌人都没有什么障碍，一下子就能冲上山头了，你辛辛苦苦守了半天，为什么不用点别的办法使他们上山的路困难一点

泽霖和子信运来了炮楼

儿呢？"浩浩挠着头憨憨一笑说："对呀，得让他们觉得麻烦一点儿才行。"我接着自言自语地说着："是呀，有什么东西可以给他们再设置一点障碍呢？"旁边的佳佳眼前一亮连忙指着平衡区里的方架子和梯子很激动地跟浩浩说："大王你看，可以用那个！"这时候一直在下面等着也想当大王的泽霖和子信看见了连忙跑过去抬过来，以"女汉子"著称的涵涵也招呼着站在旁边的赵运泽七手八脚地把又大又重的梯子拖过来，几个小朋友把东西架好，又把方架子竖在山脚底下当他们的炮楼，接着又兴致勃勃地重新投入游戏中去了。

　　游戏是孩子的天性，好奇、好动、爱探索是孩子的特点。充足的材料投放、合理的时间安排与安全宽敞的场地都能激发他们的奇思妙想，让他们大胆创造、玩出精彩。教师要时刻以幼儿为主，尊重孩子的意志，解放孩子的手脚，给予他们游戏的自由，只有这样，占山为王的游戏才会演绎得更精彩，同时，孩子们会以他们的智慧创造出更多、更有意思的故事情节。作为教师，要学会观察，善于分析，及时捕捉孩子们游戏中的各类信息，适时给予恰当的引导，便会有不一样的精彩。孩子们头脑中有无数的美丽故事情节，有时候只需要教师简单的一个"抛砖引玉"，孩子们就能重新生发出无穷无尽的新鲜创意出来，点燃他们的"小宇宙"，爆发出奇思妙想的智慧火花！

（李楠）

挑战攀爬架的乐趣

　　真正的闯关挑战赛就要来了。（这也是我们整合了区域里的设备后，孩子们非常期待的一次闯关赛。）我们为孩子准备了闯关牌，牌子上清楚地标识着他所挑战的区域顺序和路线图。

　　户外活动时间到了，老师把闯关牌发下去，孩子们别在衣服上。一声令下，闯关开始。有的幼儿单独行动，也有三三两两的幼儿发现他们的闯关区域顺序是一样的，就决定大家组队去闯关。洋洋、鑫儿、月月和小鹿她们四个来到悬挂秋千处，由于洋洋玩这个区域已经非常顺手了，她就站到了第一个，很快就走到了第五块板子上，回头她发现的小伙伴们才刚开始，就对她们说："别着急，我在这里等着你们。"（由于幼儿的发展水平、能力的不同，必定会有个体差异。而洋洋特别喜欢体育运动，在这方面的发展也比一般的小女生强。）

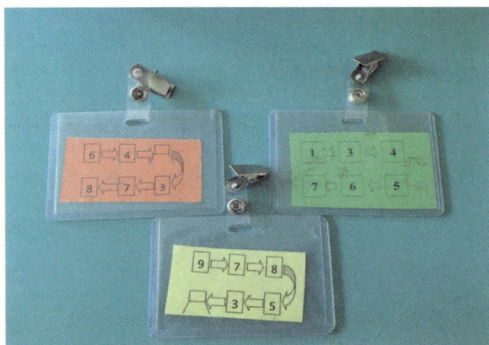

闯关牌

找到了走秋千的窍门

　　月月是最后一个上去的小朋友，由于她的个子矮小，没有足够的力气摇晃起绳子。在旁边静静观察地我，正想着是否要去指导一下，洋洋就从秋千上下来，走到她的面前，抓住她的绳子往前一晃，还说着"快用腿勾住"，月月也听从她的安排，很快抓住了前面的绳子。（在游戏活动中，大部分幼儿能自己结伴，自己解决游戏中的问题，并能体验到操作和交往的乐趣，学会合作、分享、互相帮助。但我还在担心月月是在洋洋的帮助下才能过秋千，如果没有她的帮助，有可能还是不会走，我决定继续观察下去。）没想到几次下来，月月似乎找到了感觉，在走一块木板秋千时，她自己尝试着用劲晃起了秋千，用洋洋教她的方法，脚钩住前面的绳子，手抓稳后迅速带动身体，站稳在前一块板子上。我高兴地对她说："月月，你可真棒，学会了走秋千的窍门了。"洋洋也为她高兴，一直陪伴在月月后面，边走边指导。没过一会儿，洋洋突然说："下面有岩浆，我们可不能掉下去啊。"鑫儿和小鹿就附和着说："好可怕的岩浆，掉下去就被烧掉了，我们可要抓紧绳子啊。"（在游戏活动中，孩子们的想象是天马行空的，往往是在轻松的游戏活动中自然地流露出来的，这样既增加了游戏的趣味性，又能让幼儿更好的遵守游戏规则。）说着，大家都小心地走着，很快就到达了终点。

正在玩竹制攀爬架的云甫、瑞涵和硕硕正要挑战这一关。（由于之前孩子们用了半个月的时间来熟悉这个区域里的每一个项目，玩攀爬架对他们来说已经驾轻就熟。）我看到旁边有许多布制的沙包，就想给他们增加难度。（我们虽然强调幼儿在户外游戏活动中的自主性，但并不意味着户外游戏活动就等于自由活动，作为老师仍然有责任对幼儿的户外游戏活动进行有效指导。）我就对他们说："孩子们，你们每人拿几个沙包，来过这个平衡架好不好？"硕硕想了想："梯子有些抖，那这沙包该怎么拿啊？"云甫接着说："我们可以把沙包放到口袋里，裹在衣服里，咱们来试试吧。"（孩子们有了自己的想法，并开始积极尝试。）说完，就拿起了沙包放了起来，这个方法还真好，口袋加衣服里可以放四五个呢。有的小朋友还尝试用头顶着沙包，不过这个难度系数有些大，刚开始走头上的沙包就掉了，孩子们还是非常注意自己的安全的。装完了沙包，他们爬上了梯子，

挑战走竹梯

护送沙包

为了保护好这些沙包，每个人都小心翼翼地走在架子上。云甫最先到达，拿出沙包交给了我，说"任务完成"。我连声夸孩子们："你们可真厉害，不仅能让自己安全到达，还能护送好沙包。"（在闯关过程中，对于已经熟悉游戏情景的幼儿来说，为其提供充足的低结构材料，能探索出更多的玩法。）

游戏是幼儿的自主性活动，是幼儿的需要。而作为老师，有时我们往往以成年人的眼光、以指导者的角度看待孩子的游戏，把自己所认识的现实情况一味地灌输给孩子，急切地希望孩子在每一次游戏中都有所发展、有所提高。但同时，我们也忘了每个孩子都是独一无二的，都有与生俱来的独特才能。遇到困难，他们尝试种种办法去解决；他们帮助同伴，耐心陪伴大家共同闯关。孩子们小小的身体里蕴藏着大大的勇气和力量，在相互合作中共同见证彼此的成长。

（马伟）

被架高的平衡木

我园自开展户外自主游戏以来，闯关游戏区利用多种游戏材料发展幼儿的身体平衡和协调能力。在活动开展的过程中，幼儿的体质有了很大改善，同时培养了幼儿自我挑战意识和坚强的意志品质。

今天是闯关游戏开展的第三周了，前两周的时候幼儿对走平衡木非常感兴趣，玩得也特别开心，其中凯凯和小宇就是这里的常客。今天他们又来到了这里，走了一遍之后，凯凯对小宇炫耀说："小宇，你看我在平衡木上走得比你快！""哼，比我快算什么呀，我还能走比这高的平衡木呢！"凯凯不服气地说。（对于中班的幼儿来说，低矮的平衡木幼儿能够很平稳地通过，但是对于有一定高度的平衡木则有一定的难度。）"那咱们比比。"凯凯说。"比就比，咱们问问老师能不能把平衡木架高。"小宇也和凯凯较上劲了。（幼儿在玩的过程中，会出现各种问题，而幼儿就是在解决问题的过程中不断地成长着。）听了他们的话，我没有帮他们做决定，而是给他们出主意："你们可以和其他的小朋友商量一下。"凯凯和小宇找来小伙伴商量，最后，他们一致决定把平衡木架高到梯子最上面的高度，决定要挑战一下自己。凯凯和小宇对小朋友们展开了说服工作："你有没有觉得这样的平衡木太低了，咱们把它架高吧。"开始有几个小女孩是不同意的，她们觉得这样的高度刚刚好，但经不住他俩的"软磨硬泡"，还说他们俩比完赛后再给她们放下来，她们终于同意了。这时候我非常庆幸没有帮助凯凯和小宇做决定，而是让他们自己去和别的小朋友交流。在和小伙伴交流的过程中，不仅加深了幼儿解决问题的能力，而且也增强了幼儿之间的团体意识。

终于，他们合力把平衡木架高到最上面一层了。（这时候我的心提到了嗓子眼儿了，他们能过去吗？我不由自主地走到平衡木旁边，随时为他们"保驾护航"，然后把垫子也铺到了平衡木的下面。）这时候，凯凯一脸豪气地说："我先来吧！""好吧，我在你后面。"小宇也不甘示弱地说。终于他俩慢慢地过去了，"太棒了！小宇，凯凯，老师为你们鼓掌啊！"我为他们能够挑战自我感到自豪！后面跟着的小男生也跃跃欲试，我鼓励他们说："加油，你们可以的！"他们小心翼翼地走了过去，有的小男孩走到中间的时候想要放弃，但

看，我也可以通过了

是在老师的鼓励下，终于走过去了。慢慢地，越来越多的幼儿通过了被"架高"的平衡木，孩子，老师为你们感到自豪！（当一个幼儿通过时，其余的幼儿会跟着模仿，老师在一旁的鼓励也会给幼儿增加自信！）

每一个孩子的创造力都有着无限的可能性，作为幼儿教师的我们要充分挖掘自身的潜力，给孩子创造游戏的机会和条件，从而让孩子通过自主游戏得到身心的愉悦和健康发展。

（孙小燕）

第三章 把游戏的自主权真正还给儿童

【戏水游戏区儿童学习案例】

水中荡漾　我心飞扬

一、水中捞宝贝

小二班的孩子们刚走到户外活动场地便欢呼雀跃起来，今天是孩子们最喜爱的戏水区游戏时间。其实，他们早已兴奋地等不及了，在老师的帮助下换好雨鞋，有秩序地来到水池旁。

他们从兴奋转为安静，静静地站在水池边观察，观察今天水池里的变化。"哇，好多宝贝啊！"一声惊叹冲破了安静，连平时不太爱说话的米加也大喊着："我们快来捞啊，看谁捞的宝贝多！"孩子们迅速地涌进水池，把手伸进水里开始寻宝。米加最先摸到一条红色的鱼，兴奋地举起来："哈哈！看呀，我摸到鱼了。"显然，用手摸的速度比用网捞的速度要慢很多，但我没有提醒，我想等待孩子们

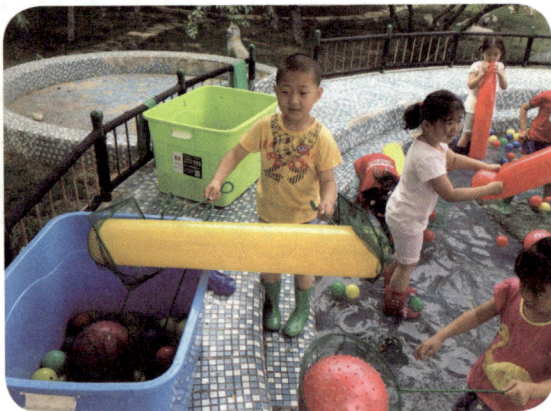

捞小鱼

去自己发现。这时，浩宇发现了戏水工具箱里的漏网，跑过来大喊："这里有漏网，我们用漏网捞的会更多。"浩宇叫来几个小男孩一起捞了起来，不一会儿，他们便收获满满。这时，浩宇想用漏网捞体积较大的空气棒，但是试了很多次都没成功，就走开了。我以为他放弃了空气棒，谁知他去找孙一鸣借了一根漏网，又返回来用两根漏网夹起了空气棒，还跑来跟我炫耀他的成果："老师，看我厉害吗？"

二、小水池，大智慧

不一会儿，一部分孩子们又玩起了打水仗的游戏，只见他们手持水枪、空

气棒在水中根据站位自然分成对立的两队，男孩们举起水枪，瞄准敌人全力开火。战斗了一段时间后，小泽的水枪没水了，小龙和绍恩趁机拿着水枪夹击小泽，说："缴枪不杀！"可是小泽坚定地说："就是不投降！"然后回头对着自己的伙伴大喊："快来帮忙啊，我没子弹啦！"谢佩仪闻声马上挥舞着手中的空气棒跑过来营救战友，小泽立刻到水中装子弹，子弹装好后又冲上来和谢佩仪一起战斗。

起初的战斗是无组织的游戏，胜负不分。有几个组织能力强的男孩利用休息时间在商量着，我不经意间听到了他们的战略方案，小泽说："为了取得胜利，我们先派了两个人引诱敌人，其他人在隐蔽的地方埋伏起来，等同伴把敌人引过来再开始猛烈射击。"果不其然，敌人进入了他们的埋伏

打水仗

圈，小泽一声令下，万箭齐发，打得对方落花流水，慌乱而逃，获胜方欢呼起来。

小泽正沉浸在胜利的喜悦之中，敌人已经趁机又绕道包围了他们，这时，他拿出一种新式自制武器（用塑料袋装水制成的开花手雷）向对方进攻。那开花手雷果然威力大，打得对方晕头转向，无法招架，最终败下阵来。这场恶战之后，大家全身都湿透了，个个成了名副其实的落汤鸡。

三、活动分析

水是无形的，孩子的智慧是无穷的，在玩水的过程中体现了孩子爱探索、不放弃的性格特点，同时也能看到孩子的组织能力与团结协作的精神。给孩子时间去探索，给孩子空间去想象，给孩子机会去锻炼，相信孩子，孩子便还给你惊喜。虽说这是一场普通的打水仗游戏，从游戏中我们也能解读出幼儿的领导与组织能力、合作与探究能力，更能体会幼儿的"出其不意，攻其不备"的智慧。童年，就像一个个美丽的泡泡，每个泡泡里，都有孩子们的回忆；童年，就像五彩斑斓的梦，每个梦里，都有孩子们的无限的憧憬。

陈鹤琴曾提出："儿童好游戏乃是天然的，近世教育利用这种活泼的本能，

第三章 把游戏的自主权真正还给儿童

以发展儿童之个性与造就社会之良好分子。"是啊，小孩子天生是好游戏的，是以游戏为第二生命的。所以，我们要把握教师在游戏中的角色定位，充分发挥幼儿在游戏中的自主性。

（李明）

众人划桨开大船

爱玩是孩子的天性，他们比任何人都会玩，任何东西（一花、一草、一石头）在孩子手中都会变成其乐无穷的宝贝。一到夏天，我园的戏水区就成了孩子们争相玩耍的天堂，为了增强玩水的趣味性，老师们在戏水区投放了丰富的材料，如海洋球、渔网、水枪、空气棒，平时这些玩具都用塑料收纳筐盛放，孩子们经常用这些材料玩捞鱼、打水仗等的游戏。

一、活动实录

今天戏水区里的孩子们又玩出了新花样。一开始孩子们像往常一样把箱子里所有的玩具都拿出来，只剩下空空的箱子，开始我们并不认为空箱子也可以成为玩具，但就是我们的孩子把这些空箱子变成了他们的交通工具小船。

过河

起初，孩子们在玩捞海洋球的游戏，他们按照以往的方法捞起海洋球往海洋球箱里送（箱子在水池岸上）。今天，妞妞想了个好主意，把箱子拖到了水中，水中的箱子像小船一样飘了起来，她好奇欣喜地坐了进去，喊道："谁来帮我划船啊？"几个男孩闻声后三步并两步："我来，我来……"瞬间捞球游戏变为了众人划桨开大船的游戏。可见，孩子眼中的游戏不是一成不变的，同样的游戏材料不一定生成同样的游戏，同样的游戏也不一定使用同样的游戏材料。水之无形，爱之无痕，游戏之无界，愿我们的孩子在水中像鱼儿一样活泼、灵动。

二、活动反思

要想让孩子幸福、快乐、自主，我们就应该还给孩子们游戏的本能，还给孩子们幸福的童年，但在游戏中老师如何做一名有效的观察者呢？

闵行学前教育研训室倪冰主任曾说过："游戏中教师应努力做到'细观察、慎介入、勤思考，适当退后、适度等待'"。所以，在自主游戏中，教师要做到"五看"。

一看环境材料是否符合幼儿年龄特点与游戏需求。我们在戏水区投放各种低结构材料供孩子选择和游戏，如柔性的海洋球、空气棒，水枪、水车，还利用磁铁的特性自制了钓小鱼的材料等。

二看游戏时间是否得到保证以及安排得是否合理。我们把零散的游戏时间化零为整，整合为一个小时的集中游戏时间，为孩子充分游戏提供保障。

三看教师的介入是否建立在观察之上，是否适时适度。老师有效的介入是幼儿自主游戏的前提，必须建立在幼儿游戏的有效观察之上。

四看幼儿是否愉悦是否投入。从孩子们的张张笑脸中就可得知孩子们是幸福的，是发自内心的开心。

五看游戏分享交流中幼儿的语言表达等综合素养。如在戏水游戏中，他们团结合作、理解谦让、勇于创新、敢于挑战，知道如何保护自己、呵护同伴……

（王奕文）

第三章 把游戏的自主权真正还给儿童

沙水天堂

一、活动实录

户外区域游戏的时间到了，由于我们班级负责的沙池区和戏水区相邻，面对沙、水的双重诱惑，沙池永远都是孩子们玩耍的首选之地。今天，我在一片拥簇声中，带领着孩子们一路小跑，奔向了他们最爱的沙池区。

体验"沉"与"浮"

由于沙池区和戏水区是开放且关联的两个区域，我并没有强制要求孩子们必须待在沙池区里。一开始，孩子们从工具屋里取出小桶、小铲，迅速分成两组，一组在戏水区玩水，一组在沙池区玩沙。面对"哗哗"流水声的吸引，越来越多的孩子聚集在戏水区，沙池里不免有些冷清。这时，壮壮小朋友在沙池旁的水泵里有了新的发现，他开心地喊着："快来快来！水泵里有水！我们一起把它弄出来！"这下可好了，一群孩子围了上来，有的帮助他泵水，有的拿着小桶、小水杯等

各种容器前来等着接水，水泵顿时被孩子们围了起来，水泄不通。接到水的小朋友，提着水，一桶一桶地往沙池里倒。这时，在戏水区的小朋友听到沙池区里热闹的声音，也开始从戏水区接水，运输到沙池里。很快，孩子们就拥有了一片湿沙。

不久，来来回回往沙池里倒水的孩子们也失去了兴趣，泵水的小朋友也换了好几拨，渐渐的，水槽边的孩子又多了起来……沙池再一次安静下来。最后，水泵前只省下涵涵一个人还在坚持不懈地泵水，予延小朋友拿着水管，还在给沙池灌水。予延看到水流进沙池里一下就被干沙吸收了，于是催促着："涵涵你快点，水太小了！"其实涵涵一下也没停，这已经是水的正常流量了。眼看两个人就要放弃沙池，我就故意说："我来帮你们泵水，看看沙子里的水会不会多起来。"

两个孩子发现在老师的帮助下，水流依旧不大，知道看来不是力气的问题。这时，我问予延："你知道你面前的沙子为什么存不住水，水一下子就没有了吗？"予延和涵涵陷入了思考。看到两个人思考未果，我继续提醒道："你们想一想，我们公园里的湖泊，还有护城河，里面的水是怎么回

合作使用水泵

事？"或许小班的孩子还是不能够建立起沙池和江河湖泊的联系，不能够很好地把内在经验进行迁移运用。看到她们疑惑的眼神，我只好直接说道："如果你们挖一个湖，或者挖一条河，是不是可以把水存住呢？"两个孩子听到我的建议，连忙拿起小铲子挖了起来，可是两个人的力量太小了，来来回回还是无法成功。为了帮助她们，我向所有孩子喊道："小朋友，快来，我们一起挖一条大河！"孩子们一个，两个，慢慢地多了起来，河越挖越深，越挖越长。当河道初见规模，孩子们便开始继续分工合作，有的继续挖，有的负责泵水，给河道输送源源不断的水流。很快，河道就被灌满了。这时河道中的水出现了变化，起了很多白色泡沫。孩子们满脸疑问："老师，这白色的泡沫是什么东西？"我凑过去一看，用铲子捞起来一点白色泡沫，也不知所以然。便和孩子们说道："老师也不知道这个白色泡沫是什么，等会儿我们回教室再查一下资料！"孩子们一致说好，很快他们便被其他的细节吸引过去。孩子们觉得河道太短了，需要加长，于是有越来越多的孩子加入进来。他们有的负责加宽，有的负责加长，很快，一条有模有样的河流和一支勤劳的河道工队伍呈现在了我的眼前。

　　这时，响起了户外区域游戏结束的音乐，孩子们恋恋不舍地收拾起所有的工具，和他们奋斗了40分钟的河道说再见。我承诺孩子们："明天我们继续来挖，说不定可以拥有更长的河流！"在孩子们充满期待的笑声中，我们结束了这次有趣的游戏。

二、活动解读

　　在感叹小班下学期的幼儿能够出现这样形式上的合作游戏之余，我也对本

第三章　把游戏的自主权真正还给儿童

挖掘河道，疏通水流

次游戏中教师的介入方式和幼儿能力的发展做出了深刻的反思。

小班孩子的内在经验较少，认知结构简单，语言表达能力也是有限的，以至于在社会交往方面，不能够很好地采取同伴交流、合作的方式去解决遇到的问题，教师在什么时机给予什么程度的指导则显得尤为重要。所以，我往往出现在孩子们感到索然无趣或问题无法解决的时候，来帮助他们的认知水平更上一个台阶，以便保护他们的兴趣。兴趣是孩子宝贵的财富，所有的主动学习、主动探索都是建立在兴趣之上的。

三、指导策略

第一次介入是看到孩子们纷纷离开沙池区去玩水了，只剩下两个人还在坚持。这次介入让我意识到，小班幼儿还不能够很好地将已有经验与外在事物联系起来，所以我的指导在一步一步细化。当我发现他们不能把江河湖泊的原理与玩沙联系在一起的时候，我选择给予更详细的指导。

第二次介入的时候是孩子们主动邀请我的，他们发现水灌入沙子中出现了白色泡沫。这个问题的出现也难住了我，而我要做的则是告诉孩子们我们回教室再查找资料，而不是在这个问题前面止步不前。有时候遇到棘手的困难，先放过，也是一个不错的选择。就像在考试的时候遇到难题先跳过一样，不要让解决不了的问题阻碍孩子的思考和兴趣。

孩子们在挖沙子、提水等过程中，锻炼了上肢力量，在坚持不懈的游戏过程中锻炼了耐力，欢乐的游戏使孩子的身体素质得到了提升。

游戏过程中，和同伴间的交流、商讨，游戏的组织，向教师的发问，都需要运用语言。商量的语气、疑问句的句式、命令性的话语，在游戏中层出不穷，幼儿在游戏中锻炼了自己的语言表达能力和倾听能力。

团结协作的游戏形式，让孩子们在 4 岁时便获得了合作游戏的初体验。众所周知，小班年龄段的幼儿受自我中心化的影响，游戏形式多为独自游戏，或毫无交流的同伴游戏。即使孩子们待在一起玩，也基本没有互动和交流。但是在这次游戏中，只要是参与的孩子，或多或少都会和同伴有所交流，能力稍强的孩子也表现出了超前的社会性，能力稍弱的孩子也在带动下积极与他人交流和沟通，实现了共同发展。尤其是缺水的时候，孩子们都争先恐后地要去泵水，商量不出谁先谁后，就干脆一起泵水，那种一起努力的场面充满着团结互助的情感。

（冯媛茹）

奇趣十足的"水""筛"碰撞

幼儿园的沙水区重新进行了规划和改造，循环水道设立在沙池和水池中间，有效地将两个区域连接起来，孩子们经常在这里忙得不亦乐乎。戏水池一侧排布了高低不同的喷水管道，孩子们都叫它喷水枪。水枪的喷水口指向水池中央，调节喷射水速的开关则设计在了水池外周，可控开关高度适宜，便于孩子们操作，这些改造给孩子们带来无穷的乐趣，同时也促发了许多有趣的游戏。

在水道区域自主游戏

取水去引流压水井

第三章 把游戏的自主权真正还给儿童

喷水枪游戏

用筛子挡水实验

反复操作尝试

一、活动实录

"终于可以去外面钓鱼了！"户外游戏时间一到，孩子们便欢呼雀跃起来。我们约好先玩一会喷水枪，等水池中蓄水足够了，大家再开始钓鱼。为此，我们提前准备好了工具和各种各样的鱼。工具包括自制的钓鱼竿、捞鱼网，还有大筛子……

一到戏水区，孩子们就迫不及待地摆弄着喷水枪的开关，这些水枪的管道相互串联在一起，他们需要调节不同的开关才能使得每个喷头出水，这样的设计给孩子提供了多种玩法，增加了游戏难度和挑战性。喷水枪出水后，几个孩子站到水池侧壁上，转动水枪喷头的外侧，秋泰说："我一转这个小开关，水就会变化，一会变大一会变小。"五六个孩子也都好奇地尝试起来。"你们再试一下，看看怎样可以让水柱喷的更远？"孩子们又开始了新的尝试，似乎这个问题有点难。几分钟之后，孩子们依然还在讨论之中。张靖祥小朋友摇动水枪喷头，他似乎发现了什么？"老师，快看！我把喷头向上的时候，水就喷得很远；把喷头向下压一点，水就喷得近。"是呀，对于喜欢玩的小孩来说，在游戏的过程中，他们自然就寻找到了很多方法，从中感知到射程与角度的关联等较为复杂的问题。十五分钟之后，水池中已经积了小半池水，孩子们迫不及待地开始了钓鱼游戏。

此时，喷水枪这一边显得特别冷清，我观察到只剩下史相泽小朋友一个人，他还在专心致志地玩着一个喷水枪。他用一只手摇动着喷头处，另一只手挡在喷水处，这时水花四溅，他很惊喜，这一动作连续进行了十几次才停了下来。接下来，他走到工具堆里，找了一个大大的筛子，然后又走了回来。我很好奇，这样的大筛子能够干什么用呢？于是，就跟随他过去，以便能够近距离地观察他的行为。他把筛子放到了刚才的水枪喷水口前不远的位置，原来，他是在尝试水过筛实验呀。他反复尝试着，还不断调节筛子与水枪喷射口的距离。果然，水遇到了筛子的拦截之后，喷射的距离变短了，由原来的一注水，变成了许多注。他开心地告诉我："老师，筛子把水分开了，有点像洗澡时花洒里的水一样。""对呀，真的很像，你再试着转动筛子或者移动一下，看看还会发生什么有趣的事情。"在我的提示下，他左右移动着筛子，我们看到了经过筛子的水喷流的方向也随之改变起来。这个有趣的小游戏，持续了很长时间，史相泽一直乐此不疲地玩着，相信在这个过程中，他一定还会有更多惊喜的发现。

二、案例分析

这一活动是幼儿在自主游戏时的自发游戏，不经意间"用手挡水"这样一个下意识的行为，引发史相泽小朋友产生这一有趣的游戏想法，从而展开了一系列的探究活动。科学探究的兴趣更多的时候来自幼儿的生活和游戏，儿童的自我发现更能触发他们探究的欲望。

首先，学习经验在亲身体验和直接感知中更易获得。

最初的喷水枪调控活动，为孩子们提供了很多操作机会。我们设置了交错串联的水管和分布在不同位置的开关，目的就是要让幼儿感知水是具有流动性的，同时，让孩子用手来感知水压的大小，水喷射远近与喷口的高低朝向的关系。这些经验是孩子们在游戏中亲身体验到的，并在不断尝试的过程中发现了这些经验。

其次，自我发现是科学游戏持续开展的不竭动力。

孩子之所以天生喜欢沙和水，是因为这是大自然赋予的玩具。沙和水具有流动性等特质，可以带给孩子触觉、感知觉等方面的直接体验。他们可根据自己的意愿自由玩耍，还可以充分发挥自己的想象力和创造力。当孩子在游戏中发现了有趣的现象，便会有一种强大的力量促使他进一步探究，并且表现出惊人的学习力。所以，在活动中，我们始终相信孩子是有能力的学习者，可以通过尝试和操作获取经验，并且解决很多问题。我们要特别关注孩子的平常时刻，保护他们的好奇心和求知欲，支持他们去发现和探究。

再次，概念性问题绝不能用固化思维去理解和解决。

本游戏案例中，核心经验来源于一个我们司空见惯的筛子。成人习惯性地把它的概念和用途固化，并用我们以往的经验来界定，一般的思维是它可以用来

筛沙，也可以用来网鱼。固有的经验告诉我们，筛子挡水又有什么意义呢？筛子怎么可以挡住水呢？是的，我们关注的是事情的结果。但是，在孩子的眼中，筛子就是一个工具，史相泽小朋友用筛子拿来挡水，发现了许多有趣的现象，比如，水喷射的幅度变大了，喷射的距离却变短了；水可以被分成很多份；水喷射的方向可以随着遮挡物的移动而变化⋯⋯孩子关注的是过程，他们获得的将是无限的可能和创造力，以及根植于幼小心灵里对自然和科学的好奇和敬畏。

（薄娜娜）

捕鱼达人

"老师，我们想去戏水池玩，现在我们都穿着短袖，可以下水吗？"已是初秋，戏水池里的水已经变得冰凉，孩子们是不能进入里面玩耍的，但看着他们渴望的小眼神，我只能回答道："好吧，不过只能在水池边上玩一玩哦，不能进去。"一听到可以玩水，孩子们欢呼起来，满怀期待地冲向了他们最喜欢的戏水区。

一、活动实录

我们的戏水区翻新了，水池旁多了可操控的喷水管道。有的孩子一过去，就开始拧各种开关，尝试着打开哪些开关才能够成功地把水放出来；也有的孩子开心地趴在水池边，用自己的小手去玩水。水的流动性太吸引孩子们了，他们乐此不疲地用小手拍打着水花，看着水被捧起来又从指缝中流走。就这样，大概持续了 5 分钟，孩子们便兴趣索然了。

该怎么做才能让孩子们继续玩起来呢？这时我发现了之前留在戏水区旁的一些塑料小鱼、小水桶、小水壶、盆和捞鱼网等玩具，虽然不能到水池里面玩耍，我们在水池边也一样可以玩啊！我将塑料小鱼玩具倒在喷水管道附近，并告诉孩子们："打开水龙头，看看小鱼能被冲向哪里？"孩子们蜂拥而至，将所有出水口都打开，看到塑料小鱼被水流冲击到很远的地方，孩子们竟然开始比赛，看看谁的水龙头冲走的鱼更远。伴随着此起彼伏欢庆胜利的声音，不一会儿，水池里面便散落了很多小鱼了。

感受秋日池水的凉爽

水池另一边的孩子却犯了愁。他们的捞鱼网杆子很短，只能捞到很近的鱼，他们想捞水池中心的那几条鱼，孩子们轮流尝试都捞不到。壮壮说："我胳膊长，换我试一试。"妙语说："延延个子高，她应该能行！"孩子们在不断地尝试中纷纷落败，他们尝试一个孩子拉住前面的孩子，继续想办法缩短与水池中心的距离，可是已经很危险了，也没有成功，他们开始向我求助。我便说道："你们看，渔网杆子很短，你们的手臂也很短，我们可以加长哪一个呢？"孩子们纷纷说道："肯定是加长捞鱼网的杆子，我们的手臂不可能迅速长长。""那你们还不快去找材料？"我催促道。孩子们四散开来，不一会，他们捡了很多树枝过来了，有的细，有的粗，我问他们："小朋友们，你们觉得细树枝和粗树枝哪一个更合适啊？"睿睿说："粗的，粗的！细的断了可怎么办？"解决了这个问题，新的问题来了，怎么把树枝和捞鱼网的杆子连接在一起？孩子们开始思考。"用透明胶！""用绳子！"我很遗憾地告诉他们："这里没有透明胶，也没有绳子，有没有替代品？"这时孩子们都犯了愁，这些工具都没有可怎么办？我便引导他们继续思考："你们可以想一想，什么东西可以像绳子一样用？"可能孩子们是刚刚升入中班的年龄水平，这个问题实在是太难了，我便直接吩咐昊宇："把咱们装塑料小鱼的塑料袋拿来试一试吧！"我用塑料袋将捞鱼网的杆子和树枝捆绑在一起，孩子们脸上写满了惊讶。在捆绑的过程中我又问他们："孩子们，你们觉得除了塑料袋还可以用什么代替呀？"他们的眼神里又充满着疑惑，每个孩子都在思索着，或许这已经超出了他们的已有经验了吧！加长版的捞鱼网做好了，孩子们又一次欢呼了起来。孩子们争相使用加长版捞鱼网，享受着动脑解决问题后带来的成就感。

第三章 把游戏的自主权真正还给儿童

二、案例分析

刚刚升入中班的幼儿在问题解决的水平上还是有所欠缺，孩子们想要捞水池中央的鱼，可是怎么也够不到。这里就出现了比长短、测距离、比粗细等一系列数学知识。孩子们在游戏过程中感知到想要捞到水池中央的鱼必须要加长工具，于是选了胳膊最长的或者个子最高的小朋友都无济于事，甚至模仿"猴子捞月"一般，前面的小朋友都快掉进水里了还是没有成功。但是这是孩子们勇敢解决问题的第一步，教师一定要及时介入，帮助他们攻克难关，才能延续孩子们解决问题的兴趣和勇气。这时教师的介入帮助孩子们寻找到新的突破口，就是加长捞鱼网杆。在找材料的过程里，孩子们收集的树枝长短不一，通过比较粗细让孩子们猜想怎样最结实。最后在选择连接材料的过程中，教师帮助孩子打破固有思维，不是只有透明胶和绳子才能用来连接，在没有这些材料的情况下我们要动脑筋寻找替代品，增添了孩子们解决问题的经验，相信他们下一次遇到类似问题的时候也可以打破固有思维，寻找新的办法。

（冯媛茹）

使用各种方法捞取池中物品

沙池中的你我他

一、活动实录

春天来了，花开了，草绿了，到处都是一片生机盎然的景象。每次带孩子们户外活动的时候，我都会引导孩子们去观察和寻觅大自然赋予的美丽。今天我们的户外活动区域是湿沙城堡，孩子们和往常一样进入沙池就四散跑开，去寻找自己所需要的工具。与往常不同的是，孩子们发现我们的沙池变美了。

（一）花瓣蛋糕

在沙池的边缘落满了白色的花瓣，星星点点的白色花瓣铺在沙子上非常漂亮，这可把女孩们兴奋坏了，她们三五成群地提着小桶、端着小盆到处拣花瓣。我来到她们身边问道："你们用这些花瓣准备做什么呢？""我们假装今天是彤彤的生日，在给她做花朵蛋糕呢。"孩子们分工明确，有的负责蛋

认真寻找材料装饰蛋糕

糕胚子的制作，将沙子揉搓堆砌，做成蛋糕的形状；有的在认真地挑选完整、新鲜、漂亮的花瓣；有的负责装饰蛋糕，一切都井然有序。很快蛋糕就初具雏形，萱萱问我："老师，我们可以找些小石子做蛋糕上的巧克力吗？""当然可以啦！"很快蛋糕就被小石子和花瓣装饰好了。孩子们正要给彤彤唱生日歌时，我提出："怎么没有蜡烛？"机灵的瑶瑶马上从旁边拔了根草插在蛋糕上面说："这就是我们的蜡烛，开始过生日喽！"大家都沉浸在过生日的喜悦中。再看看其他女孩们收集的花瓣儿，她们有的把美丽的花瓣拿来装饰沙堆小房子；有的用花朵做食

品装饰；还有的当起了卖花的小姑娘……整个沙池因为这些花瓣更增添了童年的味道。

（二）沙中小草

看女孩儿们把沙池装扮得这么美丽，我也沉浸在其中，沙池中钻出了一棵棵绿色的小苗，俯下身一看原来是一株株的小草。正当我心中感叹这小草顽强生命力的时候，墨墨小朋友拿着铁铲出现在我的视野，只见他拿着铁铲，一铲一铲地把小草都铲了出来，边铲嘴里还边嘟囔着："哼，我要把你们都铲掉。"我走上前不解地问"为什么把草都铲了？你看，小草多顽强啊，在厚厚的沙堆中也努力地往上生长，它也是有生命的，铲掉了它就死了。"我自认为说得很在理，可墨墨的回答让我意想不到：

奋力地铲除小草

"老师，因为我担心小草长大变长了会绊倒沙池里的小朋友，所以才拿铲子想铲走它。"这句话触动了我的心，引起了我的反思。的确，孩子说的是对的，我只是站在自己的视角去看待问题，却没有考虑孩子的想法。认识到错误后，我马上肯定他说："你做得对，知道为小朋友着想，学会为大家服务了！"

（三）快乐厨房

"老师，快来看我做的大馒头！"一阵稚嫩的声音传入耳畔，转身一看，原来是冉冉小朋友用铁碗扣了一个大馒头，高兴地让我看她的成果。这时爱凑热闹的浩浩也跑过来看，看得出他也想加入做馒头的队伍中。我说："冉冉，你做的还真像馒头呢，又大又圆，你们一起再多做几个吧。"说完冉冉就动手往碗里装起沙子来，浩浩也兴奋地帮忙，用铁铲铲起一铲子就往碗里送，冉冉赶忙用手护住碗说"你弄的沙子太干了，干的不行，湿的才可以。"我接着问："冉冉，为什么干的沙不行，湿的才可以呢？"冉冉回答："因为干的沙子太散了，湿的沙子能粘在一起，很结实。"听了冉冉的解释我很欣慰，这就是游戏的巨大魅力，在无形中教给孩子知识，又让孩子们体验了乐趣和欢乐。做完了馒头冉冉又开始

忙碌地做着一道道菜肴

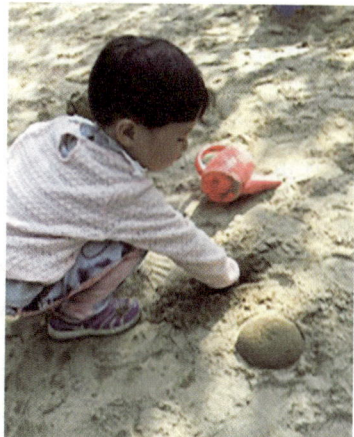

湿润的沙子才能扣出成型的馒头

用沙子和水做饭，并用不同的碗盛好，一碗又一碗的摆了好长一排，都做好后还不忘给我耐心地讲解每一碗都是什么菜，有番茄汤、辣椒、炒鸡蛋、炖土豆……看到她有那么多的想法，玩得那么开心，我深刻体会到游戏带给孩子的财富。

二、实录分析

（一）活动分析

（1）生活经验是每个孩子都具备的，对于小班的孩子来说，他们更多的是通过模仿生活中的情境来感知世界的。过生日是每个孩子最开心的事情了，生日蛋糕是他们最喜欢的食物。落下的花瓣是大自然给他们最美丽的馈赠，他们会用沙子做成蛋糕，用花瓣做装饰、用小石子当巧克力、把小草当蜡烛，这都体现了孩子丰富的想象力和创造力，希望每一个孩子都能永远享受这份天真、烂漫和美好。

（2）孩子是纯真的，他们的想法简单单纯，不掺杂任何的杂质。很多时候，我们都会多多少少忽略孩子们的感受，常常从自己的视角去看待问题，无法真正走进孩子们的内心，值得我们好好反思。

（3）孩子们的社会经验是从他们的日常生活中获取的，馒头、炒菜这一类东西在生活中很常见，每天餐桌上都会看见。孩子有了这样的社会经验，在玩耍的过程中很容易就想到用手中的沙子和各种工具器皿做成生活中食物的模样，把自己的生活经验很好地融入游戏中。孩子在动手操作中体验到沙子的干湿特性带来的不同效果，也让其在不知不觉中感知了物体的物理属性。让孩子在游戏中成长吧，孩子们自己在游戏中获得的经验比老师的讲解更有效。

（二）教育策略

《3～6岁儿童学习与发展指南》中明确指出："幼儿的学习是以直接经验为基础，在游戏和日常生活中进行的。"教师要充分利用身边的资源，为幼儿创造自由探索的环境，让幼儿在游戏中得到发展。沙是柔性的自然物，也是幼儿喜欢的天然玩具，我们要给孩子充分的自由，让其在无拘无束的环境中尝试体验，更好地融入其中，变着花样玩出情节，在提升动手能力的同时，发挥出无限的想象力和创造力。在游戏中教师一定要适时地介入，以游戏玩伴的身份参与其中，通过语言的引导、亲身的参与，让孩子们的游戏更丰富多彩。因此，教师要注意从以下几个方面来介入与指导提升。

首先，为幼儿提供充足的空间和材料，鼓励孩子按照自己的方式进行游戏；然后，静观游戏，给孩子零压力、宽松自由的游戏环境和充分体验的经历；在观察的基础上适时介入，引导和支持孩子的交往行为；以游戏玩伴的身份参与其中，通过语言的引导，让孩子们的游戏更丰富、完整。

（刘新敏）

沙中小故事

一、游戏活动实录

秋天是个美丽的季节，更是个收获的季节。秋高气爽，孩子们在蓝天白云下的沙池里挖掘隧道、堆砌城堡、制作蛋糕，和沙子一起说话、一起快乐，是那样地无拘无束和专注投入。

今天，我们又给孩子们新准备了许多瓶子、沙漏和一节节粗的PVC管道作为玩沙工具。孩子们看到工具非常兴奋，争先恐后地跑来领取新工具。除了叮嘱大家注意安全，不能将沙子扬起迷着自己或他人的眼睛之外，我们没有给孩子们固

我们一起玩

定游戏模式和提太多的要求和规则，让大家发挥想象力自由游戏。

（一）尝鲜期——都来尝一尝

孩子们对这批新工具很感兴趣，有的三五成群玩大沙漏，有的比赛插红旗，有的像个小小建筑师，挖隧道、筑围墙、建高楼，有的像个小厨师，忙着做蛋糕、点蜡烛，也有的模仿科学家的样子，运用手中的各式模具，创作一个又一个稀奇古怪的东西。活动开始十分钟左右的时间里，大部分幼儿的兴趣都在探索、尝试不同的玩沙工具上，他们一会拿起这个工具试一试，一会儿捡起那件工具看一看，一会又和同伴交换工具或者展示自己创新的玩法，玩得不亦乐乎。

（二）对胃口——这是我的菜

经过一段时间的探索，大部分孩子已经了解工具的用法，也都找到了自己心仪的工具，慢慢开始专注地玩起来。马泽宇和王浩泽手握小铲子开始建造城堡，他们挖出深深地河沟，用挖出的沙子垒砌城墙，他们很聪明地发现挖到深处的沙子是湿的，用湿沙子垒城堡，可以垒的很高还不会倒。另一边，几个孩子仍然在玩沙漏，可是沙漏总是歪倒，沙漏倒了他们就想办法扶起来。经过几次失败，孩子们开始尝试让沙漏不倒的方法，有的小朋友干脆挖了个坑把沙漏的底座埋起来，有的尝试用其他工具压住沙漏，有的用三个PVC管道将沙漏夹在中间，就这样孩子们玩沙漏的兴致逐渐转移到与沙漏抗战的游戏上，玩得满头大汗、不亦乐乎。沙池的西边，吴同泽小朋友和张珈霈小朋友在做蛋糕，一边做一边说："老师请你耐心等待，我们给你做个美味的蛋糕。"旁边的几个小朋友闻讯也开始争先恐后地做起了蛋糕，看得出他们是想竞争到我这个顾客。

（三）坚持——烧好我的菜，等你来品尝

看到很多孩子都对做蛋糕感兴趣，我就故意说："同泽，你们的蛋糕再做不好我可就要买别人的蛋糕了，谁家蛋糕做得漂亮、好吃又便宜我就买谁了"。

小小厨师

同泽一看很着急，他又招来几个伙计帮他一起做蛋糕，还一边做一边劝我："老师你再等一等，我们的蛋糕是最好吃的，你一定要买我们的吃，不买我们的会后悔的。"我在旁边点头表示赞同，孩子们干得更卖力了，一会儿找来树枝当巧克力，一会儿捡来小树叶当水果，一会儿又摘来小草装饰蛋糕。宋沐晨和张蓝亓却自立门户开起了蛋糕店，她们发现用PVC管当模具可以做出更大的蛋糕，便想尽办法努力往更粗一点的PVC管装沙，一边装一边用瓶子把沙捶打结实，最后在上面插上几个瓶子当大大的生日蜡烛。当她们的蛋糕得到我的肯定以后，两位老板开心地欢呼起来。因为国庆节快到了，另一边几个孩子在商量着做个插满国旗的国庆蛋糕，她们要将蛋糕送给祖国妈妈庆祝生日呢。为了赢得我这个顾客，做蛋糕的孩子们使出浑身解数创造出各种各样的蛋糕。建城堡的两个孩子依旧在为了自己的城堡努力工作着，大沙漏还在被刚才的几个小家伙围着探个究竟，运沙的队伍还在兴致勃勃地推着小车，每个孩子都乐在其中……

二、实录分析

玩沙是幼儿特喜欢的游戏，但是要想孩子们把玩沙发挥到极致，就需要老师多费点心思了。教师如何科学规划场地、如何投放适合的材料、如何有效指导等，都是幼儿自主游戏能否有效开展的关键。

（一）科学规划场地

科学规划场地是开展幼儿自主性游戏的前提条件。科学规划场地不仅影响户外游戏活动的有效性，而且直接影响幼儿参与活动的积极性、主动性、专注性和持久性。我们的沙池与水池、树林相

孩子们的工坊

邻，幼儿在游戏中方便取水和随地取材。合理规划场地既能让环境充满童趣，又在安全的前提下，满足了幼儿的各种游戏需要。

（二）投放适龄材料

投放适龄游戏材料是引发幼儿积极参与自主游戏的基础。不同年龄段的幼儿需要的游戏材料各不相同，教师应熟练把握各年龄段幼儿的特点，根据其兴趣爱好、思维特点和动作发展水平，为其投放适宜的游戏材料，吸引幼儿积极参与游戏。

比如大班的幼儿更喜欢有挑战性和探索性的活动，我们就给大班孩子提供了直径不同的 PVC 管子、沙漏、水渠、矿泉水瓶等开放性材料，这些材料为幼儿提供了足够的想象和创造的空间，能激发幼儿参加的热情，增强游戏的趣味性；而他们对小班幼儿喜欢的小工具，如小耙子、小钩子等简单的玩沙工具，兴趣就不是太大。

所以，我们一定要针对不同幼儿的年龄特点，科学选择和投放游戏材料，充分发挥材料的教育功能，引发幼儿的自主游戏兴趣，强化幼儿的探索意识和创新能力。当然，所有的工具不是一成不变的，也许随风飘落的秋叶成了孩子们心中饭菜，也许干枯的树枝是幼儿手中的画笔，沙池就是幼儿发挥想象力的画布……

（三）教师有效指导

教师的有效指导是提升幼儿自主游戏水平的关键。幼儿自主游戏需要教师有目的、有计划地引领幼儿游戏水平的提升。尽管我们强调幼儿在户外游戏活动中的自主性，但并不意味着户外游戏活动就等于自由活动，教师只要以旁观者的身份站在一旁维持秩序，或为幼儿添加一些游戏材料就可以了。教师仍然有责任对幼儿的户外游戏活动进行有效指导，只是在指导过程中应该充分尊重幼儿的游戏意愿，更要注意指导的有效性、艺术性。

可以说，玩沙是幼儿园孩子们户外活动的"必修课"，玩沙更是一项高度自主的游戏，不受能力高低的限制，不受规则程序的约束。孩子们可以通过玩沙子增强科学探索和团队合作意识，激发无穷的想象力和创造力！"一沙一世界，一池一海洋"，每个孩子都能在玩沙游戏中创造出自己的世界，沙池就像海洋一样，给每一条不同的鱼儿一个温暖欢乐的家。

（李　明）

黄河入海流

废旧管材巧利用，引来活水真好玩

玩沙和玩水是孩子们最喜欢的游戏项目。为了给孩子们创设一个玩沙和玩水相结合的场地，我们在湿地城堡利用废弃的PVC管搭建了一条蜿蜒的流水渠。（为了设置饮水管道，我们几位老师上网查找各种能用来引水的材料，最后发现了园里装修时剩下的几节PVC管，如果将它们组合起来，不正好是最好的管道吗？我们请来家长志愿者一起想办法，经过设计与安装，终于成功了。）这样，就地取水的问题得到解决。接下来，怎样引导他们开发水和沙组合的新玩法呢？

今天上午，孩子们再次来到湿沙城堡，户外活动总是令孩子们兴奋不已，他们立刻奔向各种玩沙的工具，各自忙碌了起来。（我们打开水管，给水渠注入细细的水流，等待吸引孩子们。）旁边的阳阳很快地发现了沙池边上新安装的水管和水桶，就拿起小桶来接水，思雨也拿着小舀子来排队接水，水渠吸引了越来越多的孩子来接水。（我们心里不禁暗自窃喜，孩子们的观察力，尤其是对新鲜事物的感知能力，超乎我们的想象。）不一会儿，一个小水坑出现在孩子们的脚下，孩子们都踮起脚尖避免踩到水里。"快，水堵在这里啦！怎么办？"阳阳的一声高喊引来了其他孩子的关注，这时，水坑里的水渐渐漫过小坑的边缘向飞飞的鞋边流过来，飞飞赶紧往后退了退，水跟着飞飞脚印的方向流淌，孩子们都惊喜地叫起来："快看呐，有一条小河啦！"飞飞大声喊："是黄河！"（我在一旁静静地看着他们手忙脚乱地躲闪四处流淌的黄河水。嗯，这是一个引导、支持孩子们继续拓展游戏的契机。）于是，我问："你们见过黄河吗？""见过！"

有几个孩子说："妈妈带我到黄河边玩过。""我姥姥家就在黄河边上住。"我又问："黄河从我们的家门口流过，它要流到哪里去呢？"孩子们想了想说："大海。"我接着问："怎样帮助这些黄河水找到去大海的路呢？"（有关黄河的相知识就这样被老师的几个提问串联了起来，为以后的游戏拓展做好了铺垫。）

孩子们立刻兴奋地行动起来，开始时有的孩子用手挖，几个机灵的孩子很快找来几把小铲子左边一下右边一下地挖着，河水一会儿向左一会儿向右，断断续续地延伸着。我发现飞飞并没有盲目地挖河道，而是一边观察一边跟着水流动的方向在挖，我就问他为什么要这样挖，他说："它想这样走。"我不禁为飞飞的善于观察点赞，接着又问："为什么它要往这边走？"飞飞趴在沙面上看看，说："这边矮。"太棒了！其他几个孩子也发现了"水往低处流"的规律，跟在飞飞的身边一起用力挖，不一会儿一条蜿蜒的黄河就贯穿了大半个沙池。（老师及时地捕捉到飞飞这个学习能力强的榜样，及时地给予肯定和表扬，不仅提升了飞飞的成就感，更激发了其他小朋友的兴趣。）

洋洋和几个小朋友在沙池的另一边挖了一个大大的沙坑，说："这是大海，快让黄河流进来吧。"有了大海这个目标，孩子们挖河道的积极性越来越高了，还互相鼓励着："加油，你看马上就挖到头了。""丁丁，你到这边来挖，再挖深一点，这样水才能流过来。"（中班的孩子们能在游戏任务的驱使下自然、愉快地协商、合作，这是自主游戏带给孩子们的收获。）

整个过程中，孩子们一刻也没休息和放弃，一边挖一边修正着水流的方向，洋洋由于皮肤敏感，头上被蚊子咬了好几个大包，还是在坚持着为黄河开道。经过一个多小时的努力，黄河终于流入大海了，看着自己的成果，孩子们一起欢呼起来。

（陈玮青）

以生活经验为指导，分工合作达成目标

当风车遇到沙子

喜欢玩沙、玩水是幼儿的天性。特别是当抓起一把沙时，指缝中沙粒的流动会带来一种奇妙的感受，幼儿园里的阳光沙滩便成为孩子们最喜爱的游戏乐园。

一、经验冲突，引发探究

户外活动时间到了，孩子们来到阳光沙滩，一架风车沙漏引起了佳佳的注意。佳佳把风车拿在手里拨弄了几下风车叶片，小风车缓缓地转动了起来。不一会儿，佳佳开始用小铲子往漏斗里填沙子。（教师在活动区域里投放了许多游戏材料，孩子都会不厌其烦地重复着铲沙、倒沙和堆沙的游戏，不知道这次佳佳会做什么，我带着疑问继续观察。）

咦，风车怎么没有转动起来呢？（在孩子的已有经验里，沙子是可以通过漏斗流下去从而带动风车转动的。）佳佳用手掌用力地往下按漏斗里的沙子，想让沙子漏下去，可是漏斗

佳佳用手掌压住沙子让其流下去

里的沙子被他压得越来越紧，更是漏不下去。这可急坏了佳佳，他用求助的眼神望向我。（佳佳的实践与他的已有经验产生了冲突，由此可以断定佳佳"沙子流过漏斗带动风车转动"的经验不完整，他并没有掌握现象的本质"沙子如何流动"。也许佳佳这个表象经验的获得是通过观察得来，总之是时候让佳佳在反复实践中发现问题、解决问题，从而丰富他的已有经验。）我告诉他："赶快开动脑筋再想想，再试试，这个问题肯定难不倒你。"（教师的鼓励对遇到困难的小班孩子尤其重要，不仅能够保护孩子的游戏兴趣，帮助他们建立信心克服困难，培养自己解决问题的能力，也是孩子能否继续探索下去的关键。）

二、同伴学习，体验成功

佳佳看着漏斗里装满的沙子正在发愁，这时旁边同样在玩风车的琪琪，一

边指着自己的风车，一边对我大喊："老师，老师，你看，我的风车转得很快！"琪琪漏斗里的沙子正在向下流动，带动风车旋转起来。

佳佳看了一眼琪琪的风车，看到他的漏斗里沙子比较少，受到同伴的启发，佳佳想到了解决"沙子漏不下去"的方法。他开始向外倒沙子，沙子倒掉一半以后开始流动，小风车也转动起来。佳佳兴奋极了，跟旁边的琪琪说："你看，我的风车也转起来了！"等漏斗里的沙子漏光，佳佳用手抓了一把沙子，小心翼翼地把沙子洒在漏斗里，风车缓缓地转动了起来。佳佳可能觉得用手抓沙子非常不方便，而且沙子很容易从指缝中流走，于是他顺手拿来旁边的小铲子向漏斗里铲沙子，风车又慢慢地转动起来。（一次成功的体验带给孩子巨大的动力，他开始不断重复相同的动作，来获得成就感。）

佳佳对着风车看了一会儿，好像觉得他的风车转得还不够快。"琪琪，用你的小碗帮我倒一下沙子好吗？"佳佳喊来好朋友（孩子在相互交往中开始有意识地合作），琪琪很乐意，开始用手里的小碗舀沙子倒进漏斗里，她舀了满满一碗沙子，贴着漏斗边缘轻轻地倒下去，风车转动起来。（显然，琪琪的经验高于佳佳，琪琪能够抓住"让沙子快速流动"这一本质。）佳佳在一旁自豪地对旁边的小朋友说："你们看，我们的风车是转得最快的。"

三、问题启发，深入探究

"你们觉得，站起来向漏斗里倒沙子，风车会比之前转得快还是慢？"（我觉得这是引导孩子们继续深入探究的大好契机，于是我抛出问题试图激发他们深入探究"关于沙子流动快慢与风车转动速度之间的关系"。）

"第一次快！"

"不对，不对，我觉得是站起来倒沙子风车会转得快。"

（两个孩子的意见不一致，他们的争论会让自己对问题的认识越来越清晰、准确，我觉得可以趁机请孩子们做一次对比小实验。）

"那我们怎么能看出来风车转得快还是

佳佳在研究怎样能让沙子漏得更快

慢呢？"

"试一试呗。"（他们自然而然地想要再试一次。）佳佳舀了满满一碗沙子，站在风车旁边，对准漏斗，把沙子倒下去。果然，风车快速地转动起来。

"站着往漏斗里倒沙子风车会转得更快，这样更好玩。你们也试试吧……"孩子们像发现了新大陆，愉快地和身边的小伙伴分享起来。

风车和沙子的碰撞带给孩子的是一次奇妙的科学探究之旅，带给我的却是极大的震撼：孩子们非常了不起，一架小小的玩具风车能够引发孩子不断去尝试，一边实验操作，一边观察比较，学会自己分析问题、自己解决问题。而我们需要做的就是，站在孩子身后，给他们提供一个自由、充分的游戏空间，选择适宜的时机向他们伸出"橄榄枝"，让自由探索的精神充满孩子的童年。

（崔英杰）

沙池变身记

一、前期经验

湿沙城堡是我们班孩子最喜欢的户外区域之一，孩子们热衷于用模具装沙子倒扣塑形；用耙子、铲子、铁锹等挖沟挖洞；用铲子把沙子放入筛子，对沙子进行过滤，等等，这些简单的活动孩子们都能饶有兴趣地玩上一个小时。最近，几个小男生在用大铲子挖沙时偶然发现了地下水，这调动了孩子们挖沙的兴趣，

瀚文和泽泽尝试着将粗沙过滤成细沙

几个小男生挖沙时发现了地下水

在接下来的几天里，用大铲子挖沙成了男生们最热衷的活动。他们专注而又坚持不懈地挖沙，只为寻求挖到地下水那一刻带来的惊喜。

对幼儿来说，沙和水常常是分不开的，都是充满童趣的自然材料，在玩沙游戏中加入水的元素，会增加游戏的趣味性。以孩子们发现地下水为契机，思考沙池区如何变身，探索多种玩法，我们组织展开了讨论：

教师：有了水之后怎样让我们的沙池区变得更好玩？

幼儿1：我们可以挖壕沟，把水引到壕沟里，帮助农民伯伯浇灌农田。

幼儿2：我们一直很想搭建城堡，可是沙子太干了没法搭，现在有了水，我们的城堡可以搭建起来了。

幼儿3：有了水，我们可以洗菜、做饭了……

面对孩子们的奇思妙想，教师利用水管为幼儿引来水源，并进一步丰富了玩沙工具，在一群群忙碌的身影中，沙池区的变身计划开始了……

（一）挖壕沟的小小工程师

为了满足孩子们挖壕沟灌溉农田的需求，我们接通了水管，帮助幼儿把水引到沙池区，一场轰轰烈烈的大工程开始了。桐桐、豪豪等几个小朋友拿来铲子在水源附近开始挖沟，旁边的几个小男生见状也拿来铁锹加入了挖沟的行列，大约用了20分钟，一条深深的壕沟呈现在小工程师的面前。"可以开始放水了！"工程师豪豪下达命令，指挥靠近水源的元元开闸放水。有的孩子迫不及待地拿来水桶帮忙接水，站在壕沟一侧的宋浩泽小朋友也想过去帮忙接水。他试图用一只脚跨过壕沟，可是宽宽的壕沟让他的尝试以失败而告终。"你们挖的壕沟太宽了，我都过不去了。" 桐桐突发奇想："如果在壕沟上面架起一座桥，不就可以过

孩子们在探索怎样将水引流到农田

去了吗？"于是两个人从储物间搬来塑料板架在壕沟的两侧，这一举动吸引了其他的小朋友，大家纷纷搬来各色塑料板，就像架起了一座座的彩虹桥，方便工程师们来回走动和搬运物资。壕沟越来越深，小工程师们也略显疲惫，为提高孩子们的积极性，我们给孩子们加油助威，孩子们一边挖沙建壕沟，一边喊着响亮的口号："巴布工程师，我们最棒，加油，一二，加油，一二……"经过近一个小时的努力，小工程师们终于成功地将水引到了农民伯伯的田地里。看到他们露出胜利的笑容，我们也感受到孩子们发自内心的成功与喜悦。

（二）热火朝天炒菜的小厨师

为了犒劳辛劳的工程师们，几个小女生把挖沙工具当作烧饭菜的切刀、铲子，拔来杂草当作蔬菜，切一切、炒一炒，玩得十分开心。她们自发为工程师们做了丰盛的午餐，有的孩子拿来电锅，边往锅里倒水，边请旁边的小伙伴帮忙往水里撒入沙子，不时地念叨着："我在烧

铭铭、琪琪、家好和可可在商量着为工程师们做美味佳肴

鱼，这是味精。""我在炒菜，我在炒肉。"有的孩子在锅中放上干沙和从旁边小树上摘来的果子，做成了满满一锅香喷喷的八宝粥，大家一起把热乎乎的饭菜运送到"工程师"们的"工地"上。

（三）湿沙城堡的建筑师

仔细观察，你会发现几个"小建筑师"在利用小桶等模具塑形，尝试搭建城堡。若溪在用小推车帮忙运送湿沙，芳芳负责把湿沙装进模具里，不停地用工具或小手把沙子压得结结实实的。可是当她把压好的模具倒扣在地上的时候，城堡还是出现了坍塌的现象，沙子散落了一地。于是，她重新把洒落的沙子放回桶里，几次尝试无果后，我上前去帮忙，引导她换一桶湿度更大的沙子试一试，湿沙城堡终于可以牢固搭建起来了。漂亮的城堡吸引了旁边的锦源小朋友，他也寻找工

芳芳、希希和玥玥在尝试着用模具塑形搭建城堡

具加入游戏中来，不一会儿的工夫，一个个小小的城堡矗立在我的面前，孩子们又为他们的城堡堆砌了一道道的围墙，一个个完整的城堡建筑群初具雏形。

二、案例分析

（一）幼儿在游戏中获得的有益经验

（1）低结构的沙水活动，具有无数个可能，也具有无数个未知。幼儿带着无限的好奇和极大的兴趣参与其中，他们不断尝试、观察、发现、分析并不断解决问题。在反复的操作中，孩子们获得对沙、水的认知经验，进而更熟练、更富有创意开展沙、水活动，这是一个循环上升、经验不断递增的过程。

（2）幼儿可以自由地探究和发现沙子与水的各种物理特性以及它们之间的相互关系。在筛沙和建湿沙城堡的过程中，可以感知干沙的流动性和不可塑性、沙子的吸水性、湿沙的易塑性等特征；制作模型，会发现容器形状与沙子外形之间的关系，把装满沙子的容器倒扣过来，出现一个个造型时，会进一步发展幼儿对空间关系的认识能力。

（3）湿沙可以塑型，随意进行艺术创作。湿沙可以堆砌成围墙、高楼、城堡等建筑物，还可以用模具倒扣塑型，将多个单品进行多样化艺术组合，可以和木棍、管子等材料进行组合，完成更加复杂的搭建。这些用湿沙进行平面和立体的艺术创造行为，结合了沙子的特点，为幼儿的艺术审美和创造提供了多样化的机会。

（二）教师的支持与指导策略

（1）教师及时梳理幼儿已有经验，抓住幼儿的兴趣点和新的经验，推动了幼儿游戏水平的不断提高。如：教师通过观察幼儿游戏的进展，捕捉幼儿对水的兴趣点，以此为契机，组织幼儿进行谈话活动，思考加入水元素后，沙池区会有哪些新奇的玩法，并引导幼儿在玩沙的实践中生发并探索出多样玩法。

（2）教师适时为幼儿提供有针对性的游戏材料，创设有趣味性的游戏情景，为游戏的发展提供经验和物质方面的支撑。如加入水元素后提供更多的模具，方便幼儿用湿沙完成更多丰富多彩的游戏。

（3）幼儿在游戏中的探究离不开教师的支持和引导，更需要教师的等待。要给幼儿自我尝试的机会，让他们学会自己解决问题。如：当教师发现幼儿利用湿度不够的沙子塑形失败时，没有急着告诉幼儿问题的症结，而是等待幼儿自己去尝试，多次无果后再给出适当的引导，并鼓励幼儿自己去尝试并成功地解决问题。

（贾文静）

沙池里的美食店

生活小厨房是孩子们最喜欢的特色课程，孩子们每次在生活小厨里房做馒头、花卷、饼干、蛋糕等美食的时候，他们都很专注、开心，每次都有意犹未尽的感觉。于是，我在班里组织了一次"我是小小美食家"的谈话活动，孩子们畅所欲言：我们想做小熊饼干、比萨、果冻、馅饼、三明治、汉堡……带着这些美食的诱惑，我和孩子们来到了湿沙城堡。

孩子们熟练地从工具小屋里取出了玩沙工具，有的拿筛子，有的拿锅，有的拿勺子，有的拿桶。不一会，孩子们就用选择的工具开始了各类美食的制作。他们有的单独制作，有的两两结合分工制作，有几个小朋友约好一起开一家美食店。他们经过讨论做出了分工，有的孩子负责做饼干，有的孩子负责做汤，有的孩子负责做动物馒头。经过一番讨论，美食店的小小厨师们开始了他们的制作……

丁文秋和岳梦初共同制作的比萨还没有完成装饰，孔祥淇想拿着树上掉落的小豆豆来帮忙，小豆豆紧紧地连在树枝上，她们几个怎么拽都拽不下来。我上前去帮忙，把小豆豆从树枝上拽下来，她们拿着小豆豆在比萨上摆成一圈，上面又撒了一些绿色的树叶，比萨的装饰终于完成了，看起来漂亮极了。文秋喊来晨晨："看我做的比萨，一会儿咱们玩买比萨的游戏吧！"

这边，徐铭泽拿来一只平底锅，放了点沙子和水，放在煤气灶上，一边搅拌一边说："我煮沙子汤啦！"还到旁边的小树下摘了几片绿色的叶子放进平底锅搅拌了几下，说："汤煮好啦！"煮好后，他把一锅沙子汤倒进了沙漏里，沙子和水一起流下去了。旁边的杨钰庭和吴奕霖也打来水，将水和沙子进行搅拌，然后看着沙子和水一起缓缓流下来，他们两人在反复玩沙子加水流下来的游戏。这时王一宸也拿了一个沙漏，他只放了沙子进去，发现沙子很难流下来，他又找了根小棒，使劲在里面搅拌，发现沙子虽然能流下来一些，但还是没怎么减少。他疑惑地自言自语道："为什么我的沙子流不下来呢？太奇怪了！"试了几次后，他有些焦急地喊道："老师，为什么我的汤流不出来？"我蹲下来摸摸他漏斗里的沙子问："你摸一下，你的沙子和他们的沙子有什么不同？"王一宸摸完有些不明白，我说："你的汤里水太少了，那你给沙子加点水试试。"在我的引导下，王玮宸往沙子里倒了一些水，沙子慢慢地流下来了。王玮宸大声欢呼："太好啦，我的实验成功了，我的汤做好了！"我说："是呀，你看，沙子里的水越多，沙子就越能流动起来！"王一宸知道了这个"秘密"，反复玩起了这个游戏，玩得不亦乐乎！

解锦墨、高兆佳、朱梓晨三人一起制作了可口的蛋糕，利用盒子、树叶、雪花片来做装饰。她们三人先找来漂亮的盒子，再合力堆出高高的蛋糕，接着她们又商量着分工去寻找其他装饰的材料。解锦墨去拿雪花片，高兆佳去捡叶子，朱梓晨留下来看好蛋糕以免别人不小心踩到。蛋糕做完一个再做一个，他们玩得也很开心。每个孩子都做了自己喜欢的美食，种类众多，花式各样，他们看着场地上的美食兴奋不已。我说："你们做的美食太丰盛啦，美食店可以开张啦！"丁文秋提议："大家把小石子当钱，咱们一起来玩买卖的游戏吧！"我对她竖起大拇指，其他的孩子也觉得这个主意非常棒，于是小小美食店的游戏开始了……

玩沙是孩子们非常感兴趣的游戏，也是非常自主的游戏。在玩沙游戏中，让孩子直接操作，不用给予孩子过多指导和要求，让孩子充分自主地游戏，处于"我想玩，我要玩"的状态。只有当孩子碰到问题时，教师才适时介入，并且只提醒，不代劳，放手让孩子去探索。我想，教师只有把握好有所为有所不为的度，才能让孩子在活动中始终处于主动地位并获得成功，体验到自主游戏的快乐。

（朱维莉）

沙土里的宝藏

最近几次在湿地城堡和孩子们戏沙时，我发现诺言一直对玩寻宝的游戏乐此不疲。他把戏水池的蓝色马赛克当作宝石，呼朋引伴来玩藏宝石、挖宝石的游戏。对于孩子长时间重复玩一个游戏，我们教师需要干预吗？为此我详细观察了几次诺言玩的游戏。

第一次：诺言和恰恰拿着小铲子准备挖一个大坑玩寻宝的游戏。诺言一边挖沙还一边传授恰恰怎样挖得更深更快，只见他使劲把铲子插进沙土里并说："要用力气让铲子插的深一些。"说着还站起来双手向下摁了摁铲子，然后使劲一翘，只见一大块沙土都被挖走。没想到的是，这一铲子土的下面就有一块光彩夺目的蓝宝石，恰恰激动地在一旁叫好。

第二次：诺言号召恰恰和轩轩几个人把之前积攒的蓝宝石都撒在沙土上，他们有的放在坑里用手赶紧埋好，有的直接用脚踩进土里。这时林昭宇跑过来跟我说："老师，诺言他们埋宝石。"我旁边的豆豆立即站起来说："是那种亮晶晶的宝石吗？"林昭宇接着反问豆豆："亮晶晶是什么？"诺言走过来指着蹲在地上的米可："就像她发卡上闪闪发亮的钻石一样呗。"

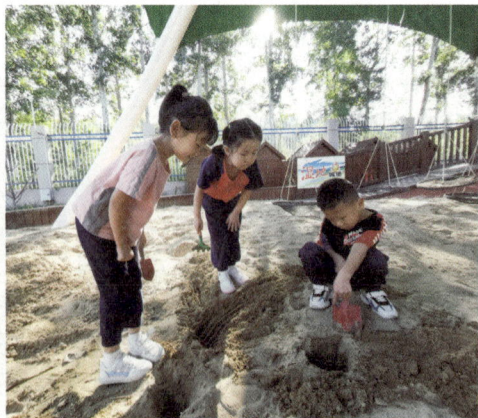

孩子会根据自己的需要，自发选择工具和材料进行探索

第三次：这一次，诺言拿着铲子照旧玩着他钟情的寻宝游戏。轩轩拿来一把小耙子和一个水桶盖，恰恰拉来两辆大卡车，轩轩尝试把挖出的土都堆在水桶盖上并在里面放进宝石，然后由恰恰把土倒进卡车里。诺言还建议恰恰把卡车里的土倒到各个地方，这样就埋好宝石了。

从以上的观察来看，诺言和恰恰、轩轩都非常喜欢寻宝的游戏，几次活动下来，他们都在重复玩一种游戏，我们教师是否要进行干预呢？其实只要我们细心留意就会发现，他们每次的游戏虽然相同，可是收获却不一样。例如，第一次的游戏中，孩子利用了生活中的已有经验并传授给他人，并得到他人的鼓励和赞赏，增强了其信心；第二次他们有了更多的语言交流，丰富了词汇；第三次孩子们运用多种工具实现目的，并尝试使用新工具、新玩法，丰富了游戏内容，尤其是有序的分工也使挖宝石、埋宝石等有机地结合在一起，提高了游戏效率。所以我认为，虽然孩子们长时间重复玩一种游戏，但每次的体验、收获不同，这对孩子就是有价值的，作为教师不必心急地去干预孩子，多耐心等候、观察，孩子们长长的路要慢慢走。

（王雪雯）　　

新的玩沙工具

一、活动实录

沙池区是小班孩子们最喜欢的户外区域之一，每次一提到玩沙池区，孩子们显得格外兴奋。湿润、松软的沙池在太阳的照射下闪着晶莹的亮光，我带着孩子们来到幼儿园的沙池区玩耍。

（一）习惯性地拿取玩过的工具

孩子们一进入沙池就像到了自由王国，抑制不住内心的喜悦，都想冲到沙子里去，我也不由自主地跟随着他们的脚步。孩子们一如既往地排队准备选择玩沙工具，看着孩子们开心的笑容我也满怀期待。然而，在仔细观察过他们在拿取玩沙工具过程中的细微表现之后，我却发现了一些问题。"等到我们就没有好

玩的了！"可儿遗憾地叹气嘟囔着。"我也不喜欢这个小铲子。"一涵也不情不愿地说。确实，孩子们每每进沙池区前，我总是让他们排好队依次拿取玩沙工具，队伍前面的小朋友们选择的机会总会比后面的小朋友多些。说者无意，听者有心，听了他们的心声，我也觉得每次这样拿取工具对队伍后面的小朋友太不公平了。

（二）幼儿被动尝试新工具

于是，今天我改变了拿取工具的方法，我把玩沙工具随机地分发给他们，老师随手拿，小朋友们没有挑选的机会。在老师的引导下，孩子们排好队，一个一个来到我身边领取玩沙工具。有的小朋友拿到工具开心地就走了，可是也有的小朋友轮到他拿工具时，眼神总会停留一会儿才离开，显然拿到的不是他理想中的工具，而是一件孩子从来不会自主拿取的工具——新的玩沙工具。

（三）与新工具擦出爱的火花

孩子们看着自己喜欢的沙池工具满是不舍，对于被动拿到的新玩沙工具虽有不满，但依然都开始了他们的沙池之旅。有的小朋友两个一组，用他们的新工具合作挖沙子、建隧道；有的小朋友三五成群搭城堡、做美食；还有的自己一个人在沙地里铲沙

长长的隧道建成了

子……"我从来没玩过这个工具，还挺好玩呢！""你看，这个工具好玩吧！""我们的新工具真好玩！"原来任何工具，孩子们都可以玩得很开心，只不过有的时候，孩子们也会习惯性地选择自己玩过的工具。今天的沙池区活动，孩子们拿着新工具创造出更多的玩法，玩得很开心。

二、实录分析

沙池区是孩子们的最爱，也是一个大的自然课堂，在这里孩子们学到很多

知识，同时也发展了合作意识和动手操作、想象、思维能力。有的时候，孩子们会有惯性思维，往往不去尝试新的事物，这样玩法也会比较单一，没有什么创新。听了孩子们的心声后，教师及时改变了教育方法，将"新"的玩沙工具提供给孩子们。有的孩子拿到时并不如意，可是当游戏开始后，孩子们却能将"新"工具玩得不亦乐乎。

换一种方法，教师带着新想法、新游戏唤醒幼儿的兴趣，引导幼儿主动加入游戏中，孩子们自然会迸发出更多的想法，创造出更奇妙的东西，这样，游戏的目的就会达到，孩子们的兴趣也会跟着浓起来。因而，教师应该给幼儿提供不同层次、不一样的挑战，创设愉快、安全的心理氛围，及时给孩子鼓励和支持，让孩子们能够得到更好、更全面的发展。

（马莉）

沙池城堡的创想

玩沙是幼儿非常喜欢的一种游戏，通过堆沙、铲沙、运沙等活动，能提高幼儿的动作协调能力，锻炼视觉、触觉以及空间感知能力，培养想象力和创造力。在玩沙的过程中，幼儿自由结伴，还可以增强团队合作意识，获得全面发展。

今天，我们利用户外区域活动时间一起来到沙池区游戏。听说今天要去沙

合作讨论，制定建造城堡方案

　　夏天和王圣喆、诺诺、远远、郭星汉几个小朋友挤在一起好像在商量着什么，好奇的我走过去想看个究竟。原来他们几个想一起挖游泳池和堆建漂亮的城堡，但他们的想法不一致，出现了一些小小的争执。夏天说要在城堡下面布满游泳池才漂亮，远远则反对这一做法。看到孩子们个个摩拳擦掌，努力表达自己的看法，积极商讨最佳方案，我并没有干预他们，而是鼓励他们集体协商解决问题。

　　不一会儿，大家商讨出统一的方案：一起建设一个大的城堡，左右两面有泳池，其余地方堆建小的城堡。意见统一以后，他们就开始行动，有的挖坑，有的搭建，有的运土，有的找材料。大家分工明确，城堡和游泳池也一点一点地有了模样。当一个大大的游泳池建设完毕后，他们将挖的沙堆打造成一个大大的城堡。完成这两项后他们又开始不知所措了，不一会儿夏天就说："你们说还要什么啊？"诺诺说："游泳池应该有水不是吗？咱们去找水。"找到了水倒入沙子内，他们又不知道继续干什么，王圣喆小朋友干脆一屁股坐在沙子上看着别的小朋友挖沙。

　　眼看游戏就要中断了，我便以游客的口吻说道："我今天在你们这个大大的游泳馆里游得好累啊，好想去休息一下，请问在哪里换衣服呢？换好衣服我要怎么去宾馆啊？晚上我还想到这里游泳，可公园这么黑，可不方便了，怎么办啊？"

自由探索，实现创想

听到这些，他们的小眼睛立刻亮了起来，争先恐后地说："请你稍微等一下，我们马上修。"孩子们根据我的需求重新搭建了城堡，不仅设立了更衣室和浴室，还在它的周围安装了太阳伞，远远小朋友还提议要放上桌子、椅子，还可以卖冷饮供顾客享用。孩子们在公园外也种了大量的树并且安装了电灯。这时候郭星汉小朋友又联想到：顾客的车要停在哪里呢？是不是应该建一个停车场呢？

他们又开始了新的任务——建遮阳停车场。首先他们堆起了一座很高的山，王圣喆小朋友认真地趴在中间挖洞，诺诺看见后也一起帮忙，但不一会儿，他们的遮阳停车场就全部塌了，郭星汉小朋友抓紧跑到前面说："让我来。"但第二次尝试后还是失败了。想到老师要管住自己的手、管住自己的嘴，把自主游戏还给孩子，我还是忍着没有说出口，让他们自己去探索方法。这时远远地看到刚才从游泳池里挖出的湿沙堆成的城堡特别结实，于是郭星汉说："我知道了，要建得牢固必须要用湿沙。"他们根据远远小朋友的提议不一会工夫建好了遮阳式停车场。看着孩子们运用自己的智慧，团队合作搭建的美丽的城堡和公园游泳池，我也非常高兴和欣慰。

看到其他的孩子也建起了各种各样的沙堆，我请他们自己介绍一下自己搭建的沙垒，大家争相展示自己的成果。有的说是公主城堡，里面住着美丽的公主和王子；有的说是快乐动物园……孩子们的答案稀奇古怪，但也想象力十足，我不由得感叹孩子们纯真而美好的世界是如此令人羡慕。

任何事情都可能有意外发生，活力十足的孩子们更是不可避免地会发生各种状况。就在大家玩得高兴之时，我突然看到牛皓星小朋友拿起沙子正想朝旁边的小朋友扬过去。在一旁观察的我看到这种情况连忙制止了他的行为，并向所有的小朋友讲述了扬沙子的危险性，告诉他们一定不能把沙子扬到自己或小朋友们的眼睛里。

沙池城堡的创作就这样结束了，回到教室后，孩子们还在谈论着刚才的游戏，他们的脸上洋溢着快乐的笑容。其实孩子们比我们想象的要厉害许多，我们要学会放手，让孩子们自己解决问题。我很庆幸活动中自己没有去打断孩子的游戏，给孩子自由的空间，让他们自己去创造想象，成就他们自己的沙池城堡的创想。

（薛润丽）

第三章　把游戏的自主权真正还给儿童

快乐沙池的奇妙之旅

　　沙子一直是孩子们喜欢玩的，今天，孩子们又来到充满童趣的沙池区。前几天的雨还让沙子带着浓浓的湿气，孩子们玩起来也更容易定型，很快孩子们都热火朝天地玩起来。跟随孩子们的脚步，我观察到了以下几个精彩的活动场景。

一、沙宝宝过家家

　　几个孩子用沙子堆起了一个小沙坡，这时候王若涵看着小沙坡突发奇想，召集几位小朋友说："咱们堆一个漂亮的沙宝宝吧！"几个孩子也很兴奋地参与其中，很快就给沙宝宝堆出了个小脑袋。晁子轩小朋友说："咱们给它带个小帽子吧，头上光秃秃得不好看。"于是就把旁边的一个小桶戴在了沙宝宝的头上，还找来几个瓶盖做了眼睛和鼻子，特别棒的是他们还给沙宝宝抠了一个微笑的嘴巴。孙景博找了两个差不多长短的棍子跑来说要给沙宝宝当手臂……就这样在几个小朋友的共同努力下，很快就堆起了一

堆砌沙宝宝

个漂亮的沙宝宝，孩子们精心打扮着它，开心得不得了。看那边，几个小朋友已经开始为沙宝宝做好可口的饭菜，等着它回家吃饭了。琪琪说："今天我要给我的沙宝宝做可口的炸酱面，弟弟一会去给沙宝宝把面送去哟，我在炒点菜哈"。孩子们正非常投入像模像样地进行着社会性角色游戏……

二、抓灰太狼的小英雄

　　几个女孩子迅速组合成一个小家庭，有的拿小车，有的拿小铲，有的拿小桶，进入了游戏的模式。我在一旁认真观察着每一个幼儿，这时看到黄毅涛拿着一个

大铲子在挖土，我想，男孩和女孩就是不一样，喜欢挖坑玩。我没多想就又去看几个玩过家家的女孩了。过了一会黄毅涛还在那儿挖，这时候他已经挖出了一个大坑了，我问他："黄毅涛，你挖这么大的一个坑要种树吗？""不是，我挖个大坑是要抓灰太狼。"我觉得挺有意思，又问："灰太狼？是灰太狼老师吗？"他一听赶忙解释："不是的，我是要抓真的灰太狼，是坏人灰太狼，它不知道我在这里挖了大坑，来偷东西就会掉到大坑里被抓住。"旁边的小朋友一听也赶忙加入进来和他一起挖起土

挖个陷阱

坑来，边挖边说："我也要和他一起抓坏人。"看到班里的小男孩单纯的小脸上满满的正义感，我打心底里佩服孩子们的想象力。

三、时间沙漏的探索实验

　　沙子是具有流动性的，但是怎样使沙子在漏斗中流动的速度更快，却是我从来就没有想过的问题，但今天魏子涵做了这个小小的实验。

　　刚开始的时候，魏子涵自己找了个沙漏在一旁玩，抓了一大把沙子放在漏斗里让沙子缓缓流下来。杨龙浩走过来，手里拿着沙漏，说要和他比赛看谁的沙漏漏得快，几场小比赛下来也没分出个胜负。这时候，一个小朋友提了个小水桶走过，魏子涵便借过来了用他的小漏斗一浇，水"哗哗"地就漏了出来，他高兴地说："我赢了，我赢了，我的沙

看！我们的小沙漏

漏更厉害！"杨龙浩当然不服气了："你赖皮啊，你这是漏水没有漏沙子啊！"魏子涵二话不说捧了两大把沙子放到水里，用他的比赛工具一浇，沙泥水"哗哗"地流了出来，他得意地说："这次我赢了吧。"然后他们开始一起做起了小实验，反复试验不同比例的沙子和水混合在一起，看看哪种情况下流得更快。这让我突然想起了古代计时用的沙漏，通过亲手做的小实验，我想孩子们的印象会非常深刻的。

（董闽）

手掌里的梦想

任何一种人为的玩具都无法与大自然的赐予相媲美，沙和水适合所有的孩子，因为它们的玩法多种多样，每个孩子都可以根据自己的喜好进行创作。水可以将沙固体化，也可以将沙液体化，水和沙的结合更是奇妙无穷，能多方面地满足孩子的需要。

前些天连续下雨，使得孩子们不能去沙池区玩。这两天天气晴朗，孩子们嚷着要去玩。由于刚下过雨，湿沙城堡更加湿润，孩子们无比兴奋，他们先在沙堆里任意地掏洞、挖沟，往水坑里扔各种各样的东西观察它们的变化。等孩子们稍平息了自己兴奋的情绪，就开始干大工程了。

一、吸引玩伴，组建团队

乐乐小朋友选择了沙地里更加湿润的地方，他从篮子中找来了一个大桶，然后用小铲子将沙子往桶里装。旁边的翔翔说："你在做什么呀？为什么老是往桶里装沙子呀？"乐乐开心地说："这些沙子正好是湿湿的，我想把桶填满，然后把它慢慢地倒出来，就成了一座大城堡啦！"乐乐两只手往桶里按了按说："你也跟我一起吧，咱们一起建城堡大世界，多好呀！"翔翔看着乐乐有模有样地在往桶里装沙子，也答应一起做大城堡。经过俩人的合作，桶里的沙子慢慢多了起来。他们把桶移到了一边，倒在地上又反扣了一下，然后敲敲桶壁，慢慢地边抬桶边敲桶壁，桶里的沙子被倒了出来，一座城堡的雏形就完成了。这时远处传来小朋友的对话："我要挖宝藏。""去那边挖宝藏。"乐乐听完后马上说："沙里当然没有宝藏，快看我在建城堡，城堡里才有宝藏呢！"就这样乐乐成功地吸引了其他的建筑师，轩轩和小雨马上跑来。

作为倡导者的乐乐，从一开始的独自游戏，到想办法吸引小伙伴、为了自己的大工程组成团队，能看出孩子是在游戏中进行思考的，想办法让自己发起的游戏更好地进行。而且，游戏过程中，乐乐展现出了超强的领导力，他乐于动脑，想好办法后，迅速反应，很自然地把自己的想法表达出来吸引小伙伴，能迅速将小伙伴们聚集在他周围。

二、集思广益、各抒己见

"哇，这座城堡好大呀！可是，还不太像城堡呢！"乐乐说："这是城堡刚刚建好，还没给它装饰呢。"

孩子们挠挠头，都在思索怎样装饰，接着开始讨论起来：

"咱们把这个小杯子放到最上面可以做城堡的顶。"

"我感觉这个方形的小积木更适合做城堡的顶。"

······

孩子们开始争先恐后地发表自己的意见，都想让大家采纳自己的意见。乐乐看着小伙伴们如此争论，他想了想说："咦，我想到了，你们说那么多东西可以做顶，那咱们可以顶上再来个顶，那不就更高了吗？"小伙伴们听完，再看看自己想用的东西，都纷纷点头赞同！

"那窗户呢？门呢？"

说着，乐乐左看看右看看，找来了一根小木棍，边说边在城堡上挖洞，"这是城堡的窗户，这是城堡的门"。看他做得这么起劲，其他三个小朋友也找来木棍加入其中。乐乐转过头，看见我看着他们在笑，偷偷跟我说："我直接下手做门窗，他们看着好，就一起来了。"我笑笑点点头。很快，城堡就装饰完了。

乐乐吸引到玩伴后，大家开始讨论如何让城堡更美观，孩子们不是凭空想象，而是各抒己见，集思广益。虽然期间出现意见不一、争执的情况（当然，还可能出现更多其他问题），很正常，这会引起幼儿更多的讨论和交流。在这一过程中，可以提高孩子们的思维力、语言表达能力和社会交往能力。

更有说服力的意见会使孩子们继续游戏的目标，所以乐乐的领导能力也再

次呈现。他能创造性地解决问题，能综合大家的观点提出更好的建议，这让其他幼儿的想法付诸实践，让他们得到了尊重，也让游戏顺利进行。

三、齐心协力，学会谦让

可是，孩子们总感觉城堡太少、太小，还想再建个更大的。在一番讨论后，他们齐心协力，桶里的沙又要被装满了。刚准备走开的小雨又回来加入了队伍，手里拿着一个模型，也跟着一起装起来。小雨一手握着桶的一边，准备将桶侧翻过去，乐乐赶紧扶着还剩半桶沙的桶，两只手将桶移到了自己这边，"沙子太少了，倒出来城堡会散的"！然后继续用小铲子将沙子往桶里放。轩轩和翔翔则分别用漏勺和模具将沙子装进了桶里，轩轩说："你弄到我身上了。"乐乐转过身子皱了皱眉头，刚想说什么又吞回去了，说："哦，对不起。"不一会，乐乐一把抓住了翔翔正在往桶里装沙的铁锹说："好了，桶满了不能弄了啊！"乐乐将水桶里的沙子用双手来回抹平，大家一起把桶倒过去，把城堡倒出来。在他们的齐心协力下，这座城堡的建筑速度很快。"哇，两座城堡了，可是两座城堡之间要有一座桥连接呀！"翔翔摸摸脑袋说。接着，几个人边讨论边开始工作，一会儿建好一会儿又铲平，他们正在实践哪种桥是最好的。最后，在他们的合作下，城堡的桥和围墙都做好了，一座完美的城堡世界呈现在眼前。

在游戏中，他们有共同的目的，有恰当的方法，活动有组织，小组有分工，有序地进行着游戏，他们的合作使得城堡世界更加美丽。在合作中，他们学会相互尊重，相互协作，建立了良好的同伴关系。乐乐不小心把沙子弄到了轩轩身上，乐乐赶紧道歉，进行城堡建设也间接地让幼儿学会了谦让。

总之，这次的城堡游戏，我们放手让孩子们自由创作，教师更多的是观察和分析。我们需要一双能够发现的慧眼，客观分析孩子们行为背后的智慧，了解幼儿的所思所想，保护和支持幼儿的想法和创意，让孩子们在完成自己心中的童话世界的同时，尽情享受自主游戏带来的快乐。

（刘梦琪）

我有我规则

今天我们来到宝贝球场，孩子们首先用围栏圈出一片场地，然后在两边分别放上一个球门，大家齐心协力，不一会工夫，绿油油的足球场就建成了。团团和吴德允自告奋勇充当守门员，孩子们很自然地按照男孩、女孩划分成了比赛双方的两队。（经过前几次观看大班哥哥姐姐们在宝贝球场的游戏，孩子们已经能通过模仿完成场地布置和队员分工，做到了形似）。

一、初赛尝试，混沌初开

鉴于团团以前当守门员的优秀表现，也考虑到男女两队实力上有些悬殊，我让他给女孩队守门，他欣然接受。比赛开始了，首先由裁判发球。（由于孩子们玩足球比赛的经验不足，裁判的水平将决定本次游戏是否能顺利、快乐地进行，于是由我来做裁判。）比赛双方激烈地争夺着足球，踢到激情处孩子们忍不住用手去碰球，男孩队的第一个进球是由达达用手抱球投到球门里去的。当男孩子为进球得分而欢呼时，团团强烈反对说："他用手弄进去的，不能算！"（看来团团这个优秀的守门员不仅技术过硬，对足球比赛的规则也是有一定了解的。团团的质疑引发了孩子们对足球比赛规则这一新经验在认知上的顺应，我意识到这是促进孩子们产生新"图式"的最好时机，也该适当地渗透足球比赛的相关规则，让比赛更神似。）比赛双方面面相觑，他们在等待我这个裁判的最终裁决。这时，我吹响了哨子，经与双方队员协商，我宣布：进球无效，罚用手碰球者（裁判除外）禁赛一分钟，站在场地旁边休息，时间到了可重返赛场，对于裁判的判决比赛双方和当事人都表示无异议。比赛过程中（特别是当球被踢到墙根和旮旯里时）不时有队员忍不住用手去碰球，但是不需要裁判裁决，队员们会相互监督，犯规者自觉到墙角禁赛一分钟，且犯规的队员和次数越来越少。最后，队员们和裁判达成共识，当球被踢到墙根或旮旯里无法继续进行时，听到哨声队员们站在原地等待裁判重新开始发球。（考虑到孩子们的安全问题，裁判及时介入制定规则，

第三章　把游戏的自主权真正还给儿童

与比赛双方达成共识，保证比赛安全、顺利地进行。）就这样，比赛在比分的不断交替和追赶中，上半场的比分达到了 5∶1，女孩队严重落后。

二、渐入佳境，拨云见日

中场休息时，经裁判同意，李老师被邀请加入女孩队。李老师这个外援不负众望，首先组织女孩队召开战略战术碰头会。会上首先肯定和表扬了团团守门员的卓越贡献，女孩子们都为她们的优秀守门员鼓掌表示感谢。（看到团团脸上洋溢的开心和自信，我不禁为这个平时的小"捣蛋鬼"而高兴，他用自己的表现赢得了大家的认可。）得到如此的表扬和追捧，团团打消了想当球员踢球的念头，决定继续留在女孩队当守门员。李老师总结了失败的教训，分析了成功的经验，最后女孩队还把手叠在一起齐喊"加油"，为自己队加油鼓劲。（李老师的平行介入一方面是因为女孩队实力太弱，女孩子们对足球产生兴趣是一件非常不容易的事情，不能因为对比赛结果的过度关注而把女孩子们这来之不易的兴趣抹杀在一场比赛中，老师们决定保护好她们的兴趣和热情，同时给气势高涨的男孩队增加一定的挑战。）看到女孩子在加油，男孩们也不甘示弱，在泽泽的组织下，男孩队也召开了誓师大会，把手叠加在一起大喊"加油"。下半场比赛开始，首先两队交换场地，女孩子们不再盲目地踢球，而是有攻有守，队员之间积极配合传球。经过激烈的角逐，两队最终以 8∶8 的成绩打成平局。游戏时间结束了，孩子们开心地收拾场地结束游戏，直到回到教室，孩子们依旧兴致很高。

三、运动、快乐、有规则

一片阴凉地，两个球门，几块围栏，孩子们自己参与布置，共同商讨游戏规则。规则很简单：不能用手碰球，踢进对方球门得一分，保护好自己，不伤到其他小朋友，足矣！

这次比赛中，虽然两队在力量、技术等各方面都相差悬殊，却踢出了一场精彩的"足球对抗赛"，我想正是因为在摩擦与协商中达成了一致的比赛规则，因为规则的简单易守才保护了女孩们脆弱的兴趣，男孩们也大度地允许外援帮助女孩，通过对手的成长不断地挑战自我。他们的规则没有是否公平，没有是非对错，更没有争端和冲突，我想世间的好规则不就是为了实现这样的和谐吗？

虽然我们的规则与真正的足球比赛规则相差很远，但是这些规则适合中班的孩子，并保证了比赛的有序、顺利进行，更重要的是保护了孩子们对足球运动的热情。孩子们互相监督遵守规则，自觉接受违规后的惩罚，为了自己团队的胜利，队员之间携手并肩、互相鼓励、迎接挑战。孩子们玩得开心、积极、持久，在这场比赛中学到了很多、收获了很多，体现了积极主动、认真专注、不怕困难的良好品质，这就是一场好的游戏。

（朱艳红）

宝贝球场的童趣争夺赛

宝贝球场是男孩子们特别喜欢的区域，这种对抗性的游戏对于合作意识及规则意识逐渐形成的大班孩子来说有特别的吸引力。

今天刚到球场，男孩子们就迫不及待地去球服筐里有条不紊地找出球衣、球、球棍等比赛用品，迫不及待地进入了软棍球场地。但是由于他们着急进入游戏，而没有制定比赛规则，甚至没有分好队伍，各色队服也不一样多，不一会儿就乱作一团。一会儿蓝队把球打进了蓝队的球门，一会黄队帮蓝队把球打进了黄队的球门，这个说蓝队赢了，那个说黄队赢了……

眼看这场游戏进行不下去了，我有些着急地想要上前去提醒他们。这时就听韩小群说："我们应该分两队进行比赛，各队都要守好各队的球门！"泽楷说："对了，两队的人要一样多，咱们要把人数数好！"于是，他们开始按照身上衣服的颜色自行分好队，并简单说明了游戏中应该遵守的规则，又开始了比赛。

一会儿蓝队进球，一会儿黄队进球。过了不久两队吵了起来，因为两队都说自己进的球多，黄队队员说："我们先进了一个后来又进了两个，一共三个球，蓝队进了两个球，我们赢了！"而蓝队说："我们也是进了三个球。"于是他们回顾之前的过程，又发现了两个问题：一是谁能证明他们各自进的球数；二是进球数没有记下来，容易忘记。于是，球赛又一次进入了僵局。

我觉得，该是我出场的时候了。于是我在装材料的篮子里找出记分牌，拿着在他们面前转了一圈。泽楷马上就看见了，他高兴地跑过来说："老师能把这个给我们用用吗？我们需要它来计分数！""我们再来一次，就用它计分，这次

就不会弄错了。""可是，就算是有了记分牌，也是没有人帮我们记录啊，我们好像缺少一个裁判。"于是，我当仁不让地成了他们的临时裁判员，在给他们评判分数的时候，偶尔指挥一下赛事，并及时提醒犯规的队员。球赛如火如荼地进行了大概15分钟的时间，最后的结果是两队进球一样多。

除了布置场地外，游戏的全程老师都没有直接干预，孩子们遇到问题都能通过讨论、协商等方式得到解决。在孩子们遇到困难无法解决的时候，教师也没有直接干预，而是采用不经意提醒的方法，让他们自己发现和寻找解决问题的方法，最后老师以一个受邀请裁判的身份进入孩子们的游戏活动中，帮助他们建立更加完善的规则，使比赛能愉快且顺利地进行。一场看似简单的球赛，充分地发挥了孩子的独立思考和解决问题的能力，也帮助他们建立了一定的规则意识。教师恰当的提醒和巧妙的支持，充分体现了幼儿在自主游戏活动中的主导作用，让他们充分体验到了游戏的乐趣。

（陈娟）

冰与火的游戏之篮球赛

风起时吹过树梢，热血在胸中燃烧，只等那一声号角，全力以赴去奔跑。红色是火焰，蓝色是寒冰，宁宁和小伙伴们早早地来到球类区活动场地，身穿蓝色和红色队服的小朋友分列两队。这场终极对抗即将在篮球场上演，一切输赢都已不再重要。

一、上半场实录

这已经不是宁宁和林林他们第一次较量了，我观察他们很久了，每次的篮球场户外活动，他们几个和商量好了似的穿好篮球服，自己摆好篮球场地，当这一切准备就绪，红色和蓝色的队服就使他们自动分为两队。为了比赛的公平，他们走过来和我说："张老师，你来当我们的裁判吧，帮我们记分。"我心想，这阵容可真不小，可不能小看了他们啊！整理好记分牌，宣布比赛开始。身穿蓝色队服的宁宁小朋友，不愧是我们班的运动健将，长得高，跑得快，在一开始就拿到了发球权，向着林林所在的红队的篮筐猛攻，宁宁一马当先杀入红队篮筐下，而蓝队的家宝也紧随其后。宁宁成功吸引了红队林林和腾腾的注意，两人都向他围去，这时候家宝已经跑到无人防守的篮筐下，接到宁宁的传球，果断打入一球。漂亮的传切配合，1：0蓝队领先一球，率先得分。接下来的比赛你来我往，半场时间到，红队在林林的单打成功后比分渐渐开始增长，而蓝队的宁宁和家宝一直延续着配合。

二、实录分析

篮球赛场上的较量，除去规则，最为重要的就是球员自身了，在今天的红蓝对抗赛中，我作为裁判，清楚地观察着赛场上的每一个变化，从比赛的开始到上半场结束，可以发现红、蓝两队采取了不同的战术。红队是依靠腾腾为林林提供掩护后的个人单打，成功率往往要依靠林林的最后一击；蓝队则是由宁宁吸引对方，让家宝利用跑动完成空位投篮，成功率往往较红队高很多。我们鼓励孩子们有独立自主的选择判断力，同时我们更注重培养孩子们团结互助的优良品质。一个巴掌拍不响，团结互助的李子宁和家宝在相互配合下不断得分，很快就和红队拉开比分。这就是我们在教育孩子的时候一直强调的问题，一个人的力量再大，也有用完的时候，我们应该学会像蓝队的小朋友一样分享投球权，共同进步。接下来的比赛红队会不会发现这一点呢？

快速突破

带球过人

三、下半场实录

随着一声哨响，下半场的比赛开始，蓝队的小朋友可能是因为在上半场取得领先优势的原因，下半场比赛开始后明显出现了越打越放松的现象，在放松的

状态下运球传球，助攻得分，没有心理上压力，他们反倒能配合自如，在精妙的配合下宁宁还完成了一个完美的扣篮得分。蓝队的精彩表演并没有吓倒红队的林林和家宝，他们相比上半场的状态，明显紧凑了许多，他们变压力为动力，加强了对蓝队的防守，一刻也不松懈，他们用行动告诉大家比赛不到最后一秒，他们绝不认输。全场防守需要耗费巨大的体力，这对红队的队员是一个不小的考验，他们个个脸颊绯红，汗珠不停地往下滴。林林和家宝在比赛的后半段决定给蓝队施加点压力，使其得分难度加大，拖延比赛时间。比赛临近结束，比分的差距已经让胜负揭晓，蓝队经过一番苦战，取得了这场球赛的胜利。

大力灌篮

同心协力

四、实录分析

在我看来，这场比赛中的双方都是赢家，蓝队宁宁和家宝通过默契的配合在比分上取得优势，他们越打越放松，不时看到精彩进球；而红队的林林和腾腾虽然没能在比分上超过蓝队，但是全场比赛他们拼尽全力奔跑，永不放弃比赛的认真态度，给我留下了深刻印象。孩子的成长中还有很多路要走，有时会像红队的小朋友这样，输掉一场篮球比赛，可是他们不到最后一秒不放弃比赛的态度，会让他们在今后的比赛中赢得更多的胜利。认真地去对待，不轻言放弃，尊重你的对手，输掉的只是一场比赛，赢得的却是自己的人生。

（张佳佳）

玩转高空　快乐无限

　　我园的二楼楼顶空间宽阔，建有一个高大的凉亭，在三楼的班级与这块区域之间有安全通道。为了充分利用活动空间，我们在凉亭上悬挂了软绳、软梯、秋千等空中游戏材料，通过攀爬软绳、软梯，促进幼儿攀爬、平衡等基本动作的发展，发展幼儿动作的协调性、灵活性。我们在地面上铺设了人工草皮，放置了跷跷板、荡船、拱形桥、平衡木、小滑梯、大型拼搭塑料玩具等活动器械，幼儿可以休闲娱乐，也可以进行拼搭组合，开展情景游戏和闯关游戏，激发了幼儿参与户外活动的兴趣，发展了幼儿合作游戏的能力，体验了合作游戏的乐趣。

　　夏季来临时，凉亭成了遮阳蔽日的好去处，孩子们特别喜欢到这里攀爬软绳、软梯，创新出了很多有趣的玩法，玩得不亦乐乎，这里成了孩子们真正的空中乐园。

– 265 –

一、小猴爬绳

　　今天孩子们在空中乐园玩得特别高兴，雯雯和笑笑等几个小朋友在爬绳。只见笑笑双手抓住绳子一用力，双脚就离开地面，两只脚迅速夹住了绳子最下面的结，双脚夹紧后往上一蹬，双手顺势往上挪动抓住绳子，身体就站直了，这样一步一步几下就爬到了绳子的顶端，像一只灵活的小猴子，伸手都可以够到凉亭的顶部了。一起爬绳的雯雯等几个小朋友也不甘示弱，紧追其后，也陆续爬到了最顶端。只有洋洋小朋友爬不上去，他身体比较胖，攀爬能力弱一些，像攀爬架等固定的攀爬物体是没有问题，但悬挂的软绳对他来说太难

小猴爬绳

第三章　把游戏的自主权真正还给儿童

了，他也曾经反复尝试过爬软绳，但是一直不得要领。看见自己的好朋友都爬到了凉亭的顶部，他露出了羡慕的神情，对着笑笑她们喊："太高了，笑笑你小心抓紧点啊，你怕不怕呀？""不怕！""那我摇一摇你，你怕吗？"笑笑很自豪地说："我不怕，你摇吧。"洋洋走到笑笑所在的软绳下面抓起软绳摇晃起来，笑笑在最顶端高兴地说："太好玩了，我晃起来了。"爬到顶部的其他小朋友也喊起来："洋洋，你摇摇我吧。"洋洋高兴地答应着，来回跑着到每个软绳的下面摇起来，软绳上不时传来阵阵笑声和欢呼声，孩子们高兴地游戏着，洋洋也找到了自己的位置，融入了游戏。

二、荡秋千

看到在软绳上被荡着的小朋友开心快乐的样子，洋洋自己也想上去荡，他对大家说："我也想荡一荡。""好啊，你往上爬吧，我们来摇晃你。"大家异口同声地说。接着看见洋洋手脚并用使劲抓住软绳往上爬，累得满头大汗，可双脚还是在最下面的一个结上，就是爬不上去。尽管笑笑等好朋友都围着他，有的拽绳子，有的扶身体，大家七嘴八舌地指导着他该怎样爬，洋洋就是爬不上去。

我赶紧走过去对洋洋进行指导，告诉他攀爬要领，并和其他小朋友一起托举着他的身体往上爬，尽管很努力，但是攀爬的技能不是指导一下就能掌握的，还需要大量练习。看洋洋实在爬不上去，我说："刚才洋洋帮助大家荡起来，咱们也帮助他荡起来好吗？"大家都同意，也非常想帮助他，我对洋洋说："洋洋，攀爬慢慢练，你现在抓紧了绳子我们轻轻地把你荡起了，你敢不敢？""我敢。""你可一定要抓紧了，咱们大家先轻轻地摇。"在大家的鼓励和帮助下，洋洋抓住绳子荡起来，荡了几次后胆子渐渐地大起来，被荡得很远也不怕，还能自己借助地势用脚蹬的力量来摇荡，臂力也越来越大。尽管洋洋现在还是攀爬不到软绳的上部，但我相信不久后他一定能爬上去。

荡秋千

三、倒挂金钩

明宇、浩浩和子超等几个孩子正在玩软梯。班里有十几个孩子爬软梯的本领特别强，像明宇攀爬软梯的动作特别灵巧，只见他先用双手分别抓住软梯两边的绳子，脚往上爬一层蹬住软梯的板子，屁股坐在板子上后，双手再往上爬高一层，爬到软梯一半的高度时，明宇对大家说："我要表演杂技了。"说着松开一只手，身体往后一仰，倒挂金钩，在下面观看的小朋友都佩服地鼓起掌来。明宇听到大家鼓励的掌声玩得更带劲了，身体一扭，倒挂着转起圈来，底下小观众的掌声更响亮了。大家七嘴八舌地说："明宇真厉害！""明宇小心点！"明宇的卖力表演和小朋友的热烈掌声吸引了更多的小朋友纷纷前来攀爬软梯。

倒挂金钩

浩浩走过了说："明宇，我和你一起表演吧。"明宇默契地往上爬了几层，这个动作让我们看出他们经常在一个软梯上玩。只见浩浩顺着明宇所在的软梯一阶阶往上爬，爬到明宇的下一层时，浩浩一声令下"倒"，两人的身体都迅速往后一仰，成了双人倒挂金钩，看到这一幕小朋友们的掌声更热烈了。洋洋被掌声吸引过来，显然他也想加入这个受大家崇拜的杂技团。因为有了刚才"荡"的经验，他对明宇和浩浩说："我来帮你俩转起来，你们敢不敢呀？""敢呀，来吧，我们抓紧了。"软梯上的明宇和浩浩边答应着边抓紧了绳子，各自做出了不同的造型和动作，洋洋抓住软梯的一边跑了一圈松手后迅速跑开，只见软梯上的明宇和浩浩因为惯性回弹的力量反着方向转了好几圈，明宇和浩浩高兴地喊起来，看得出来明宇和浩浩玩得非常刺激。洋洋根据自己的经验，组合创新出新的玩法，找到了自己的位置，非常顺利地加入了游戏中，玩得非常开心快乐。更重要的是，

四、让我们一起飞

看到洋洋推着软梯上的明宇和浩浩玩得非常开心刺激，可可说："我也爬上去和你俩一起玩吧。"于是他们三个人爬到了一个软梯上，分上、中、下三层叠坐在软梯的板子上，子超、涵涵、胜宇等也来帮洋洋一起推软梯上的三个好朋友，很像是荡秋千。

推了一会儿，子超和胜宇忍不住了，爬到了另一个软梯上，由涵涵推着他们两个晃，由于两个软梯离得比较近，所以晃起来后会有"撞车"的危险，我赶紧引导他们想办法："两个软梯怎样才能不撞到一起呢？"孩子们七嘴八舌地说："一个不晃，一个晃。""都不晃。""顺着一个方向晃。"经过讨论，大家觉得顺着一个方向晃的办法最好，于是负责晃的洋洋和涵涵就并排站在了一起，顺着一个方向往前推，两个软梯的小朋友就顺着一个方向荡起来。

两个软梯都荡起来了，坐在上面的明宇可能体会到了飞的感觉，于是他说："我们飞起来了。"于是软梯上的小朋友都喊起来："我们飞起来了！我们飞起来了！"并伸开了手臂做飞行的样子。手臂伸开后，分别坐在两个软梯下部的可可和胜宇的手就碰到了一起，他们就在空中玩起了击掌的游戏。

一直负责推的洋洋说："把两个软梯连起来吧，那样会更好玩，你们就可

让我们一起飞

以一起飞了。"这个建议得到了大家的一致赞同。经过商议，于是可可坐在了两个软梯的最下端，就是两条腿分别坐在了两个软梯的板子上，这样就由可可把两个软梯连起来了，洋洋只要推动可可，两个软梯上的孩子就都飞起来了。发现了这个玩法后大家都非常开心，大家都夸洋洋的玩法棒，洋洋脸上露出自信的笑容。孩子们真是游戏的专家呀，创意无限，大家一起飞起来，空中乐园传来阵阵欢笑声和欢呼声。

五、小结与反思

孩子们自主探索创新了这些攀爬的玩法后，对空中乐园越来越感兴趣，每次一到区域活动时间，特别是自选区域时，来这里玩的孩子越来越多，空中乐园成了孩子们最喜欢的区域。瞧，孩子们都神情飞扬，玩得不亦乐乎：能几步就攀爬到软绳软梯的最顶端而毫不畏惧；能在软梯上做各种各样的动作；能几个孩子合作向不同的方向荡软绳，并在空中击掌欢笑；能几个孩子合作攀爬同一个软梯并摆出不同的舞蹈动作；还能由一名幼儿把两个攀爬着很多孩子的软梯连接到一起……幼儿在游戏的过程中，发展了身体的灵敏性和协调性，增强了臂力和耐力，攀爬能力进一步提高，大大促进了体能的发展，开发了身体的潜能。

洋洋尽管没有学会攀爬软绳，但是他对攀爬游戏非常感兴趣，能主动去合作，并能想出与众不同的游戏方法，在参与游戏的过程中体验游戏的快乐，并且对攀爬越来越有兴趣。尽管身体胖，但相信洋洋在以后的游戏中一定能爬到软绳的最顶端。

在游戏的过程中，孩子们的合作能力也进一步提高，在空中合作攀爬软绳软梯，在地面上合作玩角色游戏，最精彩的是把空中的游戏和地面的游戏结合起来了。并且，在角色游戏中加入身体动作的挑战，如孩子们自发生成的消防员救火的游戏，模仿家里着火，消防员叔叔必须爬到软绳软梯的最顶端救火；还有小医院的游戏，设置医院的场景，扮演医生的幼儿要攀爬到软绳的顶部去采灵芝草；还有西游记的游戏，扮演孙悟空的幼儿要爬到软绳的顶部腾云驾雾，等等，自发的游戏个个精彩纷呈。孩子们在游戏的情景中，不知不觉地就练习了软绳软梯的攀爬，攀爬能力不断提高，对凉亭下的游戏越来越感兴趣，凉亭真正成了孩子们的空中乐园。

（唐晓云）

第三章 把游戏的自主权真正还给儿童

连接器的妙用

一、活动实录

空中乐园摆放着很多大型塑料玩具积木供孩子搭建、组合。这里有别于搭建梦工厂木质积木的是：有的塑料积木上有不同数量的圆洞，利用积木连接器可以把积木连接起来，搭建出不同的造型，为搭建类玩法提供了另一种可能。正是这一根很不起眼的连接器，却让我收获了太多的惊奇，也充分感受到一物多用的妙处，惊叹于孩子天马行空的想象力，折服于孩子巧夺天工的创造力。

请跟随我一起去看看因为这小小的连接器而引发的故事吧。

（一）警察局的游戏

泽泽和宇宇几个小男生在活动前就商量好要一起搭建警察局，玩警察抓小偷的游戏。活动开始后，泽泽他们就开始行动起来，宇宇对泽泽说："把抓来的小偷关在监狱里好了，咱们还得在（警察局）后面做个监狱才行啊。"泽泽说："对啊，监狱就建在那边吧。"泽泽指着几个小凳子样式的积木说道。宇宇一边拿着棍子样式的连接器一边小声嘟囔："还得有铁栏杆才行，要不都跑了。"宇宇把连接器的一端放在地上，棍子形状的一端朝上立了起来，一边行动的宇宇还一边在点头，看起来很满意自己的成果。

这时摆完围墙的曹永泽走过来，一把拿起宇宇的铁栏杆说道："我们用这

监狱栏杆　　　　　　　　使用对讲机　　　　　　　汇报情况

个传话，你去抓张轶宸吧。"
宇宇立刻开心地立正：
"Yes，sir！"只见宇宇去
收纳处又拿了个连接器跑
回来看着我说："我还是
用个新的对讲机吧。"（我
猜想宇宇是不想继续破坏
他的监狱。）泽泽好像想
起了什么似的，拿起两个

放置摄像头

警察出动

连接器插在积木的空洞处后，就在他的警察局里四处转悠起来，随后又找了个"连
接器"坐下，把它架在前面的积木上，手拿末端圆盘，像操纵方向盘似的玩了起来。
一会儿他发现阳阳把他插在积木上的连接器拿走了，他很气愤，跑出去就跟阳阳
说："你干什么？这是我的！"阳阳也不服软："这是我的炮弹，我要去打他们！"
我走近些想听清他们的对话，阳阳看见我走近了就立刻把东西还给了泽泽，我在
旁边并没有就此评价什么。泽泽继续跟阳阳说："你储存的炮弹够多了，别再拿
了。"阳阳扔下一句"我卖炮弹"就跑了。我看着泽泽又把连接器插回积木上，
因为连接器的一头是探出来的，并没有起到连接的作用，但是泽泽却执着地要做
这件事情，我实在忍不住，好奇地问泽泽："这是什么呀？""摄像头啊，王老
师，能看到外面有没有坏人，还要防止有人越狱！"我不禁恍然大悟般连连点头。
他继续叫住我说，他手里正拿着的还有指
纹解码功能，只有他和宇宇才可以开门。

（二）过马路

在空中乐园自由游戏的时候，我无意
间发现有几个孩子正在学帮盲人过马路的
情景，一个人闭上眼睛，挂着连接器，有
两个人扶着她，还有人在做交通警察，阻
止意外的闯入者。我感到惊讶，随手拍了
一张照片后想走近看看具体情况，但是很
遗憾的是，当我走过去的时候，他们的精

扶老奶奶过马路

彩表演正好结束了。我询问几个孩子是谁提议的，瑄瑄告诉我，是她在电视里看到的，妈妈还告诉她，这是好人好事，要学习的，就像雷锋叔叔一样，其中别的人怎么做，也是她事前和小竹、小琪说过的；可心当警察维持交通不是她说的，是可心看到她们以后自己过来指挥的。

二、实录分析

小小的连接器在孩子们手中却变成了各种各样的道具：铁栏杆、对讲机、炮弹炮筒、方向盘、摄像头、拐杖、高尔夫球杆、智能解锁器、冰激凌、船桨……你所能想到的和想不到的，在自主游戏中，都能在孩子的行为中找到，孩子们的想象是丰富的、离奇的，是非同寻常的。教师只需要提供条件和机会，孩子的想象力和创造力一定能得到充分的开启。

给予孩子充分的游戏自由，让他们在材料中感受自主游戏的快乐。在这两个案例中，孩子有着多方面的发展。首先，他们出现了合作行为，有了社会交往的意识。其次，他们在搭建的过程中，很好地锻炼了手眼协调能力，发展了想象力与创造力，也有了一种责任感和正能量。这些都是规则游戏无法给孩子的，也是孩子在游戏中的真正表现。

游戏是促进幼儿学习和发展的重要途径。游戏是幼儿的天性，它伴随着幼儿的成长，可以说，没有游戏就没有发展。幼儿在游戏中经常因为缺乏相应的材料而使用代替物。在场景一的游戏中，泽泽和宇宇把同样的连接器当作了不同的事物来支持他们的游戏，代替的事物都能从连接器上找到原型特点。还有阳阳拿走了泽泽的玩具事件，虽然可能是看我走过来的原因，阳阳赶紧物归原主，但我没有因此就去指责或立刻说出我的看法，我只是静静地做一个旁观者，孩子们才会有接下来的对话，让我了解了事情的原委。就像《3～6岁儿童学习与发展指南》中提到的一样，要准确判断教师介入的时机，不要盲目地去介入和干预幼儿的游戏，要相信他们可以独立地完成任务。

《3～6岁儿童学习与发展指南》提出，重视幼儿的学习品质，幼儿在活动过程中表现出的积极态度和良好行为倾向是终身学习与发展所必需的宝贵品质。孩子在自主游戏中的发展是无限的，一个孩子有正能量，然后通过活动，不知不觉传到了其他孩子的心里。我在事后发现，其他孩子也在宣传扶盲人过马路这件事情，孩子们说着各种可以帮助他人的事情，也说着自己能做的好人好事，也许这就是孩子在孩子之间传递的正能量。在这个活动中，他们体现的是社会领域的发展，能关注到别人的情绪和需要，并能给予力所能及的帮助，有助于孩子社会人格的健全发展。

（王雪雯）

攀爬的秘密

一、案例实录

空中乐园是以悬空云梯、悬空绳索、俄罗斯大方块等搭建材料为主要游戏材料的活动区域，在这里，挑战与乐趣并存。大班幼儿特别喜欢来这里玩。有的孩子喜欢顺着绳子向上爬，像极了灵活的小猴；有的喜欢双脚离地荡绳子，像钟摆晃来晃去；有的喜欢爬云梯，单人单梯、双人单梯、多人双梯，不断创造新的玩法；有的喜欢用俄罗斯方块拼搭建构，像经过专业培训的建筑师。空中乐园里，一段段精彩绝伦的故事正在发生……

琪琪是名小个子女生，她的运动技能在整个班级中表现平平，属于并不出色的一类。这一天，她兴致勃勃地来到绳索前，这一行为引起了我的注意（因为

检查绳索

自然悬垂

她很少主动去挑战有难度的运动项目）。琪琪站在绳索前左右打量了一番，还时不时用力拽拽绳子，边拽绳子，边抬头往绳子的顶端看去，她在看绳子有多高？还是……她想试试自己能挂在绳子上坚持多长时间。只见她用尽伸直两只纤细的胳膊，抓住粗糙的悬空绳索，抓到她能抓得到的那一处绳子，没有停留，又快速双腿弯曲，双脚腾空，原地悬垂着。"啊……"伴随着惊叫声，琪琪的两只小脚接连落地，整个人从距离地面45厘米的高度快速滑落下来，两只小手也跟着滑下来。可能是抱得太紧太紧了，摩擦力把琪琪的小手心变得通红通红，她看了看自己的手心，对着手心哈了两口气，又拍了拍手，跑去玩俄罗斯方块了。

（幼儿园里的攀爬器械有很多，但是这里的悬空绳索是挑战难度为五颗星的项目。琪琪主动来到绳子面前挑战自己，她的勇敢已经令我刮目相看了。通过琪琪拽绳子、打量绳子、对着手心哈气的细节让我看到了小女生细腻的小心思。看到琪琪这么小心谨慎地检查绳子有无损坏以确保自身游戏过程中的安全，这让我非常骄傲于日常的安全教育工作。琪琪虽然长得小巧玲珑，但是动作灵活，行走、跑跳、平衡样样在行，这次尝试悬空吊起，坚持的时间只有两三秒，可见臂力和耐力方面还急需加强锻炼。）

琪琪可不是个轻易认输的女生。她找来了好朋友萱萱，帮助她爬上绳子的顶峰。萱萱个头高，身体也强壮，她一把抱起琪琪向上举，很轻松的样子，琪琪一把就抓住了绳子的第二个结。为了让琪琪抓得靠上一点、再靠上一点，萱萱很努力地配合，琪琪也使劲向上伸胳膊，右手最高只能够到第二个结和第三个结的中间靠上位置，这已经很吃力了。琪琪眼看不能够得再高了，赶忙低头对萱萱说："好了，好了，放开我吧！"萱萱回答："好的，我马上放开，你可要坚持住啊！"说完立刻跑到琪琪对面为她加油呐喊："加油加油，琪琪加油！"几个女孩听见了，也跑过来为琪琪加油，人越来越多，加油的声音越来越高。加油助威的好朋友们为琪琪注入了无形的动力，这一次，她闭紧眼睛，左手在上，右手在下，紧紧握住绳子，双腿自然下落。她的嘴巴小声地一个数一个数地默数，数的飞快，数着数着，听见"跐溜"一声，呀，琪琪从绳子上滑下来了。小伙伴们随即围了上去，你一句"没事吧"，她一句"疼不疼"，温暖了琪琪的内心，坚强的琪琪拍拍手，笑笑说："没事没事。"

好朋友帮助抓绳子

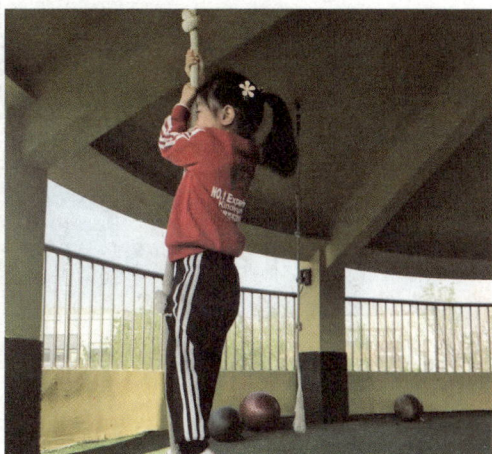

在绳子上默默坚持

（大班幼儿遇到困难喜欢自己想办法解决，独立解决问题的能力有所提高。正如琪琪所想的，找个好朋友抱起她，高度一定会超过自己爬绳子的高度，所谓"站在巨人的肩膀上"，小小年纪的孩子已经懂得借助他人的力量做事情。）

琪琪从绳子上滑下来，这引来了好朋友们的注意。安慰之后他们并没有离去，而是自发地加入帮助琪琪爬绳子的行列。他们在讨论什么工具可以帮到琪琪。

一一说："要高的，这样踩上去就会很高。"

涵涵说："我去搬个正方形大方块，你踩上去就能够到顶了。"

馨馨说："鲸鱼高，楼梯也高，咱们都去搬来试试。"

团结的力量是伟大的，不一会儿，绳子周围多了好几个大型玩具，琪琪和她的小伙伴开始试验了，到底哪个玩具能帮助她爬上绳子的顶峰呢？琪琪选择踩在正方形上积木够绳子，可是正方形有点高，琪琪的腿迈不上去，小伙伴们想办法一手扶着琪琪，一手摁着正方形，费了好大力气，琪琪才站上了正方形的侧面。这样比萱萱抱着她了高多了，她的左手伸直了可以够到绳子的第三个结点上，右手紧跟在左手下方，身体紧紧贴着绳子，两条腿交叉将绳子稳稳地夹住，就这样的姿势，琪琪足足保持了 7 秒钟，这已经是最新的突破了。第一次试验借助玩具爬绳子，琪琪和她的小伙伴就创造了新的纪录，这让小团队的士气一下子涨起来，他们欢呼、跳跃着表达内心的激动。

借助玩具爬绳子　　　　双手第一次超过第三个结

（大班幼儿喜欢思考，喜欢进行动脑筋的创造性活动，他们在解决问题时喜欢先构思出行动计划，然后按计划去解决问题。幼儿的意志力正逐渐增强。对于琪琪来说，借助玩具够到绳子的最高处，保存了攀爬的体力，使她悬挂在绳子上坚持的时间能够更长一点。《3～6岁儿童学习与发展指南》指出，5～6岁幼儿能双手抓住悬空吊起20秒左右。对比琪琪的表现，还不足以完成这一指标。我告诉她，有时间就和爸爸妈妈去锻炼身体吧，下一次就能像小猴子一样挂在绳子上了。）

几个星期后的一次户外活动，琪琪又来到空中乐园悬空绳索前，她双脚用力蹬地纵身向上一跳，用手抓住了第二个结，然后双腿双脚向上弯曲，踩住了第一个绳结，用屁股、双腿、双脚夹紧绳子。她慢慢地调整自己的位置，双脚踩住第一个结，努力让自己的身体直立起来，手臂伸直，双手够到更高的位置，蓄势待发，她又第二次向上跳，这一次跳得比刚才低一点，双脚没有到达第二结的位置，但是她没有放弃，慢慢向上挪动身体，上去了，她的脚够到了第二个结，小身体里竟然有这么巨大的能量！她慢慢踩着第二个结直立起身体，两只手一上一下抓住绳子向上爬，现在她站上了第二个结，她的上肢力量有了很大的进步，握力、臂力、耐力都有了极大的提高。她又要跳了！要爬上绳子的更高处。（她能成功吗？我为她捏把汗。）她调整好位置，重复刚才的动作，一鼓作气，踩住了第三个结，双手向上爬，终于，她爬上了绳子的顶峰，幸福来得太不容易。

（几个星期的时间里，不知道琪琪经历了什么，但是在游戏中她的上肢力量明显增强，握力、臂力、耐力都有很大的进步。后来在与家长的交谈中得知，琪琪看到高的地方就试着伸手去抓，够不到的地方就让爸爸把自己举高，抓住目标后爸爸再松手，让琪琪自己吊在上面。琪琪经过反复练习，攀爬和悬垂的能力都得到了提高。现在她不仅能够悬垂吊起超过 20 秒，还能不借助任何玩具器械，徒手爬到绳子的顶端，并能在绳子上悬垂时间长达几分钟。）

二、实录分析

（1）激发攀爬的兴趣，发展幼儿的力量和耐力。洛克告诉我们"健康的精神寓于健康的身体"，大班幼儿的精气神儿将这句话展现得淋漓尽致。大班幼儿的身体素质通过多种运动体现出来，但是在力量上的发展却差强人意，特别是上肢的力量，而且幼儿之间个体差异较大。《3 ～ 6 岁儿童学习与发展指南》中给出了可量化的描述：5 ～ 6 岁幼儿能双手抓住悬空吊起 20 秒左右。这种描述是一种合理的期望，事实证明，孩子通过努力能够达成这一目标，而且还会因此喜欢上攀爬，孩子的力量正在游戏的过程中逐渐增强。

（2）家园合作，鼓励幼儿坚持挑战自我的品质。在第一次挑战活动中，虽然琪琪由于缺乏活动经验没有成功，但是她敢于尝试，敢于接受挑战，在某种程度上这也算一种成功，这种精神是值得肯定的。因此，我庆幸，在琪琪三次尝试都没有爬到绳子顶端的活动中，我没有强行介入并指导其动作要领，而是给孩子提供了充分的时间与空间，使她有机会独立想办法按照自己的进度进行尝试。改变总是在不经意间发生，但一定是在努力之后。琪琪记住了老师鼓励的话语并付诸行动，反复摸索垂吊的技巧、爬绳的技巧，坚持练习，才有了令人骄傲的收获。琪琪的收获不只是爬上了绳子顶峰，而且还树立了正确的运动观。

（成菲菲）

我们一起飞

一、活动实录

在幼儿园三楼的空中乐园中有很多自制软绳、软梯，这也是孩子们经常活动的区域之一。我们常常来到这里，可是孩子们只顾着玩其他的玩具，对软绳、

荡秋千　　　　　　　攀爬软梯　　　　　　　隔河传球

软梯的兴趣并不高。

　　我把我们班胆子比较大的于诗涵叫过来问："你怎么不玩软梯呢？"只见于诗涵皱着眉头说："不好玩，我也有点害怕。"我鼓励说："不用怕，老师在旁边保护你。"可是于诗涵还是一脸为难的样子说："我不想玩，我还是去玩滑梯吧。"说着就去玩滑梯了。偶尔，也会有几个男孩子往上爬，可是由于臂力不足，很快他们就放弃了。一连数日，虽然我在不断地鼓励他们，但是去攀爬软梯、软绳的孩子还是少得可怜。

　　针对这种情况，看着被冷落在一旁的软绳、软梯，为了让孩子们感兴趣、真正得玩起来，我决定先给孩子们设定几种玩法：

　　（1）荡秋千。幼儿站在软梯上，手握紧绳子或横棍荡来荡去。让幼儿学习荡秋千的方法，体验成功的乐趣。

　　（2）攀爬软梯。创设摘果子的游戏情境，将果子挂在软梯的高处，幼儿练习攀爬，提高幼儿攀爬的能力。

　　（3）隔河传球。创设游戏情境，两人一组，幼儿分别站在软梯两侧，将皮球从横棍之间的空隙传过。

　　有了以上玩攀爬软梯的设定，面对软梯、软绳时，孩子们不再是逃避，而是兴趣盎然。他们已经不满足于老师设定的玩法，而是主动参与探索出了多种玩法：

　　随着活动的不断深入，孩子们对软绳、软梯的兴趣也越来越高涨。我们和孩子一起讨论：怎么玩？怎样玩出新意？怎样在玩中创新？老师完全放手，在保证安全的前提下，孩子们在玩中自己尝试、自己创新各种玩法。很快，随着孩子们的练习，他们已经能快速地爬到软绳最高点，孩子们跃跃欲试，越来越多的玩法呈现在我们眼前。一天，孩子们像往常一样两两合作或三人合作玩软梯，突然辛浚豪兴奋地叫我："高老师，快看，我飞起来了。"我寻声看去，原来他把两个软梯放在两腿之间，往前猛跑两步，然后双脚腾空，就真的飞了起来。辛浚豪说："高老师，我还能带着小朋友一起飞呢。"于是就有了下面的这组精彩镜头。

让我带你一起飞

二、实录分析

（1）进行科学有效的观察。户外区域游戏，更多的是幼儿的自发性活动，教师不再是教学活动的主导者，也不再是发号施令的权威，而是要在幼儿的身边，仔细地、耐心地观察，当幼儿出现问题的时候，给予及时的指导。教师主要观察幼儿对于活动的兴趣、发展水平等，重点观察那些身体素质较差、能力较弱的幼儿，还要解决幼儿在游戏中出现的纠纷，发挥幼儿自主性游戏的价值。

（2）给予全面有效的支持。每个幼儿都具有自身的个性特点，在游戏中会有不同的表现，一些胆小、害羞的孩子在游戏的时候会有心理障碍，教师要用鼓励性的语言、微笑的眼神、竖起大拇指等语言、表情和动作，调整幼儿的心理状态，激发幼儿的活动兴趣。

（3）注重幼儿规则意识和自我保护意识的培养。在开展幼儿园户外活动的过程中，教师要时刻注意幼儿园的表现与行为，要让他们有规范、有组织地进行活动，以确保活动的有效性和幼儿的安全。在孩子熟悉了活动的器械、增强了安全意识、具备了自我保护的能力后，教师可以放手让孩子自己去探索、去尝试更多的玩法，有时也会达到"无心插柳柳成荫"的效果。

（高燕）

【淘气堡儿童学习案例】

勇气随风荡漾

淘气堡一直是孩子们心中的童话王国，有五彩斑斓的房子滑梯，有可以放纵跳跃的蹦床，有像摇篮一样的秋千，还有可攀爬荡漾的绳梯，种类丰富多样。区域顶部的模结构，让这里成了一个一年四季都可以尽情玩耍的好地方。孩子们刚来到这个区域时，都会选择蹦床、滑梯、秋千等器械玩耍，孩子们有的在滑梯上扮演王子和公主玩着过家家的游戏，有的在蹦床上跳着欢乐的舞步，看似简单情境化的游戏却可以带给他们无限的欢乐。随着年龄的增长、运动水平的提高，大班的孩子尝试起了刺激、具有挑战性的游戏项目——绳梯，于是针对绳梯的玩法孩子们展开了大胆的探索。

一、从低层轻荡到攀爬

刚开始，孩子们只是把绳梯当成秋千，坐在绳梯的最底层，用脚前后蹬地来摆动着荡秋千。孩子们荡了几下觉得没意思就想要离开，正当我犹豫要不要引导孩子探索新玩法时，爱研究的小宇提出疑问："既然是荡秋千，荡这么低有什么意思啊，我有个主意让它荡的高一些。"只见他从绳梯上下来，用双手抓住第四层梯子，往后后退让绳梯最大限度地倾斜，接着快速助跑，在荡绳荡起来的时候抓住时机，双脚迅速站在第一层梯子上，果然比刚才高了很多。围观的小朋友们都兴奋地拍手叫好，也学着他的样子荡了起来，从坐着荡变成了站在梯子上荡，确实比刚才刺激多了。（模仿是幼儿学习的重要手段，很多时候就

助跑跳上梯子

在同伴的鼓励下成功荡起

是需要这样一个想法奇特的"领头羊"，带领孩子们开拓出新的玩法，而教师不要急着介入，只需一旁静待观察，爱玩、会钻研的小朋友一定会想出不同的玩法。）

在小宇的带领下，排队玩绳梯的小朋友越来越多。轮到芊芊玩了，她怯怯地走上前，抓住梯子只往后退了很小一步就往前跑，绳子并没有荡起来，我上前说道："再多后退一些，退的距离太短绳子荡不起来。"芊芊看着我说："老师我不敢，我怕荡的太高了我站不上去。""没关系，勇敢一点，绳子荡起来的时候你看准梯子，迅速上去就行。"她点点头，鼓足勇气退到最后，向前跑了两步又停了下来，一脸愁容地看着我说："老师，我还是不敢。"这时后面排队的孩子已没有了耐心，各个跃跃欲试，我说："这样吧芊芊，你先看别的小朋友玩，注意看她的动作，等她玩完你再试试。"芊芊抓着绳梯并没有想放开的意思，低头想了想道："老师，我还是想再试试。"在她的语气中我读到了坚定，其实她只是缺少了些勇气，我带领孩子们一起给他加油："去吧，芊芊，我们一起给你加油。"排队的孩子们也附和着："芊芊，你是最棒的！""芊芊，勇敢点，大不了摔个屁股蹲儿，不疼。""对呀，有老师保护你呢，别害怕。"就这样，芊芊在大家的鼓励下再一次鼓起勇气。这次没有犹豫，没有胆怯，她战胜了恐惧，真的成功了。（每个班里都会有胆小的小朋友，但这并不代表他的能力达不到。每个孩子都有着不服输的精神，因此，教师需要做的就是在孩子想要放弃时给予勇气，帮其树立自信心，也可以利用同伴效应来加以鼓励。）

就这样，孩子们对绳梯有了新的认识。受到小宇启发的瑶瑶也想出了新玩法，他提议："梯子就是用来爬的，我们来比一比看谁爬得高吧。"于是，孩子们慢慢从低层轻荡变成了攀爬登高。爬梯对孩子们来说并不难，可要想在来回摇荡的绳梯上爬高，就需要有较好的平衡能力，需要很强的臂力来控制平衡，只有平稳了才能更好地往上爬。起初，有的孩子由于平衡协调能力较差，爬到第二层就有

些吃力想放弃了，就在他想要下来的时候，我赶紧上前扶住了梯子。我说："泷泷，再试试，胳膊用上力，老师先来帮你稳住绳梯。"在我的鼓励下他又鼓足勇气继续往上爬，一层、两层……看他已掌握要领，我慢慢放开手，很快他就爬到了最高层。我大声告诉他："泷泷，你真棒，克服了困难，老师早就放手了，是你自己成功登顶的。"我永远也忘不了那一刻他脸上得意的笑容，仿佛梦想实现了一般。（每个孩子的发展水平是具有差异的，并不是所有的孩子都能将游戏材料很好地利用，有的掌握较慢，有的某一方面薄弱，因此，在孩子初试阶段，教师应适时地介入，给予帮助，可以采用讲解要领、动作辅助、言语激励等措施帮助孩子完成游戏。）

二、从低层单人游戏到多层多人游戏

渐渐地，孩子们都找到了玩绳梯的乐趣，刺激性和挑战性让越来越多的孩子们加入荡绳的队伍中。可是只有三根荡绳，怎么才能让更多的人一起玩呢。耐不住性子的妞妞想到了一个好办法，她让攀爬最厉害的彤彤爬到荡绳的顶端，然后让瑶瑶爬到中间高度，等她俩抓牢坐稳后，自己在最下面使劲将荡绳荡起，并快速坐到最底层的梯子上，就这样"单人荡绳"演变成了"上中下三人荡绳"，这个好办法很快便被大家效仿起来，有的三人一组，有的四人一组，甚至还有六人一组的，他们想尽办法试图让更多的小朋友都能参与荡绳梯的游戏中，也不怕拥挤了，那一刻孩子们就像叠罗汉一样，互相帮助、互相支撑、互相合作，单人游戏变成了多人合作的游戏，大家依偎在一起笑得真开心。孩子们在锻炼爬梯的

上下三人一组　　　　　　上中下三人一组　　　　　　上中下六人叠罗汉

同时还学会了合作互助，收获了深刻的友谊。（单人游戏虽然也很好玩，但却没有分享的快乐。起初孩子并没有意识到这一点，是排队的不耐烦让她们想出了这样一起玩的好办法，渐渐体会到互相合作、齐心协力的集体力量，也增进了彼此的友谊。）

三、从前后摆荡到旋转摆荡

川川是个古灵精怪的小男孩。一天川川坐在荡绳上跟另一个小朋友聊天，说着说着他"哈哈"地笑了起来，头往后一仰，差点没坐稳。川川赶紧用脚撑住地面，由于事发突然，川川没能控制好荡绳，荡绳在原地转了一圈。就是这一转，让川川无意间发现了新大陆！川川调整好自己，又重新坐在荡绳上，让瑶瑶把荡绳像拧麻花一样拧起来。"3，2，1，放。"瑶瑶快速松开手，川川像陀螺一样跟着荡绳荡了起来，一边旋转一边发出"哈哈"的笑声。他的笑声吸引来了很多小朋友，川川也不吝啬地把研究出来的新玩法分享给大家。孩子们总结了之前多人荡绳的经验，把多人荡绳的方法迁移到旋转荡绳上，就这样荡绳上出现了许许多多的"小陀螺"。

旋转荡绳　　　　　　　　多人旋转荡绳　　　　　　　我们荡得多快乐

自主游戏就是让孩子自己探究，研究出好玩的方法。正如案例中的川川，这个旋转荡绳的方法是其在活动中无意发现的，自己发明的游戏印象才更深刻，并且更能引发孩子们的兴趣。

（刘新敏）

第三章　把游戏的自主权真正还给儿童

收集四季欢乐

一、活动实录

户外游戏时间到了，孩子们又一次集体达成默契，去欢乐淘气堡收集欢乐。今天，我们组织了一场欢乐分享会，让孩子们想一想我们的欢乐淘气堡里发生过哪些好玩有趣的事情，讲出来跟大家一起分享。惊讶于孩子们的丰富经历与美好瞬间，跟随着他们灵动的思维去感受快乐、感受智慧、感受合作的重要、感受集体的荣耀……一个个精彩的故事在这里上演，这是他们收集快乐的地方，更是创造无限可能的地方。从春天刚刚接触淘气堡，到夏天他们喜欢上了淘气堡，再到秋天一起探索一起挑战，到了冬天他们将淘气堡玩出新花样，孩子们随着四季变换在收获与成长，带着好奇与期望，我带着孩子们奔往欢乐淘气堡。

（一）春之懵懂

春天，带着花香和香草的气息，第一次带着孩子们来到淘气堡，孩子们一溜烟涌向了大滑梯，绝大多数部分孩子最先选择的是大型滑梯，通过攀爬，找入口，一个一个带着最最快乐的表情滑落下来，那是童年最快乐的模样。不一会儿，滑梯上堆满了小朋友，他们时而拥挤，时而分组，自己制定游戏规则，滑梯上萦绕着欢乐的氛围。但是大大的淘气堡里略显空旷，孩子们都在重复着滑滑梯，一遍遍，乐此不疲，而蹦蹦床、爬梯、吊绳、秋千处也基本无人问津。只有启辰、明泽和壮壮时而在滑梯上奔跑，时而在滑梯最下方进行着秘密行动，不一会儿，滑梯秘密基地上的小朋友越来越多。通过细心观察我明白了，他们在玩社会性游戏，在滑滑梯的过程中，有人不遵守规则，有人推挤，于是他们三五人自发组成了警察护卫队，一起勇敢地站出来为其他的小朋友保驾护航。我为他们的勇敢与智慧点赞，可是他们只钟爱滑梯，玩过家家的游戏或是玩警察捉小偷的游戏，他们都是以滑梯为载体进行。可心尝试着去蹦蹦床玩耍，可是跳了几次没有人过来响应也就作罢……

滑梯真好玩

钟爱滑梯

（二）夏之熟络

在经历了几次的滑梯畅玩之后，孩子们的欢乐开始以滑梯为基准向外延伸，她们开始了欢乐淘气堡探索之旅。只见他们三五成团开始去玩蹦蹦床，跳呀跳呀，一个小朋友跳，其他小朋友被震颤地四处逃窜，欢乐声阵阵响起，其他小朋友见状，也纷纷跃跃欲试，不一会儿，四个蹦蹦床全都满员。从滑梯走向蹦床要经过软梯和吊绳，天亮被软梯别了一下，向我露出想玩的神情，他说："老师，我可以玩这个吗？""当然可以啊！"我说，他继续说："可是我有点害怕。"我笑着回答："没关系啊，老师保护你。"于是在我的保护下她开始爬软梯，爬到第二节突然停住了，转过身坐下来说："老师，你可以推我一下吗？""当然，你要扶好扶手注意安全哦。"天亮在软梯上荡起了秋千，原来软梯也可以这样玩啊，我感叹道。天亮说："老师，真好玩，谢谢你。"我笑了，你们开心就好。于是软梯旁边的小朋友越来越多，他们在商量着更多更有趣的玩法，滑梯上、蹦床上、软梯上、荡绳上，孩子们熟络起来，他们能找到的欢乐越来越多，而我们能做的就是给她们勇气与力量，保护好他们的安全，静静观察，每个角落里都暗藏着精彩。我们在这个夏天相约淘气堡，并渐渐与它熟络，在这里，

蹦床也好玩

尝试软梯

我们收集了欢乐、勇气与智慧。

（三）秋之探索

在这个四季分明的城市，我们的淘气堡寻乐从不曾因季节而受影响，美观实用的膜结构一直为我们保驾护航，在这里孩子们可以尽情发挥、自主地游戏。从滑梯到秋千，再到吊绳、软梯、蹦床、轮胎车，这里包罗万象而又趣味无穷，孩子们可以在这里不断发现、不断尝试、不断学习。在这里，孩子们挖掘出了各种各样好玩的游戏，游戏结果已经不重要，重要的是孩子们是游戏真正的主人，他们一起探索玩法，挑战不可能，能力在不知不觉间慢慢提升。琪琪是一个胆小内向的孩子，平常话不多，这天她在荡绳周围走来走去，我发现后走过去跟她说："这个荡绳很好玩的，要不要试试？"她很愉快地答应了，起初，她会很小心地从远处发力，双手紧紧抱住荡绳不放，紧张不已，我及时鼓励，一会她的好朋友霖霖也来帮忙，两人互相发力，渐渐地两人越来越有信心，互相鼓励、互相保护，逐步增加难度。从平地走向滑梯台大约有一米高的高度，从滑梯台上自己发力来回荡，看上去弱小的琪琪却表现出了强大的臂力，不一会儿，她叫来了更多的挑战者。她们自觉在滑梯台上排成一队，一个小朋友荡完将荡绳传给下一个小朋友，小朋友们也互相鼓励，在一次次的挑战中自己增加难度，他们荡漾的越来越高、越来越远。总之，他们玩得不亦乐乎，孩子们在参与荡绳游戏中参与度很高，积极性很好，将自主游戏的智慧与趣味性展现得淋漓尽致，看到他们探索出了更多、更好玩的游戏，我欣喜不已。孩子们在荡绳上灵动的身影让我看到了童年的模样，就是应该这般快乐，无忧无虑。我要做的就是观察、鼓励、记录与反思。

合作荡绳

看谁荡得高

（四）冬之绽放

远远望去，现在的淘气堡已经全然换了模样。孩子们在经历了几个阶段的探索后，充分利用淘气堡的包罗万象，将社会性游戏搬到了淘气堡，这里不再有滑梯、荡绳、软梯、蹦床的分隔，她们将这里在空间上相连，按照功能和外观划分，将淘气堡的大型器材变成了城堡、医院、警察局、游乐场、电影院，根据自身的需要实现了区域的整合。孩子们作为社会人在城市中穿梭，他们默契配合，分工合作，全然将生活场景搬到了淘气堡。我就站在台阶上感受他们作为社会人的喜怒哀乐。那边，是亲朋好友在参加壮壮和嘻嘻的婚礼，只见他们将滑梯台想象成了婚礼T台，伴随着众人的祝福，一对新人缓缓入场，有简单热闹的婚礼仪式。我在旁边看着，也情不自禁地为她们鼓掌想祝福他们，我惊喜于孩子们的游戏智慧与生活经验的还原，别的小朋友也在全然配合着他们，欢乐而有序。这边是五六个小朋友像猴子般倒挂在软梯上，在细心观察后发现他们在还原"猴子捞月"的故事场景，根据能力强弱程度自由攀爬，挑战倒挂，两两配合进行猴子捞月亮的情景演示。孩子们在自主游戏的过程中已经能够巧妙地将器材跟生活经验结合，并可以默契配合实现区域的有机整合，一幕幕暖心故事在这里上演，我陪着他们一起感动、一起幸福。

猴子捞月亮

淘气堡里欢乐多

二、实录分析

以一年四个季节为支撑，其实是描述了孩子们进入淘气堡的四个阶段，从刚开始的懵懂、只喜欢大滑梯，到之后的开始试玩所有的器材，与淘气堡里所有

第三章 把游戏的自主权真正还给儿童

的玩具开始熟络，然后在老师的鼓励下开始充分探索、尽情展示，到最后阶段的惊喜与绽放。他们最后能默契地将区域融合，将小小的淘气堡变成了小小社会的缩影，充分展现了孩子们的智慧与勇气。伴随着游戏的开展，我也对淘气堡的故事进行了整理与反思。

（1）教师的观察要在全面的基础上拉近镜头，真正感受孩子们的喜怒哀乐，全面观察和个例观察相结合，及时观察，及时纠正。

（2）创设一个轻松民主的游戏环境氛围，让孩子们能真正放得开，按照自己的想法和意愿去游戏，自主选择游戏伙伴，鼓励孩子们自发自然地交往合作，激发孩子们共同参与游戏的热情。

（3）适时评价，体现榜样的力量。在游戏探索过程中，对于孩子的行为要具体问题具体分析，给予适时评价，及时鼓励，纠正不安全的行为，多一些支持与鼓励，少一些斥责与干扰。

（4）游戏可以把儿童的思维从具体经验中解放出来，进行更高水平的思维，儿童在游戏中的行为总是高于他在现实生活中的行为表现。我们要做的就是要在尊重孩子的基础上挖掘孩子的游戏潜力，发现孩子的闪光点。

（5）每次活动结束，要进行游戏总体评价与幼儿互评，这样既有利于下一次活动前经验的丰富，也有利于孩子们能力的提升。

（张洁）

我是秘密收藏家

春暖花开，万物复苏，春天的欢乐淘气堡里能寻找到更多的欢乐。在开展主题"寻找小秘密"的活动中，孩子们意犹未尽，大自然中盛开的小花、碧绿的小草，处处都暗藏着属于他们自己的秘密。有一天，在淘气堡里我也发现了他们的秘密，"嘘，安静！"他们小声嘀咕，让我们静心聆听他们的故事，用心感受他们的童真。

欢乐淘气堡里欢乐格外多，瞧，今天不光是滑梯上面很热闹，连滑梯下面

孩子们的秘密基地

也都围满了小朋友。好奇心驱使，我问川川："你们在玩什么好玩的游戏呢？"只听他小声说："老师，这是秘密。"我更好奇了，问："什么秘密啊？"我打算去探个究竟，但是又不能被发现，于是我像个侦探般慢慢靠近。我希望作为老师能够真正了解他们，能够为他们解决疑惑、排忧解难……自主游戏往往是老师观察和了解孩子们各方面发展水平和内心世界的绝佳时机，通过在游戏过程中观察孩子们的表现和思维方式，我们也可以由此为他们的游戏提供指导。我喜欢参与他们的游戏，和他们一起探索未知，揭秘未知。

原来，在大大的滑梯下面有一块小草坪，一米高的带颜色方块像是一个小凉亭，孩子们正好可以坐在下面，看样子也很喜欢趴在下面。这里是孩子们的秘密基地，它的位置相当隐蔽，不特意寻找都很难发现。正因为它的隐蔽，很多孩子都喜欢那里，尤其是那些有小秘密的孩子。通过观察，有时会是一个小朋友在那里发呆，有时是两个人窃窃私语，有时三五个人，是的，这是一个秘密基地，专门收藏秘密的地方。直到有一天，秘密基地上有很多小朋友在商量着什么？商量完以后大家各自快速跑开了，我感觉他们在商量什么秘密计划。我看他们都散开了，于是想过去看看情况，刚走近那里，就无意间听见了川川的秘密。他自己趴在凉亭里跟秘密基地分享他的秘密，可是由于他太兴奋了于是讲秘密的声音有些大："我的秘密是我希望长大了和彤彤结婚。"说完还自己打着滚儿笑了起来，正好滚到了我的脚上，他开始不好意思起来，猛地站起来说："老师，你听见我的秘密了吗？"他很大声地问，我看了看他，小心翼翼地点了点头。这时泽泽跑过来问："老师，川川的秘密是什么呀？"我说："正因为它是秘密，所以不能说出来啊。"川川很满意地笑了。他开心地跳了起来，说："谢谢老师替我保守秘密。"我说："希望你的愿望成真呢！"在游戏过程中，我经常变换角色，有时候是游戏伙伴，有时候是见义勇为者，有时候是倾诉者，有时候是心理咨询师。

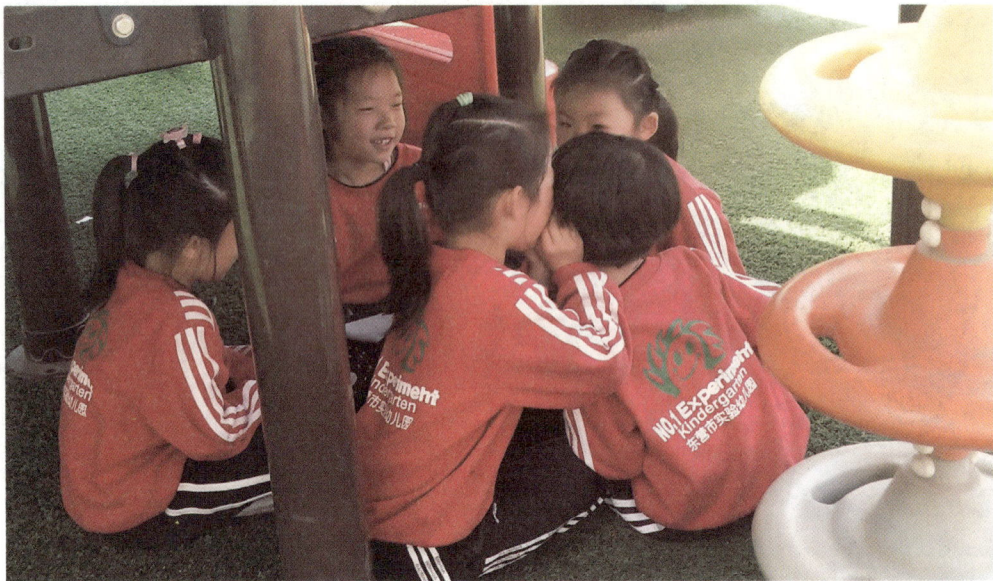

实施秘密计划

但是大多数时候，我喜欢作为孩子们的游戏伙伴参与他们的游戏中，他们有困难的时候我愿意挺身而出帮他们解决，他们嬉笑开心的时候我愿意跟他们共享欢乐。

从那以后，不用靠近秘密基地，很多小朋友就会主动过来跟我分享他们的秘密，我想或许是我得到了川川的信任，于是大家都把我当成了秘密收藏家。这个春天，我在大自然中获得了许多有关科学的秘密，在欢乐淘气堡里收藏了很多小朋友的秘密。后来，他们会向我敞开心扉，说出他们的小秘密，也许他们说的根本算不上秘密，有时候就是一个小愿望、小憧憬，但是我都会小心地呵护它、保护它，像保守自己的秘密一样。于是我在淘气堡里又多了一个默认的身份，那就是"秘密收藏家"。

现在，孩子们来到淘气堡里已经能够自由选择游戏器材，自主展开游戏，自发交流分享，他们越来越会在自主游戏中找寻快乐。我陪着他们一起玩一起闹，共享他们的欢乐，观察他们的行为，在遇到问题时及时帮助，我们一起成长，我在收藏秘密的过程中了解了孩子们的内心需求，我们彼此在心灵上的距离又增进了一步，我也会根据他们的秘密适时疏导与帮助他们，让整个游戏的氛围民主而欢乐！

（张洁）

花样玩滑梯

　　户外活动时间到了，今天我们选择的区域是淘气堡，幼儿自由选择活动器具，在老师规定的范围内玩，于是有几个小朋友选择玩大滑梯。大部分小朋友规规矩矩地排队上滑梯，一个接一个地走上去，坐稳后往下滑，有的小朋友嘴里还念着老师教的滑滑梯的儿歌：

　　滑滑梯，滑滑梯，你先我后不着急。

　　上去好像爬高山，爬完一级又一级。

　　下来好像坐飞机，忽忽悠悠飞到底。

　　看到小朋友这样按部就班地滑滑梯，作为老师，我是非常高兴的，于是我脸上带着微笑来回巡视。过了一会儿，我发现班有几个小朋友，总是在玩开汽车的游戏，有的小朋友拿着呼啦圈当汽车的方向盘，有的拉着轮胎车，还有的玩滚筒……他们各自开着自己的汽车玩儿，有时候还会几个小朋友合作，玩得不亦乐乎，高兴极了。一会儿，就有几个小朋友开着车，开到滑梯底下去了，我担心他们的安全问题，就想让他们出来，却发现其他小朋友一个个地也跟样学样，钻到滑梯底下不出来了，在里面你一句我一句地聊起了天。我示意他们出来玩，可不一会儿他们又跑到滑梯底下去。

快来看看我们的停车场吧

　　我知道孩子们平时很会玩，肯定有些新花样，于是我也弯着腰小心地钻进去。结果，还是撞到了头，我摸着撞疼的头，好奇地问："这里有什

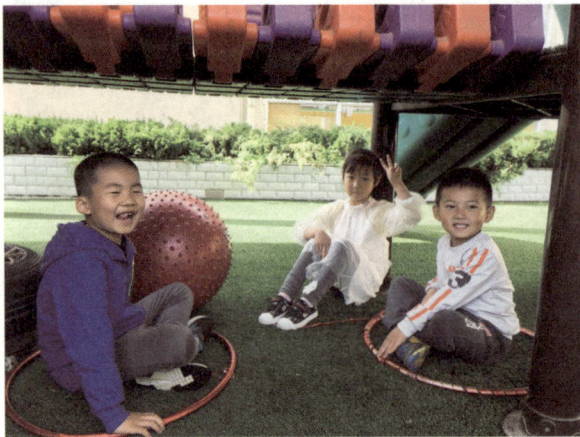

我们的停车场可以停很多车哦

么好玩的吗？"

"这里真好玩！"孩子们异口同声地说。

"有滑滑梯好玩吗？"

"我们新的玩法是把这里当成停车场。"

"可是这里为什么能当停车场呢？"

"这里是滑梯下面，停在这里很安全。"

"这里有阴凉，不热。"

"这里又像山洞，汽车钻山洞也好玩。"

"这里面空间很大，我们的汽车也能开进来。"

"对，我们也可以在我们的车里休息。"

"我们长得矮，弯着腰钻进来不会撞到头，老师长得高会碰头。"

孩子们讲得兴奋极了，我也被感染了，放下心来，让他们继续玩吧。

孩子们的玩法很有创意，讲的也有道理，并且学会了保护自己。作为教师，不能只按照惯性思维考虑问题，死板地认为滑梯只有上面能玩、下面就不能去，这样会束缚了孩子们的思维，打消了他们游戏的积极性。当我们放开手让孩子们主动去探索，充分发挥孩子的想象力，往往会有出乎意料的效果。老师认为不好玩的地方或不应该玩的地方，孩子们儿也会玩出个花样来。

老师想要被孩子所接受、所认可，就要走进孩子们的心里，就应该找准自己的位置，蹲下来听孩子说话，了解他们的想法，知道他们要做什么。在孩子们的世界里，有很多事情，以成人的眼光来看，以成人的思维来考虑分析，是理解不了的。这就需要老师学会换位思考，真正站在孩子的角度，以发展的眼光看孩子，以孩子的眼光看世界。

（蒋义义）

大手牵小手

一、活动实录

升入大班的幼儿，成了幼儿园里的大哥哥、大姐姐，他们在社会性和能力发展方面都有了一定的经验积累；而刚入园的小班幼儿，在情绪上还不够稳定，在生活自理能力以及社会性交往等方面缺乏经验。如果我们想找到这样两个幼儿群体的发展对接点，那么"大带小"活动就必不可少。这种体验性的活动既能提高大班幼儿的自信心、自豪感和成就感，同时又能在一定程度上安抚小班幼儿的情绪，帮助小班幼儿更好地适应幼儿园生活。在同一片场地上的户外活动中，混龄是孩子们在游戏状态下自然而然的过程，因为当孩子们拥有了自主选择、自由活动的权利和空间以后，自然会根据自己的意愿选择材料、场地、玩伴和玩法，当孩子们在场地上自由流动的时候，"大手牵小手"的故事就自然而然地深情上演了。

（一）体验姐妹兄弟之情

今天，我们打破了年龄和班级界限，在欢乐淘气堡组织了一次"大带小"推进活动，实现了游戏伙伴的互通。

游戏活动开始了，大班的孩子小心翼翼地牵着弟弟妹妹的手。佳佳牵着一位小妹妹的手，不断地走来走去引起了我的注意，原来是佳佳想先带她整体看一下活动器械。刚开始小妹妹比较认生，不知道怎么进行游戏，佳佳耐心地给她讲解活动器械和玩法。渐渐地，小班妹妹开始不断地尝试各类器械的玩法，小妹妹拉着佳佳跑到了秋千前面看其他小朋友荡秋千。这时候，佳佳连忙把她牵到秋千的一侧，并学着老师的口吻告诉她："当其他小朋友在秋千上时，是不能站在秋千前面的，特别危险，记住了吗？"小妹妹似懂非懂地点了点头。小妹妹又跑到了大型滑梯旁，佳佳小心翼翼地牵着她上滑梯，还不断地提醒她滑滑梯时要排队，不能推也不能挤。玩过几个回合之后，小妹妹开始尝试逆着滑梯方向往上爬，佳佳连忙自己跑到上面，并请来了好朋友若曦帮忙，在上面牵着小妹妹往上爬。旁

边的彤彤也是领着妹妹忙得不亦乐乎，一会儿主动帮妹妹推秋千，一会儿轻轻拉着妹妹走斜坡桥。调皮小伙汉汉今天也一改常态，一会儿抱弟弟上软梯，一会儿陪弟弟跳跳床，还不断地提示弟弟要注意安全。

我陪妹妹荡秋千

关爱妹妹

（二）跳跳床里的故事

"加油，加油！"那边传来孩子们热烈的呐喊声。我循声望去，看见了蹦床上精彩的一幕：为了让弟弟妹妹消除对蹦床的恐惧，大班孩子们先在蹦床上放了一些沙包，让小班的孩子观察沙包随蹦床跳跃的情况，只见彩色的沙包伴随着孩子们的欢笑声在蹦床上跳起了"舞蹈"，原来是孩子们把沙包放到蹦床上，比赛哪组沙包蹦得高。这次哲哲组又赢了，这边的孩子们立刻欢呼起来！我一脸佩服的模样，惊讶地问莹莹组，为什么他们总是赢！莹莹组也不甘示弱，欣欣说："不是的，是因为他们六个人一起跳，很整齐地跳。"莹莹说："我们想再比一次！"这次莹莹组的孩子们喊着号子：一、二、三，跳、跳、跳，这次比赛莹莹组的沙包蹦得最高！哲哲组说换一种比赛吧，让小班弟弟妹妹躺在蹦床中间，我们在四周用力跳，比比哪组的弟弟妹妹反弹得高，他们的建议立刻得到了莹

乐享其中

莹组的赞同。两组孩子们在比赛前都说起了悄悄话，连我这个老师也休想听得到呢。有趣的比赛开始了，只见蹦床周围的孩子们用力地向上跃起，当他们落下的时候，弟弟妹妹就反弹起来，这下可把弟弟妹妹乐坏了，阵阵欢乐的笑声不绝于耳。瞧，他们一会儿又带领着弟弟妹妹玩起了表演游戏：想象自己是一片羽毛落在了草地上，想象自己是一块石头落在了蹦蹦床上，想象自己睡在柔软的大床上……

二、实录分析

本次"大带小"活动过程中，小班幼儿通过模仿的方式学习到了一些简单的游戏方法以及技能技巧；大班幼儿在"教"小班幼儿的过程中，也巩固了自己对这些技能的理解，增强了自信心和责任感。例如：玩秋千时不可以站在秋千前面，玩蹦蹦床要掌握好手脚的平衡，滑滑梯时不可以推挤，攀爬时要抓牢绳索等。又如在玩软梯的游戏中，大班的孩子会主动把小班的孩子抱到底层的梯子上，推着弟弟妹妹们荡秋千，增强了孩子们的自信心。

通过观察，让我们看到了孩子不一样的精彩。为了消除小班幼儿的恐惧感，体验到蹦跳反弹的乐趣，大班幼儿主动承担了"小大人"的角色。当幼儿学会了基本的蹦跳动作后，他们便尝试通过不同的动作方式和不同的运动强度获得不同的运动体验。蹦床活动对孩子们来说，既有趣又富有刺激性，能满足他们喜欢自由蹦跳的愿望，而且能使幼儿积累丰富的运动经验，特别是感受腾空和反弹、维持身体平衡、控制身体姿势的运动经验。在玩软梯软绳时，孩子们手脚配合协调，在技能方面也有了很大的提高。

（高凤英）

师生精彩对决

为了给幼儿提供一个阴晴、四季皆可玩耍的欢乐淘气堡，我园在淘气堡上空设计制作了遮风挡雨的膜结构。为了充分利用空间，我们又在膜结构上悬挂了软梯、软绳供幼儿玩耍。大班运动能力强的孩子们对这种富有挑战性的器械非常感兴趣，经常在这里挑战攀、荡、旋转等各种高难度动作，孩子们的上肢力量、

我和老师来PK

身体协调能力都得到了很好的锻炼。今天，我带领孩子们来到欢乐淘气堡活动，正巧我园的体育老师付老师带领其他孩子在活动，于是就上演了一场师生之间的"精彩对决"。

一、活动实录

分散活动不一会儿，一只小手就拉住了我的大手，"高老师，你来给我们做裁判吧！"琳琳把我拉到了软绳这边。只见孩子们在软绳软梯上荡来荡去，个个像马戏团的表演高手，"一、二、三"，只见汉汉和喆喆抓住软绳向后退了三步，紧接着一个跨跳向空中一跃，小小的身体随着软绳荡了起来。"好棒啊！"弟弟妹妹惊喜地拍起手来。汉汉和喆喆说："我们想挑战付老师，请高老师做裁判。""好的，就这么定了。"比赛开始了，喆喆、汉汉的小脸紧紧地绷着，他认真地进行蹲起、跨跳、飞跃……好高啊！有了付老师的参与，孩子们玩的兴致更高了。这时，更多的孩子参与到与老师的比赛中，比赛进行得热火朝天，我建议："荡的远的要向大家传授秘诀啊！"孩子们积极性很高，他们边游戏边讨论和交流，每一次都会有经验的总结和技能的提升。孩子们荡绳的技巧越来越娴熟了，琳琳还耐心地教付老师反超的秘诀，他们追赶着老师，超越了老师。

这时，一个灵活的身影闯进了我的视线：夏天正动作娴熟地爬着软梯，三下五除二就爬到了最高处！爬得好快啊，我禁不住为她鼓起了掌。这时，很多孩子被我的掌声吸引过来，我和孩子们一起进行了观察：在她从第二格向第三格进军时，她没有直接用脚踏在第三个格子，而是"以退为进"，她的脚从第三个格子的空儿中穿到反面，退回到第二个格子，这样，脚就反扣住了第三格（也就是重心的所在地）。软梯瞬间变得服服帖帖。如此这样反复着，用这样的方法，她迅速爬到了软梯的最高处！"好！"大家欢呼起来，一场新的探索活动开始了……

二、活动反思

放手，还孩子一个真实的游戏。放手后，我们观察到了不一样的幼儿，远远超过我们的想象，这些游戏中的精彩让我们发现，所有的顾虑都是多余的。

理解，让我们支持孩子更好地发展。游戏中提供的软梯、软绳等器械备受幼儿青睐，孩子在自主自由的环境中生成各种游戏。孩子们喜欢挑战，个个奋勇攀爬，毫不畏惧，他们在软梯上做着各式各样的动作，大胆地

爬到最高处

探索它的多种玩法，勇敢地挑战自我，发展了幼儿身体的灵敏性和协调能力，增强了臂力和耐力。

自主游戏给予孩子充分的自由，但是不等于放任自流。教师在解读幼儿游戏情境后，通过游戏行为潜移默化地引导幼儿观察、思考、模仿、学习，推动游戏发展。一句简单的角色语言让介入不着痕迹，其背后是教师理解后的思考。幼儿在游戏的推进过程中不断思考、改进、提升，开发器械新玩法，自主游戏充分地调动了幼儿游戏的积极性。

（高凤英）

第三章　把游戏的自主权真正还给儿童

第四章

让教师成为儿童游戏的观察者、守护者和支持者

意大利著名教育家蒙台梭利指出，"教师唯有通过观察和分析，才能真正了解孩子的内在需要和个别差异，以决定如何协调环境，并采取应有的态度来配合幼儿成长的需要"。

　　作为教师，要相信每一个儿童都是一粒种子，是有能量、有潜力的学习者和探索者。要充分放手，让儿童在自主探究和自由游戏中获得经验、不断成长。要解放思想，提升境界，努力成为儿童游戏的观察者、守护者和支持者，在他们的游戏中不断地去发现儿童、读懂儿童，在一次次的放手中去领悟自主游戏的真谛，体验真游戏带来的真快乐！

第一节 基于儿童立场的园本教研

北京市早期教育研究所刘丽老师说："有效的园本研究是以幼儿园存在的突出问题为研究课题，以一线教师为研究主体，将幼儿园教育实践活动与教育研究紧密地结合在一起，将研究成果直接应用于幼儿园教育教学实践的研究活动。"在户外区域自主游戏开展的园本教研历程中，我们对此有了深刻体会。

一、反思现状，提出园本教研问题

我园自 2006 年始，深入持久地开展了幼儿健康教育课程开发与实施的研究，取得了丰硕的成果，继之又对户外区域游戏进行了深入的研究。尤其对《3 ~ 6 岁儿童学习与发展指南》的学习理解，以及华爱华教授对《3 ~ 6 岁儿童学习与发展指南》的精准解读，引发了我们的反思：我们开展的户外区域游戏到底是真游戏还是假游戏？经过讨论发现，尽管我们的健康教育活动丰富多彩，但几乎所有活动都在教师的策划与控制之下，孩子们只能被动参与甚至消极等待，自主权利被侵占。归纳起来，主要存在以下五个方面的问题：一是幼儿户外活动时间不充足；二是区域名称及目标指向性单一；三是高结构材料多、开放性材料少；四是预设活动多、自主活动少；五是教师缺乏支持幼儿自主游戏的指导策略。于是，"如何把自主游戏的权利还给孩子"这一问题进一步明朗。

在明确问题之后，我们组织教师进一步学习《3 ~ 6 岁儿童学习与发展指南》，解读《幼儿游戏理论》等理论知识，并选派 50 名教师到华东师范大学参加订单式培训。通过学习，我们认识到：自主性游戏是幼儿根据自己的兴趣和需要，以快乐和满足为目的，自由选择、自主展开、自发交流的积极主动的游戏活动。

在此基础上，我们确定了教研的三大目标：理解"自主性游戏"的真正内涵，形成"自主性游戏应成为幼儿基本活动"的理念；创设户外游戏区域，丰富游戏材料，确保活动空间与时间；培养游戏精神，掌握"幼儿自主性游戏"的支持策略，并为此制定了切实可行的教研方案。

二、园本教研，破解实践发展难题

（一）问题一：幼儿户外活动时间不充足

我园原来每天安排户外区域活动时间30分钟、间操30分钟、餐后散步30分钟、户外自由活动时间30分钟，一天累计2个小时。虽然，户外活动时间总量符合国家规定，也能够满足幼儿的活动需要，但是一次性游戏时间较短，无法满足幼儿的游戏愿望。

针对这一问题，我们组织管理人员及骨干教师集中教研。大家认为，应将户外区域活动时间科学统整，调整活动环节，游戏时间增加到90分钟。同时，大家对在较长时间的户外活动中如何解决幼儿喝水、如厕的问题也提出了策略：幼儿自带水壶，建设户外公厕，幼儿按需喝水、如厕，既保证了游戏的时间，又符合幼儿的生理需要。

充足且完整的游戏时间，保证了幼儿可以真正进入游戏世界，尽情地探索、交流。

（二）问题二：区域名称及目标指向单一

我园户外活动场地有15940平方米，我们将其划分为平衡、投掷、攀爬等区域，根据每个区域的活动目标和特点配置活动材料，幼儿与材料有效互动，促进了基本动作的发展。但是由于区域名称及目标指向单一，导致幼儿活动兴趣逐渐降低。

教研时，教师们本着"因地制宜、充分利用"的原则，结合幼儿的活动兴趣和发展需要，把户外活动区域重新调整，区域之间既体现整合，又体现开放与互动。如将原来的攀爬区、投掷区等整合为闯关游戏区，可以将各种基本动作有机串联到一起；利用北树林的自然条件，投放盘丝洞、锥形网、小吊床、小木桥、小木房等活动器械，为孩子们创建了森林乐园；依托南场地的树林、土丘等资源，投放沙袋、玩具机关枪、迷彩网、轮胎、担架等，引发了孩子们的拓展游戏。之后，我们又为孩子们创建了快乐大本营、沙滩城堡、宝贝球场、快乐淘气堡等13个户外游戏区域。

独立且关联的活动区域，真正成为孩子们的游戏乐园。

（三）问题三：高结构材料多，低结构材料少

南京师范大学虞永平教授说："良好的材料能引发幼儿不断的探索、交往和表现；材料多样化，幼儿的探索就会多样化；材料具有开放性，幼儿的探索就

会更加自主而有创造性，更容易获得有益的新经验。"

以交通游戏城为例。我们提供了各种各样的自行车、人力车等，规划了交通道路线路图，发现孩子们在游戏的初始阶段很感兴趣，模仿交警叔叔指挥交通、尝试各种车辆的骑行方法等，但是一段时间后兴趣逐渐降低，以至于有些孩子出现厌倦情绪。针对这一问题，我们以三个年级组为单位进行研讨：如果你们是小朋友的话，你们想要什么材料、开展什么游戏？

老师们童心大发，在交通游戏城玩起了各种游戏，通过体验式研讨，提出了以下解决策略。

第一，创设游戏情境。如创设加油站、洗车间、汽车修理厂、交通指挥亭、高速公路服务区等游戏情境，引发幼儿的游戏。

第二，提供低结构游戏材料。关注幼儿需要，投放低结构材料，生发新游戏。如投放红绿灯指示牌、各种废弃的幼儿自行车、小型的废旧洗衣机以及锤子、钳子等维修工具。

第三，丰富幼儿生活经验。一是幼儿园统一组织幼儿参观 4S 店、交警叔叔指挥交通等活动，丰富幼儿认知经验；二是请家长带幼儿有目的地开展社会观察与实践活动，如看维修师傅怎样修车。

第四，将相邻区域及材料进行整合。将"交通游戏区"与临近的"森林乐园"整合，幼儿在体验交通游戏区"我是小交警""洗车区"等游戏的同时，可以到森林乐园享受"盘丝洞""爬高乐"等带来的乐趣。

在幼儿的游戏过程中，教师认真观察游戏现场，了解幼儿与材料的互动，发现幼儿的游戏需要，引导幼儿用自己感兴趣的方式与适合自己的速度操作学习、探索发现，收获着教师难以预设的"收获"。

（四）问题四：预设活动多　自主活动少

在户外区域活动中，教师们预设体育活动，创设游戏场景，投放游戏材料，设计游戏情节，讲解活动规则……过多的包办、代替和控制，束缚了幼儿的自主性。

通过管理层、骨干层、全体教师等多次不同层次的教研和实践，我们终于找到了解决的办法：实施"三步走"策略，采取小步递进的方式，实现幼儿游戏的自主性。

第一步，固定区域，丰富活动经验。每个班级固定户外游戏区域，幼儿自主选择游戏材料、游戏伙伴，自发生成游戏内容……

第二步，轮换区域，尝试多种体验。一段时间之后，采取整体轮换的方式，班级教师组织幼儿到其他活动区域进行自主游戏，幼儿逐一体验不同户外区域带来的新奇和感受，并形成相对稳定的换区模式：周一、周二固定区域玩；周三、周四、周五进行轮换；双周一次自选区域玩。

第三步，自选区域，开放游戏时间和空间。在幼儿熟悉了所有户外区域活动之后，我们采取班级试点、大中小三个年级组逐一放开的方式，推进自选区域游戏的开展。期间，每个户外区域的指导教师固定，600多名幼儿打破年龄及班级界限，他们主动交往、团结协作、自娱自乐，实现了全园幼儿的完全自主游戏。

（五）问题五：教师缺乏支持幼儿自主游戏的指导策略

我们通过成功的案例分享，高效地为教师提供了操作层面的支持和帮助。大家分析同伴的成功案例，学习解读幼儿的表现，剖析自己的行为，逐渐掌握了支持推动幼儿自主游戏的指导策略。

策略一：最少的干预，给予幼儿自主游戏的空间。

我们不干扰幼儿，不打断幼儿，不催促幼儿，让他们充分地自由选择、自由结伴、自由想象、自由探索、自由表达。如在"搭建电视塔"中，老师在俊宇多次拒绝别人帮助时，并没有急于告诉他应该怎样做，也没有急于引发他的合作行为，而是给予他充分的时间，让他充分感受独自搭建的"艰辛"，更好地理解"同伴合作游戏"的意义后，才和他展开对话："你为什么不让别人和你一起搭建呢？"

策略二：最多的观察，解读幼儿的游戏行为。

在观察的过程中，我们认为，一要观察材料是否为幼儿所感兴趣，能否诱发幼儿的游戏行为，材料的多少是否适中。二要观察幼儿的动作、交往等。如在"搭建电视塔"完成后，当俊宇和小伙伴把三个圆柱体积木摆在一起，尝试把小红旗插在上面而多次失败时，老师认真观察，解读幼儿行为，看到幼儿实在难以完成，便提醒说："如果加一个插旗子的底座呢？用什么材料比较合适？"鼓励幼儿动脑思考，最后幼儿用长木板当底座，把圆柱体放在上面，把旗子插了上去。

策略三：最好的支持，满足幼儿自主游戏的需求。

在长时间的实践中，我们总结了介入时机、介入方法及有效指导的策略：

第一，把握介入时机。一是当幼儿多次尝试、反复求证无果的时候；二是当幼儿无所事事、游戏无法推进的时候；三是当幼儿活动存在安全隐患的时候……

第二，掌握介入方法。华爱华教授提出了判断教师的介入是否有效的三条标准：一是介入是否尊重幼儿的游戏意愿；二是介入是否帮助幼儿获得新的经验，提升游戏水平；三是幼儿对教师的介入是否积极响应。以此为指导，在实践中我们不断去"校正"介入的时机与方法。

直接介入。教师以一个外在的角色，引导、说明、建议、鼓励游戏中幼儿的行为。主要是语言提示和材料提供。如，当拓展训练营的碉堡倒塌的时候，在几位颇具领导力幼儿的组织下，孩子们开始自己搭建。但是由于沙袋、梯子混杂在一起，孩子们搬来搬去，半天不见效果。这时候，老师直接介入指导："孩子们，先把梯子搬出去，然后把沙袋垒高。"当孩子们把沙袋垒起来、把梯子搬进去搭在沙袋上的时候，老师再次直接指导，"孩子们，检查一下城堡搭得牢固不牢固。"并亲自带领幼儿检查。

间接介入。就是教师以游戏中的角色参与幼儿游戏，以游戏情节需要的角色动作和语言，来引导幼儿的游戏行为。其方法主要是与幼儿平行游戏或共同游戏，给幼儿提供支持、帮助，推进游戏的开展。如，当幼儿在拓展训练营开展"救治伤员"游戏时，由于经验不足，无法展开救治，这时，教师便以一名伤员身份介入游戏，引导孩子使用听诊器、进行包扎、扎小针、输液等等，推进游戏的深入开展。

园本教研，使每一位教师发生了凤凰涅槃一样的蜕变。她们树立了科学的教育理念，学会了观察分析、适时介入和有效指导，改善了教育策略。在园本教研中，她们享受着快乐，体验着幸福。园本教研，也实现了幼儿的"六个自主"，即：自主选择游戏区域，自主选择游戏伙伴，自主选择游戏内容，自主生发游戏玩法，自主整理游戏材料，自主表征游戏过程，让幼儿真正拥有了自主游戏的权利。

（王銮美）

第四章　让教师成为儿童游戏的观察者、守护者和支持者

第二节 有效真实的园本教研行动

没有生动实践的充实，理论往往是灰色的；缺乏深邃理论的指引，实践常常是平庸的。园本教研，基于实践而又超越实践，在且行且思中不断注入理性研究的意识和元素。

2015 年以来，我园以"健康教育研究"的早期成果为基础，立足于幼儿园游戏活动现状及幼儿成长的实际需求，进一步开展了"幼儿自主游戏的开发与实施"的深入研究。新的课题引发新的思考，教师群体面临着新的挑战。为了能够科学推进自主游戏的研究进程，提高教师在自主游戏设计、指导和反思等方面的专业水平，有效的园本教研便成了促进教师团体科研能力稳步提升的重要途径。

（一）理论指引，让实践超越实践

在正式开展研究之前，教师们对自主游戏的相关概念产生了诸多的疑问：什么是自主游戏？为什么要开展自主游戏？怎样开展自主游戏？自主游戏这一崭新的名词让教师群体开始反思自身对学前儿童游戏的固有认知。为解答一系列的疑问，我们采用自学与他学相结合的方式，让教师们在研读《3 ～ 6 岁儿童学习与发展指南》《幼儿游戏理论》《幼儿园自主性学习区域活动指导》等理论书籍中寻找答案，理解自主游戏的内涵，并在内化理论的同时，转变原有的游戏理念，改善教育行为，提升教育智慧，掌握支持策略，使理论层次的难题在一次次的学习、研讨中迎刃而解。

（二）行动研究，让教研有效发生

实践是研究的基础，开展课题研究，需要全体教师的共同实践和全力投入。但教师指导幼儿游戏的水平存在差异，因此，我们注重行动研究，采取问题式和案例分享式的教研形式，在体验、分享和交流之中引发思维的碰撞，启迪教育智慧。通过园本教研，教师们把真实的游戏过程和教育行为反思用案例的方式记录下来，通过园本教研分享给其他教师，引发更多的思考。如"拓展活动营材料投放"的教研活动进一步推动了自主游戏的深入开展。

（三）深入游戏，体验孩子的感受

孩子是游戏的主人，我园主张让教师走进游戏现场，开展体验式的教研活动，以孩子的视角体验游戏过程，找出问题根源，并通过讨论，提出解决策略。如"丰富材料，推进幼儿交通游戏城的活动"现场参与式教研活动，帮助教师学会了观察游戏过程、分析游戏行为、掌握介入时机和开展有效指导的方式方法，使教师成为幼儿游戏活动的研究者、支持者、推动者与分享者。

（四）专家指导，提升研究的水准

学思践悟，关键在悟。课题研究是一项极富挑战性的创新工作。我们结合自主游戏研究过程中遇到的困惑，组织订单式培训，将幼儿园实际的游戏活动与理论提升紧密地结合在一起。通过聆听专家讲座、邀请专家走进我们的游戏现场进行实时指导的形式，为教师群体开展游戏研究指点迷津。在专家的指引下，我园进一步组织问题讨论式教研、现场答惑式教研等园本教研活动，有效解决实际问题，克服研究中遇到的阶段性瓶颈，提高研究水准，并将研究成果直接应用于幼儿园游戏活动指导，实现教师专业素养的提升。

有效的园本教研以解决幼儿园在教育教学等方面存在的突出问题为目标，以一线教师为研究主体，将理论与教育实践相结合，着重提升教师团队的整体素质，从而提高幼儿园的教育教学质量，促进幼儿全面和谐的发展。我园正是遵循"提出问题—确定目标—行动研究—总结反思"的园本教研之路，解决了自主游戏中存在的实际问题，探索出了有效的自主游戏指导策略，凝聚了一线教师团队的科研力量，在课题研究及日常教育教学工作中均取得了显著成效。

（王銮美）

第三节 园本教研，让教师成为游戏的观察者、支持者与推动者

孩子是游戏的主人。教师们立足儿童发展，走进游戏现场，用心观察儿童，

分析儿童行为，支持儿童发展。对于游戏过程中出现的问题，教师们结合实际情况，创新性地开展了参与式园本教研、问题式园本教研、辩论式园本教研、案例分享式园本教研等多种多样的园本教研活动。教师们体验着孩子们的游戏过程，找出了问题根源，提出了解决策略，逐渐学会了观察、分析，适时介入，有效指导，教师成了幼儿活动的研究者、支持者、推动者与分享者。

【园本教研实录】

研讨主题：**如何创新开展户外区域游戏**

研讨目标：在订单式培训的启示下，对今后我园户外区域游戏进一步开展有何设想

研讨方式：问题式教研、参与式教研

主持人：王銮美

参加人员：全体参训教师

研讨时间：2014 年 5 月 9 日

研讨地点：上海华东师范大学培训中心

研讨过程：

一、提出问题

主持人：各位老师，大家晚上好，华东师范大学的学习培训接近尾声，经过这几天聆听教授的精彩讲座以及对特色幼儿园的现场考察，我们收获颇多，特别是华爱华教授为我们讲解"安吉游戏"的发展意义，更加为我们进一步深入开展我园健康教育增添了决心。为了让我园户外区域游戏有特色地开展，有创新性突破，老师们在这次学习的启示下，反思我们的工作，谈一谈这次订单式培训的收获与感悟以及对户外区域游戏的进一步开展如何打算，或者是对"我心目中的户外区域游戏"的设想。大家以年级组为单位进行研讨，给大家 15 分钟时间，畅所欲言，发表意见，并在记录纸上记录下来，最后每个小组派一名代表现场解说。

二、小组讨论

小班、中班、大班、后勤老师分四组进行讨论，先由组长带领大家商议，分享本次培训的收获，交流自己对户外游戏的认识和打算。老师们针对几天的学

习参观各抒己见，畅所欲言，发表自己的收获和感慨，在这里不仅可以与学前界的权威教授零距离交流，而且也深刻感受到高等学府的学术氛围，纷纷表示收获满满，受益匪浅。每位老师表达了各自对户外区域游戏的创新想法，表示回到工作中希望能有更好的方法实现我们幼儿园区域游戏的进一步创新。每小组由一名老师执笔，用特色的创意表现本小组的总结，然后由一名代表交流本小组的意见。

三、分享交流

（一）小班组分享

（1）更新教育理念，学会等待。教师在活动中学会放手、欣赏鼓励幼儿，沉醉式地参与活动。以前我们老师喜欢在游戏中不断指导，并精心为幼儿提供最方便、最丰富的操作材料，设计多种玩法，或创设情境，或角色表演等。其实教师更重要的是要放手，让幼儿自主选择、自主游戏，我们会收获更多惊喜。

（2）在游戏过程中，静下心来观察，学会记录反思幼儿活动。既然放手了，就可以静下来仔细观察幼儿的游戏表现，倾听幼儿交流，从而了解幼儿为什么这样做、他在交流中遇到困难是如何解决的等，从而进一步解读幼儿的行为以及他们之间的差别。教师游戏中注意随时记录，哪怕是流水记录他们当时的对话、表现、作品，都可以为后来的反思评价做最基本的依据。

（3）善于发掘低结构材料。以前的材料我们还是过于精细化、具象化，以至于幼儿拿在手中失去了想象的过程。其实在游戏中，幼儿可以以物代物，完全不会因为我手中的这块积木是否更像巧克力而苦恼，反而感觉更加生动有趣。

（二）中班组分享

（1）注重工作中的细节，遵循幼儿发展规律。教师树立"玩中学"的观念，让游戏贯穿一日生活，真正体验游戏的快乐。

（2）创设区域过程中注重设施配置。如为了满足让幼儿在活动中的特别需要，应该创设就近取水的饮水处、准备好湿毛巾擦汗、沙池附近设有洗手洗脚设施，等等。

（3）在区域中投放开放的、多样的低结构材料，放手让幼儿自主选择，自由结伴。游戏场地可以统一规划，合理利用空间，如巧妙利用山坡、墙壁等为幼儿提供运动设施。

（4）幼儿在前、教师在后，做幼儿的支持者、合作者。游戏中的陪伴参与

很重要，懂得幼儿的游戏需要，成为他们的玩伴，可收获不一样的惊喜。

（5）游戏时间要有保障。我们以前的户外活动时间比较零散，可以做相应调整，充足的游戏时间可以让幼儿的游戏更深入、更完整，保证了游戏效果。

（三）大班组分享

（1）教师要有花苞情怀，让孩子慢慢长大。静待花开会有别样收获。

（2）游戏中给孩子更多自主探索的空间、更多学习的机会。教师要放手让孩子自己解决问题，在游戏中做好后勤保障工作。

（3）设置层次性强、高低不同的器械材料，为动作能力发展不同的幼儿提供锻炼的机会。

（4）减少集体教学活动，增加个别化的学习，如户外自选活动、生成活动等。

（四）后勤组分享

（1）教师对《3～6岁儿童学习与发展指南》的把握要进一步提升，要深

小组边讨论边记录

大班组教师代表分享

中班组教师代表交流分享

教师认真聆听

层次地学习。

（2）让孩子的学习回归生活。首先要创设生活化的环境；其次有效利用园所现有的环境；再次要注重幼儿生活中的学习。

（3）创设开放、适宜的环境。园所环境要更加人性化，为幼儿和教师的成长搭建平台。如进一步配备水龙头、洗手池、消毒液、水杯、休息区等物品与设施。

（4）调整园本课程的模式与结构。根据现有状况，把握一切学习时机，用高涨的工作热情在学习中继承，在继承中创新。

四、小结

今天，通过大家的交流分享，可见我们这次学习不负此行，可以说是一次启发式的培训，让我们倍感自信、充满力量、蓄势待发，等待着用行动实现我们的预想。希望我们将学到的先进教育理念和经验带回到幼儿园，在"安吉游戏"的启示下，我们找好起点，分析现状，利用我们得天独厚的有利条件，调动一切智慧和力量，去创造属于我们自己的特色幼儿园。加油！

（王海芸）

【园本教研实录】

园本教研主题：**如何凸显幼儿主体性学习的地位**

教研目的：解决户外活动中教师"高控"的问题

教研方式：问题讨论式研讨

主持人：王銮美

参加人员：窦胜燕 李明 薄娜娜 董闽 李玉萍 王海芸 季朝霞 刘会云 侯蓓蓓 褚霞 刘秀梅

教研时间：2015 年 1 月 5 日

教研地点：幼儿园教研活动室

记录人：刘恺 李艳

教研过程：

一、观看视频，抛出问题

主持人：各位老师，大家下午好！前段时间，我们根据幼儿的动作发展需要，开设了平衡区、投掷区、攀爬区等六个户外活动区域，各班教师预设活动方案，

投放区域材料，设计游戏玩法，制定游戏规则，幼儿在老师的精心组织下，按照活动要求，有序参加户外游戏活动，动作发展与身体素质得到明显提高。但是，结合《3～6岁儿童学习与发展指南》的要求，我们静心反思，不难发现，我们的教育理念与教育行为还是存在一些问题。下面请大家观看一段视频，并认真思考：教师的组织行为有哪些问题？

二、认真反思，查找问题

主持人：刚才大家看到的，是平衡区和投掷区幼儿的活动片段。在大家发言之前，我们先请活动组织者窦胜燕和李明老师，简单地介绍一下活动，并进行反思。

窦老师：平衡区预设的游戏是"送给妈妈的礼物"，幼儿要通过四关才能从礼物精灵那里得到礼物送给妈妈。游戏中孩子们兴趣很高，也能很好地遵守游戏规则，但是游戏过程中幼儿等待时间太长。在幼儿刚刚熟悉游戏、对游戏很感兴趣的时候，户外活动的时间已经结束了，我们只好带幼儿回到班级进行其他活动，感觉这最大的问题就是游戏时间不充足。

小李老师：我们的活动以投掷为主，在这个活动中，我们设计了六个环节。以"投掷手榴弹"为主线，从"投筒"至"投圈"，再到"投篮"，环环相扣，层层递进，整个流程感觉很流畅。但我感觉在这次活动中，孩子们的投掷内容枯燥，情绪不高，缺乏趣味性。

主持人：好，请大家根据两位老师的活动介绍、视频及反思，谈一谈教师在活动组织中还有什么问题？

大李老师：老师在整个户外活动中都在忙碌地布置场地、摆放器械，而孩子们却在一旁等待，好像与他们没有关系，这样不仅造成了时间的隐性浪费，给老师增加了工作量，也限制了幼儿的自主发展。

王老师：活动中，游戏的流程和规则都是老师事先预设好的，孩子只能按预设的玩法进行活动，老师过于控制孩子，孩子在游戏中缺少主动性。

董老师：看完两位老师组织的户外区域游戏活动，我观察到老师没有考虑孩子们能力强弱的差异。都玩一样的游戏，能力强的孩子没有挑战性，能力弱的孩子则没有办法完成。

主持人小结：刚才各位老师谈得非常好，抓住了问题的关键，聚焦了主要问题：一是区域固定，幼儿缺少了自主选择的机会；二是包办代替，幼儿失去了自我选择的权利；三是行为高控，幼儿的一切活动在教师的控制之下；四是等待时间较长，幼儿运动量不足，活动不充分；五是忽视个体差异，幼儿没有在原有水平上得到充分发展。

三、针对问题，研究策略

刚才谈到的问题，虽然是个别班级存在的问题，但却带有很大的普遍性。针对这些问题，我们应该怎样去解决，请大家畅所欲言。

刘老师：对于区域固定的问题，我认为可以采取固定区域和自主选择区域相结合的方式，把区域活动时间分为两部分。首先进行固定区域活动，加入换区音乐，当音乐响起，可以打破班级界限，甚至打破年龄界限，孩子们可以自由选择自己想玩的区域。

薄老师：刚才王老师提到了教师"高控"的问题，我觉得应该幼儿在前、教师在后，让孩子在不断的尝试中获得经验和体验。我们可以多投放一些低结构材料，给予孩子宽松的环境，教师放手让孩子去玩，与材料充分互动，自主探索和创新游戏玩法。另外，师生可以共同确定主题、制定游戏规则，一起制作图文并茂的指示牌，幼儿可以根据图示主动参与布置场地、收放器械等活动，让孩子成为发展的主体、游戏的主人。

季老师：针对时间的隐性浪费问题，我们教师在选择设计游戏时，应选一些幼儿感兴趣的趣味性游戏。游戏可采用半预设半生成的方式，预留 1～2 个开放性的环节，鼓励幼儿参与材料与运动器械的摆放过程中，并鼓励幼儿大胆创新玩游戏，这样不但减少了时间的消极等待，而且解放了老师的双手。

褚老师：对于"活动中忽视幼儿个体发展"的问题，我觉得教师可以根据幼儿的不同发展水平分层次投放材料。比如在平衡区，教师可以提供高矮不同的平衡木，有高的、中的、低的，供幼儿选择，满足不同幼儿的发展需要。

四、总结提升，智慧分享

主持人：刚才大家提出了很好的解决策略。一是打破班级区域界线，提供幼儿自主选择的机会；二是科学设置区域标识，提高幼儿的学习能力；三是增强幼儿自主意识与主动性；四是实施主题化游戏活动，增加活动内容的情境性和趣味性；五是关注幼儿个体差异，允许幼儿按照自己的方式与速度成长。

今天我们围绕"教师预设多、包办代替多、幼儿主动参与少、活动时间隐性浪费"等问题，提出了有效的解决策略。在以后的户外区域活动中，希望各位老师能够有效利用这些策略，解决实际问题，破解发展的瓶颈。但是对教师的"高控"问题，依然没有提出具体有效的解决策略。这个问题不解决，其他的措施在落实的时候，也会受到影响，请大家带着"如何解决户外区域活动中教师的高控"再思考，等下次教研时我们一起讨论。本次研讨到此结束，谢谢大家。

主持人提出问题

大家畅所欲言

（王銮美）

【园本教研实录】

研讨主题：**如何合理创设户外游戏区域**

研讨目标：如何对幼儿园户外自主游戏活动区域进行合理创设

研讨方式：参与式教研、讨论式教研

主持人：王銮美

参加人员：园领导、中层及部分班主任

研讨时间：2015 年 3 月

研讨地点：淄博宾馆

研讨过程：

一、提出问题，引发大家思考

主持人：今天，我们聆听了董旭花教授的"安吉游戏带给我们的思考"，观看了安吉的游戏视频，相信大家一定会有很多思考、收获和感悟。咱们趁热打铁，利用休息的时间进行一次现场教研，继续讨论我们幼儿园户外自主游戏区域的创设问题，只有我们的区域创设出来，孩子们的自主游戏才能顺利开展。大家可以结合董旭花教授今天讲解的内容，再结合我园的实际情况，群策群力。

二、大家畅所欲言，阐明观点和理由

薄娜娜：我觉得咱们的幼儿园北面和南面的树林可以很好地利用起来，尤其是到了夏天天气炎热的时候，这两片树林应该是大家争抢着要去游戏的地方。我们可以在两棵大树之间拴上几个吊床，孩子们可以在吊床上玩耍，是一件很惬意的事情；另外，还可以拴上几个秋千，孩子们可以荡秋千，还可以设置一些供孩子们玩耍的攀爬网、攀爬架等活动器械。

刘秀梅：我觉得南树林可以设置一个拓展游戏的区域，尤其是男孩子特别喜欢枪、坦克等玩具，我们可以在相邻的树之间拴上几根绳子做电网，地面可以铺上海绵垫，锻炼孩子们匍匐爬行的能力；另外，还可以利用小土坡设置一个碉堡，这样更富有游戏情景，还可以投放梯子、轮胎等设置独木桥、索道等，孩子们还可以把自己家里相关的各种玩具带来共享着玩。例如：机关枪、望远镜、战士帽等。

窦胜燕：说到拓展游戏区域，我觉得还可以投放一些沙袋做成战斗中的堡垒，可以进行对抗赛，还可以用废旧报纸团成纸球做炸弹，或者是发动家长为孩子们自制沙包。考虑到安全因素，沙包里面可以放棉花或太空棉，便于投掷。

王銮美：大家的想法都不错。另外，我觉得每个班级的搭建区是孩子们最喜欢的一个区域，我在考虑可以根据搭建区域里投放的各类积木块，按照比例放大，多做一些投放到室外的一个固定区域，供孩子们充分搭建，为他们提供足够的活动时间和活动空间，孩子们肯定会很喜欢，并且搭建出来的场面肯定会很壮观。搭建活动可以很好地锻炼孩子们的空间思维，对幼儿数学思维的学习品质非常有帮助。我们可以请专业的木匠根据要求进行制作，利用防腐木，这样运用的时间会更长一些。

李艳：沙池区是非常受欢迎的一个区域，我们可以多投放一些活动材料，如沙漏、筛子、铁锹、水桶，便于孩子们生发一些新的游戏，有沙有水更能激发孩子们的游戏兴趣。我们可以想什么办法把水引入沙池。

王海芸：我们可以把原来班级不需用的保温桶放到沙池区，装满水，供孩子们随时取用；或者是利用 PVC 管沿水龙头顺一条水渠，一直延伸到沙池区，

这样既可以让孩子们观察到水的流动性，又可以将水和沙有趣地结合起来玩。

刘恺：我们的膜结构下面的活动场地可以设立一个区域，夏天有很大面积的阴凉地可供孩子们玩耍，很受班级孩子们的喜爱。另外，考虑一下还可以投放一些什么材料，适合各个年龄段的孩子们进行游戏。我们可以先找找器械房里面有没有适宜的器械投放在这个区域。

园长进行热烈研讨

小组讨论

三、活动小结

主持人：虽然已到深夜了，大家研讨的热情十分高涨。通过今天的集思广益，大家收获很大，这种现场研讨的方式确实让大家思路开阔。集体的智慧就是强大，经过一晚上的研讨，突然有一种"柳暗花明"的感觉，原来总是感觉无从下手，今天突然找到一条前进的道路。大家今天提了一些很好的建议，接下来咱们要做的工作是回到园里，再召集老师们继续深入研讨，整体的活动区域创设出来以后，再分小组进行细化研讨，争取让我们的区域尽快创建完成。今天的研讨到此结束，感谢大家的积极参与！

大家畅所欲言

大家边聆听边思考

（刘恺）

研讨主题：**推进幼儿交通游戏活动的教研**

研讨目标：丰富情景性游戏材料，掌握指导幼儿交通游戏的策略

研讨方式：问题式教研、参与式教研

主持人：刘恺

参加人员：全体教师

研讨时间：2015 年 3 月 16 日

研讨地点：交通游戏城活动区域

研讨过程：

一、抛出问题，引发思考

主持人：各位老师，大家下午好，各班级已经在调整后的区域内带领孩子们开展自主游戏已经有一周多的时间了。通过观察发现，当我们真正放手的时候，孩子们在各个区域玩得热火朝天，精彩不断，孩子们玩出了花样，玩出了智慧，每次都会给我们带来许多意想不到的惊喜……但是，在幼儿自主游戏的过程中，有的区域出现了一些问题和困惑，以至于有的区域游戏开展不下去。有了问题没关系，我们就会召集大家一起进行现场研讨，请大家出谋划策，大家一起想办法，解决困惑，为有困难的教师排忧解难。

今天我们重点研讨的是交通游戏区。经过近段时间的观察以及与班级教师进行交流，发现孩子们在刚开始游戏的时候很感兴趣，但玩了几天以后兴趣就不那么高了，有些孩子甚至出现厌倦的情绪。针对这一问题，我们以年级组为单位进行研讨，如果你们是小朋友的话，你们想怎么玩？给大家 15 分钟的时间思考，然后每个小组派一名代表现场演示玩法，归纳出解决策略。

二、小组讨论，思维碰撞

小班、中班、大班三个年级分组进行讨论，先由组长带领大家商定初步方案，随后进行现场体验。老师们也做了一回孩子，在交通游戏城玩起了各种游戏，通过体验、研讨，经过思维碰撞，大家发现问题，调整方案，讨论出解决策略。

三、提出策略，共享智慧

（一）小班组代表分享策略

（1）提供丰富的低结构游戏材料。教师提供丰富的低结构材料，供幼儿根

据游戏需要进行选择。如红绿灯可以用乒乓球拍代替，积木块可以代替饼干、水、饮料、巧克力等游戏所需要的任何东西。

（2）丰富幼儿生活经验。积累生活经验是游戏开展的基础。不管是哪个年龄，幼儿的生活经验越丰富，他们的游戏内容就会越充实、新颖，越具有创造性，而小班幼儿欠缺的就是生活经验。作为老师，除了在平时日常的教学活动中丰富幼儿的生活经验外，还要经常引导幼儿观察周围的生活环境。如利用晨间谈话时间，和幼儿一起回忆：今天你怎么来幼儿园的？在马路上看到了什么车？交警叔叔是怎么指挥交通的？同时要积极赢得家长的支持，让家长带孩子去超市、菜场、车站，引导孩子观察各行各业的劳动内容等。只有我们充实了幼儿的生活经验，使他们获得较丰富的感性认识后，幼儿才能较顺利地开展游戏。

（二）中班组代表分享策略

通过一周的游戏，教师和孩子遇到的困惑：第一天，孩子们非常兴奋地在场地内骑行各种车辆，并积极主动地根据交通规则进行游戏。第二天孩子们继续骑车，根据规则完成区域游戏，后半场的时间部分孩子的兴趣降低。第三天以后，更多的孩子表现出明显的兴趣降低，按照要求和规则只能短时间进行游戏，一两遍后许多孩子停止了游戏。针对这种情况，中班组经过讨论、体验，提出以下解决策略：

（1）逐渐投放相关的游戏材料，增强趣味性。如增设斜坡、减速带、路障、交通标识牌、S形路或环形路。幼儿在游戏中可能会遇到——同类游戏玩几遍后感到乏味、缺乏挑战性的问题，这时候我们可以增加难度，激发幼儿挑战性，可以引导幼儿利用材料设置障碍以增加游戏的趣味性。如：幼儿可以运用直的或弯的木板材料搭建小桥、小河等设置障碍。

（2）区域之间进行整合。将"交通游戏区"与旁边的"森林乐园"结合，在树林合适的位置设置各类区，如洗车区、4S店、修车区，并在林中画出停车位，这样孩子们到这里洗或修车后，可以停下车到乐园中进行放松游戏，最后再开着自己的车回到原来的位置，或者继续按照交通规则进行游戏。

（三）大班组代表分享策略

1.丰富材料，增设游戏情景

（1）服务区。增加卖东西、休息站点等情景，供幼儿休息、饮水等。可以投放桌椅板凳、水壶、太阳伞等材料供幼儿游戏，根据不同年龄段幼儿的需要设置烧烤吧，在休息的时候可以到烧烤吧吃烧烤、喝饮料（自带的水壶）等。

（2）加油站。投放大量废旧饮水机做加油站，用水管做加油管，创设加油站的情景。小司机开到此处可以进行自主加油或人工加油。

（3）交通指挥亭。投放小交警服装、指挥台等，幼儿身穿警服扮演小交警，站在指挥台上进行交通指挥。

（4）交通稽查。设置检查站点，检查酒驾、超车、超载等违规行为。用方形的矿泉水瓶做成酒精测量仪、服饰、路障，在部分车上做上事故处理车标示牌，一旦发现违章情况用交警队的事故处理车拖走。

2. 职业体验

为了增加游戏的趣味性，准备环卫工人、送货工、人力车等几项职业体验，幼儿完成一种体验就可以得到相应的货币。可以收集大量的塑料瓶盖作为游戏货币，供幼儿使用；可以投放大量废旧卡作为加油卡用；也可以准备部分游戏任务卡，鼓励幼儿尝试各种职业体验。

四、主持人小结

今天，通过大家的体验与研讨，我们为交通游戏城提出了很好的解决策略：一要丰富活动区的游戏材料，例如：投放废旧饮水机、保温桶、水管、饮料瓶、维修工具等，为游戏活动提供材料的支持；二要创设游戏情境，增设服务区、加油站、4S 店、休闲吧等游戏情境，丰富游戏的趣味性；三要丰富幼儿生活经验，可以带领幼儿参观 4S 店、观看交警叔叔是怎样指挥交通的等。

今天分享得非常好，通过这种问题式、参与式研讨，借助于大家的智慧，共同探讨，出谋划策，进一步推动了交通游戏城的深入开展。谢谢大家。

大班组教师将研讨方案进行记录

小班组教师进行游戏体验

第四章 让教师成为儿童游戏的观察者、守护者和支持者

中班组教师代表进行策略分享

园长参与研讨活动

（刘恺）

【园本教研实录】

研讨主题：如何提升快乐大本营的运动功能

研讨目标：体验搭建的乐趣，探索多种玩法，从而了解幼儿的发展水平

研讨方式：现场体验式教研

主持人：刘恺

参加人员：全体教师

研讨时间：2015 年 3 月 24 日

研讨地点：快乐大本营活动区域

研讨过程：

主持人：快乐大本营是孩子们比较喜欢的一个区域，我们投放了许多开放性的活动材料（如各种梯子、各类木制玩具），经过一段时间的观察，发现孩子们在快乐大本营的玩法越来越接近于建构区，孩子们的社会性角色意识更强了，缺少一些运动性的元素。因此，今天的教研活动内容是如何提升快乐大本营的运动功能，让我们的活动区——快乐大本营真正"动"起来。我们以年级组的形式进行教研，老师们可以现场体验，边体验边研讨。

一、现场体验、现场研讨

各年级组教师扮演着孩子们的角色，边商讨边搭建，搭建完成后，教师们进行现场体验。有的年级组找来孩子们一起玩，结果发现，许多老师在搭建好的高架桥上颤颤悠悠，远远不如孩子们。经过半个小时的搭建、体验，老师们说出了自己的想法。

二、小班组提出自己的观点

（1）利用木板、圆柱体、拱形门搭建出各类游戏区：推着小车过木桥、在木桩上走S平衡、从梯子底下的海绵垫上爬过去。

（2）根据孩子的能力强弱搭建出高低不同层次的游戏场景。

（3）找来几位小班组的幼儿进行尝试，体验一下搭建的难易程度是否适合多数幼儿的能力及发展水平。

三、中班组说自己的体验

（1）教师利用各种梯子、木板搭建成高低不同的通道，为不同能力、不同水平的幼儿提供了难易程度不同的游戏场所。

（2）与三轮车、滑板车相结合，增加游戏的趣味性，可以骑三轮车（或趴在滑板车上）从最下面的通道顺利通过。

小班组教师边体验边研讨

大班组教师尝试搭建

中班组的教师来体验

体育老师小心翼翼地在体验

第四章　让教师成为儿童游戏的观察者、守护者和支持者

（3）教师与幼儿进行高架桥下的骑车比赛，发现老师远远不如我们的孩子动作灵活。

四、大班组谈自己的感悟

（1）教师利用各类梯子、木板搭建成高矮不同的高架桥（带有斜坡），更富有挑战性，更适合大班组的孩子们进行游戏。

（2）教师邀请部分大班幼儿尝试用不同的方法走过高架桥，孩子们动作的灵活性让大家赞叹不已。

（3）竹梯、木梯与拱形门的有机结合，让孩子们在不断地挑战中增强自信。

五、主持人小结

刚才不同年级组的教师分享了自己的搭建体验，大家能够根据不同年龄段的孩子搭建出不同水平的游戏场所。在体验的过程中发现，老师们远远不如孩子们，孩子们的运动能力超出我们的想象。同时，我也在思考一个问题：如果教师们真正放手，孩子们是否会充分利用这些活动材料，搭建出他们所想要的游戏场所，并且能够运用这些场所自主地游戏？这种自主性是否会得到充分的发挥？这也是我们在接下来的游戏活动中需要关注的问题。在今天的研讨活动中，大家共同商讨、亲身体验、交流分享，相信会给快乐大本营的老师们一些启示，让我们的快乐大本营活动区真正地动起来。谢谢大家。

（刘恺）

【园本教研实录】

研讨主题：**有规则的游戏是否属于自主游戏**

研讨目标：了解自主游戏与预设性规则游戏的区别，掌握在教育现场如何引导幼儿生发自主性球类活动的策略

研讨方式：参与式研讨、辩论式研讨

研讨时间：2015 年 3 月 25 日

研讨地点：宝贝球场区域

参加人员：全体教师

主持人：刘秀梅

研讨过程：

一、切入主题，引发研讨

今天我们进行的是球类区域的现场教研活动。球类区是以竞技性的球类比赛为主的区域，但是很多老师一直心存疑惑：这种有规则的球类比赛游戏是否属于自主游戏呢？它与我们自主游戏的大主题是不是相互矛盾？同时，在球类区的开展过程中还存在游戏推进困难，幼儿兴趣度不高等问题，如何解决这些问题，怎样让幼儿对球类游戏更感兴趣？请老师们就这些问题分组进行讨论，也可以现场进行实践操作，时间为 30 分钟。

二、实践操作，分组讨论

按照大、中、小三个年龄班将全体教师分为三组，每个年级组长为本小组的组长，负责统筹安排本小组的讨论和操作。

三、讲解演示，展示成果

主持人：请各组选一名代表来为大家介绍一下本组的讨论结果，也可以现场演示。

（一）大班组代表发言

大班幼儿平时参与球类区游戏较多，负责这个区域的班级也是大班班级，因此大班针对以往的游戏提出了存在的问题，并提出了可以改进的策略和方法。

提出问题：

（1）竞技类游戏如何界定规则？

（2）游戏推进困难，如何继续推进？

（3）场地相对混乱，如何划分？

反思：

（1）竞技类游戏必须有规则。

（2）提高幼儿的竞技意识。

改进策略：

（1）师幼共同讨论球类游戏规则。

（2）增加辅助材料（记分牌、球衣等），成立女生啦啦队。

（3）进行合理的场地划分。

（4）对前期经验进行体验与渗透。

（二）中班组代表发言

中班组以现场操作和讨论相结合的方式，引发教师思考，结合幼儿的年龄特点，认为球类区域可以做如下调整。

（1）增加球的种类，如软彩球、羊角球、跳跳球、网球、保龄球、玻璃球。

（2）竞技游戏，要强化游戏角色意识。

（3）增加玩球辅助材料。如增加平衡板、轮胎。

（4）提供适当的指导与技术支持，如配备专业体育老师。

（三）小班组代表发言

小班组组织教师开展了丰富的游戏性球类项目，根据实践结果进行了展示。

（1）背筐投接球。

（2）花样赶球。

（3）打保龄球。

（4）母鸡下蛋。

（5）弹球进洞。

四、主持人提出问题，引发教师相互辩论

主持人：三人行，必有我师。老师们提出了自己的问题，也想出了各种各样的解决办法，这些方法都非常好，但是老师们还需要考虑这些方法与我们自由、自主的大主题是否互相矛盾呢？如小班组的游戏性玩球，老师制定游戏玩法，然后让孩子们去玩，这样还是自主游戏吗？还有大班组的竞技类游戏，竞技类的球类游戏必然存在固定的规则和玩法，这样还是不是自主游戏呢？请老师们就这一问题展开辩论。

小班组刘会云老师：我觉得是不矛盾的，我们首先是给孩子们提供这些材料，然后让孩子们自己去探索游戏，可能孩子们的探索结果会与我们的预设不一致，他们想出来的办法可能会更好。老师仅仅是游戏材料的提供者、支持者、引导者而已。

大班组薄娜娜老师：我觉得竞技类游戏与自由自主是没有矛盾的。首先孩子们的选区是自由、自主的，当他们选择了球类区后，在这里就是会有一定的规则性、秩序性，所以还是需要遵守球类比赛的一些规则。至于规则的制定，可以与孩子们共同商定，也可以根据实际情况做适当修改。

五、提升梳理，归纳总结

主持人：老师们说得非常好。自主游戏并不等同于自由活动，规则和秩序也是保障自主游戏顺利进行不可或缺的前提条件，老师们可以根据每个区域的不同情况做适当的调整。球类区域因为存在对抗性的比赛，所以在这个区域内，一些比赛规则还是必须要存在的，至于老师们提出的其他策略和方法，希望球类区域的负责老师能够选取你们认为合适的有关球类的游戏逐步拓展到区域中来。同时，我也希望老师们能够运用充满智慧的教育策略，时刻牢记我们角色的定位：我们是游戏材料的提供者，游戏的支持者、引导者，而不是整个游戏的制定者、控制者。在这个区域，园长还专门安排了我们的专职体育老师——付老师，在游戏的过程中可以给孩子们提供一些专业的球类规则或技能指导。我相信在付老师和大三班老师的共同努力下，分享并运用今天的教育策略和教育方法，我们的球类区域一定会开展得越来越好。感谢老师们的参与，再见！

小组分享

认真聆听 认真记录

快乐教研

主持人总结

（刘秀梅）

第四章 让教师成为儿童游戏的观察者、守护者和支持者

【园本教研实录】

研讨主题：**如何便捷收整游戏材料**

研讨目标：探讨整理环节中快速收整的有效策略

研讨方式：问题式研讨、参与式研讨

主持人：薄娜娜

参加人员：全体教师

研讨时间：2015 年 4 月 10 日

研讨地点：搭建梦工厂活动区域

研讨过程：

各位老师，大家好！搭建梦工厂的材料比较丰富，种类较多，大部分是木制的积木，同时还投放了一些废旧物品，像是易拉罐、奶粉桶、纸箱、泡沫垫等，为了满足游戏需要还有梯子、滑板车等辅助器械，孩子们搭建游戏的兴趣很高，材料为游戏提供了很好的支持。但是，这么多积木和材料整理起来也不是一件小的工程，虽然我们放置了明显的归类标识牌，但还是要耗费很多的时间，整理环节存在着一些问题。孩子们的游戏活动接近尾声，下面我们一起看一看器械整理和积木收整的活动现场，到底存在哪些问题，有没有好的解决办法。今天我们分成黄队和绿队两组，这里有两块题板，上面分别有不同的标志符号，代表了个体在团队中不同的角色担当，例如："狮子"代表组织者，"笔"代表记录者，"话筒"表示发言人，"小手"代表参与者。

一、观察记录，观摩幼儿收拾积木的现场

老师们重点观察记录幼儿的收整方法、活动状态以及是否有合作等，也可以一边观察记录，一边讨论。

二、寻找并提出问题、互商解决策略

1. 梳理发现的问题

黄队：部分幼儿积极性不高、边玩边收拾；收拾方法不够巧妙，缺乏技巧；在收拾材料的过程中存在安全隐患。

绿队：整理过程速度较慢；部分幼儿任务意识较弱。

2. 讨论解决策略

黄队：分组、分类收整游戏材料，大玩具直接运回区域，小玩具装箱收整。

绿队：以孩子所玩的区域为主就近收整；以最后就近区域的孩子进行分组，如男孩组和女孩组等。

三、小结提升，总结两种整理积木的方法

凭借着自己的生活经验，老师们提出了很多好的方法和小技巧，我们想到了两种比较可行的办法，暂时简单概括为：

（1）分类整理。每个小组对应收取一组固定形状的积木，例如大班值日生里的一组幼儿收取正方体积木，二组收取圆柱体积木等。

（2）就近整理。顾名思义，先收拾自己所在的小片游戏场地，然后成辐射状依次收取。

到底哪一种方法更加便捷呢？接下来我们就选择两组老师和孩子现场实验一下。每组的积木同样多，每种形状的积木有 20 块。在放置了同样数量积木的两个游戏现场，每一队各有 5 名老师和 5 名孩子共同参与收整。

四、现场验证，得出结论

（1）黄队分组分类法用时 6 分 52 秒 81，绿队就近收整用时 6 分 44 秒 79，所用时间较为相近，效率对比也相差无几。

（2）大家一致认为两种方法互为补充、较为合理。在就近的游戏区域，先分类后收整，这样的方法会更加有效和便捷。在这个过程中，我们发现了一些比较省力的办法，就是充分利用轮胎车、滑板以及收纳篮等辅助工具，可以让我们省时又省力，这些小技巧会给我们带来很多便利，小技巧蕴含着大智慧。相信，在我们老师的支持和引导下，孩子们会逐渐掌握一些收纳的技巧，快速而省力地将积木送回家，从而养成快速整理的好习惯。

师生共同收整器械

教师代表分享收整策略

体育教师分享收整方法

主持人进行总结提升

（薄娜娜）

【园本教研实录】

研讨主题：**拓展训练营材料如何投放**

研讨目标：探讨拓展训练营材料投放的有效性和适宜性

研讨方式：问题式研讨、参与式研讨

主持人：许海英

参加人员：全体教师

研讨时间：2015 年 4 月 16 日

研讨地点：拓展训练营活动区域

研讨过程：

一、提出教研主题，引发全员参与

各位老师，大家好！今天教研的主题是"投放什么样的材料来引发拓展训练营更丰富的自主游戏活动"。拓展训练营位于我园南场地的树林之内，春天小草发芽，树木吐新绿；夏天绿树成荫，鸟唱虫鸣，郁郁葱葱的草坪铺地而生；秋季果实压枝，黄叶飞舞；冬季来临落叶铺地，宛若驼色毛毯。其地势有高低适中的土坡，也有平整的林荫大道；植被有高低不同的灌木丛，更有承载起孩子们快乐的粗壮大树。

我们最初的设想是，在这样一片儿童乐园里让孩子们扮演战士，可以进行体能训练，进行对抗作战，于是我们投入了沙袋、玩具机关枪、迷彩军帽、轮胎、梯子、迷彩网、彩旗、沙包等。一开始孩子们游戏的兴趣很浓厚，但是随着时间的推移，除了大班个别活泼的男孩子依旧热衷于战斗之外，其他大部分孩子似乎对拓展游戏不再那么有兴趣，尤其是女孩子们开始无所事事地游荡，或者三五成群地聊起了天……下面，我们一起现场体验一下拓展训练营孩子们的活动，寻找一下问题出现在哪里，有什么好的解决办法。大家探讨一下现有材料存在哪些问题，还可以投放哪些适宜的材料来引发孩子们持续、更高品质的游戏。

二、观摩活动现场，分析问题所在

全体教师观摩幼儿活动现场，并记录幼儿游戏过程和游戏状态，分析和解读幼儿行为，便于解决问题。

三、分组参与讨论，提出解决方法

（一）提出问题，进行分析、整理和记录

（1）首先考虑如何解放教师的思想，深刻理解自主游戏的内涵，把游戏还给孩子。

（2）怎样吸引幼儿对拓展训练营持续发生兴趣。

（3）提供哪些材料来满足不同发展水平、不同兴趣爱好幼儿的需求。

（4）在保证幼儿有充分自由、自主游戏权利的同时，教师如何通过观察指导引发幼儿高品质的游戏，帮助幼儿获得新经验。

（二）各组代表发言，阐明观点

（1）我发现一些孩子虽然没有参与拓展游戏，但是他们能三五成群或独自探究大自然的奥秘。对植物感兴趣的小朋友会用一两个小时的时间持续观察植物，对昆虫感兴趣的幼儿会蹲在大树下寻找蚂蚁、看蚂蚁搬家，这些行为表现出孩子们对探索大自然的热情，他们专注的神情更说明他们具备了积极主动、认真专注、不怕困难等良好的学习品质。所以，我们老师不能强求所有的孩子都投入拓展游戏中去。我觉得我们老师应当充分解放思想，充分放手，充分尊重幼儿在兴趣、认知水平等各个方面的个体差异。这也正是《3～6岁儿童学习与发展指南》精神所倡导的，更是自主游戏的价值所在。

（2）我发现，咱们现在投放的游戏材料品种不够丰富，而且只能引发男孩子们的拓展游戏，没有适合女孩子们角色的材料，如可以投放一些能引发战地医院、炊事班等游戏的材料，女孩子们应该就有用武之地了。

（3）我发现，已经投放的游戏材料运动难度都相对较小，无法满足大班孩

子爱挑战、爱冒险的需要，我们可以适当增加有一定挑战难度的项目，如爬高、平衡、翻越、力量等的挑战和锻炼。

（三）主持人总结提升

老师们通过观摩活动现场，发现了一些新的问题，并提到了相应的解决策略。我们简单概括为以下几点。

（1）教师转变观念，尊重幼儿的个体差异，理解和支持幼儿在拓展训练营生发的丰富多样的自主游戏，满足不同幼儿的发展需求，促进每个幼儿在自身基础上的成长。

（2）投放能够助推女孩子生发社会性角色游戏的玩具材料，如：帐篷、锅、碗、瓢、盆等。为喜欢探究自然的孩子提供放大镜、小镊子、观察记录表等，满足不同兴趣爱好的孩子的游戏需求。

（3）增设有挑战的项目，如在两棵大树之间架起竹梯、设立高空攀岩哨所等，激发高动作技能水平幼儿的挑战欲望。

四、进一步研究的内容、产生的新问题

（1）随着活动的不断深入，材料投入的种类与数量在不断丰富，游戏结束后材料的收拾整理和摆放也变得更加复杂和凌乱。有时候满场地的游戏材料无人收拾，有时候材料收拾成一堆，没有分类整理，显得凌乱不堪。

（2）随着一些富有挑战性的高难度环节的加入，安全问题也伴随而来，孩子们在挑战高难度关卡时，有掉落的危险，如何及时排除"拓展训练营"的安全隐患，保证幼儿游戏的安全。

（3）中班孩子在游戏的主动性上较大班的孩子差一些，他们在自主设计、游戏情景、探索材料玩法、同伴商讨、合作等方面还有待进一步提高。

五、预设研究推进、实施过程

（一）预设游戏阶段

老师们首先根据自己的设想，投放了沙袋、玩具机关枪、迷彩军帽、轮胎、梯子、迷彩网、彩旗、沙包。我们期待着孩子们扮演战士，或进行体能训练，或进行对抗作战。

（二）观察调整阶段

随着孩子们的自主探索和不断创新，教师们通过两周的观察、记录，及时发现了孩子们的需要，通过鼓励幼儿自带、家长筹集等方式，我们又在拓展训练营投放了背筐、锅碗瓢盆、火苗、担架、军医旗帜、垫子、听诊器、吊瓶、医生套装等，这些材料引发了更加丰富的游戏情节，每次作战或训练时都会有女孩子们负责做饭、看病等，由原来的简单跑动对抗衍生出了炊事班、战地医院、中草药师，吸引了大量女孩子和年龄小孩子的加入。

（三）调整提高阶段

随着孩子们的运动技能和想要挑战自我需求的增强，更为了满足部分动作能力较强孩子的需要，我们又依势而建，用竹梯设计了吊桥、瞭望塔，用滑轮和轮胎设计了升降机。孩子们把这些险关加入游戏情节中去，不断地挑战自我。经过一段时间的锻炼，中班大部分孩子都能站立着通过吊桥，也能几人齐心协力地用升降机把他们的一个同伴拉到半空，再缓缓降下，玩得不亦乐乎。

六、预设研究成效

教师们通过不断学习自主游戏理论和幼儿学习发展理论，进一步解放思想、更新理念。在观察幼儿行为的基础上，要尊重和鼓励孩子们创造性地游戏和多种形式的探究活动；拓展训练营得天独厚的环境也为孩子们提供了随手可得的游戏 材料，如满地的树叶可以当成蘑菇、草药和饭菜等，随手捡起的枯树枝在孩子手中变成了宝剑、捣药锤和冲锋号。春天里看小草发芽，大树开花。夏天来了，草地里不断出没的昆虫也能成为孩子们不懈探索的对象。这样的低结构材料和孩子们对这些材料的探究和开发，有其独特的教育价值，拓展训练营真正成了孩子们的"乐园"，不再是冷酷的"战场"。

（1）针对拓展训练营游戏材料多、杂、难以收拾整理的情况，我们将设计更加细致、明确的标示，引导孩子分类整理材料。我们要让孩子们增加任务意识，分工合作，让每一位幼儿都能参与收拾整理游戏材料中去。

（2）针对存在的安全隐患，首先教给孩子正确的运动技能，教育孩子增强安全意识；其次，增加软垫子，吊绳等安全器材；再次，教师加强巡视，对一些存在安全隐患的地方确保有专人看护，及时检修各种器械，确保幼儿游戏的安全。

（3）为帮助孩子们引发高品质游戏，我们通过集体活动、参观军事基地等形式，不断丰富幼儿的认知经验，通过混龄玩的方式帮助能力弱的孩子提高游戏技能和水平。同时，丰富一些低结构的材料，满足不同水平和不同兴趣爱好幼儿

的需求，照顾到个体差异。

（许海英）

【园本教研实录】

研讨主题： **如何丰富小交警游戏角色**

研讨目标：探讨如何调整小交警角色的有效策略

研讨方式：问题式研讨、参与式研讨

主持人：杨芳

参加人员：全体教师

研讨时间：2015 年 4 月 20 日

研讨地点：交通游戏城活动区域

研讨过程：

一、提出教研问题，激发教师参与

各位老师，大家好！今天教研的主题是如何丰富交通游戏城中的小交警角色。交警是交通游戏城活动区域中的一个角色，开始孩子们都争先恐后地抢这个角色，在他们看来指挥交通非常神气，然而最近一段时间，这个角色已是无人问津。小朋友反映，"总是站着太累了"，即使有的小朋友愿意担任交警，但游戏几分钟以后也会丧失兴趣，随意离岗去参与其他的游戏。交通城的路面上经常会出现交通堵塞，甚至发生车祸，针对以上问题，我们今天一起观察一下小朋友的游戏，寻找原因，找出解决问题的方法。

二、观摩活动实况，发现问题所在

组织班级教师观察交通游戏城的活动状况，并且观察交警的状态。要求参与的教师做好文字记录或者拍摄图片，发现问题所在。

（一）分组进行，体验式讨论

教师根据年龄不同，平均分为 A、B 两组，分组进行讨论，每小组在认真观察幼儿游戏后，将本组发现的问题以及解决策略以图文并茂的形式呈现在各自的题板上。鼓励教师采取不同的表现形式，生动形象的表现方式更能激发教师的兴趣，活跃教师思维。

（二）思维碰撞，集思广益

1. A组代表陈述

提出问题：

（1）交警这一角色没有合适的相关装备，不能吸引小朋友的兴趣。

（2）指挥交通时的手势不标准，小朋友看不懂。

提出策略：

（1）充实交警装备。解决交警服装、帽子、哨子、手套、红绿灯指示牌、职业体验卡、交警台等装备。

（2）组织幼儿参观交警执勤。联系交警大队，让孩子们亲身体验交警执勤，学习指挥交通的手势以及交通规则，规范交通行为，了解交通安全知识。

2. B组代表陈述

提出问题：

（1）违规的司机没有实质性的处罚，只是交警口头提醒，构不成警示。

（2）只是站在固定的范围内指挥交通，约束了小朋友的行为。

提出策略：

（1）针对违规司机的处罚问题，可以制作驾照，上面明确标有12分制的数字标志，交警设有处罚单，当出现违规行为时，交警可以进行实质性的扣分处罚。根据违规行为程度决定扣的分值，当12分扣没时，该司机则没有权限开车，需要其进行重新学习才可发放驾照。

（2）增加交警人数，有固定岗、有巡警，巡警则负责路面上有没有违规车辆或者有没有危险行为；固定岗的两名交警要定时换岗，让幼儿有庄重感、仪式感。

三、总结各组发言，确定基本策略

主持人总结提升：老师们通过观摩现场，发现了问题的原因，并提出了几点解决方法，我们简单概括如下。

（1）充实交警装备，增加交警人数。

（2）组织幼儿学习指挥交通的手势以及交通规则，规范交通行为。

（3）制作驾照，交警设有处罚单，当出现违规行为时，交警可以进实质性的扣分处罚。

上述策略能否解决问题呢？现在我们老师亲身体验一下。

四、担任角色，体验式教研

主持人：刚才老师们提出了几点解决策略，现在我们就分角色进行体验，亲身体验幼儿游戏，验证策略的可行性。

首先，教师分配角色：固定岗交警、巡警、司机、行人。然后，根据各自的角色参与游戏，暂时借用简单的相关装备，规范指挥交通的手势，指挥机动车司机和行人有序行驶。

主持人小结：

通过教师亲身体验角色，现场参与式教研，大家能够感受到幼儿在游戏时的心理状态以及遇到的困惑。根据大家提出的几点策略，老师们也进行了体验，发现在"交警"角色中相关装备的重要性、规范的执勤行为在游戏中的重要性以及仪式感给幼儿带来的效应。今后，随着游戏的继续开展，也会相继出现各种问题，我们要善于观察小朋友的游戏状态，尊重幼儿的游戏意愿，只要我们勤于思考，善于反思，就会找到适合的方法。

（杨芳）

【 园本教研实录 】

研讨主题：**如何保持对森林乐园游戏兴趣**

研讨目标：基于森林乐园幼儿兴趣阶段性缺失，寻找幼儿对森林乐园兴趣减弱或兴趣不稳定的原因并提出切实可行的解决策略

研讨方式：问题式研讨

主持人：李艳

参加人员：全体教师

研讨时间：2015 年 4 月 28 日

研讨地点：二楼会议室

研讨过程：

一、提出存在的问题，引发大家思考

各位老师，大家好！今天教研的主题是如何保持幼儿对森林乐园的游戏兴趣。自开展户外区域自主游戏以来，森林乐园一直是非常有吸引力的区域。这里有惬意的吊床、神秘的小木屋、高低不同的平衡木，还有经过攀爬梯子、绕过障

碍通往大树高处的冒险之旅……游戏刚开始的时候，孩子们三个一群、五个一伙，或爬高，或走平衡木，结伴游戏，兴趣很高。可是，一段时间的新鲜劲儿过后，自选区域时，森林乐园的孩子们都聚集在了吊床或坐在草地上，没有了爬高、缺少了冒险、不见了合作，减弱了游戏兴趣。于是，老师们在这个区域增设了休闲吧，投入了烤串、冷饮等。结果，孩子们蜂拥而至，全都集中在休闲吧。休闲吧人满为患，别的游戏角落依然无人问津。为什么会出现这样的"极端"现象？怎样才能让森林乐园的每个角落都永葆"魅力"呢？下面，先请大家观看一段视频，并认真思考问题出现在哪里，有什么好的解决策略。

二、观看视频片段，针对原因及解决策略展开讨论

主持人：刚才我们看了该区域教师抓拍的影音资料，下面给大家 15 分钟的时间，请针对出现该问题的原因及解决策略进行分组讨论，大家可以畅所欲言、各抒己见，谈一下自己的看法。讨论完后，请每组进行一下分享。

陈玉洁：森林乐园的情境性创设还不够，单一的动作性训练比较突出，趣味性活动还欠缺，我们认为这是出现这类问题的主要原因。我们可以在这个区域加强游戏情境性的创设，比如在原来"冒险之旅"的合适高度上增加摘果子、夺红旗、这样的游戏情景，让游戏的趣味性更强，也比较适合中、小班的兴趣需要和大班幼儿竞争意识较强的特点。

成菲菲：这个区域在材料投放时可能存在计划性、层次性不强以及低结构材料不够丰富的问题。我们认为，有计划性、层次性地投放区域材料是保持一个区域富有生机的重要因素。切忌不要一次投入太多的材料，或紧一阵、松一阵，很长时间不投放，不然就会出现蜂拥而至或无人问津的现象。所以，投放材料时一定要关注幼儿的游戏情况，切实从幼儿的实际需要或游戏需要出发，适时投放能推动幼儿游戏发展或引发幼儿更大兴趣点的有效材料。在投放新材料时，既要考虑到每个区域平均用力，又要有所侧重，避免"一窝蜂或顾此失彼"的现象。当然，更要注重半成品或低结构材料的投放，能引发"一物多玩"，让幼儿有更多的创造玩、创新玩的空间。

高燕：我们认为，森林乐园这个区域的材料投放和游戏设置还不够开放，一种材料只有一两种玩法，局限性强，幼儿在熟悉各种游戏玩法后，就失去了兴趣；再就是幼儿的创新性、自主性还不够，这与老师的介入时机把握不准有很大关系。我们一方面可以尝试改变游戏材料的摆放和组合方式，多思考材料摆放的技巧，适时变化一下器械或材料的位置或组合方式，让每种材料的玩法更开放，突破局限性。另一方面，作为老师还是要做到真正地用心去观察孩子，适时介入，推进游戏的深入开展。

孙小燕：刚才，高老师谈到了教师的介入，这也是我们组认为最应该关注的一个问题。教师缺乏适时介入引导，幼儿创新游戏玩法时缺乏教师的支持与引导，是导致幼儿游戏不够深入或游戏中断的主要原因之一。"少干预"不等同"不干预"，"观察"不等同于"不介入"，作为老师，我们在用心、用眼关注孩子的同时，更要及时去解读孩子，当他确实需要你的帮助与点拨时，我们不能无动于衷。我们要及时跟踪指导，解读孩子的想法，关注幼儿游戏情况，提供隐性的支持，鼓励幼儿自主游戏，推动游戏的发展。

三、反思梳理要点，形成有效策略

主持人：刚才大家谈得非常好，能直面问题而不回避，从教师自身剖析问题、提出解决策略、共享经验，深刻剖析了我们目前存在的问题，如情境性创设还不

够，单一的动作性训练比较突出，趣味性活动还欠缺；材料投放计划性、层次性不强，低结构材料不够丰富；教师对介入时机把握不准等。同时，又提出了有效、具体、可行的解决策略，如创设摘果子、夺红旗等游戏情景，把握介入时机，如何投放材料等，为森林乐园游戏区的有效开展注入了新的动力。希望大家参照共享的解决策略，根据自己的理解，合理采用，积极实践，让森林乐园成为孩子们每天惦念的乐园。

（李艳）

【园本教研实录】

研讨主题：让宝贝球场持续"升温"的教研

研讨目标：

1. 推进幼儿球类区自主游戏活动持续、稳定进行

2. 幼儿能够自主选择、自由探索同种材料的不同玩法和不同材料的组合玩法

研讨方式：问题式研讨

主持人：王雪雯

参加人员：大班全体教师

研讨时间：2015 年 5 月 7 日

研讨地点：宝贝球场活动区域

研讨过程：

一、主持人导入

今天教研的主题是如何让宝贝球场持续"升温"。户外自主游戏时间，我们大班的孩子们都热情高涨地来到宝贝球场，自主地选择他们想要参与的游戏或是拿取球类材料。大班的幼儿在活动前已经能对自己要做的事情有一个大致的想法，他们的行为少了些盲目性，多了些目的性和计划性。但是 15 分钟过去后，部分孩子们看起来有些疲倦和无聊，对于初次选择的游戏材料失去了兴趣，他们开始更换球类区的材料。户外自主游戏时间内我班的孩子们更换了多次游戏材料，并且每次更换后，游戏持续的时间也不长久。这一现象引起了我们教师的重视和思考，如何推进大班幼儿在球类自主游戏活动中持续、稳定的进行。怎样提高大班幼儿对于球类区材料的兴趣。下面，我们寻找一下问题出现在哪里，有什么好的解决办法。

二、制定研讨内容

根据宝贝球场的症结所在，制定出以下研讨内容：

（1）分析大班幼儿频繁更换球类区游戏材料的原因，从而提升幼儿自主参与游戏的能力。

（2）对于球类区自主游戏材料的投放问题制定策略，推进自主游戏活动有序、稳定的进行。

三、观摩视频《宝贝球场片段》

全体教师观摩活动视频，分析和解读幼儿行为，便于解决问题。

四、教师研讨

（一）针对问题，剖析原因

通过谈话了解，就教师提出的大班幼儿频繁更换球类区游戏材料的问题，在研讨会上大班年级组教师各抒己见。总结原因如下。

（1）教师过分重视材料的预设玩法，导致幼儿兴趣不高。

（2）低结构材料少，可供游戏的材料不丰富。

（3）部分幼儿对于有规则的竞赛游戏经验薄弱。

（4）教师缺乏适时、适当的介入，幼儿的游戏层次得不到较高提升。

（二）制定策略，解决问题

主持人进行总结提升：

（1）多角度观察球类区自主游戏活动中材料投放对幼儿游戏的影响。

①通过调查问卷和观察分享的方式，教师根据现阶段大班幼儿在球类区自主游戏活动中的情况，从幼儿和材料两方面进行观察。

②深入班级实践，在与教师的日常互动中明确关键问题。

（2）通过多种形式明确教师和幼儿在自主游戏中的地位及了解教师介入的恰当方法。

①开展《把游戏还给孩子》的班会活动，充分发挥幼儿的主体性地位，了解幼儿真正的需要。

②通过录像剖析活动，发现球类区材料投放的症结所在，学会科学地介入，而不产生消极影响。明确教师在自主游戏中的地位，教师是环境的创设者、活动的等待者、游戏的观察者、活动成果的激励者、经验分享的赞赏者。

（3）组织分享交流，结合实践进行集体反思与同伴互助，找出实践中遇到的问题开展合作教研。教师间开展球类区自主游戏材料的玩法比拼，让教师亲身体会，探索自主游戏材料的运用，创新玩法。

（4）丰富幼儿生活经验，做好前期经验渗透工作，提供适当的技能支持，增强竞争意识，让幼儿的自主游戏回归经验。

（5）调整投放材料类型，丰富材料，提供多样且开放性的游戏材料进行实践检验。

①自由开放式。增添低结构的游戏材料，变废为宝，将废旧物品，如报纸、塑料瓶、塑料棒等用到幼儿的户外自主游戏活动中，实现一物多用，多物组合，充分调动幼儿的想象力，使过程意识在自主游戏活动中表现得淋漓尽致。例如：用缠起的纸团做高尔夫球或是棒球，用塑料瓶装颜料水做保龄球或路障，用塑料棒做棒球棍或是高尔夫球棍，等等。

②增加玩球的辅助性材料，丰富自主游戏材料如彩虹伞、滑溜布、托盘、记分牌、场地护栏、轮胎、啦啦队道具，让幼儿自主探索游戏材料的玩法，使幼

儿对宝贝球场的热情不减。

五、活动小结

华爱华教授指出："游戏对幼儿来说就是一种学习（包括已有经验的练习和新经验的获得）。"而游戏材料则是幼儿游戏的物质支柱，在游戏中，幼儿主要是通过操作游戏材料来实现游戏的娱乐功能和教育功能的。虞永平教授也曾说过："游戏材料是幼儿发展的关键，良好的材料能引发幼儿不断的探索、交往和表现。材料多样化，幼儿的探索就会多样化。材料具有开放性，幼儿的探索就会更加自由、自主、更容易获得有益的新经验。"

根据本场教研活动各位教师提出的策略，预设成效为：能够提升幼儿对自主游戏活动的专注力，改变幼儿较短时间内频繁更换游戏材料的现象。通过丰富自主游戏材料，提供低结构、开放性的游戏材料来充分挖掘幼儿的潜能，发挥幼儿的想象力和创造力。期待实施后的宝贝球场"热度"不减！

（王雪雯）

【园本教研实录】

研讨主题：**如何改进游戏后玩具不归位问题**

研讨目标：探讨户外自主游戏中自选区域后玩具归位的教育策略

研讨方式：问题式教研、现场式教研

主持人：刘恺

参加人员：全体教师

研讨时间：2015 年 5 月 14 日

研讨地点：户外活动区域

研讨过程：

一、问题抛出，引发思考

自从开展户外自主游戏以来，幼儿的自我管理能力逐渐增强。每天由本班的班级教师带领幼儿在固定区域玩完后，幼儿都能主动地把所玩的玩具放回原处。可是，当每周进行完全自选区域活动的时候，在活动结束后，场地上就会出现玩具乱放的现象。例如：交通游戏城的三轮车被扔到快乐大本营的活动区，拓展训练营里的机关枪也会丢到沙池里……这些现象的出现，令负责固定区域的老师们

很是头疼。今天召集大家进行现场研讨，找出最终解决方案，如何让每个区域的活动材料做到物归原处，从而培养孩子们良好的自我管理能力。

二、实地查看，找出问题

1. 召集全体教师到活动现场查看实地场景

场地上的玩具有些凌乱，部分玩具没有放回到原来的活动区域。

主持人：老师们，大家现在看到的场景就是我们许多老师多次反映的一个问题。

大家都知道每次户外活动结束后收拾整理玩具是一个非常关键的环节，每次在固定区域的活动结束后，老师们都会跟孩子们一起把玩具收整归位，非常整齐；可是，每次到了自选区域后，就会出现玩具不归位的现象，给负责该区域的老师和孩子们带来很多不便。

2. 提出问题

今天大家聚在一起进行现场研讨，目的是想让大家出谋划策，想办法解决"如何让户外自主游戏中自选区域后的玩具归位"这一问题。

三、全体参与，分析原因

（1）全体参研的教师按小、中、大年龄组进行分组式研讨，大家各抒己见、相互讨论，找出出现问题的原因所在，并提出解决策略。

（2）大家分析、归纳总结的原因有以下几个方面：

一是由于我们的自选区域多而分散，一个班级的孩子会分散到各个区域，当户外游戏结束的音乐响起时，孩子们着急找自己班级的教师集合，出现玩具收不完就离开的现象。

二是负责每个区域的教师没跟上，没有及时指导本区域的孩子们玩后将玩具归位。

三是各班级教师的管理意识有待于加强，没有及时带领本班孩子到所玩的区域查看玩具是否归位。

四、小组分享，解决问题

各小组代表分享解决方案，提出的解决策略归纳为以下几点。

一是要加强幼儿常规的培养，自主游戏并不等于不要常规，只要各班级教师要求到位，指导跟上，就会养成幼儿物归原处的好习惯。

二是请各区域负责人向全体教师讲解本区域玩具的具体摆放位置，并设好相应的标识，要求每位教师都要熟悉每个区域的玩具摆放要求。

三是教师可以把凌乱的场景拍成照片，在室内播放给幼儿看，引导幼儿发现问题并提出解决问题的办法。

四是在一日活动中，各班级教师要带领本班级幼儿到收放归整好的户外活动区域进行实地观摩，熟悉各区域玩具的具体摆放位置。

五是每次在户外自选区域后，负责本区域的教师要及时跟踪指导，提醒本区域的幼儿将玩具放回原处后方可离开本活动区域。

六是各班级教师要以身作则，每次户外活动结束后带领幼儿到场地四周查看活动区域，如果发现有玩具乱放的现象，带领大家归放整齐。

五、活动小结

经过大家的实地查看、现场参与式研讨，大家能够从自身找出问题，分析原因，共同商讨，为户外自主游戏中自选区域后的玩具不归位现象找出解决策略，对全体师生都有很大帮助。

如果大家能够参照今天分享的解决策略，并经过一段时间的具体实施，相信我们的户外自主游戏活动区会呈现出整齐的面貌，同时也能够培养幼儿良好常规习惯的养成，提升幼儿的自我管理能力。

（宋俊霞）

【园本教研实录】

研讨主题：**如何变露台为游戏区域**

研讨目标：如何利用二楼露台创设适宜的户外活动区域

研讨方式：参与式教研、现场式教研

主持人：王銮美

参加人员：园领导、中层及各班班主任

研讨时间：2015 年 9 月 29 日

研讨地点：东教学楼二楼露台

研讨过程：

一、提出问题，引发思考

主持人：随着户外区域自主游戏活动的开展，根据幼儿园不同场地的地理优势，经过大家的头脑风暴、智慧碰撞，我们已经创设了11个具有不同功能的户外活动区域。如今，我们所处的二楼露台至今没有很好地利用起来。今天，召集部分教师，亲临现场，进行一次现场参与式的教研活动，大家可以用心思考，献言献策，如何把二楼露台真正打造成一个更适宜的户外自主游戏区域。

二、分组讨论，集思广益

大家现场查看场地，结合场地的布局，例如：场地宽窄、四周围墙的高矮等，结合孩子们的兴趣点和露台的适宜性，分组进行研讨，提出合理化建议并进行梳理。每个小组选派一名教师代表进行方案设计的记录。

三、小组分享，提出解决方案

（一）小班组的预设方案

（1）墙面改造。一是可以创设涂鸦墙。采用深底色的玻璃黑板（磨砂）或白板，投放粉笔等，方便清洁。二是运动类区域。创设可练习倒立、爬行等技能的运动区域（图示引导 图片配合）。

（2）器械投放。一是投放移动类中小型器械；二是投放综合类的拓展器械；三是创设黑板墙，投放各类彩笔等。

（3）区域玩法。一是创设生活体验馆进行生活体验；二是创设迷宫大发现；三是创设综合训练营，设置软垫、拱形门、独木桥等；四是创设拓展训练营，集体合作。

（二）中班组的预设方案

（1）创设足球场。购置必备的活动器械，做好小小足球场；另外，墙面可以采用运动彩绘进行装饰。

（2）迷你生活馆。可以借助场地设置一个迷你生活馆，可创设蒙古包、小医院、美工馆、面食馆、大舞台等。

（3）酷跑。可以在场地周围创设一些锻炼孩子跨、跳、钻等动作的活动器械，利用场地进行酷跑。

（4）特色迷宫城堡。借助于充足的墙面空间，为孩子们创设迷宫城堡，可以玩寻宝的游戏。

（5）益智墙。利用墙面进行益智墙的创设，通过动手动脑，体验益智墙的乐趣。

（6）植物园。可以借助于场地及墙面进行植物园的创设，利用轮胎、足球、瓶子、泡沫箱等做绿植花盆，便于幼儿观察与记录。

（三）大班组的预设方案

（1）社会类区域创设。一是墙面，以城市为背景（楼房、街道、路灯、花草树木等）；二是材料，以壁画为主，附以立体的防腐木、亚克板、马赛克等；三是投放玩具，如大型仿真娃娃家（蘑菇房、小栅栏、桌椅板凳、锅碗瓢盆等）。

（2）传统文化区域。一是绘制长城、古诗词、四大发明等传统文化墙；二是创设棋类、沙包、跳绳等游戏。

四、活动小结

今天，经过大家的实地查看、现场参与式研讨，大家集思广益，确实提出了许多好的"金点子"，分享了各种各样的创设方案，我们会结合大家的方案择优进行设计，既要考虑屋面的位置特点，还要根据孩子们的年龄特点及兴趣所需。考虑到户外区域的多功能实用性，最终将二楼露台创设成适宜的户外自主游戏活动区域。感谢大家的参与！

小班组进行讨论

中班组代表进行分享

大班组进行研讨

大家边聆听边思考

（刘恺）

【园本教研实录】

研讨主题：**快乐大本营活动器械安全使用教研**

研讨目标：探讨解决快乐大本营活动器械安全性的有效策略

研讨方式：问题式研讨、参与式研讨

主持人：唐晓云

参加人员：全体教师

研讨时间：2016 年 4 月 7 日

研讨地点：快乐大本营活动区域

研讨过程：

一、提出教研主题，引发全员思考

各位老师，大家好！今天教研的主题是快乐大本营的活动器械如何安全使用。快乐大本营活动区域里大部分是大型的木制材料，如高低不同的梯子、长短不一的木板等，同时，为了满足游戏需要，还投放了一些辅助材料，如垫子、轮胎、各种类型的车子、轮胎车、滚筒、纸箱等。这些材料为游戏提供了很好的支持，孩子们利用这些材料搭建了高低不同的平衡板，高的平衡板一米半，矮的平衡板也有半米，孩子们有序地在平衡板上练习走平衡和跳跃。但在玩的过程中，由于平衡板较高，木板较薄，很容易出现不稳和晃动现象，有些胆小的孩子不敢上去。尽管平衡板下面有垫子保护，老师也比较担心，怕木板滑动孩子从平衡木上掉下来。如何使梯子和平衡板更牢固地连接，如何使平衡板更加稳定、不晃动，如何使快乐大本营的器械更安全可靠、孩子走起来更安全、老师更放心，为寻找解决问题的办法和途径，我们组织了本次教研活动。

二、分组体验游戏，分析问题原因

全体教师分组搭建高低不同的平衡板，还原孩子们的游戏现场，老师们轮流走上高低不同的平衡板，在平衡板上走一走，其他老师观察记录教师走平衡板时梯子与木板的晃动情况，分析原因，解读教育行为，便于解决问题。活动体验后，分小、中、大三个年级进行讨论，各组经过思维碰撞，发现问题，调整方案，讨论出解决策略，各组记录员把大家的意见和建议进行记录汇总。

三、提出解决策略，共享教育智慧

（一）小班组代表分享策略

（1）提供稳定性更好的矮梯子和短木板。由于小班幼儿年龄小，个子矮，这些器械对小班幼儿来说难度太大了，孩子们不敢走这么高的平衡板，建议增加新的梯子和木板，要稳定性好的四条腿着地的矮梯子，要宽的、厚的、两端带扣槽的木板，使木板上的扣槽正好扣到梯子的横梁上。这样搭起来的平衡板会非常稳定，适合小班孩子活动。

（2）增加扭扭车等器械。尽管此区域里摆放了各种各样的车子，但是这些车子比较大，小班幼儿骑起来比较费劲。小班幼儿比较喜欢扭扭车和三轮车，建议增加扭扭车、三轮车的数量，让幼儿在平衡板中间自由骑行。

（二）中班组代表分享策略

（1）增加垫子数量。这个区域里高低不同的梯子和长短不一的木板很多，但垫子数量少，只有跳台的下面有垫子。建议增加垫子数量，每个平衡板下面都铺上垫子，这样孩子们玩起来会更大胆，安全性更高。

（2）部分平衡板固定不动。这些梯子和木板比较重，收放比较麻烦，对于中班幼儿来说，每天玩之前摆放、玩完收整太不方便了，建议找一个相对固定的区域，在平衡板摆放好后就不要每天再收放了，使此区域固定不动。

（三）大班组代表分享策略

（1）增加铁链使梯子更稳定。大班幼儿喜欢挑战，这些高梯子和长木板是他们的首选，使用高梯子和长木板搭起来的平衡板不稳定，孩子在上面一走，梯子就容易往外拉，特别是平衡板上孩子较多的时候，梯子很不稳定。建议在高梯

子的最下面一层加一个铁链，增加梯子的稳定性。

（2）木板两端开稳定槽。木板较长也很光滑，木板架在梯子上很容易滑动，如果木板的两端各开一个稳定槽，让稳定槽扣在梯子的木架上，木板就固定住了。建议在长木板两端都开上稳定槽，这样搭起来的平衡板就稳固多了。

（3）教育幼儿遵守游戏规则。高低不同的平衡板搭起来会很长，每次活动前一定要为幼儿讲清楚游戏规则，如：哪边是起点，哪边是终点，让幼儿顺着一个方向走。只有遵守游戏规则，幼儿安全才能得到保障。

（4）引导幼儿大胆自主地探索与挑战。给予幼儿自主探索的空间，在各项安全措施确保的前提下，引导幼儿大胆自主地探索与挑战，既要关注活动的整体状况，又要针对个体差异，给予适宜的指导和帮助。

四、活动总结

今天，通过大家的体验与研讨，我们为快乐大本营活动器械的安全提出了很好的解决策略，一要增加铁链使梯子更稳定；二要在长木板两端开槽使平衡板更稳定；三要增加垫子数量；四要使本区域的部分平衡板固定不动；五要教育幼儿遵守游戏规则；六要丰富本区域的游戏材料，如提供稳定性更好的矮梯子和短木板，增加扭扭车、三轮车的数量等。

各位老师一定要高度重视安全工作，平时注意对幼儿进行安全教育，增强幼儿自我保护的意识和能力。活动前，教师要对场地及活动器械进行安全检查，指导幼儿正确使用各类器械；活动时，要将幼儿全部纳入视野范围；活动前后，都要及时做好"三清"（清查人数、清查场地、清查器械）工作，确保幼儿安全。

今天分享得非常好，通过这种问题式、参与式研讨，借助于大家的智慧，共同探讨，出谋划策，进一步解决了快乐大本营游戏活动器械的安全问题。谢谢大家！

（唐晓云）

第五章

让发展评价助力多维度共同成长

教育的艺术不在于单纯地传授知识、技能和技巧，而重在激励、鼓舞和唤醒心灵。发展性评价更加强调评价的发展性功能，是为了帮助和促进儿童发展；评价不是着眼于过去，而是着眼于未来。

　　作为学校和教师，要树立正确的评价观念，尊重儿童的差异性并把这种差异性当作一种宝贵的教育资源。要用赏识和发现的目光去看待儿童，改变用一把尺子衡量不同儿童的标准，用多元的评价理念，正确引导和挖掘他们，促进每个儿童健康发展，让评价真正成为激励每个儿童生长进步的动力源。

第一节 为何要开展评价

　　评价是对幼儿自主游戏、环境创建、材料提供、幼儿发展等多方面进行分析、研究，以确定其科学性和适应性的过程。评价的结果可以诊断、修正、预测教育的需求以及确定课题研究目标及任务完成情况。

　　维果斯基的"最近发展区理论"认为：幼儿的发展有两种水平，一种是幼儿的现有水平，指独立活动时所能达到的解决问题的水平；另一种是幼儿可能的发展水平，也就是通过引导学习所获得的潜力，两者之间的差异就是最近发展区。因此幼儿园的游戏活动应着眼于幼儿的最近发展区。孩子们在自主性游戏中获得多元化发展，体验了游戏带来的无穷乐趣。幼儿的发展，仅靠材料的提供、环境的支持、教师的推动是不够的，还需要多元化有效评价，不断调整、修正教育行为。有效评价可以促进幼儿认知冲突，引发情感共鸣，发挥潜能，超越其最近发展区而达到下一发展阶段的水平，然后在此基础上进行下一个发展区的发展。

　　对于自主游戏的评价，我们探索构建了助力共同成长的多元评价体系。一是对幼儿活动评价。教师的日常观察、评价至关重要，《3 ~ 6岁儿童学习与发展指南》中提出，观察是我们了解幼儿的第一步，在户外区域幼儿自主游戏活动中，教师观察幼儿表现，解读幼儿行为，沟通交流困惑，全面分析研判幼儿游戏背后所隐含的教育价值，实现对不同能力、不同表现的幼儿做出科学有效的诊断与评价。二是对幼儿作品评价。通过观察幼儿搭建的作品，教师对其从复杂性、想象力、能力整合等方面进行科学评价，使幼儿的发展更加全面、健康，向着具有完整人格、具有社会适应能力的目标迈进。三是对自主游戏活动的评价。我们汇总了家长评价、幼教同仁评价以及专家的评价。他们通过参观幼儿园的自主游戏活动，亲眼看见孩子们的游戏现场，真切体会他们的自主发展、社会交往、适应能力及实践创新等，对幼儿的表现给予了高度评价和认可。特别是专家们，给予了全方位分析、解读并提出指导性意见。我们梳理采纳这些建议，不断调整、

优化活动策略，并创新性地运用于游戏活动中，使孩子们在自主游戏中快乐成长、幸福收获！

（王海芸）

第二节 对幼儿的评价

【幼儿活动评价】

游戏为幼儿插上想象的翅膀

众所周知，通常所说的建构游戏往往在室内开展，建构游戏的材料也多以小型的积木和积塑为主，操作材料的设计往往遵循安全性与便捷性的原则，幼儿操作时，多出现独立的游戏行为。而我园建构游戏的开展主要以户外大型建构游戏为特色，以班级轮换制为组织形式，户外搭建场地无边界限制、积木种类丰富多样、区域空间不再受限、操作材料成比例放大，这些都为幼儿提供了想象的基础和空间。幼儿不仅能把小块的积木想象成一砖一瓦，还可以想象成花鸟虫鱼，或者用作路缘石，铺设蜿蜒的马路。幼儿喜欢建造房屋、汽车、轮船、坦克，喜欢玩超市、饭店、战争等主题的角色游戏。他们会根据自己的想象为自己的作品赋予各种各样的功能，更会因为想象的多变而给自己的作品起别出新意的名字。

户外建构游戏给予幼儿实现自己构想的机会，它能够让幼儿体验到，通过双手把想象中的事物变成现实，从而感受建构游戏带来的成就感。我们可以看到，随着幼儿年龄的增长，在建构游戏中出现角色游戏的时间会逐渐推迟，游戏中幼儿会追求更加完美的作品，然后在完美作品的基础之上，再开展更为复杂的角色游戏，从而沉浸其中，享受将梦想变为现实的过程。

（冯媛茹）

静等花开嗅芬芳

在野战区搭建碉堡的过程中，孩子们既体会了游戏带来的乐趣，又体会了合作的快乐，还懂得了"人多力量大"的道理。参与搭建的几个孩子在游戏中，一直守着自己的碉堡，我想他们一定会很珍惜自己的劳动成果。

野战游戏进行中，孩子们遇到很多这样那样的问题。炊事班的饭菜怎样才能受到大家的喜爱，战地医院里谁来给病人治疗，谁护送病人。这些都是孩子们自己解决的。例如，在战地小医院，有的孩子在游戏过程中经验不足，他们就会自己想办法问爸爸妈妈，看相关资料。还有的孩子们会直接向同伴学习，资源共享。为了满足自己的游戏要求，他们自己找材料、出主意、想办法、动手操作，在原有水平上得到发展。同时，作为集体的成员，孩子们又必须自觉遵守集体的规则，学会一些社会行为，如轮流、合作、分享和互相帮助，理解社会角色之间的关系并遵守社会生活准则。游戏中同伴之间的合作、协商，使幼儿能考虑和接纳他人的观点，协调彼此的行为，能促进与同伴之间的和平交往，在一种公平的积极的氛围中学会互相尊重和照顾，从而产生积极的人际关系。孩子们在这种和谐的氛围中容易获得通过自我努力而成功的欢喜和自豪。这种积极的情绪体验，使幼儿摆脱对成人的依赖，激发起一种完全出自自身的勇气，促进其全面和谐地发展。

在游戏中我们也更加尊重童心，支持孩子的自主发展。让孩子们积极游戏、开心游戏、自主游戏，让孩子们真正成为游戏的小主人。

（窦胜燕）

在游戏中促进幼儿动作发展

孩子们升入中班以后，各方面进步都很大，尤其是走平衡木、攀爬、跳跃等动作的发展最为突出。记得攀爬游戏刚玩时，好多小朋友都发出害怕的声音，即使已经通过的小朋友也是歪歪斜斜。老师通过反复示范和讲解通关姿势，加之鼓励与引导，孩子们学会了走平衡木时需要双手打开，走得也越来越自然。通过走平衡木，增加了幼儿身体的协调性，增强了幼儿面对困难的独立性。同时，也让幼儿懂得了只有勇敢、坚强、自信，才可以一步步走向成功。

现在孩子们喜欢具有挑战性的东西，他们更倾向于高难度、有挑战性的活动。不仅是简单地走，他们还创新了更多的玩法：不同高度的跳跃、梯子的摆放方式、辅助材料的添加、同伴之间的合作与竞争等。平衡木促进了幼儿身体的协调性；攀爬发展了幼儿上下肢和躯干动作及大肌肉动作；跳跃活动发展了幼儿的弹跳能力以及身体的灵敏性和协调能力；游戏创新激发了幼儿的兴趣，拓展了幼儿的思维。游戏活动中，幼儿相互鼓励与合作，不断挑战自己、闯关成功、体验快乐。

（李小磊）

户外游戏推动幼儿社会性发展

幼儿在游戏活动中情绪愉快，自由交往，大胆发现、探索大自然的奥秘。有些时候，他们不愿意与别人合作交往，但在户外活动时，幼儿却常常主动去寻找同伴，同伴之间互相配合参与，互相观察、模仿，彼此交流经验，分享情感。在这样的活动过程中，幼儿学会和锻炼了社交技能和社会行为，发展了适宜的情感、态度、自制力和问题的解决能力。

快乐大本营户外活动，不仅能促进幼儿的生长发育，而且能推动幼儿形成良好的行为品质，增强幼儿体质，提高幼儿对环境的适应能力及对疾病的抵抗能力，同时，也为幼儿今后更好地学习和工作、适应社会生活奠定了良好的基础。所以，教师要充分发挥户外活动相对自由、自主、轻松愉快的优势，引导孩子在积极主动的活动中，得到全面发展。

（李明 岳超）

闯关游戏中养成良好的规则意识

在闯关游戏活动中，孩子们需要有耐力来完成闯关项目，有的闯关项目对于部分孩子来说是很有挑战性的，所以他们需要更多的勇气来完成。比如说，我们闯关游戏区的荡桥，是由轮胎、短木板、长木板组成的，是一个差不多十米的长廊，孩子们想要从起点到终点需要挺长的时间来完成。开始时很多孩子会半途而废，但是如果半途而废就算闯关失败了，所以孩子们为了闯关成功，就要坚持完成。

再比如我们的平衡木项目，平衡木由低到高，对于有的孩子来说就需要平时多训练，并且需要勇气和胆量。很多孩子刚开始走平衡木的时候，双腿打战，寸步难行，但是通过练习，他们都能够在平衡木上行走自如了。

并且，我们的闯关游戏区还有孩子们专门使用的关卡牌，关卡牌上指定的项目是孩子自我监督、自己完成的，他们会认真地按照关卡上的数字，一项项地完成，从而顺利通关。这样设置的目的，是让孩子们能够学会自我约束、自我监督，形成良好的规则意识，从而促进幼儿良好的社会行为准则的形成。

（陈娟）

从自主游戏中看幼儿社会性发展

"百花百姿态"。每一个孩子都像是一朵盛开的美丽鲜花，但每个孩子都有自己区别于他人的性格和能力。孩子们参加的交通游戏，不但展现了孩子们不同的特点，还展示了孩子们的各种才能。

在互换游戏车过程中，有些性格开朗的孩子会主动找不同的孩子互换游戏车，通过互换，孩子们提升了交往能力；但是仍有一些性格比较内向的孩子会对互换游戏车抵触。有些孩子具有团体意识和"一家人"意识，在洗车间对车进行清洁的过程中，会每人负责一点儿工作，一起完成整个清洗过程；而有些孩子却不懂得合作，各自去玩，缺乏团队协作能力。有些孩子动手能力很强，在维修间利用各种工具尝试着维修旧车，并且时不时会和其他同学交流想法；而有些动手能力差的孩子却对这种游戏没有兴趣，拿起工具看一下就走开了。有些孩子次序感很强，这点整体上女孩要好于男孩，女孩们会主动清洁游戏车，收拾游戏教具；有些男孩子对收拾东西很抵触，不听指挥，缺乏游戏的次序感。

交通游戏城充满着角色扮演游戏，在角色的体验中，我们可以引导不同性格的幼儿在游戏中尝试改变个人性格的缺陷，寻求合作共赢的交往局面，促进幼儿社会性的发展。

（李玉萍）

自主游戏提高幼儿科学探索的兴趣

自主游戏对于幼儿的全面发展非常重要，它可以在游戏中增强幼儿对社会的认知，提高幼儿对问题的认识和处理问题的能力，促进幼儿之间的主动交流合作，甚至养成良好的行为习惯，发挥创造力，获得更多的社会技能，增强自我意识和社会道德感。

而且，自主游戏可以成为科学启蒙教育生根发芽的土壤。如，在搭建好的两个塑料玩具斜坡上，幼儿把它们当作家里的小滑梯，把其他小玩具从上面滚下来，探索不同物体滑落时的速度与最终距离之间的差异。幼儿在不断尝试、观察，甚至与同伴的交流中获取更多的技能，激发了探索兴趣。

自主游戏中蕴藏着丰富的科学知识，陀螺的旋转原理、球的动能和势能等，都能在自主游戏中体现出来。这些科学知识能够切实提高幼儿科学探索的兴趣和探索能力，从中发现科学的小秘密，在幼儿的心中埋下一颗科学的种子。

（成菲菲 王雪雯）

在鼓励中挑战自我

脚下是木板铺垫的小路，弯弯曲曲地通向不同的方向；四周尽是绿色，在雨水的浸润下，尤显蓬勃。走进森林乐园，视野一下变得开阔，大树的枝节向四周伸展，形成了天然的绿荫。树下有高高的攀爬网、攀爬架、梅花桩等好玩的东西，旁边还有小木桥、小木屋、吊床。在这里，孩子们从不敢上攀爬网到老师扶着一点一点地爬过去，再到现在孩子们可以自如地翻过攀爬网，这一过程不但让孩子们从中锻炼了勇敢的品质，更是让孩子的四肢协调能力得到了发展。如果我当时没有鼓励因为害怕而退缩的孩子们，让他们鼓起勇气去挑战，或许他们到现在都不敢爬上攀爬网，不会变得那么勇敢，以后遇到事就会退缩，不能超越自我。

森林乐园面积虽然不大，但却收藏了整个大自然的样子和最开心的笑声。在这里长大的小朋友，会歌唱、游戏、绘画、手工、烹饪、远足，也会漫步花园、触摸大地、体验播种和收获。

（尚凡霞）

丰富的材料助力幼儿的能力发展

在幼儿动作水平不断发展的基础上，根据幼儿的需要，森林乐园又增加了滚筒、联排座椅、吊床、秋千等器械，还自制了各种烤串、成立了"好再来"烧烤吧和冷饮店，既满足了孩子们动作技能的发展，又使森林乐园成了幼儿娱乐休闲的好去处。孩子们玩累了以后三五结伴到吊床上和秋千上休息一会儿，到烧烤吧和冷饮店吃点儿烧烤、喝点饮料，和好朋友坐在草地和座椅上聊聊天，好不惬意。

森林乐园已经成为一个综合的且非常受幼儿喜爱的户外活动区域。不断丰富的游戏材料，不断增多的活动内容，吸引了更多幼儿来森林乐园游戏、探险。在"买卖"的过程，也锻炼了幼儿的语言表达能力和人际交往能力，促进了幼儿社会性的发展。

（陈玉洁）

在体验中成长

游戏是精神旅行的通道，而户外自主游戏是幼儿园课程建设的新支点。自主游戏就是幼儿依据需要和兴趣，自由地选择、开展游戏，并在其中自发交流互动的过程。教师在整个游戏过程中既要保证游戏的正常运行，又要防止过度干预。户外区域自主游戏开展以来，我更多地变成参与者融入他们，细致地去观察、解读他们的行为。

阳光沙滩的创设以流沙为主，配套各种玩沙工具，让幼儿在其中自由探索。玩沙不仅是游戏，而且对幼儿的成长有太多的好处。在玩沙的过程中，他们会接触到不同质地的沙子，如湿沙、干沙、颗粒粗细不同的沙子等。沙子有流动性，踩上去会下陷，特别是当抓起一把沙时，指缝中沙粒的流动会给幼儿一种特殊的感受，发展了幼儿的感、知觉。在玩沙的时候，幼儿用力拍打沙子或用铲子将沙子铲起，这些动作可以发展孩子的手腕精细动作，锻炼肢体协调，也可以控制手部肌肉的动作，不仅促进了身体的发展，也促进了大脑的发展。在阳光沙滩区域，玩沙游戏本身就没有什么固定的玩法和必然的成果，因此给了幼儿很大的空间来尽情挥洒他们的想象力和创造力。他们可以在沙堆里任意地掏洞、挖沟，有趣的游戏促

使幼儿更多地发明出不同的玩法，其创造意识和能力也渐渐发展起来了。

（胡月月）

幼儿在自主游戏中的改变

起初，孩子们在游戏的过程中遇到问题习惯找老师解决；自从开展户外自主游戏以来，孩子们遇到问题会通过自己的思考想办法解决，老师也不会像以前那样有问必答、有忙必帮。教师通过观察了解幼儿的学习与发展，评估幼儿在游戏中的兴趣、特点和需要，把更多的机会留给幼儿，有效地拓展了幼儿经验，促进了幼儿的学习与发展。比如在野战区，当孩子拿着沙包问我："老师，这个沙包怎么玩啊？"我会反问他："你觉得这个沙包怎样玩更好呢？"教师为幼儿提供挑战和支持，引发幼儿思考。

幼儿在自由轻松的游戏环境中的表现是最真实的。他们可以由衷地做自己想做的事。他们有的自己尝试，有的几人一组开始探索沙包的玩法。孩子们积极动脑，不断地思考并得出结论："我们可以用它当炸弹啊，我们可以用它当粮食啊……"在整个游戏过程中，幼儿不但分享自己的玩法，还学习别人的经验。他们思考—尝试—反思，玩得花样百出，玩得不亦乐乎。游戏中，幼儿由被动变为主动，师生互动，同伴互动，能够积极地参加到游戏当中。孩子们的思维活跃了、行动积极了、游戏情感深刻了，教师也在不断感悟着孩子们每天带来的无限惊喜。

（窦胜燕）

首先，成为一个孩子

自主游戏，是儿童在游戏环境中根据自己的需要和兴趣，自由、自主、自发的积极主动的活动过程，自主自发的行为是具有趋乐性的，但是幼儿在游戏中往往会由于各种因素导致游戏的中断，这时更会彰显教师有效观察、适时参与的重要性。以前，教师们对游戏的参与往往是过分指导甚至是干预，以完成预定的目标，达到预期的效果。而通过我们长时间以来对幼儿自主游戏的尝试、探索，教师的观念发生了改变。在游戏中，我们已不再是单纯的教师，而是成为幼儿的游戏伙伴，就像陶行知先生说的"教师要先成为孩子"，用我们自身的行为影响幼儿。教师尤其是要站在幼儿的角度看待游戏，才会真正地帮助到幼儿。有一次，在交通游戏城，因为天气有点热，很多孩子不愿再骑小车了，怎么才能吸引他们继续游戏呢？于是我骑上一辆小车，和一个孩子说我们来场比赛吧。结果过了一会儿，我的周围就有很多的孩子参与比赛中，交通区又重新繁忙起来。通过教师的有效观察与适时参与，从而深化了游戏内容，而我们的童心也使孩子倍感亲切、融洽。在这段游戏中，我们不难看出，乐于游戏的幼儿也会因主客观因素而产生消极性，而教师在游戏中成为幼儿的伙伴，与幼儿处于平视的状态，通过游戏的语言和行为对幼儿进行指导，才会真正地帮助幼儿，推动幼儿游戏的进行。

（杨芳）

自主游戏促进幼儿整体性发展

《3～6岁儿童学习与发展指南》中强调，作为老师我们要关注幼儿学习与发展的整体性。在野战训练营的小土坡旁边，老师放了一个带轮子和拉绳的轮胎，几个孩子就坐在轮胎车上玩起了拉车上坡、推车下坡的游戏。游戏中，孩子们不怕苦、不怕累，个子大的孩子主动承担起拉车的任务；上坡时很费力，坐车的孩子就会主动下车帮忙推车；"大个子"想要体验一下坐车的乐趣时，"小个子"们也会团结起来倾尽全力回报大个子；下坡时容易翻车，孩子们就会尝试通过调整落座的位置、手脚支撑或同伴扶车的方式解决翻车问题。整个游戏伴随着幼儿愉快的情绪体验、充足的体能锻炼、积极的问题解决、专注的品质和良好的合作行为。就是这样看似简单自发的小游戏，让幼儿在与材料、场地和同伴的互动中，在积极主动的科学探究中，达到了知、情、意、行的协调发展，满足了幼儿整体发展的要求。

（许海英）

附：

幼儿自主游戏精彩瞬间

我园户外区域的自主游戏开展得如火如荼，搭建梦工厂中出现了高楼大厦、铁塔桥梁、创意影院、山川河流；交通游戏城里车水马龙，小交警尽职尽责，4S店的员工忙得不亦乐乎；拓展训练营上演着各种惊险、刺激；快乐大本营里孩子们在不断挑战新的高度和难度，软绳、软梯上有越来越多的"小猴子"灵活地荡来荡去。专注的神情、欢乐的笑容、坚持的汗水、挑战的动力交织在一起，绘制出一幅幅成长的精彩画卷。

尽管第一次用筛子，孩子们的动作却很娴熟

有水有沙，孩子们便想到了造水渠

训练营的小勇士们掌握了攀爬、平衡等各种动作

孩子们齐心协力拉起荡船

第五章　让发展评价助力多维度共同成长

孩子们学会了用首尾相接的技能搭建立交桥

孩子们用垒高、架空的技能搭建自己心目中的水陆两用车

戏水池是夏日里孩子们最喜欢的去处

孩子们把普通的工具变成了好玩的移动小车

孩子们专注地投入自己创设的"郊游"游戏情境中

足球运动很好地激发了孩子们的竞争意识、团队合作能力

经过无数次的探索，孩子们终于创造出好玩的滑梯

快乐大本营的材料不断激励孩子们勇敢挑战自我

攀爬小山造就了这群"女汉子"

经过多次练习，孩子们已经能在平衡木上自如地大踏步前进

多样的材料激发了孩子们匍匐爬行的热情

孩子们不断挑战自我的精神总是会激发同伴一起参与

第五章　让发展评价助力多维度共同成长

【幼儿作品评价】

幼儿搭建区作品及评价

北京天安门

清风凉亭

城堡超市

敞篷汽车

万里长城

移动汽车书城

清风凉亭

移动大炮

赛车道

高山隧道

以上作品均为大班幼儿合作搭建，他们自由分组，共同讨论搭建方案，加上自己的生活经验，按照他们想象的样子，搭建出了新颖而又独特的作品。

1. 技能性——作品的复杂度

这些作品使用了长方体、半圆、长条、三角形、镂空长方体、圆柱等多种形状的积木进行构造，主体结构清晰，建构和设置了不同的功能，多为对称结构，穿插运用了叠放、穿套、拼接、架构、组合等多种搭建技巧，作品具有一定的美感，同时又具有一定复杂度。

例如，针对"移动的汽车书城"这一作品，我们能够清晰地看出车头和车尾的部分，在车头处还搭建了驾驶室，里面有方向盘和油门；两侧用长条形木板延伸出了侧翼；尾部设有排气装置，汽车书城的车身是长方形，选用了长方体积木有序拼接和叠放而成，可承载 5 ~ 6 人同时游戏，有人充当司机，有人是书城职员，有人是顾客，整个游戏过程能够再现幼儿生活经验。又如，"清风凉亭"这一作品的规模较大，使用了长方体、长条形、三角形、镂空长方体、圆柱等多种形状的积木进行构造，作品主体由三个小的空间作品连接而成，每个小空间的布局和设置都不一样，有的是垒实搭建，中间只设有窗户；有的是架空设计；而另一部分则是半镂空设计，造型具有美感。每个小的独立空间采用了对称的设计，整体造型却不对称，极具美感。清风凉亭综合运用了嵌套、叠放、穿套、拼接、架构、组合等多种搭建技巧，作品具有一定复杂度。

2. 独特性——作品的想象力

这些作品多半来自主题搭建活动。我们发现虽然孩子的想象力非常丰富，但是却很难将生活经验进行迁移，并且不太容易发现事物之间存在着某种联系，难以在认识基础上对周围环境、物体进行再现和创造，所以，与幼儿生活经验相关的主题搭建活动可以方便他们有物可依、有型可造，这样幼儿的建构游戏内容也变得丰富起来，建构的愿望被激发，想象力和创造力也迸发出来。孩子的很多设计来源于对美好生活的渴望和想象，他们幻想着能在一座城堡超市中购物，尽情地选取自己喜欢的物品，结果，他们真通过搭建活动把想象变成了现实。

在一次集体实践活动——参观书城的活动之后，移动的汽车书城是孩子们结合生活经验展开的一次想法的碰撞，他们极富创意地把带有高科技感的移动书城搭建了出来，并实现了多功能设置，既有技术性又具有现实可操作意义。据幼儿介绍，车身上的每一块长方体积木就是一本书，等把书卖完了，移动汽车书城就变成空的了，这样我们就要重新组建，继续添加新书了。

鬼屋这一作品源于孩子们在万圣节主题活动后的一次自主搭建活动，因"不给糖就捣蛋"的万圣节魔语正中孩子的兴趣点，在孩子们心里，鬼屋不是可怕的，鬼屋成了有趣、探险、刺激的一种物化形象，很好地调动了孩子们的想象空间。真正的鬼屋到底是怎样的呢？谁都没有见过，但是孩子们却可以用他们无穷尽的想象在脑海中幻化出多种样态，最终孩子们搭建出的鬼屋作品是超乎我们的想象的，鬼屋变成了一个有很长、很黑通道的游乐探险城，很多孩子尽情地在里面穿梭，充分感受着这方充满"鬼魅"的游戏天地带给他们的乐趣，不得不说孩子是天生的游戏家和幻想家。一个孩子在不停地堵上外面的窗子又拆下来，经询问，原来他在不停尝试，全部堵上时里面太黑太可怕，不方便通行；撤掉窗户，里面又太明亮，没有鬼屋的感觉。最终，他决定把木板中间间隔着留一个小缝，当我看到最终作品变成了看似很严实，实则是一个透风撒气的土堡时，心里面竟有些感动，"想象"终于变成了"现实"。

3. 生成性——作品的整合

在自主游戏的过程中，幼儿建构作品时常会出现很多随机性。这种随机性有时会在建构初期，发生在搭建主题不够明确的时候；有时则会出现在建构活动的中后期，最初的建构形象会随着建构活动中的某个小情境而发生改变。城堡超市（一）就是由两个作品拼接而成的。起初几个孩子相约搭建小木屋，与另一边的爱莎城堡比邻而建，两边的孩子在材料的相互借用中，促发了超市的买卖游戏，继而催发了孩子们将两个作品连接起来的建构创意，最终城堡超市（一）这一作品生成了。

建构作品的生成性还体现在同样一个建构主题在不同时期的游戏中的不同表现。

城堡超市（二）这一作品是孩子们建构城堡超市（一）的经验的延续，孩子们将第一天的建构经验和游戏情境延续到第二天，他们相约要建一所同样的建筑，因为他们对第一天的作品太满意了，对作品的印象是如此深刻，可是当他们真正游戏起来的时候，却很难再复制出之前作品的样子。他们的作品又整合了之前的很多经验，同时周围的好的设计也被采用，例如，城堡窗口的设计有的是扇

形，有的是高低间隔排列的圆柱体，非常符合城堡的一般设计，同时又有美感。尤其是孩子们设计了很多窗口，这种通透的设计，非常便于超市购物游戏的开展。建构作品的生成并不完全是随意的，在很大程度上也体现了孩子们对经验和知识的整合与运用。

（薄娜娜）

幼儿绘画表征

　　皮亚杰认为，表征活动能帮助幼儿实现从感知运动智力向概念性智力的过渡，而绘画作为一种常用的表征方式，其具体形象的特点正符合学前儿童思维的典型特征。所以，游戏结束后，老师鼓励孩子们拿起画笔，用绘画的方式记录下眼中所见、心中所想。涂涂画画之间游戏的精彩、成功的喜悦、快乐的体验便跃然纸上，孩子们用自己的方式表达着自主游戏带给他们的发自内心的愉悦感受。

森林乐园的吊床和秋千成为孩子们多彩的表达

攀爬小山的孩子在与小鸟对话

孩子们爬上拱桥，探望森林乐园里的鸟宝宝

孩子们可以在快乐大本营里的独木桥上大踏步前进

男子汉的勇士游戏：操场上滚轮胎

用高高的梯子搭起长长的木桥，小朋友们在上面练体操

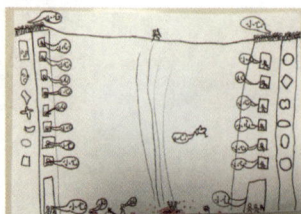

这么多"小心"，孩子们在游戏中体会安全的重要性

森林乐园的秋千、长梯都是孩子的最爱，这里每天都好热闹

幼儿口述日记

你一言我一语，孩子们急切地想要分享自主游戏带给他们的快乐。老师、爸爸、妈妈，帮他们以文字的形式记录下来，无论开心快乐抑或悲伤难过，记录下自主游戏带给孩子们成长过程中的点点滴滴。它就像春天里的丝丝细雨，滋润了孩子们的心田。同时，通过口述日记这种表征形式，孩子们的观察能力、叙事能力、语言表达能力等在不知不觉中提高。

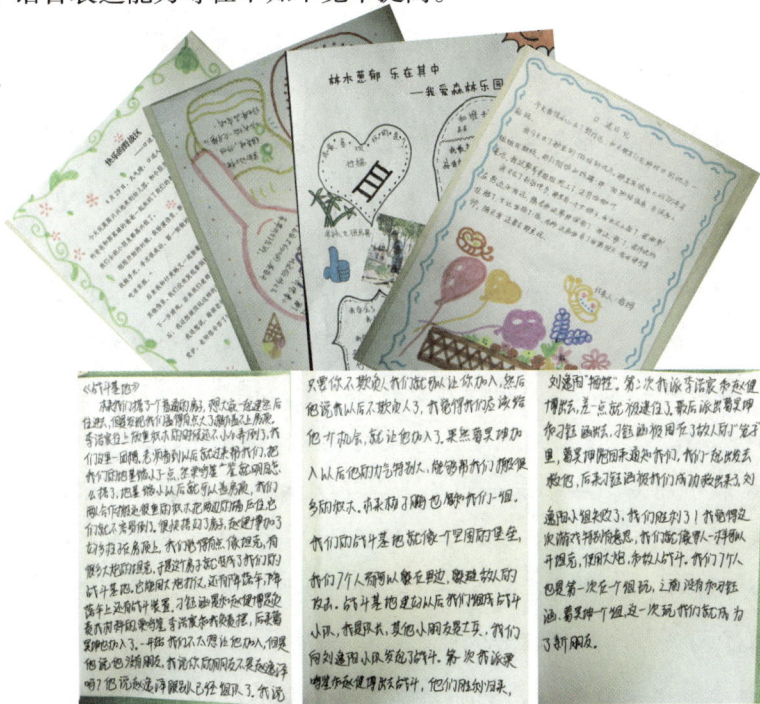

孩子们的口述日记

我喜欢在拓展区里和小伙伴们玩游戏，因为在那里可以炒菜、做饭，做很多口味的美食，和大家一起分享。

今天我们玩了过家家，我当妈妈，王一男当爸爸，张馨予当小宝宝，我还做了三明治，烤了蛋挞，磨了豆浆，我喂小宝宝吃饭，吃完饭送宝宝去幼儿园。宝宝说他特别喜欢吃我做的美味食物。还有豆浆，磨豆浆的声音"嗡嗡嗡"，其

他小朋友听见声音就围过来喝一碗，有的里面放上糖，更美味。妈妈，下次我做一次美味的食物给你品尝。

（周宸萱小朋友口述）

我们去交通游戏城的时候，先玩的滑板车，然后我又去玩了三轮车。三轮车是可以拉很多东西的车，它是橙色的，很漂亮。我和孙千寻还有吴淑涵玩的。我在那看到了很多棵树，而且树叶都快要掉光了。那儿有可以加油的地方，也有可以洗车的地方，还有可以修车的地方。还有很多件衣服，分别有加油的衣服、洗车的衣服、修车的衣服、交警的衣服。小交警指挥着车子走，有红绿灯，还有许多的牌子。骑小车的小朋友们都听小交警的，小交警说往哪边走，他们就往哪边走……

我们玩得很快乐！最后要走了，我永远不会忘记你——交通游戏城！

（胡诗琪小朋友口述）

我最喜欢玩的是晃来晃去的吊桥，它是第七关。我觉得它很刺激，要想过关就要学会方法。我跟在小朋友们的后面，他们走过去后，吊桥会晃动。等轮到我的时候我赶紧用脚勾住板，再用一只手抓住绳子，接着另一只手也移过去，最后把另一只脚也挪动到板上就可以了，每次闯关完成都很开心。

我还喜欢和小朋友们一起玩竹梯子。我们从梯子上爬过去，然后爬进洞口再出来，钻来钻去像地鼠，这是第八关。第六关的小山坡也很有意思。我现在不用抓绳子，也不用手，就靠自己的脚一下子就上去了。接着从坡上滑下，"嗖"的一下就完成了闯关，真的超级好玩！

其余的闯关场地还有滑梯、单杠、绳子，也都很好玩，有时候玩累了但还是想坚持玩下去，因为这个闯关游戏区是我的最爱。

（马隆小朋友口述）

我和小朋友还有我们老师，一起去玩沙子。我看见沙池里有很多小树枝，我就和好朋友润润一起玩种树的游戏。我先用小铲子挖了许多坑，然后我说："我扶着树枝，你填沙子。"我们一起种了好多树，老师还说我们种的是一片大森林。

还有小朋友也想和我们一起玩，我就教她们怎么种，一一种得不结实，总是倒，原来是他没有小铲子，挖的坑不大。我就帮他挖了好多坑，种好了很多树。后来，我们又去提水给小树苗浇水。老师以前说过春天小树苗就能长出树叶，那我的小树明天肯定也能长出树叶来，我会好好保护它们。

（马一菲小朋友口述）

今天我很开心去了拓展区，和小朋友们在拓展区一起玩。我去了做饭的地方，那里有很多大班的哥哥姐姐在做饭，他们做饭像妈妈一样，做的饭很香，有很多人来吃。我还帮哥哥姐姐挖土、捡树叶。

我又去了别的地方，那里有一个大狮子，我坐在上面，嵇湫然在旁边和我一起玩，老师给我拍照，我还说"耶"。老师说挡住脸了，我又照了一张，老师还给我看了看照片，说我太帅了。其实，我也是这么想的，因为战斗英雄们都是最帅的！

谢谢老师帮我照相，明天我还要和老师去那里玩。

（宋昊泽小朋友口述）

周五的上午，天气特别晴朗，我们和老师一起去空中乐园玩。我和王征阳、杨昱萱玩了一会跳跳球，又和刘芸含、王子扬去扔了一些废弃的跷跷板，回来后我又和王征阳、王子扬玩轮胎大战。玩轮胎大战和玩碰碰车一样刺激，就是我们推一把、踹一脚就走了，不一会工夫就有很多同学来玩了。然后成老师叫我和杨昱萱来爬梯子，我先爬的绳子，那时杨昱萱正在爬梯子。我爬到绳子最高处，成老师给我拍了一张酷酷的照片。老师给我们留了好几张帅气的照片当作纪念。玩的时候成老师叮嘱我们一定要小心，安全第一，最后还给我们几个人一个大大的赞，我们可高兴了。快乐的时光总是短暂的，马上就到收玩具的时间了。幼儿园的空中乐园真好玩，永远也玩不够。

空中乐园的活动，给我最大的感受就是合作很重要。一个人的力量很小，如果团队合作的话，力量是会无穷大的，要懂得借力，寻求别人的帮助，没有完不成的事情。

（曹永泽小朋友口述）

老师让我们去户外进行游戏活动，听到这个消息之后，我非常开心，就像一只欢快的喜鹊一样。我们排好队，跟在老师身后，整整齐齐地来到快乐大本营的游戏场地上，我看到了很多好玩的游戏道具，有高高的独木桥，还有五颜六色的轮胎等。

游戏的名字叫作独木桥大冒险，老师让男生和女生分成两队，男生一队，女生一队，男生负责搬梯子，女生负责搬小木板，并且在独木桥的下面放上厚厚的垫子，以防小朋友掉下去摔倒。游戏开始了，大家一个接一个小心翼翼地往前挪动着脚步，生怕掉落下去。我在往前走的时候差一点就掉了下去，还好我赶紧将手水平举起，慢慢下蹲让身体保持住平衡。最后，我坚持走到独木桥尽头，准备往下跳，我把双臂展开，就像一只翩翩起舞的小蝴蝶一样，稳稳地跳落到垫子上，我非常高兴。

游戏结束了，老师夸我们很勇敢，表现得都很棒。小朋友们排好队，整整齐齐地回到了教室。我们度过了非常快乐的一天。

（李雨鑫小朋友口述）

今天有太阳了，老师带我们去闯关区做游戏，闯关区有八个关口，很好玩的。1号关口是一个小滑梯，小朋友要保持平衡，爬上去，滑下来，很有意思，很简单。2号关口是秋千，小朋友都喜欢，都想玩，压在一起，有点儿喘不过气来，但是我喜欢秋千。3号关口是爬梯子，要用大力气爬，像爬山一样，有两个山顶，爬上去又爬下来。4号关口是一个分叉的小滑梯，老师说滑滑梯时不能倒着滑，也不能趴着滑，老师还说滑滑梯不能推别人，不安全。5号关口是两根绳子，我把两条腿搭上去，要小心别掉下来。我发现5号关口上面有很多小虫子，虫子身体软软的，很像西瓜虫，但是它们不是，因为他们不会缩成小球。6号关口要拽着绳子往上爬，像爬山坡。手被磨得红红的，非常难爬上去，很累的。7号关口要走过一段小吊桥，像秋千一样，上面有正方形的小框框，它还会响，上面还有绳子，像蜘蛛网。走吊桥非常可怕，很多小朋友不敢走很细很长的吊桥。8号关口是一个向上爬的小梯子，是木头做的，爬到上面，从上面跳到下面的垫子上，很刺激。大家能记得住吗？喜欢的话你就来试试吧！

我喜欢闯关区的游戏，它是我的最爱！

（韩齐悦小朋友口述）

第三节 对自主游戏活动的评价

【家长评价】

我们利用各种契机进行开放活动，向家长展示我园自主游戏的开展情况，并针对实践中的问题向家长征求了意见和建议。

（一）对幼儿园开展的自主游戏活动，谈谈您的看法

幼儿园开展的自主游戏活动是一项非常好的活动，给孩子们创造了一个锻炼和亲近自然的机会，孩子们在宽松、自由的环境中选择游戏角色，快乐地分享角色。这项活动不仅能够锻炼孩子自主自强的能力，而且有利于培养孩子们的动手能力，让孩子们在玩中学，寓教于乐；增强了孩子们的团队合作意识、沟通协调能力、合作交往能力，自主创造性和想象力；促进了孩子们之间的交流，开拓了他们的视野，给孩子们充分表现的时间和空间，使他们的智力得到了很好的锻炼和开发；增强了他们对周围事物的把控能力，建议坚持下去，长期开展。

（二）通过开展自主游戏活动，您发现孩子有哪些变化

通过开展自主游戏，孩子的独立性明显增强，遇到困难并不是仅仅向大人求助，而是学会了动脑筋，分析问题，从而自主解决困难；孩子的体质和身体协调能力明显增强，孩子变得更加勇敢和自信，乐于参加活动，游戏热情很高，变得更加喜欢上幼儿园；集体荣誉感也增强了，与小伙伴能够

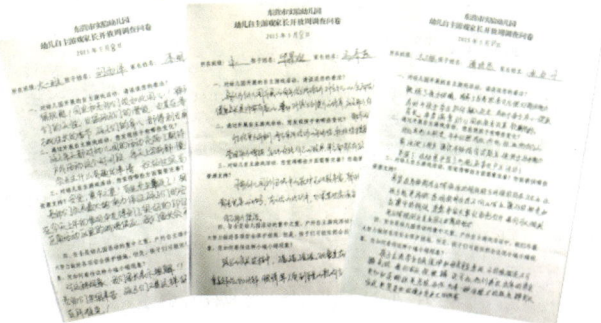

家长调查问卷

第五章 让发展评价助力多维度共同成长

做到相互配合、团结协作、友好相处；与生人接触也不再害羞，变得更加大方，还学会了礼让；孩子的创造力、想象力和探究能力、社会交往能力都有比较明显的提高。开展自主游戏活动后，孩子对生活中的事物也能做到认真观

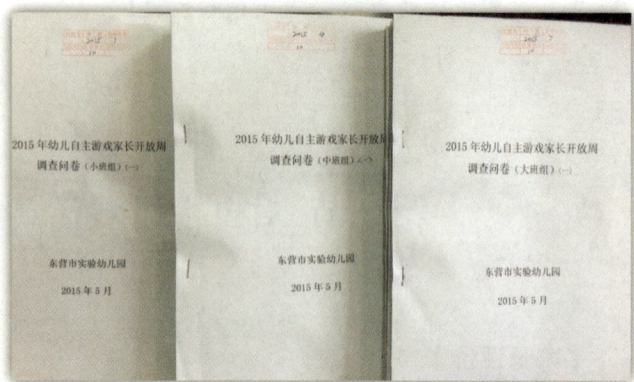

家长调查问卷

察与参与，自己的事情自己做，做生活的小主人。

（三）对幼儿的自主游戏活动，您觉得哪些方面需完善，你能提供哪些资源支持

希望幼儿园在进行自主游戏的过程中，加强孩子们的安全教育，特别是对于一些高空游戏设施，一定要做到经常检修、安全防护到位；夏季阳光强烈，有一些在阳光下的自主游戏区域，建议设置防晒棚；部分区域缺少清洁工具，建议增加水龙头等清洁用具，游戏完成后可以冲洗手脚；游戏的道具可以更加丰富、逼真，要经常变换、更新游戏材料，时刻保持孩子们的新鲜感，建议增加科普类、竞赛类或者增加一些主题类的区域游戏，更好地开发孩子们的创造性思维；如果可以，尽量错开时间进行，可以增强游戏的安全性，也可以减少老师们的工作量。

幼儿园或班级有所需要，家长定会尽全力支持、配合，可提供经济、人力支持，并且可以联系一些企业资源，还可以提供通信业（参观）、登高项目、运输方面、相关后勤的支持。

（四）安全是幼儿园活动的重中之重，在户外自主游戏中我们尽最大努力做好安全保护措施，但是依然会出现磕碰现象，您如何看待

在户外自主游戏的过程中，磕磕碰碰不可避免，能够理解。最重要的是加强孩子的自我保护能力，提高自我保护意识。出现特殊情况时，要及时处理，并通知家长。幼儿园应为每个班级配备急救箱，建议在爬高等项目实施中增加安全绳、安全帽等防范措施，防止意外发生。

【幼教同仁评价】

（一）北师大附属幼儿园教育集团培训部主任徐兴芳点评

在东营市实验幼儿园的参观收获颇丰。首先王园长的精心准备让我特别感动，做了那么详细的课件为我们介绍，让我们对贵园多年来的研究和探索有了深入的了解，结合后面的现场参观，对东营市实验幼儿园的自主游戏课程形成了全面的认识。我从中学习到很多，也触发了对我园健康教育现存问题的一些思考，希望以后再有交流机会，祝东营市实验幼儿园越办越好！

（二）北师大实验幼儿园分园执行园长邱守点评

参观东营市实验幼儿园，我感受到幼儿园有着十分清晰的办园宗旨、办园目标。在王园长的带领下，管理全方位、科学、规范，既有前瞻性的顶层设计，也很注重教师队伍的层级建设，注重名师、特师的培养，注重抓落实中的细节，为园所在全市的示范性引领奠定了扎实的基础。

在王园长"幼儿自主游戏课程的开发与实践"专题报告中，我们被园所研究的常抓不懈、常抓常新的局面所折服。从"九五"到"十三五"，一直坚持一个点的研究，这在全国可能都不太多见，由此可见实验园坚信方向的正确，也坚持过程中不断完善，以点带面促进幼儿全方面发展。跟随王园长回顾研究过程时，发现整个团队真抓实干，积极挖掘各种资源，为幼儿园研究创造条件，提供机会。这种真研究、真做事的精神值得我们学习。

（三）广州市白云区怡新园易慧娟园长点评

幼儿园致力于为孩子提供丰富、童趣、多元的活动环境，教师团队专业，潜心钻研，专注于幼儿自主游戏的实践，孩子们在健康领域得到了突出的发展，孩子们勇敢、大方、自信、乐观，在东营市实验幼儿园生活的孩子是幸福的。

幼儿园规模大，管理好，突出"自主"，包括教师的成长与幼儿的发展，户外区域活动丰富多彩，孩子活力十足。我非常喜欢户外区域的设置，因为孩子多、班额较大，建议可以适当增加运动量，因为幼儿园的场地空间是足够的。

（四）广州市直机关幼儿园张红园长点评

走进东营市实验幼儿园，第一感觉是整洁、宽敞、美丽，活动场地充裕，器械丰富多样，环境创设富有儿童气息，物品摆放井井有条，是儿童喜欢的乐园。

在这里，孩子能够真正地进行自主游戏，非常惊叹幼儿园活动区域的宽敞，可供全园孩子们同时户外活动。在区域活动中也体现了游戏的深度，孩子们互动的机会很多，活动过程中能看出教师的专业素质很高，体现了以幼儿为主体的教育理念，活动中教师善于用启发性的、鼓励性的语言，真正发挥支持、引导的作用，幼儿的活动始终在愉快中进行。

（五）学前教研环境创设组组长张霜点评

通过观摩实验幼儿园的户外区域游戏，给我的感觉就是"五个好"。

（1）领导团队定位好。众所周知，实验幼儿园多年来一直致力于发展健康运动课程，在此基础上，领导团队定位准确，深入挖掘幼儿健康游戏的自主、探索、合作的价值，引领课程深入发展。

（2）教师队伍素质好。在幼儿户外游戏快乐体验的背后，我看到了一支高素质的教师团队。每一步都汇聚了大家的心血和付出，教研氛围也非常浓厚。

（3）区域情景设置好。区域环境的创设和建立是开展区域性运动的先决条件，实验幼儿园能因地制宜地对户外各个区域进行充分利用、有效规划，提升了区域之间的互动性和趣味性，材料也是搭配合理、丰富有趣，为孩子们快乐地游戏埋下伏笔。

（4）幼儿游戏投入好。整个过程，孩子们关注的是自己的游戏，是和同伴之间的交往，非常投入、非常专注，这说明他们在做的是自己喜欢的事情，在充分地体验着游戏带来的快乐。

（5）园所发展整体好。通过活动，我们看到的是蓬勃发展的实验幼儿园，孩子们自由游戏、快乐成长，老师们辛勤地付出，专业地发展，整个园所得到家长的一致认可。

实验幼儿园真正成了孩子的乐园，让孩子们回归到本真、回归到自我，我认为这才是孩子们应有的童年。

【专家评价】

（一）福建师范大学教育学院丁海东教授点评

基于研发的课程资源"我的游戏我做主——基于户外区域自主游戏开发与实施的园本教研"，丁海东教授针对我园户外自主游戏的教研及实施方面，做了点评。

1. 启示

（1）选题聚焦现实专题。能够专门聚焦于幼儿园户外自主游戏活动，抓住了当下幼儿园课程建设的热点，园本教研从专题聚焦指向具体问题。

（2）调动了参与人员的积极性。发动教师、家长群策群力，更广泛的普识面，使研讨更科学、客观。

（3）依据园本实践。从幼儿园的实际出发，本园十多年来课程研究的优势和特色一直聚焦健康领域，因而户外自主区域活动是本园依托幼儿园传统的自然地延续。

（4）适应于园本实践。适应于幼儿园的课程实际、教师实际、扎根一线的研讨。

2. 效果

（1）孩子的发展：孩子发展程度的直观判断，来自孩子活动现场的行为表现，他们的表情、专注力、自主性、想象力、动作、技能技巧、问题的解决能力、与同伴的合作与分享，为我们展示出了孩子们最本真、最自然的状态。

（2）课程的建设：户外自主游戏活动是当下幼儿园课程新的聚焦，对幼儿园课程建设的体系化和和谐建构具有重要意义。东营市实验幼儿园开展的一系列研讨、实践、探索，完整构建了科学的保教课程，实现了有益的突破和尝试。

（3）教师的成长：在这个过程中，教师们主动、积极、集思广益，形成了良好的氛围，开拓了思路，理念更加科学，增长了教师的教育智慧。

（4）对家长的专业引领：代表学前教育方向的实践对于家长科学的育儿理念的引导，具有重要作用。

3. 探究与思考

（1）制度的设计与管理。户外自主区域游戏活动是幼儿园完整的一日活动、幼儿园完整教学体系的组成部分，这种课程体系能够实施到位，离不开良好的业务制度建设和科学到位的管理。

（2）环境规划和材料配置。森林乐园、交通游戏城、沙滩城堡、宝贝球场、搭建梦工场等各种环境规划，为活动开展提供了物质、场地、空间保障。

（3）教师的观察与支持。幼儿自发性是进行户外自主游戏体验的前提，但教师进行观察和适宜的指导可以确保孩子的自由、自主的发挥更加顺利、流畅，让幼儿在自主地交往、尝试、甚至冒险中，有更好的提升，教师通过观察更有利于因材施教。

（4）自主中的安全与秩序。游戏是孩子自主的，但也必须是安全的，自主地探究和安全的保障，是重要的基本问题。

（5）特定区域游戏与儿童发展。特定的区域活动发展与儿童发展有什么关系？对于孩子究竟发挥着什么样的作用？这是需要我们探究与思考的。

（6）自主与游戏常规。自主并不影响有游戏活动常规，材料的使用、整理，同伴的相处、分享，这些都是游戏常规的构建。

（7）户外区域活动与主题教学。户外区域活动与主题教学什么关系？界限是什么？游戏是课程的重要源泉，户外自主游戏中的问题往往可以成为生发教学活动的源泉，它们之间有着内在的联系，他们共同指向孩子。

（8）家长的支持与配合。在户外游戏中，孩子在亲近自然的活动中难免有较大的运动量，弄脏的衣服和鞋子、出现小磕碰等，如何调动家长的积极性，吸引家长的注意，得到家长的理解和支持，是不能绕开的基本问题。

（二）山东女子学院教育学院董旭花教授点评

2017 年 6 月，董旭花教授来到我园，在听取园长汇报以及现场观摩后，为我们做了全面评价。

1. 幼儿园拥有良好的师资

我每次来东营市实验幼儿园都能感受到一些变化，这种变化来源于什么？不仅仅是我们幼儿空间材料的提供，最重要的是教师团队的打造。东营最强的幼儿教师团队都在这儿了，除了政府的财政支持，还拥有最好的师资。你们有名师工作室，王园长是东营首批名师工作室主持人，专业水平非常高，有一支特别强的团队，现在又领办了三所幼儿园，在不断输出老师的同时，也在不断地培育新教师，教师梯队的建设是非常棒的。

幼儿园有非常好的传统，有坚实的基础，所以新教师的入职和培养非常棒。幼儿园注重研究的意识和能力，比如 2015 年面向全省的远程研修，幼儿园以教研的形式贯穿整个健康教育课程的研发，对此这个团队下了非常大的工夫。因为有了大量的培训和教研，所以教师成长的速度特别快。

2. 幼儿园健康课程特色凸显，扎实有效

实验幼儿园有做得特别好的值得我们所有人学习的地方，那就是健康教育园本课程的建设从 2003 年开始，一步一步地推进，从 2003 年开始真正做了 14 年的时间。很多幼儿园都在搞研究，今天搞孩子学习品质的研究，明天搞孩子自理能力的研究，后天又抓创造性思维培养的研究，但是抓得特别散，我们需要一个聚焦，它只是一个支点，通过这个支点使教师的专业走向深入，进一步支撑幼儿园的课程建设。幼儿园都要完善这个过程，就要有教师团队打造的过程和幼儿园课程建设的过程，因为一个幼儿园想要提高保教质量，还是得靠课程。所以很多课程活动不是随便搞一个活动吸引眼球，而是扎扎实实做课程，做课程建设和研究，这才是真正促进教师队伍发展、真正促进幼儿发展的。现阶段幼儿园无论是室内还是室外都跟健康教育结合起来，所以这是很棒的一点。幼儿园的课题研究和教研工作做得特别扎实，这些年的课题研究都在独立做，不是跟风研究，跟这个专家还是那个专家，跟这个教授还是那个教授，而是在解决自己的问题，做自己的课题，研究自己的问题，这是幼儿园教学应该做的。聚焦自己的问题，才是最有效的，这也是幼儿园取得这些成果的原因所在。

3. 开放的材料，自主的游戏

我个人特别反对把区域活动等同于区域游戏。这是为什么呢？就现阶段幼儿园从区域活动来看，比如说现阶段是以学习性的活动为依托来开展的区域活动研究，那就是说在这个活动中是大量的学习活动，围绕主题目标来进行区域活动，在这个过程中更多的是学习而非游戏。游戏最大的特征是非功利性，没有外在的目标，这是游戏最本质的东西。小孩子是最自主的、自由的，没有外在目的，不是为了学习知识，不是为了发展能力，而是我要玩儿、我喜欢玩儿，游戏不是为了学习，这才是真游戏。比如棋类游戏是发展孩子运算的，虽然称之为游戏，但是他只有游戏的形式和外壳。而实验幼儿园恰恰关注到这一点，就是提供开放的游戏材料，让幼儿自主游戏。教师通过观察教育，现场了解幼儿游戏的需要，提供结构游戏材料。游戏材料有很多的类别，如成品材料、半成品材料、纯粹的自然材料。材料没有固定玩法，没有好坏之分，并不是说低结构材料好高结构材料

不好，因为不同的游戏对材料的需求是不一样的。益智区的材料就是高结构的材料，但是其是非常有效的。创造性游戏，更需要低结构材料。所以，我们游戏的性质、类别、功能不一样，它对游戏材料的要求是不一样的。实验幼儿园在自主游戏的材料投放和指导方面已经有了一定的经验和成果，希望再接再厉，取得更好成绩！

（三）上海徐汇区教师进修学院学前教研室主任郑艺点评

2016 年 5 月 6 日，全国幼儿园户外体育游戏研讨与优质课观摩交流会在东营市实验幼儿园隆重召开。会议期间，全国知名专家上海市徐汇区教师进修学院学前教研室主任郑艺教授莅临现场，全面观摩了市实验幼儿园室内环境及户外自主游戏，并为幼儿园的户外自主游戏做出以下点评。

1. 优点

（1）空间合理分配。幼儿园拥有宽阔的活动场地，实属全国最宽敞的幼儿园之一。在偌大的场地上设置各种功能的游戏区，能合理分配利用，并根据需要为幼儿提供充足的游戏材料，体现了幼儿园先进的教育理念。

（2）教师指导有效。游戏活动中，教师能够真正做观察者、记录者。区域的教师专注地观察幼儿活动，随手记录活动情况，并在恰当时机介入游戏，进行指导。

（3）游戏注重自主性。实验幼儿园的户外区域游戏实现了游戏价值的回归，真正让幼儿自由选择、自主合作，根据自己的兴趣和需要进行游戏，为幼儿真游戏提供了时间和空间的保障。

2. 改进和建议

（1）宝贝球场：扩大足球运动活动场地面积，充分利用场地，满足幼儿奔跑需求。幼儿户外水壶建议放置在整理筐内，培养幼儿良好的生活卫生习惯。

（2）拓展训练营：充分利用西场地山坡，建议增设壕沟或地道，将地面上危险的物品去除或保护起来。将山坡与东侧的沙池有效连接，设置关联组合游戏。同时，投放的材料要品种多、数量少，可供幼儿选择，又可控制人数。此区域游戏内容设置不宜过于对弈，可创设演习性活动，把东边土坡上的沙袋搬运到西边，和场地充分结合；高的爬梯下方建议增加保护垫子的面积与厚度，并将东侧的平衡横梯向东挪移或变为南北摆放，以保护幼儿安全；利用东边山坡的地形，为幼儿增设运动的范围等。

（3）快乐大本营：建议幼儿充分利用梯子、横板等器械，充分利用场地进行运动，中心场地没有得到充分利用；在车类场地范围内要增设高坡、钻洞等活动障碍等，让活动更有意义。其中，教学楼南侧中心场地骑车交通游戏，建议设置地面标志，增设加油站、高坡等情境性场景。

（4）湿沙城堡：沙滩排球的功能，和其他公共区域有效结合，设立开放性的区域。

（5）森林乐园：绳子拴挂的方法要多样。以《3～6岁儿童学习与发展指南》中运动目标为依据，强化游戏与运动的有效结合，凸显运动的核心价值。把握好自主游戏中老师的定位，安吉游戏中"管住自己的嘴"要分不同时机，在不同情形下所要求的是不一样的，教师要把握好介入的时机，引导幼儿去运动。注重幼儿在运动中自信心的培养，关注个体差异、能力强弱，设置不同层次、不同难易程度的游戏。

（四）东营市教科院学前教研室副主任蒋建敏点评

2017年5月，蒋建敏主任来到我园，为我们做了户外游戏的指导，并做了以下点评。

东营市实验幼儿园的户外自主游戏活动是一项在促进幼儿学习和发展方面很有价值、值得推广的教研成果。

1. 这项成果在深化中发展，在研究中升华，过程很扎实

几年前，东营市实验幼儿园探索了"快乐健康"这一园本课程，相关的成果在东营市乃至全省产生了一定的影响，但是他们并没有裹足不前，而是根据幼儿的兴趣、需要和现实经验确定了新的目标——进行情境性的区域活动实践探索，提升游戏活动的情境性，改变活动方式的单一性。随着《3～6岁儿童学习与发展指南》的颁布，他们根据幼儿学习和整体性、个别差异、学习方式和特点以及学习品质的培养等四个方面，围绕"什么是真游戏，怎样开展真游戏"进行了户外自主游戏的实践探索。东营市实验幼儿园户外自主游戏的价值和生命力在于基于问题、解决问题，通过主题式、跟进式、追踪式、诊断式等多元化园本教研，实现自身的不断超越，让教育教学活动更科学有效。

2. 自主游戏活动实现了游戏价值的回归，以"游戏为基本活动"更好地变成现实

孩子是天生的游戏编剧。东营市实验幼儿园的自主游戏活动，根据幼儿的兴趣和需要，创设了森林乐园、搭建梦工厂、拓展训练营、沙滩城堡等10余个户外游戏区域，让幼儿自主选择、自主探索、自主表征、自主整理，真正把游戏还给孩子，把快乐还给孩子。比如在搭建区，孩子们自由搭建、想象、创造，玩的花样、搭建的种类，可以说非常好，我们成人也想象不到。在整理环节，把积木按照种类收到相应位置，孩子们各显神通，自己选择工具运送积木，努力探索有效的运送方式，在尝试失败和体验成功中积累着生活经验。自主游戏活动中，允许幼儿有自己的感知方式和行为逻辑，更能保证幼儿自主选择的权利，更能满足幼儿表达与释放情绪情感的欲望与冲动，更能给予幼儿自由想象和创造的空间，"以游戏为基本活动"真正从理念落实到行动。

3. 自主游戏活动实现了三个转变

东营市实验幼儿园通过开展自主游戏活动，实现了幼儿、教师以及师幼关系方面的转变。

从幼儿角度来看，幼儿自己决定游戏的形式、内容和材料的选择以及玩伴的结合，真正做到幼儿是学习的主人、游戏的主人。幼儿个体的自主性体验更为强烈，创造性得到最大限度的发挥。

从教师角度来看，通过自主游戏活动的开展，做到用孩子的眼睛去观察、用孩子的心去体验，老师对幼儿教育的理解更到位。他们倡导给予孩子最多的观察、最少的干预、最好的支持。教师是环境的创设者、材料的提供者、活动的等待者、游戏进行的观察者、活动成果的激励者，经验分享时的赞赏者。通过自主游戏活动的开展，极大地提升了全园教师的专业素养。

从师幼关系来看，孩子在自主游戏中自由表现、表达和创造，老师更多地看到孩子的优点和长处，看到稚拙的童趣。孩子生活在一个充满爱的环境中，必然收获一个健康的心态和阳光的未来。

我盼望着东营市实验幼儿园继续在游戏活动的丰富性、适宜性、创新性等方面不断深化，在教研成果呈现上不断提升，在全市的自主游戏开展方面发挥示范引领作用。